Dirk Richter

Nation als Form

Dirk Richter

Nation als Form

Springer Fachmedien Wiesbaden GmbH

Die Deutsche Bibliothek – CIP-Einheitsaufnahme

Richter, Dirk:
Nation als Form / Dirk Richter. – Opladen:
Westdt. Verl., 1996

ISBN 978-3-531-12797-2   ISBN 978-3-663-12253-1 (eBook)
DOI 10.1007/978-3-663-12253-1

Umschlaggestaltung: Horst Dieter Bürkle, Darmstadt

Gedruckt auf säurefreiem Papier

Danksagung

Eine Dissertation zu verfassen ist normalerweise ein langwieriges und einsames Geschäft (die vorliegende Arbeit lag im Sommersemester 1994 der Philosophischen Fakultät der Westfälischen Wilhelms-Universität Münster zur Begutachtung vor). Glücklich kann sich derjenige schätzen, der vor dieser Aufgabe nicht vollkommen allein steht. Zu diesen Glücklichen kann ich mich zählen.

Ich möchte mich daher bei denen bedanken, die mir während der vielen Monate, die eine solche Arbeit braucht, mit Rat und Tat zur Seite gestanden und auf vielfältigste Art geholfen haben:

bei Prof. Georg Weber, der die Arbeit betreut und trotz des ungewöhnlichen Zustandekommens von Anfang an voll unterstützt hat, und der mir auch als 'Chef' alle Freiheiten gewährte, die ich brauchte;

bei Prof. Rolf Eickelpasch, der die Arbeit nicht nur als Korreferent zu lesen hatte, sondern in dessen Kolloquium ich über Jahre hinweg in einem Rahmen lernen konnte, der seinesgleichen sucht (ein Dank auch an die Mitstreiterinnen und Mitstreiter der Neuen Münsteraner Schule!);

bei Armin Nassehi für viele Hinweise, vor allem aber für diverse Gespräche in freundschaftlicher Atmosphäre, in denen die Idee zu dieser Arbeit sowie ihre spätere Umsetzung ihre Konturen bekamen;

bei Jutta Keller, Wichard Puls und ganz besonders bei Irmhild Saake, denen ich viele Anregungen und Hinweise verdanke, die in den Text eingegangen sind;

bei meiner Schwiegermutter Marga Konermann, meinen Eltern Karin und Rolf Richter sowie bei Tim für Entlastung und Ablenkung;

bei Doris für alles.

Dirk Richter   Lienen-Kattenvenne, im Februar 1995

Inhalt

Einleitung: Die 'Nation' — das unterschätzte Konstrukt

Über die 'Nation', so hätte man meinen können, habe die Soziologie bereits alles Wesentliche gesagt. Von einer Disziplin, die für sich die kompetente Gesamt-Zuständigkeit für alle sozialen Phänomene beansprucht, hätte man erwarten können, über die Bedeutung 'nationaler' Ideen für die moderne Gesellschaft informiert zu sein. Doch dem war nicht so. Die 'Nation' verschwand nach dem Zweiten Weltkrieg aus der Aufmerksamkeit des wissenschaftlichen Europa und zog sich dorthin zurück, wo man ihr aus soziologischer Sicht noch die einzig legitime Existenzberechtigung gelassen hatte, nämlich in das *Nation-building* der um Selbstständigkeit ringenden, ehemals kolonialisierten Staaten der Dritten Welt.

Wer sich in Europa und insbesondere in Deutschland mit der 'Nation' beschäftigte, der war, wenn er einen positiven politischen Bezug herstellen wollte, einer der Ewig-Gestrigen, die nichts lernen wollten. Wenn er sich historisch-wissenschaftlich um die 'Nation' bemühte, dann war er vielleicht einer jener Geschichtswissenschaftler, denen es — zum Teil über die Relativierung der Nazi-Greuel — um die 'Normalisierung' jener verqueren deutschen Geschichte zu tun war. Die Soziologie jedenfalls schien dieses Forschungsobjekt ein für allemal *ad acta* gelegt, in die Archive und in die langsam verstaubenden Bücher verbannt zu haben. Die 'Nation', da war man sich sicher, konnte in einem so zivilisierten und hochtechnisierten Teil der Welt keine ernsthafte Rolle mehr spielen. Schließlich schien die verspielte Postmoderne angebrochen zu sein, die, bei aller Ästhetisierung, auf derartige Verzierungen aus der historischen Mottenkiste doch wohl verzichten konnte. Stattdessen widmete man sich in der Soziologie Wichtigerem: der Verfeinerung von Erhebungs- und Auswertungsmethoden, dem Vorantreiben der Theoriebildung auf vormals unbekannte Abstraktionshöhen, oder man versuchte dem vertrackten Verhältnis von Individualisierung und sozialer Ungleichheit auf die Spur zu kommen. Ob "wir", d.h. die Soziologen, von solchen Konstrukten wie der 'Nation' und ihren Verwandten wie 'Ethnie' und 'Rasse' "nichts wissen wollten", wie Karl Otto Hondrich in einem Artikel meinte (Hondrich 1992), glaube ich eher nicht. Auch die soziologische Forschung ist immer nur ein Kind ihrer Zeit, und man muß einfach zugestehen, daß die 'Nation' vor Mitte/Ende der 1980er Jahre nur wenig öffentliche Aufmerksamkeit auf sich ziehen konnte. Klüger ist man ohnehin immer nur hinterher.

Diese Vernachlässigung des Untersuchungsobjekts 'Nation' brachte es mit sich, daß auch ihre *theoretische* Analyse weithin unterbelichtet blieb. Im Jahre 1978 konnte ein Rezensionsaufsatz über eine Arbeit von A.D. Smith (1971) mit Fug und Recht mit "The Undeveloped Theory of Nationalism" betitelt werden (Stokes 1978). Knapp zehn

Jahre später noch wußte Bassam Tibi zu konstatieren: "Nach wie vor ist der Anteil der theorie-orientierten und somit konzeptualisierenden Untersuchungen an der umfangreichen Nationalismusforschung sehr gering." (Tibi 1991 [1987], S. XXVIII) Als einzige Ausnahme wurde von Tibi wiederum A.D. Smith hervorgehoben, der aber im deutschen Sprachraum bislang nur wenig rezipiert wird. Es blieb allenfalls ein paar theoretischen Außenseitern überlassen, auf die Bedeutung der 'Nation' für die Gegenwartsgesellschaft hinzuweisen. Norbert Elias etwa beschrieb in seinen *Studien über die Deutschen* den Nationalismus als "eines der mächtigsten, wenn nicht *das* mächtigste soziale Glaubenssystem des 19. und 20. Jahrhunderts." (Elias 1989, S. 194) Und im Hinblick auf die soziologische Theoriebildung meinte er wenige Seiten weiter: "Jede soziologische Theorie muß der Tatsache Rechnung tragen, daß auf den vergangenen *und gegenwärtigen Stufen* der Gesellschaftsentwicklung dem Überleben einer Gruppe von Individuen als solcher vielfach ein höherer Wert beigemessen wurde *und wird* als dem Überleben dieser Individuen als einzelner." (Ebd., S. 207; meine Herv.) Ähnliche Versäumnisse, wie sie hier von Elias gegenüber normativen Theorieansätzen beanstandet wurden, hatte mit Isaiah Berlin schon ein weiterer, eher der politischen Philosophie zuzurechnender Außenseiter für die Theoriebildung des 19. Jahrhunderts im allgemeinen und die soziologische im besonderen beklagt (vgl. Berlin 1972; 1990).

Umso erstaunter war man, als festzustellen war, daß die 'Nation' ihre Zurückhaltung mit dem Ablauf der achtziger Jahre dieses Jahrhunderts in Europa aufgegeben hatte. Nicht nur die öffentliche Meinung, auch die soziologische Fachöffentlichkeit sah sich ehrlich überrascht und erschrocken über Nationalismen à la Jugoslawien, die Wahlsiege der rechtsextremen Parteien sowie die rassistisch-nationalistische Gewalt gegen Flüchtlinge und Ausländer hierzulande. Ganz offensichtlich war man darauf nicht vorbereitet gewesen. Die soziologische Theoriebildung mußte eine eklatante Lücke verzeichnen, sie hatte die 'Nation' nahezu vollständig von ihrer analytischen und kategorialen Agenda gestrichen. Mit der hier vorliegenden Untersuchung soll nun ein Versuch unternommen werden, die angesprochene Leerstelle ein wenig zu füllen.

Worum geht es in dieser Arbeit? Die untersuchungsleitende Frage lautet: *Wie kann ein, auch den Problemstellungen der jüngsten Zeit adäquater und zugleich gesellschaftstheoretisch informierter soziologischer Nation-Begriff heute aussehen?* Mein Ziel ist es also, einen Nation-Begriff zu entwickeln, der die Schwächen und Versäumnisse soziologischer Nation-Theorie zumindest ansatzweise zu kompensieren vermag. Es geht mir darum, ein theoretisches Instrumentarium zu finden, das sich für die Analyse der Gegenwarts-Nationalismen eignet, aber gleichermaßen auch für vergangene Zeitpunkte seine Anwendung finden kann. Bei allen Anstößen, die die Nation- und Nationalismusforschung gegenwärtig erhält, kann man sich nicht nur darauf beschränken, die 'neuen' Nationalismen zu untersuchen, jedenfalls dann nicht, wenn man ein gesellschaftstheoretisches Vorgehen wählt. Ein derartiger Nation-Begriff muß, das versteht sich fast von selbst, hinreichend abstrakt sein, um nicht nur den Herausforderungen der Gegenwart zu genügen.

Um eine Antwort auf die oben gestellte Frage zu erhalten, ist es zunächst notwendig, sich zu vergewissern, wie die *soziologisch-theoretische Tradition* das Phänomen 'Nation' zu fassen versucht hat. Dieser Aufgabe stellt sich der *Teil 1* der Untersuchung. Darin erfolgt ein Überblick über die theoretische Nation- und Nationalismusforschung von den klassischen Anfängen der Soziologie bis hinein in die Gegenwart. Die für eine Neu-Fassung der 'Nation' notwendig zu vermeidenden Mängel älterer und neuerer Ansätze sollen hier identifiziert werden. Darauf aufbauend wird in *Teil 2* der Arbeit eine Neu-Formulierung des Nation-Begriffs versucht. Im Anschluß an eine Begrifflichkeit des Logikers George Spencer Brown und die an Gesellschaftstheorie Niklas Luhmanns schlage ich vor, die 'Nation' als eine "Form" zu fassen, als die *Form 'Nation'*. Die von mir zu belegende These lautet, daß die Form 'Nation' den in der Moderne dominanten Beobachtungsmodus überregionaler sozialer Prozesse, nämlich den der *Weltgesellschaft* darstellt. Ich werde aufzuzeigen versuchen, welche Funktionen 'Nation' und Nationalismus in der modernen Gesellschaft als Weltgesellschaft übernehmen. In *Teil 3* der Untersuchung geht es darum, den theoretisch formulierten Nation-Begriff in seiner sozialen Entwicklung nachzuzeichnen, um überprüfen zu können, ob die Theorie auch 'empirisch' tauglich ist. Die dort zu erfüllende Aufgabe lautet, die *Evolution der Form 'Nation'* zu beschreiben. Dabei gehe ich zwar davon aus, daß die 'Nation' ihre Funktion erst in der modernen Gesellschaft stabilisiert, mich interessiert andererseits aber auch, auf welchen kulturellen Wegen es zur Bildung der 'Nation' gekommen ist und welche gesellschaftsstrukturellen Bedingungen ihren Beitrag dazu geleistet haben. Der abschließende *Teil 4* resümiert die *Ergebnisse* dieser Untersuchung und diskutiert noch einmal das *Verhältnis von Gesellschaftstheorie und 'Nation'*.

Nachdem ich kurz den Fahrplan der Arbeit skizziert habe, möchte ich noch darauf hinweisen, was hier *nicht* zu erwarten ist. Nicht erwarten kann man Rezepte und Lösungsvorschläge dazu, wie mit nationalistischen Konflikten, oder, was die Öffentlichkeit hierzulande beschäftigt, wie mit dem Rechtsradikalismus umzugehen sei. Statt dessen können vielleicht Einsichten in die Funktionsweisen und Auslösemechanismen von Nationalismen angeboten werden. Ebenfalls keine Antwort gibt es auf die vielgestellte Frage, ob die moderne Gesellschaft solche Kategorien wie die 'Nation' objektiv 'braucht'. Wie immer man diese Frage beantworten mag: Offensichtlich hält sich die 'Nation' nicht in jedem Fall an die ihr zugedachten Funktionsbeschreibungen und Prognosen.

Des weiteren nicht zu erwarten ist etwas, das normalerweise die Aufgabe einer Arbeit wäre, die einen derart allgemeinen Anspruch verfolgt wie die vorliegende, nämlich die Aufarbeitung der gesamten Literatur zum Themenfeld. Doch abgesehen von dem Umstand, daß die Fülle von (vor allem geschichtswissenschaftlichen) Einzeluntersuchungen kaum in ihrer Gesamtheit zur Kenntnis genommen werden, geschweige denn produktiv verarbeitet werden kann, wird hier der Akzent bewußt auf die soziologische Theoriebildung gesetzt, die erst in einem zweiten Schritt mit historisch-'empirischem' Material konfrontiert werden soll. Wie vielleicht an der Bibliographie dieser Arbeit deutlich wird, habe ich mich dennoch bemüht, so weit es vertretbar war und der Lesbarkeit keinen Abbruch zu tun drohte, der Forschungsliteratur gerecht zu werden. Vor allem die Teile 2 und 3 enthalten zu diesem Zweck einen umfangreichen Anmerkungsapparat.

Das Manuskript wurde Ende März 1994 abgeschlossen. Später erschienene Publikationen konnten nicht mehr berücksichtigt werden.

1. Soziologische Nation- und Nationalismustheorie

Der Themenkomplex Nation/Nationalismus gehört sicherlich nicht zu den herausragenden Forschungsbereichen innerhalb der Soziologie. Über lange Zeit dominierte auf diesem Feld die Geschichtswissenschaft, die es hier zu einer Publikationsflut von kaum mehr zu überschauendem Ausmaß gebracht hat.[1] In der Soziologie hat man anderen Problemfeldern — etwa: soziale Ungleichheit — wesentlich größere Aufmerksamkeit geschenkt als der 'Nation'. Selbst bis in die jüngste Zeit kann im Grunde nur eine zögerliche Annäherung an die Thematik konstatiert werden.[2] Bis zur Wende zum 20. Jahrhundert haben im wesentlichen nur marxistische Analysen vorgelegen. Erst kurz vor dem Ersten Weltkrieg, vor dem ersten Höhepunkt nationalistisch inspirierter Konflikte, begann auch die Soziologie sich dieses Themenbereichs anzunehmen. Seither hat die Nationalismus-Forschung selbst aber nicht die Prominenz erreichen können, wie es andere Themen vermochten. Nach dem Zweiten Weltkrieg ist dann die diesbezügliche Forschungskonjunktur erneut zurückgegangen und erst seit dem Ende der achtziger Jahre, seit der Renaissance des Nationalismus in Europa, kann ein immenser Aufschwung in der entsprechenden Literatur verspürt werden.

Der folgende Überblick über die soziologischen Nation- und Nationalismustheorien soll die großen Theorielinien und Diskussionen nachzeichnen. Aufgrund der Vielzahl der hier referierten Positionen kann die Darstellung freilich nur einen kursorischen Charakter annehmen. Dennoch ist es m.E. hilfreich, sich zu vergegenwärtigen, was die eigene Disziplin bislang auf diesem Gebiet geleistet hat; schließlich kann man nicht so tun, als erfände man die Welt bzw. die Analyse der Nation vollkommen neu. Zudem sind mir bis dato auch nur zwei kurze Zusammenstellungen aus dem deutschsprachigen Raum von Hans Mommsen (einem Historiker!) bekannt (vgl. Mommsen/Martiny 1971; Mommsen 1979a), und die Darstellungen aus dem angloamerikanischen Bereich umfassen entweder nur einzelne Zeitabschnitte (vgl.

---

1   Gleichwohl mangelt es auch innerhalb der Geschichtswissenschaft an einer systematischen historischen Analyse, wie Hans Mommsen (1986, S. 162) selbstkritisch angemerkt hat. Zu Desarten der historischen Forschung vgl. weiter Wehler 1992. Einen Überblick über die historische Nationalismus-Forschung gibt auch A.D. Smith (1992); dort werden allerdings Marx, Engels, Renner, Bauer und Max Weber unter die historische Forschung subsumiert. Die Genannten werden in dieser Arbeit als Soziologen klassifiziert. Zur historischen Nationalismus-Forschung vgl. weiter ausführlich Alter 1985.

2   Dies zeigte sich u.a. darin, daß das Stichwort "Nationalismus" in der 1968 veröffentlichten renommierten "International Encyclopedia of the Social Sciences" vom Nestor der historischen Nation-Forschung, Hans Kohn, verfaßt wurde (vgl. Kohn 1968).

A.D. Smith 1983), sind schwerpunktlastig (vgl. A.D. Smith 1971; Tiryakian 1988) oder nehmen die relevante Literatur nicht einmal ansatzweise zur Kenntnis (so absolut unzureichend: Snyder 1990).[3]

Von einer ausführlichen Rekonstruktion soziologischer Theoriebildung in dieser Hinsicht erhoffe ich mir darüber hinaus aber noch mehr: Eine eingehende Analyse müßte m.E. zeigen, wo *aus theoretischer Sicht* die Gründe liegen, die zur Vernachlässigung des Themenkreises bzw. zur Unterschätzung seiner Relevanz für die moderne Gesellschaft geführt haben. Falls es auch andere Einschätzungen als die bis in die Gegenwart herrschende Unterschätzung gegeben hat, sollte es möglich sein, diese Brüche zu benennen und eventuell die theoriegeschichtlichen Hintergründe für dieses "Versagen" aufzuzeigen.

Die Vorgehensweise ist eine Mischung aus zeitlichen und systematischen Aspekten. Dies geschieht aus der Begründung heraus, daß sicherlich die Autoren immer nur vor dem Stand der jeweiligen Diskussion gesehen werden können, daß andererseits aber auch eine Bezugnahme dieser Autoren auf bestimmte theoretische Richtungen unverkennbar ist. Insbesondere in der marxistischen Diskussion, aber auch in anderen Theorielinien, ist ein solches Rezeptionsverhalten eindeutig feststellbar.

Im einzelnen werden im folgenden vorgestellt: die Behandlung des Themas 'Nation' in der klassischen Soziologie von Tönnies, Durkheim und Simmel (1.1), im klassischen Marxismus bei Marx, Engels, Kautsky, Bauer, Lenin und Stalin (1.2), in der 'bürgerlichen' Soziologie nach der Jahrhundertwende bei Weber, Ziegler und Sombart (1.3), im Strukturfunktionalismus (Parsons) und den Modernisierungstheorien der Nachkriegszeit (1.4) sowie schließlich in den neueren neo-marxistischen Theorien, in den *Rational Choice*-Ansätzen und in den Ansätzen von Connor und Smith, welche die ethnischen Grundlagen der 'Nation' zu bestimmen versuchen (1.5). Die Übersicht über die soziologische Nation- und Nationalismusforschung schließt mit einer analytischen Zusammenfassung (1.6).

1.1 Klassische Soziologie: Tönnies, Durkheim, Simmel

Wenn nun zu Beginn des Überblicks über soziologische Nation- und Nationalismuskonzepte auch auf Gesellschaftstheoretiker wie Tönnies, Durkheim und Simmel eingegangen wird, geschieht dies weniger im Hinblick auf den Stellenwert der Nation in den Theorien selbst, der für die genannten Autoren nur marginal gewesen ist.[4] Alle

---

3   Daneben kann auf zwei ältere Bibliographien verwiesen werden: siehe Merrit/Deutsch 1970 und A.D. Smith 1973.

4   Natürlich hätte man auch schon bei anderen, d.h. früheren Theoretikern ansetzen können, etwa bei Hegel, dem soziologisches Denken durchaus nicht fremd war und dessen Geschichtsphilosophie einen bedeutenden Einfluß auf die Nation-Konzeptionen des Marxismus hatte. Auch die schottischen Moralphilosophen der zweiten Hälfte des 18. Jahrhunderts (Adam Smith, Adam Ferguson u.a.), die heute als "erste" Soziologen gelten, haben sich mit Fragen der Nation

der folgenden Autoren haben sich aber mit Fragestellungen beschäftigt, die Kollektive und größere Gruppen thematisieren. Hier sollen daher theoretische Bestandteile aufgezeigt werden, die zum einen eine bestimmte Wirkungsgeschichte in der Nationalismus-Forschung gehabt haben. Andererseits soll damit zugleich auf Analysepotentiale der Klassiker hingewiesen werden, die im Verlauf der weiteren Nation- und Nationalismusforschung weitgehend unberücksichtigt geblieben sind. Das gilt insbesondere für Simmel, in geringerem Maße aber auch für Tönnies. Durkheims Beitrag hat hingegen, wie noch ausführlicher darzustellen sein wird, erhebliche Konsequenzen für die soziologische Theoriebildung in diesem Zusammenhang gezeitigt. Auch im Hinblick auf die Nationalismus-Forschung kann daher die "zeitlose Modernität der soziologischen Klassiker" (Dahme/Rammstedt 1984) konstatiert werden.

Ferdinand Tönnies hat bekanntlich für seine Dichotomie von *Gemeinschaft und Gesellschaft* (Tönnies 1963 [1887]) wesentliche Merkmale der marxistischen politischen Ökonomie übernommen.[5] Während die Seite der Gemeinschaft idealtypisch für vormoderne Verwandschafts- und Nachbarschaftsbeziehungen steht (die zentralen Charakteristika sind Abstammung und Blutsverwandschaft, vgl. ebd., S. 8ff.), ist die Seite der Gesellschaft im großen und ganzen mit politökonomischen Begriffen ausgemalt. Gesellschaft heißt für Tönnies vor allem bürgerliche Gesellschaft und diese ist identisch mit einer "Tauschgesellschaft" (ebd., S. 52). Darüber hinaus zieht er hinsichtlich der räumlichen Konsequenzen des Kapitalismus die gleichen Schlüsse wie Marx. Da der Welthandel im Begriff schien, alle Grenzen überwinden zu können, müsse auch die Gesellschaft als — modern formuliert — Weltgesellschaft gesehen werden. "Gesellschaft als Gesamtheit, über welche sich ein konventionelles System von Regeln erstrecken soll, ist daher, ihrer Idee nach unbegrenzt; ihre wirklichen und zufälligen Grenzen durchbricht sie fortwährend." (Ebd., S. 53)

Für den vorliegenden Zusammenhang ist weiter entscheidend, daß Tönnies eine zwangsläufige und unumkehrbare Evolution von Gemeinschaft zu Gesellschaft postuliert hat: "Zwei *Zeitalter* stehen mithin (...) in den großen Kulturentwicklungen einander gegenüber: ein *Zeitalter* der Gesellschaft folgt einem *Zeitalter* der Gemeinschaft." (Ebd., S. 251) Um dazu beizutragen, weiteren Mißverständnissen in der Tönnies-Rezeption vorzubeugen,[6] sei hier klar betont: *Diese Annahme hat zur Folge, daß es nach Tönnies' Theorie nicht möglich ist, in der modernen Gesellschaft auf nationaler Ebene von 'Gemeinschaft' zu sprechen.* Gemeinschaft ist an kleine Räume

---

beschäftigt. So verzeichnet etwa Ferguson in seinem 1767 erschienen *Versuch über die Geschichte der bürgerlichen Gesellschaft* die Beobachtung, daß patriotische Tugenden durch Kommerzialisierung, "Teilung der Künste und Berufe" und "Verfeinerung der Sitten" nachzulassen pflegen (vgl. Ferguson 1988, S. 369ff.).

5   Zum Verhältnis von Tönnies und Marx vgl. Cahnman 1973a; Rudolph 1991.

6   Dirk Käsler (1991) hat die Ansicht vertreten, daß Tönnies' Ruhm sich weniger dem Werk selbst verdankt, sondern eher einer mißverständlichen Rezeption zuzuschreiben sei. Die simple Polarisierung von Gemeinschaft und Gesellschaft habe, so seine nicht unplausible These, dem "Zeitgeist" Deutschlands nach 1890 und insbesondere in der Weimarer Republik entsprochen.

gebunden und durch eine *innere Verbundenheit* ausgezeichnet. Eine solche innere Verbundenheit kann es *per definitionem* in der Gesellschaft nicht mehr geben: "Die Theorie der Gesellschaft konstruiert einen Kreis von Menschen, welche, wie in Gemeinschaft, auf friedliche Art nebeneinander leben und wohnen, aber nicht wesentlich verbunden, sondern wesentlich getrennt sind, und während dort verbunden bleibend trotz aller Trennungen, hier getrennt bleiben, trotz aller Verbundenheiten." (Ebd., S. 40) In der Tradition von Hobbes, in der Tönnies seine Analysen selbst sieht, wird die moderne Gesellschaft als Spannungszustand aller gegen alle begriffen. In der Konsequenz heißt dies schließlich, daß es in der Gesellschaft "kein Gemeinsam-Gutes in Wirklichkeit" geben könne (ebd., S. 41). Ein gemeinsamer Wille bzw. die Einheit der Gesellschaft ist allenfalls als *gedankliche Konstruktion* möglich: "Es *kann* solches [das Gemeinsam-Gute, D.R.] geben durch *Fiktion* der Subjekte; welche aber nicht anders möglich ist, als indem zugleich ein gemeinsames Subjekt und dessen Wille *fingiert* oder gemacht wird, worauf dieser gemeinsame *Wert* bezogen werden muß." (Ebd.) Als hinreichenden Entstehungsgrund für eine derartige gedankliche Konstruktion sieht Tönnies schon ein gemeinsames Territorium der Subjekte an.

Schon aus dieser knappen Übersicht über Tönnies' Theorieanlage wird deutlich, daß hier aufgrund der materialistisch angelegten Gesellschaftskonzeption vermieden wird, die Nation (sozial-)ontologisch vorauszusetzen. Vielmehr wird die Einheit der territorial begrenzten und staatlich konstituierten Gesellschaft als *Konstruktion und Imagination* dargestellt. Dem Staat wird explizit abgesprochen, ein Gemeinwesen zu sein (vgl. ebd., S. 228), und auch der Begriff "Kultur" wird in Verbindung mit der Nation ausdrücklich abgelehnt; *"nationales Leben" ist nicht Kultur, sondern Politik* (vgl. ebd., S. 251). Dies ist umso erstaunlicher, als sich gerade die Zeitgenossen Tönnies', und hier insbesondere die Historiker, in der zweiten Hälfte des 19. Jahrhunderts daran machten, die substantiellen und "primordialen" kulturellen Eigenschaften der Nationen sowie ihre Geschichte festzuschreiben.[7] In der Tönniesschen Theorieanlage ist die hier skizzierte andere Vorgehensweise jedoch nur konsequent: Wenn die Gesellschaft nur als Weltgesellschaft gedacht werden kann, müssen nationale Grenzziehungen logischerweise einen gewissen konstruktiven Charakter annehmen.

Emile Durkheim kommt im Bereich der soziologischen Nationalismus-Forschung eine ganz hervorragende Rolle zu, wie die weitere Darstellung noch zeigen wird. Wenngleich Durkheim dem Topos Nation selbst nur wenig Aufmerksamkeit schenkte, hatten seine Analysen des *Kollektivbewußtseins* und der *organischen Solidarität* der modernen Gesellschaft einen weitreichenden Einfluß auf die Gesellschaftstheorie im

---

7   Siehe etwa die wenige Zeit später bekannt gewordene Dichotomie Meineckes, der wesenhaft zwischen Kulturnation und Staatsnation unterschied. Deutschland war demnach selbstverständlich eine Kulturnation, die sich durch Sprache, Literatur, Religion auszeichnete und zusammengehalten wurde (vgl. Meinecke 1962 [1907], insbes. S. 10ff.). Zu den Versuchen (und den Grenzen) der "Nationalisierung" der Wissenschaft im Deutschland des letzten Drittels des 19. Jahrhunderts vgl. Th. Schieder 1992 [1961], S. 72ff.

allgemeinen und die Nationalismusforschung im besonderen. Durkheim entwickelt eine Theorieanlage, die sich in gewisser Weise mit der von Tönnies vergleichen läßt, allerdings unter umgekehrten Vorzeichen. Während Tönnies den Übergang von Gemeinschaft zu Gesellschaft als eine Entwicklung von einem organischen Zusammenwirken (Gemeinschaft) hin zu einem mechanischen Aggregat und Artefakt (Gesellschaft) beschreibt, werden bei Durkheim ähnliche Begrifflichkeiten den Evolutionsstufen genau entgegengesetzt zugeordnet.[8]

In seiner 1893 erschienen Studie *Über die Teilung der sozialen Arbeit* (Durkheim 1988) wird mit der Metapher des "Mechanischen" eben nicht die moderne Gesellschaft charakterisiert, sondern die vormoderne Gemeinschaft. Die Solidarität der vormodernen Gemeinschaft war nach Durkheim deshalb mechanisch, weil sich hier keine "Eigenbewegung" der ihr angehörigen Menschen fand, mit anderen Worten: weil die Individualisierung noch nicht weit fortgeschritten war (vgl. ebd., S. 181f.). In der mechanischen Gemeinschaft sind sich die ihr angehörenden Individuen in ihren gedanklichen Ausprägungen *ähnlich*. Dies hat nach Durkheim zur Folge, daß das Individuum nahezu vollkommen vom Kollektiv, in dem es lebt, dominiert wird; individuelles und kollektives Bewußtsein sind kaum zu unterscheiden. Der Begriff Kollektivbewußtsein stammt denn auch theoretisch aus der Analyse 'primitiver' Gesellschaften: "Die Solidarität, die aus den Ähnlichkeiten kommt, erreicht ihr *Maximum*, wenn das Kollektivbewußtsein unser ganzes Bewußtsein genau deckt und in allen Punkten mit ihm übereinstimmt: aber in diesem Augenblick ist unsere Individualität gleich Null." (Ebd., S. 181f.)

Die Evolution zur modernen Gesellschaft ist, wie bei Tönnies, eine zwangsläufige und unumkehrbare Entwicklung: "Es ist also ein Gesetz der Geschichte, daß die mechanische Solidarität, die zuerst allein oder fast allein stand, nach und nach an Boden verliert, und daß die organische Solidarität immer stärkeres Übergewicht erhält." (Ebd., S. 229) Im Gegensatz zur vormodernen 'einfachen' Vergesellschaftung werden die Angehörigen der modernen Gesellschaft aufgrund des höheren Individualisierungsgrades als wesentlich *unterschiedlicher* gesehen. Die zunehmende Individualisierung ist nach Durkheim kausal mit der gesteigerten Arbeitsteilung in der Moderne verknüpft. In der Konsequenz bedeutet dies jedoch nicht, daß sich gemeinschaftliche Empfindungen in der modernen Gesellschaft nicht mehr auffinden lassen würden, wie man in Anlehnung an Tönnies aus kulturkritischer Perspektive

---

8   Die Vertauschung der Begriffe "organisch" und "mechanisch" im direkten Kontrast zu Tönnies geschah offenbar nicht zufällig. Zum nicht immer spannungsfreien Verhältnis von Tönnies und Durkheim, die ihre Arbeiten gegenseitig sehr genau zur Kenntnis nahmen und rezensierten vgl. Cahnman 1973b sowie Gephart 1982. Wie Tyrell (1985) darlegt, hat sich Durkheim aus "theoriepolitischen" Gründen immer wieder zu eigenen und eigenwilligen Begriffen verleiten lassen. Diese Abgrenzung geschah nicht nur gegenüber Tönnies, sondern auch gegenüber Herbert Spencer, hinter dessen Konzepte der "Differenzierung" und "Integration" Durkheim mit seinen Begrifflichkeiten der "Arbeitsteilung" und "Solidarität" zurückfalle. Die Spencerschen Kategorien wären nach Meinung von Tyrell dem Ansatz Durkheims weit besser zuträglich gewesen.

vermuten könnte. Durkheim stellt die These auf, daß sich gerade *wegen* der Arbeitsteilung ein Gemeinschaftsgefühl entwickeln würde; diese Gemeinschaft wird mit der schon eingangs zitierten "organischen Solidarität" tituliert. Organisch ist diese Solidarität aufgrund des Zusammenwirkens der unterschiedlichen Teile der Gesellschaft. Das Zusammenwirken der Teile der Gesellschaft ergibt sich nach Durkheim aus der Tatsache, daß die Arbeitsteilung die einzelnen Teile in ihren Funktionsweisen voneinander abhängig macht. In diesem Zusammenhang verliere das "primitive" Kollektivbewußtsein zunehmend an Integrationskraft, was allerdings nicht bedeute, daß nicht auch die modernen Gesellschaften "ein tiefes Gefühl ihrer selbst und ihrer Einheit" gewinnen könnten (ebd., S. 228).

Ausgangspunkt der Untersuchungen Durkheims ist allerdings nicht die Entstehung eines Nationalgefühls, sondern die — sein gesamtes Lebenswerk durchziehende — Fragestellung nach der moralischen Integration moderner Gesellschaften. Wie in der Rezeption der Theorie Durkheims schon relativ früh festgestellt wurde, besteht seine Intention offenbar in einer Apologie der Arbeitsteilung und Differenzierung bzw. in dem Versuch, der Arbeitsteilung positive Konsequenzen für das moralische Empfinden zuzuschreiben (vgl. Tyrell 1985, S. 190). Durkheim legt ausführlich dar, daß es auch in modernen Gesellschaften moralische Normen gibt, die sich etwa darin äußern, daß Straftaten im moralischen Sinne kollektiv verurteilt würden. Im Vorgriff auf Talcott Parsons' normativ-juristisches Integrationssystem sieht Durkheim die Solidarität eines Kollektivs insbesondere im Strafrecht symbolisiert (vgl. Durkheim 1988, S. 157).

Durkheim beurteilt also in wesentlichen Teilen seiner Studie über die *Arbeitsteilung* die Integrationsfähigkeit moderner Gesellschaften als positiv. Ein wesentlicher Indikator hierfür ist die von ihm beobachtete Individualisierung in Frankreich. Es sei zwar richtig, so Durkheim, daß die Unterschiede zwischen den verschiedenen Provinzen des Landes abgenommen hätten und das "soziale Leben" sich zwischen den Regionen immer weiter nivelliere. Entscheidend sei aber, "daß jedes Individuum eine immer eigenständigere Art annimmt." (Ebd., S. 188) Bemerkenswert ist schließlich, daß Durkheim in diesem Zusammenhang auch die Unterschiede zwischen den Nationen Europas verschwinden sieht, also etwa zwischen Engländern und Franzosen. Zusammengefaßt kann dies m.E. nur so interpretiert werden: Zum einen nimmt das moralische Gemeinsamkeitsbewußtsein trotz Arbeitsteilung und Individualisierung zu, zum anderen führt die genannte Entwicklung aber nicht zu entscheidenden Differenzen zwischen den Nationen.

Im letzten Teil der Studie über die *Arbeitsteilung* sieht er jedoch auch die Probleme, die mit fortschreitender Differenzierung entstehen, vor allem die wachsende soziale Ungleichheit, die mit der Geldwirtschaft verbunden zu sein scheint. Und hier im dritten Teil verwickelt sich Durkheim hoffnungslos in Widersprüche und Inkonsistenzen: Während er vorher, wie gezeigt, darauf besteht, daß sich auch die hochentwickelten Gesellschaften integrieren lassen und ein Gemeinsamkeitsbewußtsein entwickeln würden, scheint am Ende doch nur Resignation übrigzubleiben: "Die funktionale Vielfalt zieht eine moralische Vielfalt nach sich, die nichts aufhalten kann, und es ist unvermeidlich, daß beide gleichzeitig zunehmen. (...) Die kollektiven Gefühle sind also immer weniger in der Lage, die zentrifugalen Kräfte zurückzuhalten, die die Arbeitsteilung angeblich erzeugt." (Ebd., S. 430) Auf den letzten Seiten sieht sich Durkheim daher sogar genötigt, eine neue Moral einzufordern, was, wenn man die beiden ersten Teile ernst genommen hätte, eigentlich nicht notwendig sein dürfte. So wird, wie Niklas Luhmann den Grundwiderspruch der *Arbeitsteilung* zuspitzt, schließlich "das, was der Theorie nach sowieso geschieht, zur Aufgabe" (Luhmann 1988b, S. 28).

Die hier zuletzt angedeuteten pessimistischen Tendenzen bezüglich der Grenzen einer kollektiv integrierenden Moral, welche schon in der *Arbeitsteilung* mit dem Begriff *Anomie* umschrieben wurden (vgl. Durkheim 1988, S. 437f.), sollten sich im weiteren Werk Durkheims fortsetzen. Die Anomie-These wird bekanntlich in der im Jahre 1897 veröffentlichten Studie über den *Selbstmord* (Durkheim 1973) weiter entfaltet. Anomie entsteht in direktem Zusammenhang mit der Abnahme kollektiv verpflichtender Normen, nämlich "dadurch, daß es an bestimmten Stellen innerhalb der Gesellschaft an Kollektivkräften fehlt, das heißt an Gruppen, die zur Regelung des Lebens in der Gemeinschaft geschaffen sind." (Ebd., S. 454) Es ist, so Durkheims zentrale These, die abnehmende Integrationsfähigkeit moderner Gesellschaften und ihrer Teilinstitutionen wie Familie, Kirche und Staat, die wesentlich zum statistisch belegten Anstieg der Suizidrate beigetragen hat.

Für den vorliegenden Zusammenhang ist es von Interesse, daß schon Durkheim in seinen späteren Werken dem Staat (und implizit: der Nation) nur noch schwache Integrationskräfte zuschreiben kann. Um gegen Egoismus und Regellosigkeit anzugehen, sei der Staat vom einzelnen zu weit entfernt, um kollektive Kräfte wirkungsvoll entfalten zu können (vgl. ebd., S. 463f.). Allenfalls innere und äußere Krisen wie Revolutionen und Kriege, die die gesamte Bevölkerung mit einbeziehen würden, könnten wenigstens zeitweise integrativ wirken, indem sie "Patriotismus" und "nationalen Glauben" stärkten (vgl. ebd., S. 231). Dieser Sachverhalt wird von Durkheim aus der zurückgehenden Suizidrate in den Zeiten solcher politischen Krisen gefolgert.

Es ist wohl keine Überinterpretation, wenn man Durkheims theoretische Entwicklung dahingehend *zusammenfaßt*, daß die Skepsis gegenüber den Integrationsmöglichkeiten moderner Gesellschaften zunehmend überwiegt.[9] Dies wird noch klarer, wenn man sich die neuere Rezeption von Durkheims religionstheoretischer Wende vergegenwärtigt. Durkheim hat sich nach der *Arbeitsteilung* und dem *Selbstmord* in

---

9 In Durkheims Theorie finden sich dennoch diverse Elemente, die man auch für die Nationalismus-Forschung fruchtbar machen kann. So wird gerade die Studie über die *Arbeitsteilung* von Smith zu Recht zur Ahnin der weiter unten zu behandelnden Modernisierungstheorien erklärt (vgl. A.D. Smith 1971, S. 45). Andererseits darf sie in ihrer weiteren Verwendungsfähigkeit nicht überschätzt werden, wie man etwa an Durkheims Unterschätzung der politischen Sphäre sehen kann.

seinem Hauptwerk *Die elementaren Formen des religiösen Lebens* der Entstehung und Funktion von Religion im allgemeinen zugewandt (Durkheim 1981 [1912]). Hier analysiert er unter anderem die kollektiv verbindlichen religiösen Vorstellungen und Bilder sowie die Konsequenzen für die Solidarität innerhalb der Gruppe. Hans Joas (1992, S. 95ff.) hat jüngst die These aufgestellt, daß Durkheims Religionsanalysen allein dem Umstand dienten, die religiösen Erfahrungs- und Handlungsweisen in den nicht-religiösen Bereich zu übersetzen, um dadurch die Grundlagen für die Formulierung einer inner-weltlichen Moral zu erhalten. Diese Wendung vom empirischen Soziologen zum Moralisten[10] unterstreicht nachdrücklich Durkheims Abkehr von seiner frühen These, daß die moderne Gesellschaft aus sich heraus kollektiv verpflichtende (und das heißt wiederum: nationale) Werte wirksam aufbauen könne.[11]

Eine ähnliche Skepsis läßt sich auch aus dem Werk *Georg Simmels* erschließen. Ebenso wie im Fall von Tönnies und Durkheim spielte auch bei Simmel die Analyse der Nation selbst keine Rolle. Was Simmels Untersuchungen für die vorliegende Fragestellung trotzdem so interessant machen, sind zum einen erkenntnistheoretische Analysen, zum anderen die berühmten Untersuchungen des Streits, die besonders aufschlußreich für die Entstehung und Funktion antagonistischer nationaler Konflikte sind. Interessanterweise sind die Analysen Simmels meines Wissens bislang für den vorliegenden Zusammenhang nicht rezipiert worden. Allenfalls der "Exkurs über den Fremden" (Simmel 1992 [1908], S. 764-771) hat in jüngerer Zeit Aufmerksamkeit auf sich ziehen können (vgl. auch Balke 1992).

Soziologisch-erkenntnistheoretische Fragestellungen spielen in Simmels Werk eine zentrale Rolle. Im "Exkurs über das Problem: Wie ist Gesellschaft möglich?" (Simmel 1992, S. 42-61) stellt er in einer Auseinandersetzung mit der Erkenntnistheorie Kants die These auf, daß sich *gesellschaftliche Einheit allein im Bewußtsein der durch Wechselwirkung vergesellschafteten Subjekte darstellt*: "das Bewußtsein, mit den anderen eine Einheit zu bilden, *ist* hier tatsächlich die ganze zur Frage stehende Einheit." (Ebd., S. 43) Simmel wendet sich explizit gegen die Vorstellung, es gebe objektiv wirksame Faktoren, die eine Gesellschaft ausmachen. Vielmehr sind die Erkenntniskategorien sowie die Bedürfnisse des Subjekts nach seiner Theorie für die subjektive "Vorstellung" der Einheit der Gesellschaft von Bedeutung. Es geht Simmel, wie Köhnke angemerkt hat, um "das Verhältnis des einzelnen zur umgebenden Kultur

---

10   Diese Wendung wird näher untersucht bei König 1976.

11   Am Rande sei auf eine Stelle bei Durkheim (1981) hingewiesen, in der auf die Heiligung profaner Symbole im außerreligiösen Bereich aufmerksam gemacht wird. Zu diesen gehören demnach auch das Vaterland: "Die Fähigkeit der Gesellschaft, sich zu vergotten oder Götter zu erschaffen, ist nirgends deutlicher zu sehen, als in den ersten Jahren der Französischen Revolution. Unter dem Einfluß der allgemeinen Begeisterung wurden seinerzeit rein profane Dinge durch die öffentliche Vernunft vergöttlicht: das Vaterland, die Freiheit, die Vernunft. Sogar eine Religion wurde geschaffen, die ihre Dogmen, ihre Symbole, ihre Altäre und ihre Feste hatte." (Ebd., S. 294f.) Für eine historisch-soziologische Ausarbeitung dieser These siehe Hunt 1988.

und die daraus auf das Individuum zurückwirkenden kulturellen Tatbestände", die "zum Anlaß von Theoriebildung werden." (Köhnke 1990, S. 227) Simmel kann daher, wie Köhnke ebenfalls anmerkt, als Vorläufer der modernen Sozialpsychologie gelten.

Eine solche Vorgehensweise muß natürlich Konsequenzen für die Analyse von Kategorien wie 'Volk', 'Nation' und 'Patriotismus' haben. Schon in seiner im Jahre 1890 veröffentlichten Untersuchung *Über sociale Differenzierung* (Simmel 1989) hat er festgestellt, daß es eine absolute Einheit der Gesellschaft als in sich völlig abgeschlossenes Wesen gar nicht geben könne, genauso wie es kein in sich abgeschlossenes Individuum gebe (vgl. ebd., S. 130). Die "Gesellschaftsseele" resultiert für Simmel ebenfalls aus der Summe der Wechselwirkung ihrer Teilhaber. Diese kann gerade unter Bedingungen der modernen Gesellschaft nicht mehr als statisch, substantiell oder feststehend analysiert werden, sondern nur noch im "historischen Prozeß" ihres Werdens (ebd.).

Damit es zur Ausbildung einer Vorstellung einer "Gesellschaftsseele" oder "Volksseele" kommen könne, müsse aber noch ein weiterer entscheidender Faktor hinzugefügt werden. Ähnlich wie in den späteren Werken Durkheims geht auch Simmel nicht davon aus, daß solche Vorstellungen allein aus der betreffenden Gesellschaft selbst hervorgehen konnten. Der hier anzuführende Faktor sind *Konflikt- und Notsituationen*, die erst ein Gemeinsamkeitsgefühl hervorzubringen in der Lage seien: "Es ist aber nicht etwa eine innerliche, geschlossene Volkseinheit da, welche das Recht, die Sitte, die Religion, die Sprache aus sich hervorgehen ließe, sondern äußerlich in Berührung stehende sociale Einheiten bilden sich durch Zweckmäßigkeit, Not und Gewalt bewogen diese Inhalte unter sich aus, und dieses bewirkt oder vielmehr bedeutet erst ihre Vereinheitlichung." (Ebd., S. 131) Aus dieser Stelle geht weiterhin hervor, daß es nach Simmels Vorstellung erst diese Konfliktsituationen sind, die auch für die *inhaltliche* Ausgestaltung des nationalen Bewußtseins verantwortlich zeichnen. Dies ist insofern interessant, als es — wie schon im Falle von Tönnies — dem herrschenden *common sense* über das 'Wesen' der Nation dieser Zeit gerade in Deutschland weitestgehend widerspricht.

Eine zentrale erkenntnistheoretische Kategorie in diesem Zusammenhang ist Simmels *Charakterisierung des Menschen als "Unterschiedswesen"*. Der Mensch sei ein Unterschiedswesen, da er — modern ausgedrückt — seine Informationen nur über Unterschiede zu anderen Bewußtseinszuständen gewinne ("Unterschiede gegen den bisherigen Empfindungszustand" [ebd., S. 137]).[12] Dies seien eben vor allem Differenzen in der Zeitdimension (vorher/nachher)[13], die Informationsgewinnung über

---

12 Man denkt bei diesem Zitat natürlich unwillkürlich an Gregory Batesons Informationsbegriff: "Was wir tatsächlich mit Information meinen — die elementare Informationseinheit -, ist ein *Unterschied, der einen Unterschied ausmacht (...)*." (Bateson 1981, S. 582)

13 So auch Simmels Argumentation in seinem Essay über "Die Großstädte und das Geistesleben" aus dem Jahre 1903. Demnach ist der Unterschied des Augenblicks gegenüber dem vorherigen ein zentrales Charakteristikum des Lebens in der modernen Großstadt (vgl. Simmel 1984, S. 192).

Differenzen sei aber auch von Bedeutung, wenn es darum gehe, Menschen und ihre Lebensgewohnheiten voneinander zu unterscheiden: "[S]o haftet auch unser Interesse nicht an denjenigen Lebensinhalten, die von jeher und überall die verbreiteten und allgemeinen sind, sondern an denen, durch die sich jeder von jedem unterscheidet." (Ebd.) Daher ist es auch für Simmel keine Überraschung, daß für die meisten Menschen nationale Merkmale so gut wie keine Bedeutung haben, vor allem dann nicht, wenn sie nur Menschen kennen, die die gleichen Gedanken teilen wie sie selbst. Im Umkehrschluß heißt dies logischerweise, daß man sich seiner nationalen Identität erst bewußt wird, wenn man Differenzerfahrungen gemacht hat, wenn man Menschen kennengelernt hat, die andere Lebensgewohnheiten, Sprachen, Traditionen etc. pflegen.

Für Simmel ist evident, daß die Aufrechterhaltung des Unterschieds gegenüber anderen Personen selbst zu einem *Wert* werden kann. Zwar sei die Gleichheit der Menschen selbst eine historische Kraft geworden, "allein für das Handeln innerhalb der Verhältnisse des Einzelnen ist doch der Unterschied gegen die Anderen von weit größerem Interesse, als die Gleichheit mit ihnen. Die Differenzierung gegen andere Wesen ist es, was unsere Thätigkeit großenteils herausfordert und bestimmt; auf die Beobachtung unserer Verschiedenheiten sind wir angewiesen, wenn wir sie benutzen und die richtige Stellung unter ihnen einnehmen wollen." (Ebd., S. 200) Freilich kann dies die Konsequenz haben, daß auch dort Unterschiede konstruiert werden, wo, von außen gesehen, keine objektiven Gründe dafür sprechen. Simmel nennt hier beispielhaft die innerprotestantischen Konflikte zwischen Lutheranern und Reformierten im 17. Jahrhundert. Schließlich wird auch die Funktion einer solchen Unterschiedskonstruktion herausgestellt: Es geht hier in erster Linie um die *Aufwertung des Einzelnen* gegenüber anderen, die als unterschiedlich wahrgenommen werden. "Es ist, als ob jeder Einzelne seine Bedeutung so sehr nur im Gegensatz gegen andere fühlte, daß dieser Gegensatz künstlich geschaffen wird, wo er von vornherein nicht da ist, ja wo die ganze Gemeinsamkeit, innerhalb deren nun der Gegensatz gesucht wird, auf Einheitlichkeit anderen Gegensätzen gegenüber gegründet ist." (Ebd., S. 201)

Die Betonung einer Differenz zwischen sozial konstruierten Einheiten wird von Simmel auf zwischenstaatliche Verhältnisse übertragen. In einer kurzen, aber nichtsdestoweniger erhellenden Analyse wird die *soziale Funktion der Grenze* untersucht (vgl. Simmel 1992, S. 694ff.). Simmel unterstreicht, daß die Grenze in erster Linie eine soziale Funktion habe und nicht eine räumliche Tatsache sei, die sich sozial auswirke. Es ist zum einen die Funktion der *Grenze als Rahmen, der eine Einheit konstituiert*, die Simmel aufzeigt. Die Grenze als Rahmen versinnbildliche das staatliche Zusammenhalten, was gerade durch die Willkürlichkeit der Grenzziehung besonders verdeutlicht werde. Weil die Grenze nach Simmels Ansicht nicht durch natürliche geographische Verhältnisse präjudiziert wird, veranschaulicht sie die staatliche Macht in besonderer Weise. Daher werde das Gefühl des Eingegrenztseins vornehmlich nicht durch natürliche Grenzen vermittelt, "sondern gerade durch bloß politische Grenzen, die nur eine geometrische Linie zwischen zwei Nachbarn legen."

(Ebd., S. 695) Hiermit kommt Simmel zur zweiten Funktion der Grenze, nämlich der *Grenze als Ort, wo zwei soziale Einheiten aneinander stoßen.* Weil die Grenze eben auch ihre Spuren als Einheitssymbol in den Individuen hinterläßt, sind an der Grenze Widerstände und "aktive Repulsionen" zu erwarten. Dieser Möglichkeitsraum von Abwehr und Angriff wird pointiert als "Indifferenzzustand von Defensive und Offensive" bezeichnet, als ein "Spannungszustand, im dem beides latent ruht, mag es sich nun entwickeln oder nicht." (Ebd.)

Im Zusammenhang mit den vorstehenden Ausführungen ist auch Simmels Untersuchung über den Streit zu sehen (vgl. Simmel 1992, S. 284). Für den vorliegenden Untersuchungsgegenstand von besonderem Interesse ist die Analyse der *intern integrierenden Funktion von sozialen Auseinandersetzungen und insbesondere von Kriegen* (vgl. ebd., S. 353ff.) oder wie Simmel es beschreibt, der "zusammenschließenden Bedeutung des Kampfes" (ebd., S. 360). Die von Simmel angenommene interne Integration durch äußere Konflikte ist eine Folge der Wechselwirkung, die zwischen den beiden Streitparteien zustande gekommen ist. Die Wechselwirkung läßt den Konflikt als solchen zu einer eigenständigen sozialen Einheit erwachsen, die wiederum auf die Beteiligten zurückwirkt. In moderner Terminologie: Soziologisch interessant ist für Simmel die Emergenz und Eigendynamik des Konflikts, der seine Spuren in den Konfliktparteien hinterläßt.

Simmel betont in diesem Zusammenhang, daß Gruppenkonflikte dazu verhelfen, auch innerhalb der einzelnen Gruppen "klare Verhältnisse" zu schaffen, indem vermeintlich kleine Differenzen zwischen verschiedenen Fraktionen angesichts der scheinbaren Notwendigkeit einer einheitlichen Stoßrichtung dazu führen, weniger radikale und kompromißbereite Personen aus der Gruppe auszuschließen. "Darum sind Gruppen, die sich in irgend einer Art von Kriegszustand befinden, nicht tolerant, sie können individuelle Abweichungen von der Einheit des zusammenhaltenden Prinzips nur bis zu einer entschieden begrenzten Latitüde ertragen." (Ebd., S. 355) In der Regel führe ein solcher Ausschlußprozeß noch zu einer weiteren Radikalisierung der Gruppenposition (vgl. ebd., S. 358). Aber auch hier gilt wieder der Umkehrschluß: Im gleichen Maße, wie ein Gruppenantagonismus zur Vereinheitlichung der Gruppenposition führt, kann zur Erhaltung der Einheit einer Gruppe ein Feindbild opportun sein. Falls für die Gruppe die Erhaltung der Einheit ein hohes Ziel sei, könne es für manche Gruppen geradezu eine politische Klugheit sein, "für Feinde zu sorgen" (ebd., S. 360).

Der konstitutive Anteil des Feindbildes für die Schaffung bzw. Erhaltung einer Gruppeneinheit wird von Simmel selbst auf die *Entstehung nationaler Identitäten* übertragen.[14] So führt er an, daß Frankreich "das Bewußtsein seiner nationalen Zusammen-

---

14 Friedrich Balke (1992) hat jüngst herausgearbeitet, daß zwischen Simmel und dem Freund/Feind-
    Schema Carl Schmitts eine auffällige Konvergenz besteht. Ein wichtiger Unterschied besteht
    allerdings darin, daß Schmitt als "Ontologe des Raumes" die von Simmel unterstellte soziale
    Konstruktivität desselben natürlich scharf zurückgewiesen hat. Zu Carl Schmitt vgl. auch meine

gehörigkeit" erst dem Kampf gegen die Engländer verdanke (vgl. ebd., S. 361), womit offenbar die über mehrere Jahrhunderte andauernden Auseinandersetzungen nach dem Hundertjährigen Krieg gemeint sind. Gleiches gilt nach Simmel jedoch noch für weitere diverse nationale Vereinheitlichungsprozesse: der spanische Kampf gegen die Mauren, der Befreiungskrieg der Vereinigten Staaten, der schweizerische Krieg gegen Österreich, die Befreiung der Niederlande von spanischer Herrschaft. In allen diesen Fällen sei der Krieg die "Gelegenheitsursache" für latente Einheitsströmungen gewesen.

Abschließend sei noch ein kurzer Blick auf den "Exkurs über den Fremden" (Simmel 1992, S. 764-771) geworfen. Nach Simmel ist bekanntlich der Fremde nicht der Wandernde, der heute kommt und morgen geht, sondern derjenige, "der heute kommt und morgen bleibt" (ebd., S. 764). Die dem Fremden eigentümliche Position ist die, daß er zwar zur Gruppe gehört, aber zugleich in gewisser Weise ausgeschlossen bleibt. Diese Spannung zwischen Nähe und Distanz macht nach Simmel eine "positive Beziehung" zwischen der Gruppe und dem Fremden aus. Geäußert habe sich diese positive Beziehung etwa darin, daß dem Fremden aufgrund seiner "objektiven" Stellung der Gruppe gegenüber oftmals "Offenheiten und Konfessionen, bis zu dem Charakter der Beichte, entgegengebracht werden, die man dem Nahestehenden sorgfältig vorenthält." (Ebd., S. 767) Historisch kann dieser Typus des Fremden im Händlertum verortet werden. Nur der Handel habe immer noch mehr Menschen aufnehmen können, wo der Fremde eigentlich ein "Supernumerarius" gewesen sei. Das klassische historische Beispiel ist für Simmel selbst die Geschichte des europäischen Judentums. Die Juden habe ausgezeichnet, daß sie nicht 'bodenständig' waren, was sie gleichzeitig daran hinderte, in einem territorialen gesellschaftlichen Umkreis fixiert zu sein. Und eben dies sei lange Zeit das zentrale Unterscheidungskriterium zwischen Einheimischen und Fremden gewesen.

Die positive Beziehung zwischen dem Fremden und der Gruppe, in die der Fremde stößt, muß nach Simmel aber nicht notwendigerweise zur Integration führen. Dies sei insbesondere dann der Fall, wenn die gemeinsamen Qualitäten zwischen dem Fremden und der Gruppe nicht für beide Beteiligten *exklusiv* gelten, sondern ins Unverbindliche und Allgemeine hinausreichen. Eine 'Nicht-Beziehung' kann darüber hinaus dort herrschen, wo es überhaupt keine gemeinsamen Qualitäten zwischen den Beteiligten gibt, wo also selbst allgemein menschliche Merkmale nach Ansicht der Betroffenen nicht miteinander geteilt werden. Beispielhaft führt Simmel hier das Verhältnis der antiken Griechen zu den von ihnen als "Barbaren" abqualifizierten Nachbarvölkern an.

In beiden Fällen, also sowohl bei der positiven wie auch bei der negativen Beziehung zwischen dem Fremden und der Gruppe, hat der Fremde jedenfalls eine besondere Funktion für die Gruppe. Man kann diese Funktion in Analogie zu den

---

Ausführungen im Abschnitt 2.6.

nationalen Feindbildern beschreiben, die nach Simmel erst zur Ausbildung einer eigenen nationalen Identität geführt haben: Erst das Fremde führt das Eigene als Besonderes ins Bewußtsein.

Wenn man die Simmelschen Analysen zur Wechselwirkung des Konflikts, zur Konstruktion gesellschaftlicher und staatlicher Einheit, zur Funktion der Grenze und der für nationale Identitäten konstitutiven Feindbilder *zusammenfaßt*, so beeindruckt in erster Linie die theoretische Modernität dieses Klassikers und es verwundert umso mehr, daß Simmel für die Nation- und Nationalismusforschung bislang so unterbelichtet geblieben ist. In dieser theoretischen Klarheit ist weder vor Simmel noch — von wenigen Ausnahmen wie Max Weber abgesehen — lange nach Simmel über die Funktion von Groß-Kollektiven sowie von antagonistischen Konflikten im Hinblick auf Nation und Nationalismus reflektiert worden. Mit Simmel kann man den Blick von der *einen* Nation als Auslöser des Nationalismus lösen und bekommt die Auswirkungen des Konflikts selbst in den Blick. Vielleicht ist aber auch gerade seine theoretische Modernität, d.h. insbesondere sein Abstraktionsniveau, der entscheidende Grund gewesen, der die Rezeption für diesen Zusammenhang bislang verhindert hat. Denn die Forschung, und hier insbesondere die historische und die biologische Forschung, war gerade zur Jahrhundertwende im wesentlichen mit der bereits erwähnten "Erfindung" von Primordialitäten der Nationen beschäftigt.

Die Behandlung der 'Nation' in den Theorien Tönnies', Durkheims und Simmels stellt sich — insgesamt gesehen — in ihrem zeitlichen Kontext paradox dar. Wie mehrfach betont wurde, zeichnen sich die Ansätze durch eine zeitlose Modernität aus, von der insbesondere die Nation-Forschung erheblich mehr hätte profitieren können, wenn sie die Klassiker entsprechend zur Kenntnis genommen hätte. Andererseits muß aber der Umstand berücksichtigt werden, daß die hier vorgestellten Theorien zu einer Zeit ausgearbeitet wurden, die ohne Zweifel eine vorher nie gekannte Konjunktur des Nationalismus in der Politik erlebte. Umso mehr erstaunt aus heutiger Sicht, daß die beginnende Soziologie zwar ein erhebliches theoretisches Potential besaß, sich aber der Erforschung des Nationalen selbst kaum widmete. Das mag sicherlich damit zusammenhängen, daß die seinerzeitige Soziologie — zumindest in Deutschland — "unter Ausschluß der allzu brisanten politischen und sozialen Fragen der Gegenwart" arbeiten mußte, damit sie sich überhaupt universitär etablieren konnte (Köhnke 1990, S. 230). Was auch immer die einzelnen Forschungsrichtungen beeinflußt haben mag, vor diesem Hintergrund können die Werke von Tönnies, Durkheim und Simmel als erste Belege für die in der Einleitung konstatierte Einschätzung gelten, die 'Nation' sei theoretisch nur unzureichend erfaßt worden. Das theoretische Instrumentarium sollte damit aber nicht in Vergessenheit geraten.

1.2 Klassischer Marxismus: Marx, Engels, Kautsky, Bauer, Lenin, Stalin

Der Überblick über die Nation-Analyse des Marxismus beginnt mit seinen Gründungsvätern. Schon Marx und Engels haben, trotz einer fehlenden systematischen Analyse, diverse Einzelaspekte des hier zu bearbeitenden Themas herausgestellt, die in der späteren Diskussion und in der Politik der ehemaligen sozialistischen Staaten eine große Rolle gespielt haben. Dennoch hat sich die marxistische Theorie insgesamt, so viel sei schon vorweggenommen, sehr schwer getan, einen adäquaten analytischen Zugang zum Phänomen Nation zu bekommen. Sie litt (und leidet) sicherlich darunter, daß ihr die Analyse durch einen politisch verengten Blick zumeist verstellt war. So reichen die entsprechenden Einschätzungen der 'Nation' von völliger Ignoranz über die schon eingangs erwähnte Vermutung, daß sich dieses Phänomen im Laufe des gesellschaftlichen Fortschritts erledigen werde, bis hin zu politischer Instrumentalisierung und Vereinnahmung.[15]

Wie Hans-Ulrich Wehler zu Recht festgestellt hat, sind Marx und Engels "nie im strengen Sinne Theoretiker der Nationalitätenproblematik geworden" (Wehler 1971, S. 18). Sie haben allerdings in verstreuten Passagen ihrer umfangreichen Werke einzelne Aspekte herausgearbeitet, die höchst folgenreiche Wirkungen annehmen sollten. Eine der zentralen Grundannahmen *Karl Marx'* in diesem Zusammenhang ist, daß es der Kapitalismus selbst sei, der die nationalen Eigenheiten und Gegensätze zwischen den Nationen nivellieren werde. Bekanntlich schreiben Marx und Engels dem Kapitalismus eine entscheidende Rolle auf dem Weg in den Kommunismus zu. Im *Kommunistischen Manifest* aus dem Jahr 1848 wird prognostiziert, daß durch den zunehmenden Handel, die wachsende Kommunikation zwischen den Nationen und die entstehende Abhängigkeit der Nationen voneinander ein Abschließen partikularer Interessen unmöglich werde. "Die Bourgeoisie reißt durch die rasche Verbesserung aller Produktionsinstrumente, durch die unendlich erleichterten Kommunikationen, alle, auch die barbarischen Nationen in die Zivilisation. Die wohlfeilen Preise ihrer Waren sind die schwere Artillerie, mit der sie alle chinesischen Mauern in den Grund schießt, mit der sie den hartnäckigsten Fremdenhaß der Barbaren zur Kapitulation zwingt." (MEW 4, S. 466)

Genauso, wie es zu einer kosmopolitischen Bourgeoisie ohne nationale Interessen kommen sollte, wird auch dem Proletariat theoretisch keine Nation als Heimat zugesprochen. Allerdings scheint es Marx strategisch sinnvoll zu sein, daß das Proletariat die Macht in einzelnen Nationen übernimmt, wie die viel zitierte Stelle aus dem *Kommunistischen Manifest* suggeriert: "Die Arbeiter haben kein Vaterland. Man kann ihnen nicht nehmen, was sie nicht haben. Indem das Proletariat zunächst sich die politische Herrschaft erobern, sich zur nationalen Klasse erheben, sich als Nation

---

15   Eine eingehende Darstellung und Diskussion der marxistischen Nation-Theorie findet sich bei Mommsen 1979b sowie bei Mármora 1983, S. 21ff. Für eine kleine Zusammenstellung der Primärliteratur zu diesem Punkt vgl. Fetscher 1967, S. 571ff.

konstituieren muß, ist es selbst noch national (...)." (MEW 4, S. 479)[16] Die Hintergrundannahme dieser Position ist, daß es zur Befreiung des Proletariats nicht nur eine Erhebung in einem Land geben dürfe, sondern dies zeitgleich in den entwickelteren Staaten West- und Mitteleuropas geschehen müsse.[17]

Während Marx sich vornehmlich für die Rolle der Nation innerhalb der Evolution zum Sozialismus sowie ihr prognostiziertes Verschwinden interessiert, betrachtet *Friedrich Engels* daneben auch scheinbar unveränderliche Merkmale, also die vermeintlich "immer schon gegebenen" Charakteristika der Nationen. In einer Auseinandersetzung mit dem Panslawismus, der in der zweiten Hälfte des 19. Jahrhunderts starken Zulauf hatte, entwickelt Engels die Hypothese der "geschichtslosen Völker": "Völker, die nie eine eigene Geschichte gehabt haben, die von dem Augenblick an, wo sie die erste, roheste Zivilisationsstufe ersteigen, schon unter fremde Botsmäßigkeiten kommen oder die erst durch ein fremdes Joch in die erste Stufe der Zivilisation *hineingezwungen* werden, haben keine Lebensfähigkeit, werden nie zu irgendeiner Selbständigkeit kommen können." (MEW 6, S. 275) Diese Hypothese besagt vornehmlich, daß Völker, die in der Vergangenheit keine eigenen revolutionäre Anstrengungen aufweisen können, womit alle Völker außer den großen alten europäischen Nationen gemeint sind, kein Recht auf nationale Selbständigkeit haben. Dieses Recht soll vornehmlich den Völkern Osteuropas vorenthalten bleiben, also etwa Rumänen, Serben, Kroaten, Tschechen und anderen. Engels unterscheidet zu diesem Zweck zwischen *Nation* und *Nationalitätsprinzip* (vgl. MEW 16, S. 157ff.). Letzteres meint eben jene geschichtslosen Völker, die für sich zwar staatliche Autonomie beanspruchen, für die es aber, so kann man Engels interpretieren, keine *objektiven Kriterien* gibt. Damit wird diesen Völkern aufgrund ihrer Eigenschaften in der Vergangenheit auch jegliche Entwicklungschance in der Zukunft abgesprochen. Für Engels ist der Panslawismus, der für ihn hinter diesen Bestrebungen steckt, nur ein Instrument in der Hand des russischen Feudalismus (vgl. ebd.). Diese Hypothese der "geschichtslosen Völker" konsequent zu Ende gedacht, heißt dann eben auch, daß Marx und Engels annehmen, daß es nach der deutschen Revolution von 1848 zu einer Germanisierung, Polonisierung und Magyarisierung der kleineren Völker Mittel- und Südosteuropas kommen müsse (vgl. Mármora 1983, S. 33).[18]

---

16 Daß es dennoch nationalistische Feindseligkeiten innerhalb des Proletariats gab, blieb freilich auch Marx nicht verborgen. Er führte die Animositäten auf die Klassensituation und die Interessen des Kapitals zurück, das damit eine Kooperation der Arbeiter über nationale Grenzen hinweg unterbinden wolle: "*Dieser Antagonismus* ist das *Geheimnis der Ohnmacht der englischen Arbeiterklasse*, trotz ihrer Organisation. Es ist das Geheimnis der Machterhaltung der Kapitalistenklasse.*" Aus: Marx/Engels, Ausgewählte Briefe, Berlin 1953, S. 272, zit.n. Fetscher 1967, S. 575.

17 Aufgrund dieser Hypothese entstand später unter den russischen bzw. sowjetischen Kommunisten die Diskussion um den "Sozialismus in einem Land", eine Position, die vor allem von Stalin gegen Trotzki vertreten wurde.

18 So überraschend diese Positionen aus dem Munde von Marxisten heute anmuten mögen, so häufig wurden diese Positionen während der 1848er Revolution gerade von linksliberaler Seite

Es sind auf den ersten Blick von Marx und Engels zwei verschiedene Nation-Konzepte vertreten worden. Marx widmet seine Aufmerksamkeit eher der These, daß die Nation nur ein notwendiges Durchgangsstadium auf dem Weg zum Kommunismus sei, während Engels sich mit der Frage 'objektiver' Merkmale von Nationen beschäftigt. Beide Konzeptionen sind bei näherer Betrachtung nicht unbedingt miteinander zu vereinbaren, auch wenn dies in den tagespolitischen Auseinandersetzungen, in die Marx und Engels verwickelt waren, wohl keine Rolle gespielt haben dürfte. In diesen Verwicklungen wurden die Konzepte offensichtlich je nach Bedarf unterschiedlich gehandhabt. Darüber hinaus stimmen die theoretischen Kerngehalte nicht mit empirischen Evidenzen überein, was aber an dieser Stelle noch nicht diskutiert werden soll. Die Unterschätzung nationalistischer Potentiale ist vermutlich darauf zurückzuführen, daß bei Marx und Engels nicht die Nation als solche im Mittelpunkt des Interesses steht, sondern die Frage, wie eigentlich der staatliche Rahmen auszusehen habe, der eine effiziente kapitalistische Produktionsweise erlaube, welche wiederum ein klassenbewußtes Proletariat befördere (vgl. A.D. Smith 1971, S. 73). Gleichwohl finden sich hier im Ansatz schon Probleme, die die Nation/Nationalismus-Forschung in der Folgezeit noch beschäftigen sollten. Da ist zum einen die Frage nach der *Funktion von Nation und Nationalismus im Prozeß der Modernisierung*, die man aus Marx' Position ableiten kann. Zum anderen ist es die Problemstellung einer *Typologie von Nationen und Nationalismen*, die später vornehmlich in der Geschichtswissenschaft heftig diskutiert werden sollte. Es geht in typologischer Hinsicht vor allem darum, Rückschlüsse aus den unterschiedlichen Genesen und inhaltlichen Ausprägungen der nationalen Semantiken zu ziehen.[19]

Diese eher kursorischen Bemerkungen der Gründungsväter des Marxismus haben in der Folge aber nicht zu einer in erster Linie wissenschaftlich-theoretischen Auseinandersetzung innerhalb der Theorielinie geführt. Der entscheidende Anstoß zur Diskussion um die 'nationale Frage', die nach 1880 einsetzt, ist die innerhalb der sozialistischen Bewegung wahrgenommene Anziehungskraft nationaler Ideologien auf ihre Klientel, von der man annahm, daß sie solchen Ideen gegenüber resistent sei (vgl. Hobsbawm 1991, S. 57).[20] Ähnlich wie Marx geht auch der deutsche Sozialdemokrat

---

vertreten. Wehler zitiert einen Redebeitrag aus der Paulskirche, wo etwa die deutsche Übermacht über die Slawen als "naturhistorische Tatsache" erklärt wurde (vgl. Wehler 1989b, S. 743). Die Wurzeln dieses Welt- und Geschichtsbildes liegen natürlich in der Hegelschen Geschichtsphilosophie. Dies gilt insbesondere auch für Engels' These der "geschichtslosen Völker".

19   Zu derartigen Typologien in der Geschichtswissenschaft, wo zwischen Kultur- und Staatsnation, integralem Nationalismus und Reformnationalismus unterschieden wird, siehe Alter 1985. Zum Teil sind diese Typologien auch in der Soziologie rezipiert worden; siehe etwa die Diskussion um die Staatsbürgernation (vgl. Abschnitt 1.4) oder A.D. Smiths Differenzierung in ethnische und territoriale Nationen (vgl. Abschnitt 1.5).

20   Conze und Groh vermerken in diesem Zusammenhang: "Die nationale Begeisterung auch der Arbeiter galt während des Krieges [1870/71, D.R.] vornehmlich den deutschen Siegen und nicht der von Bebel, Liebknecht und in geringerem Maße von Schweitzer erträumten großdeutschen Einheit oder gar einer demokratischen Verfassung." (Conze/Groh 1966, S. 96f.)

Karl Kautsky in Artikeln und Broschüren (z.B. Kautsky 1887; 1907) zunächst davon aus, daß sich die Nationen und nationalen Gegensätze durch die kapitalistische Entwicklung aufgebaut haben. Die zunehmende Warenproduktion sei, neben äußeren Feinden und der "Übermacht der Natur", der entscheidende Faktor für die Ausbildung der modernen Nationalitäten gewesen (vgl. Kautsky 1887, S. 394ff.). Ab einem gewissen Punkt jedoch werde Einteilung in Nationalstaaten zum einem Hindernis für die weitere ökonomische und soziale Entwicklung. Da die internationale Konkurrenz eine Bedrohung für viele Kapitalisten darstelle, verlange die Bourgeoisie eine Abschottung in Form von Schutzzöllen und ähnlichem. Dies könne aber nicht im Interesse des Proletariats sein, das seine Entwicklung an die Internationalisierung des Handels geknüpft habe: "Die bornirten Klasseninteressen der Bourgeoisie verlangen heute nicht nur nach Erhaltung, sondern nach Verstärkung der nationalen Schranken, nach Schärfung des Nationalhasses; sie treten dadurch immer mehr in Gegensatz zu den Bedingungen der ökonomischen Entwicklung. Dagegen fallen diese zusammen mit den Klasseninteressen des Proletariats." (Ebd., S. 450)

Die patriotische Verpflichtung des Proletariats kommt nach Kautsky dort zum Ausdruck, wo es darum geht, den gesellschaftlichen Fortschritt im eigenen Land gegen ausländische Reaktionäre zu verteidigen. So rechtfertigt er den Kampf der französischen Sozialdemokratie gegen die deutsche Invasion, allerdings erst *nach* der Absetzung Napoleons III. Zu ähnlichen patriotischen Verpflichtungen seien auch die deutschen Sozialdemokraten aufgerufen, etwa wenn es in den Kampf gegen das russischen Zarenreich gehe (vgl. Kautsky 1907, S. 14). Ansonsten aber zeichne sich der Patriotismus des Proletariats wesentlich durch Internationalismus aus, was ihn vom bürgerlichen Patriotismus unterscheide.

Eine grundlegend andere Richtung der marxistischen Nation-Theorie als in den bisher vorgestellten Ansätzen wird von dem Austromarxisten *Otto Bauer*[21] einge-schlagen. Mit seiner im Jahre 1907 veröffentlichten Studie *Die Nationalitätenfrage und die Sozialdemokratie* (Bauer 1924), die wohl als erste grundlegende theoretische Analyse des Gegenstandes gelten darf, werden zentrale Aussagen Marx' und Engels' zurückgewiesen. Bauers Ziel ist es, anhand einer eingehenden historischen und sy-stematischen Untersuchung des Nation-Begriffes, Kriterien für eine politische Lösung der Nationalitätenprobleme in der Habsburger Monarchie zu erarbeiten. An dieser Stelle sollen die politischen Probleme allerdings nicht in erster Linie interessieren, sondern vielmehr das theoretische Konzept, das dahinter erkennbar ist.[22]

---

21 Otto Bauer (1881-1938) war sozialdemokratischer Funktionär und Redakteur der Wiener "Arbeiter-Zeitung". Er hatte nach dem Ersten Weltkrieg kurzfristig auch Staatsämter inne, in denen er den Anschluß Österreichs an Deutschland zu betreiben versuchte. Bauer starb im Pariser Exil.

22 Zu den politisch-theoretischen Diskussionen der Nationalitäten-Problematik in Österreich vgl. Wehler 1971, S. 208ff.; 214ff. Keine Berücksichtigung in der vorliegenden Darstellung findet die Position *Karl Renners*, der eher politisch-strategische und verfassungsrechtliche Studien zur Nationalitätenproblematik im Habsburger Reich vorgelegt hat. Bauers Position schließt in

Ausgangspunkt der Theorie Bauers ist eine Auseinandersetzung mit den romantischen "Volksgeist"-Konzepten, die im Anschluß an Herder und Fichte durch die rechts-historische Schule während des 19. Jahrhunderts eine große intellektuelle Attraktivität entwickelt haben. An diesen Vorstellungen kritisiert Bauer, daß sie die Nation als Charaktergemeinschaft im substantiellen Sinne verabsolutieren würden. Die Vorstellung einer substantiellen Seele oder gar einer Volksseele sei aber nach Kant nicht mehr zu halten; sie sei nichts mehr als ein "romantisches Gespenst" (ebd., S. 9). Während die Vertreter der Volksgeist-Ansätze die idealistische Substanz betonen, sieht Bauer die verschiedenen Nationalcharaktere, die für ihn unzweifelhaft existieren, als *historische Produkte* an. Im Nationalcharakter schlügen sich die vererbten Eigenschaften der Ahnen nieder, welche diese in ihrem jeweiligen "Daseinskampf" angenommen und kulturell weitergegeben hätten. Die Nation werde dadurch, so Bauer, zu einer *Schicksalsgemeinschaft* mit distinkten kulturellen Eigenschaften (vgl. ebd., S. 22ff.).

Im Gegensatz zu seinerzeitigen Versuchen, das deutsche Volk aus seinen vermeintlichen germanischen Ursprüngen und Eigenschaften abzuleiten, rekonstruiert Bauer die deutsche Geschichte in dieser Hinsicht wesentlich differenzierter. Zwar seien die Germanen eine Nation im Sinne einer Schicksalsgemeinschaft gewesen, doch seien sie im Verlauf ihrer Geschichte in verschiedene Stämme zerfallen, da es ihnen nicht gelungen sei, über die gemeinsame Abstammung hinaus eine Kulturgemeinschaft zu errichten. Eine solche Kulturgemeinschaft sei erst gegen Ende des Mittelalters durch die verkehrsmäßige Verflechtung der Ritterschaft entstanden, die eine gemeinsame höfische Sprache entwickelt habe. Bauer kommt zu dem Schluß: "Nicht die gemeinsame Abstammung, sondern eine ganz neu entstandene gemeinsame Kultur setzte der Differenzierungstendenz der deutschen Stämme, die diese schliesslich notwendig zu ganz verschiedenen Völkern gemacht hätte, eine Schranke und einte die Deutschen zu einer Nation." (Ebd., S. 50) Diese Kulturgemeinschaft der herrschenden ritterlichen Klasse habe sich im weiteren Verlauf durch die einsetzende Waren-produktion, die Reformation, die Ausweitung des Postverkehrs und des Zeitungswesens in Form der bürgerlichen Kultur zu einer kulturellen "Klammer" transformiert.

Der entscheidende Faktor zur Ausbildung eines deutschen Nationalcharakters ist für Bauer aber der wirtschaftliche Aufschwung des 18. Jahrhunderts bzw. allgemein die kapitalistische Entwicklung gewesen, da diese, mit Unterstützung von Schulwesen, Heerwesen und Demokratie, nach und nach die Einbeziehung auch der ländlichen Bevölkerung forciert habe: "*Erst der Kapitalismus hat wieder eine wahrhaft nationale, die engen Grenzen der Dorfgemarkung überspringende Kultur des ganzen Volkes erzeugt.*" (Ebd., S. 90) Allerdings sei die vollständige Einbeziehung des gesamten Vol-kes in die nationale Kulturgemeinschaft wesentlich noch dadurch behindert, daß die

---

wesentlichen Teilen an Renner an; aufgrund der soziologischen Anschlußfähigkeit wird daher Bauer hier der Vorzug gegeben. Zum Verhältnis von Bauer und Renner vgl. Mommsen 1979c.

Arbeiterschaft durch die Ausbeutung ausgeschlossen sei. Daher könne erst der projektierte Sozialismus die nationale Kulturgemeinschaft verwirklichen.

Bauer wendet sich mit diesem Ansatz gegen die innerhalb des Marxismus und der Sozialdemokratie weit verbreitete Ansicht, daß die Nation durch den Übergang zum Sozialismus obsolet und das Proletariat zum entscheidenden Identifikationsfaktor werde. Er betont im Gegenteil, der Sozialismus werde die Differenzierung der Nationen vorantreiben (vgl. ebd., S. 105f.). Bauer entwickelt in diesem Zusammenhang die — historisch weitsichtige — Hypothese der *nationalen Apperzeption* (vgl. ebd., S. 107ff.). Nationale Apperzeption heißt, daß jede Neuerung, und eben auch der Sozialismus, nur an die bestehende nationale Kultur anknüpfen könne. Die Arbeiter verschiedener Nationen teilten zwar das gleiche Schicksal, sie seien aber keine Schicksalsgemeinschaft, die durch eine tradierte Kultur und Sprache geeint werde. Eine Schicksalsgemeinschaft und somit der Nationalcharakter entsteht nach Bauer erst dadurch, daß die Individuen wechselwirkend aufeinander einwirken — modern gesprochen: Gemeinschaft entsteht durch soziale Praxis.

Die nationale Kultur- und Kommunikationsgemeinschaft ist für Bauer aber nur die eine Seite der Medaille. Auf der anderen Seite stehe die Abgrenzung gegenüber anderen Nationen, die notwendig erst zur Bewußtwerdung der eigenen Nationalität beitragen müsse (vgl. ebd., S. 138ff.). Ein Bewußtsein von der eigenen Nationalität könne man erst bekommen, wenn man auch andere Nationalitäten kennengelernt habe; daher entstehe ein Nationalbewußtsein am ehesten bei denen, die viel gereist seien oder in Grenzgebieten lebten. Genauso, wie der Kapitalismus für Bauer der entscheidende Faktor für die Ausbildung der Nation als Charaktergemeinschaft gewesen ist, kommt dem Kapitalismus auch für die Entstehung des Nationalbewußtseins als solchem die zentrale Rolle zu. *Erst der Kapitalismus bringe die verschiedenen Nationen derart miteinander in Kontakt, daß jedermann die eigene Nationalität bewußt werden müsse*: "Aber diese Verbreitung des Nationalbewußtseins ist wesentlich ein Erzeugnis unserer kapitalistischen Zeit, die mit ihrem unerhörten Verkehrsreichtum die Nationen in so enge Verbindung untereinander gebracht hat, dass niemandem mehr, der an der Kultur seiner Nation Anteil hat, die anderen Nationen völlig fremd bleiben. Selbst der, der niemals einen Menschen von Angesicht zu Angesicht gesehen, der zu einer fremden Nation gehört, lernt doch die fremden Nationen aus der Literatur, aus der Zeitung — sei es auch in Zerrbildern — kennen, selbst ihm erwächst aus der Kenntnis der fremden Nationen das Bewußtsein seiner Nationalität." (Ebd., S. 141) Unter diese Entwicklung fallen nach Bauers Ansicht auch diejenigen Völker, die von Engels als vermeintlich "geschichtslos" tituliert worden waren. Das "Erwachen" dieser Völker gehe ebenso auf die kapitalistische Modernisierung zurück wie die nationale Bewußtwerdung anderer Völker (vgl. ebd., S. 215ff.).

Aus diesem Umstand der kapitalistischen-Entwicklung resultiert für Bauer weiter die Entstehung von Nationalismus oder, wie er formuliert, der "eigentümlichen *nationalen Wertung* der Dinge" (ebd., S. 145). Bauer führt dieses Phänomen zum einen darauf zurück, daß das menschliche Bewußtsein träge sei und Neues, das heißt eben auch Fremdes, nur schwer akzeptieren könne: "So quillt das Nationalgefühl aus jener 'gefährlich furchtbaren' Macht des Altgewohnten, aus dem Unwillen, mit dem die Trägheit des menschlichen Geistes allem Neuen und darum allem Fremden gegenübertritt (...)." (Ebd., S. 142) Zum anderen aber liege es daran, daß der einzelne sich mit seiner Nation derart identifiziere, daß sich die "Vorstellung der Nation mit der Vorstellung meines Ich" verknüpfe (ebd., S. 144). Es sei die ursprüngliche Verknüpfung jedes einzelnen mit seiner Nation, die zur Abwertung anderer Nationen im wesentlichen beitrage.

Zusammengefaßt läßt sich also Bauers Argumentation bis zu diesem Punkt auf folgenden knappen Sachverhalt bringen: Erst der Kapitalismus bindet die Menschen zu einer nationalen Kommunikationsgemeinschaft zusammen, genauso wie es auch der Kapitalismus ist, der die Differenzen und Konflikte zwischen den Nationen erst erzeugt. Und auch der Sozialismus vermag an den Unterschieden der Nationen nicht notwendigerweise etwas zu ändern. Mit diesem offensichtlich pessimistischen Ergebnis will sich Bauer freilich nicht abfinden. Denn neben *nationalen Wertungen* existierten *rationale Wertungen*. Beide Wertungsformen müssen, so wendet Bauer gegen die Hegelsche Geschichtsphilosophie und ihre marxistischen Vertreter ein, nicht unbedingt übereinstimmen: "[I]n dem Schicksal der Nation waltet aber kein vernünftiger Weltgeist, der das Vernünftige zu Seiendem, das Seiende vernünftig macht, sondern die blinde Notwendigkeit des Daseinskampfes." (Ebd., S. 147) Nationalistische Gegensätze können in Bauers Vorstellung durch die Verbindung des proletarischen Klassenkampfes mit eben diesen rationalistischen Wertungen entschärft werden. Bauer formuliert die politische Zielerwartung, daß das Proletariat einen "reifen Internationalismus" entwickeln werde, der aber nicht mehr von der Erfahrungstatsache der Verschiedenheit der Nationen absehen würde (vgl. ebd., S. 310). Bauer stellt somit eine Verbindung von Nation und Proletariat her, die es in der marxistischen Orthodoxie nicht gibt und die dort immer abgelehnt wird.[23]

Auf den ersten Blick haben Bauers Vorstellungen eine recht große Affinität zu historischen Evidenzen der Nation- und Nationalismus-Problematik. Insbesondere der Begriff der "nationalen Apperzeption" und die Erklärung nationalistischer Antagonismen aus der Eigendynamik des Kapitalismus heraus verweisen auf einen, in Relation zu anderen marxistischen Ansätzen, analytischen Zugriff, der für sich eine beschreibende und erklärende Kraft beanspruchen kann, hinter dem viele Ansätze seiner Zeit zurückbleiben. Freilich leidet auch dieser Ansatz unter idealistischen Verzerrungen, die aber weniger den analytischen Teil als den politisch-

---

23 Bauers Theorie hat erst in jüngster Zeit auch von marxistischer Seite eine positive Rezeption erfahren. Vgl. etwa die Position Mármoras (1983, S. 131ff.), die im Anschluß an Bauers Nation-Theorie das Konzept der "populär-demokratischen Nation" entwickelt, das sie auf den "antiimperialistischen" Befreiungskampf Lateinamerikas zu übertragen sucht.

programmatischen Teil betreffen.[24] So scheint der Begriff der "rationalen Wertung", der die Nation in ihrem Stellenwert relativieren sollte, doch recht willkürlich und ohne ausreichenden Bezug zum gesellschaftstheoretischen Hintergrund der Nation-Konzept zu sein.

Während Bauer einen Konnex zwischen Nation und Proletariat herstellt, der mit grundlegenden Prämissen der marxistischen Orthodoxie bricht, wird *W.I. Lenin* auch bezüglich der Nationalitäten-Problematik an diese Tradition wieder anknüpfen. In Bauers Konzeption taucht die Nation — wie Mármora (vgl. Mármora 1983, S. 154) zu Recht herausgestellt hat — als mehr oder weniger unabhängige Variable auf, die nicht mit einer der Klassen exklusiv verbunden ist. Lenin betont demgegenüber den 'bourgeoisen' Charakter der Nation, den das Proletariat sich nur in bestimmten *politisch-strategischen* Punkten zu eigen machen dürfe. Nationale Bewegungen sind für Lenin eindeutig an die Entstehung des Kapitalismus gebunden, und dies nicht allein, weil die ökonomischen Grundlagen eine Verknüpfung von vorher unverbundenen Produktionsformen geschaffen haben, sondern weil dies mit der "Eroberung des inneren Marktes durch die Bourgeoisie" (Lenin 1965b, S. 398) zusammenhänge. Daher sei der Nationalstaat, der diesen Erfordernissen am besten entspreche, "das *Typische*, das Normale" (ebd., S. 399). Für den entwickelten Kapitalismus jedoch gelten nach dem von Lenin proklamierten "Weltgesetz des Kapitalismus" (Lenin 1965a, S. 12) die folgenden Tendenzen: "Entwicklung und Vervielfachung der verschiedenen Beziehungen zwischen den Nationen, Niederreißung der nationalen Schranken, Herausbildung der internationalen Einheit des Kapitals, des Wirtschaftslebens überhaupt, der Politik, der Wissenschaft usw." (Ebd.) Eindeutig wieder an Marx anknüpfend, wird von Lenin prognostiziert, daß der entwickelte Kapitalismus die einzelnen Nationalstaaten zunehmend integriere und auf einen "Antagonismus zwischen dem international verfilzten Kapital und der internationalen Arbeiterbewegung" (Lenin 1965b, S. 404) hinauslaufen müsse.

Aus dieser theoretischen Annahme leitet Lenin ab, daß sich das Proletariat nur in den Fällen der nationalen Programmatik verschreiben dürfe, in denen das Ziel der Weltrevolution nicht aus den Augen verloren werde. Zu diesem Zweck unterscheidet er zwischen *unterdrückenden Nationen* und *unterdrückten Nationen*. Um genauere Kriterien aufstellen zu können, entwickelt er eine dreiteilige Typologie von Ländern bezüglich der Fragen des nationalen Selbstbestimmungsrechts (Lenin 1960, S. 152ff).

---

24 Michael Walzer hat in diesem Zusammenhang die These vertreten, daß allem Kampf gegen die imperialen Autokratien zum Trotz der Einfluß des Modells eines multinationalen Imperiums auf die sozialistischen Theoretiker nicht unterschätzt werden dürfe: "Here were practical examples of economic interdependence and political internationalism, and the idea of replacing them with a multitude of nation-states, each with its own 'national bourgeoisie', each cultivating its own narrow parochialism, was abhorrent to socialist leaders who had grown up in Petersburg, e.g., or in Vienna (or even, as with Rosa Luxemburg) in Warsaw. It was only necessary, they thought, to destroy the autocracy, democratize the central government, and allow some degree of local autonomy. The solidarity of the workers would sustain the unity of the empire against secessionist movements." (Walzer 1983, S. 222)

Unter den Typ I fallen die entwickelten Staaten Westeuropas und Nord-Amerikas. Diese seien unterdrückende Nationen, die Kolonien besäßen, und das dort ansässige Proletariat müsse sich für die Entkolonisierung einsetzen. Typ II betrifft Österreich, den Balkan und Rußland, also multinationale Imperien, in denen unklare ethnische Verhältnisse herrschen. Hier sei zum einen das Selbstbestimmungsrecht der Nationen zu unterstützen. Aber: "Besonders schwierig und wichtig ist hier die Aufgabe der Verschmelzung des Klassenkampfes der Arbeiter der unterdrückten und der unterdrückenden Kolonien." (Ebd., S. 153) Bei schwacher Lesart nimmt Lenin in diesem Fall zumindest eine ambivalente Position ein; es spricht jedoch einiges dafür, daß er auch hier die Probleme des Klassenkampfes über das nationale Selbstbestimmungsrecht stellt. Unter Typ III fallen die Kolonien der unterdrückenden Nationen. Hier gibt es für Lenin nur die eine Forderung, nämlich Entkolonialisierung.

Strategisch tritt Lenin also unzweideutig für das Recht auf Loslösung und Selbstbestimmung derjenigen Nationen ein, die als unterdrückt gelten müßten. Hier sei eine Zusammenarbeit mit bürgerlichen National-Bewegungen durchaus angebracht. Im Anschluß daran werde die revolutionäre Bewegung, so Lenins Vorstellung, aber nicht auf dem Status quo der Selbstbestimmung verharren, sondern sich im Verein mit anderen Bewegungen zu sozialistischen Republiken bzw. dem internationalen Proletariat vereinigen. Das heißt, die nationale Karte soll von den revolutionären Bewegungen nur so lange gespielt werden, wie die imperialistischen Unterdrücker lediglich regional bekämpft werden können. Prinzipiell steht für Lenin die internationale Solidarität des Proletariats nicht zur Disposition. Daher befürchtet er, daß aus der weiteren Verfolgung nationaler Ziele durch das Proletariat eine Auflösung und Schwächung der weltrevolutionären Bewegung resultieren könnte: "Die geringste Unterstützung der Privilegien der 'eigenen' nationalen Bourgeoisie durch das Proletariat irgendeiner Nation wird notwendigerweise Mißtrauen beim Proletariat der anderen Nationen hervorrufen." (Lenin 1965b, S. 428)

Die Nation hat im Grunde für Lenin keinen essentiellen Wert, den es zu verteidigen gilt. Sie dient lediglich in bestimmten Fällen als Mittel zum Zweck, und der Zweck heißt Weltrevolution. Aufgrund des Internationalismus, den er vertritt, ist es nur konsequent, zur Nation als solcher ein *rein instrumentelles Verhältnis* einzunehmen. Gleichwohl begeht Lenin hier einen ähnlichen — letztlich politisch-strategischen — Fehler, wie er bereits von Engels mit seiner These der "geschichtslosen Völker" beschritten wurde: Ein volles Selbstbestimmungsrecht wird nur bestimmten Nationalitäten zugestanden, und die Kriterien hierfür werden rein theoretisch erschlossen. Während dies bei Engels noch 'primordiale' Qualitäten waren, sind es bei Lenin rein strategische Merkmale, die in politischer Konsequenz zur Unterdrückung der einen Nationalität durch eine andere führen mußten.[25]

---

25 Die Leninsche Nation-Theorie wurde vor allem nach Stalins Tod zur herrschenden Auffassung innerhalb der marxistischen Orthodoxie und somit auch in praktische Politik der meisten ehemaligen sozialistischen Staaten übersetzt. Als Folge wurde etwa der Aufstand in der früheren

Eine noch erheblich rigidere Bestimmung der Nation ist von *J.W. Stalin* schon während der Oppositionstätigkeit gegen das Zarenregime erarbeitet worden. In der Abhandlung "Marxismus und nationale Frage" aus dem Jahre 1913 (Stalin 1952) setzt sich Stalin mit den Vorstellungen der Austromarxisten und hier insbesondere mit Otto Bauer auseinander. Bauers Idee der Nation als einer Charaktergemeinschaft wird von Stalin scharf zurückgewiesen, sie unterscheide sich nicht von mystischen und spiritualistischen Vorstellungen eines "Nationalgeistes" (vgl. ebd., S. 34). Hinter diesen Vorstellungen verberge sich sogar ein gefährlicherer Nationalismus als der bürgerliche, weil er in "sozialistische Phrasen" eingehüllt sei, die den Kampf gegen ihn besonders schwer machten (ebd., S. 60). In der Nachfolge Engels' treibt Stalin die Bemühungen zur Gewinnung objektiver Kriterien einer Nation auf die Spitze. Für ihn wird eine historisch entstandene Gemeinschaft erst zur Nation, wenn die folgenden Merkmale zusammenkommen: "*Eine Nation ist eine historisch entstandene stabile Gemeinschaft von Menschen, entstanden auf der Grundlage der Gemeinschaft der Sprache, des Territoriums, des Wirtschaftslebens, und der sich in der Gemeinschaft der Kultur offenbarenden psychischen Wesensart.*" (Ebd., S. 32) Die politischen Konsequenzen dieser historisch folgenreichen Definition werden noch deutlicher durch den Zusatz: "Fehlt nur eines dieser Merkmale, so hört die Nation auf, eine Nation zu sein." (Ebd.) Im Grundsatz aber hält auch Stalin an der Prognose fest, daß die Nation mit dem Absterben der Bourgeoisie an Relevanz verlieren werde.

Für Rußland setzt Stalin nicht auf eine national-kulturelle Autonomie, wie es etwa die Föderationspläne der Austromarxisten vorschlagen, sondern statt dessen auf eine *politische Gebietsautonomie*, innerhalb welcher verschiedene Nationalitäten zusammengefaßt werden könnten (vgl. ebd., S. 88ff.). Die Gebietsautonomie habe den entscheidenden Vorteil, daß sie dem Nationalismus nicht Vorschub leiste, da sie die Bevölkerung verschiedener Nationalitäten zur Zusammenarbeit bringe. Entstehende nationale Minderheiten sollten mit bestimmten Sonderrechten ausgestattet werden, die ihre Unzufriedenheit besänftigen werde.

Die hier kurz skizzierte politische Nationen-Theorie Stalins, die, wie Eric Hobsbawm angemerkt hat, weniger durch ihre marginalen eigenständigen intellektuellen Leistungen, sondern mehr durch ihre spätere politische Umsetzung von Bedeutung ist (vgl. Hobsbawm 1991, S. 12), sollte sich *theoretisch* in ihren Grundzügen auch unter Stalins Diktatur nicht ändern. Es wird seine Bestrebung sein, etwa als späterer Volkskommissar für Nationalitätenfragen *innerhalb* der UdSSR, jeglichen Nationalismus, sei es russischer oder anderer Nationalitäten, zu unterdrücken. Die politische Umsetzung der Nationen-Theorie Stalins wird somit zu einem Element, das

---

ČSSR im Jahre 1968 als "kleinbürgerlich-nationalistisch" bewertet, da dieser sich gegen die Sowjetunion richtete. Gemäß der Gleichung, daß "Antisowjetismus" innerhalb des sozialistischen Blocks als "Nationalismus" einzuschätzen sei, mußte sogar eingestanden werden, daß marxistisch-leninistische Parteien davon infiziert werden könnten. Zur offiziellen Sichtweise der DDR-Führung zur Nation-Frage vgl. Kosing 1976, zum ČSSR-Aufstand vgl. ebd., S. 233ff.

sich in die Entwicklung des Stalinismus einpaßt. Im Laufe der 40er Jahre werden diese Entwicklungen begleitet durch antisemitisch durchsetzte Kampagnen gegen den "Kosmopolitismus". "Sowjetpatriotismus" heißt nun die Integrationsformel des Stalinschen Nationalismus, der sowohl nach innen als auch nach außen xenophobische Züge annimmt. In diesem Zusammenhang kommt es, der Stalinschen Nationalitäten-Theorie zuwiderlaufend, zu einer allgemeinen Russifizierung des Staats- und Parteiapparates, und, vor allem in Mittelasien und im Kaukasus, auch zu Entfernungen "nationaler Kommunisten" aus ihren Ämtern (vgl. Carter 1990, S. 51ff.).

Der Überblick über die Behandlung des Themas 'Nation' bei den marxistischen Klassikern macht m.E. deutlich, daß die Theorie einem *naiven Evolutionismus* anhängt, der dem später folgender "bürgerlicher" Theorien (Modernisierungstheorien) in nichts nachsteht. Das Vertrauen darauf, daß entweder schon die dem Kapitalismus anhaftenden "objektiven" Faktoren oder aber jene der vollendeten sozialistischen Gesellschaft die Relevanz der 'Nation' vermindern bzw. die antagonistischen Konflikte beilegen werden, verweist auf die entscheidende theoretische Schwäche in diesem Zusammenhang, nämlich die Erwartung, daß der Modernisierungsautomatismus positive Konsequenzen zeitigen muß. Diese Erwartung folgt logisch aus der direkten Kopplung der materiellen Entwicklung (Basis) mit der Entwicklung kultureller Phänomene (Überbau).

Die Folgen einer derartigen theoretischen Entscheidung führen einerseits zur Unterschätzung des semantischen Potentials nationaler Weltbilder, und zum anderen hängt damit der fatale Fehlschluß zusammen, nationale und nationalistische Probleme seien sozialtechnologisch in den Griff zu bekommen, wie man dies paradigmatisch bei Stalin registrieren kann. Selbst Otto Bauer, der die avancierteste Theorie-Anlage aufweist, unterliegt diesem Fehlschluß, indem er einem philosophisch-politischen Idealismus anhängt, der zu ähnlichen Prognosen verleitet. Die Fortschrittsgläubigkeit der marxistischen Klassiker wird schließlich auch von Theoretikern der gleichen Theorielinie als entscheidend hinsichtlich des Versagens bei der Aufstellung einer adäquaten Analyse der 'Nation' interpretiert: "Das ist vielleicht die wirkliche und tiefere Bedeutung des 'Versagens' des Marxismus angesichts der Nationalen Frage. Unfähig, am 'Fortschritt' die wirklichen Widersprüche zu sehen, ist es dieser Philosophie seitdem in keiner Phase gelungen, diesen Sachverhalt zu begreifen und einzuordnen." (Nairn 1978, S. 16)

1.3 'Bürgerliche' Soziologie: Weber, Ziegler, Sombart

Das Interesse am Forschungsgegenstand Nation/Nationalität/Nationalismus war, wie ich eingangs angedeutet habe, in den Anfängen der Soziologie eher gering ausgeprägt. Ein spürbar ansteigendes Interesse in der deutschen Soziologie ist während der Jahre vor dem Ersten Weltkrieg und daran anschließend in der Zeit der Weimarer Republik zu registrieren. Nachdem sich der erste Deutsche Soziologentag im Jahre 1910 mit dem Thema "Rasse" beschäftigt hatte, lautet der Gegenstand des in Berlin stattfindenden zweiten Soziologentages im Jahre 1912 "Nation". Allerdings vermögen die Verhandlungen dort kaum entscheidende Impulse für die weitere Forschung zu setzen, zumal diese durch den Weltkrieg überlagert wird.[26]

Auf diesem Soziologentag ist *Max Weber* als Referent nicht vertreten, er tritt allerdings als Diskussionsteilnehmer in Erscheinung (vgl. M. Weber 1913). Weber betont in seinem kurzen Beitrag, der diverse Anknüpfungspunkte zu seinen späteren systematischen Bemühungen enthält, die Nation sei nicht als objektiv oder natürlich zu bestimmen. Unter dem Nationalgefühl müsse man "sehr heterogen geartete und verursachte Gemeinschaftsgefühle" zusammenfassen (ebd., S. 52).

Bevor im folgenden Webers Position näher erläutert wird, sei jedoch noch auf einen entscheidenden Unterschied hinsichtlich seiner Schriften hingewiesen, auf den Umstand nämlich, daß Weber sowohl wissenschaftlich als auch politisch publiziert hat. Max Weber hat sich gerade mit dem Thema Nation/Nationalstaat nicht nur wissenschaftlich befaßt, die Nation war daneben auch ein wichtiger Topos seiner politischen Publikationen. Wie viele seiner — nicht nur — akademischen Zeitgenossen hat sich auch Max Weber dem nach 1870 neu entstandenen deutschen Nationalstaat in erheblichem Maße verpflichtet gefühlt.[27] So gehört Weber zeitweilig dem *Alldeutschen Verband* an, welcher, wie Theodor Schieder vermerkt hat, der politische Mittelpunkt einer Bewegung ist, "die für den Übergang vom Nationalstaat zum nationalen Imperialismus kennzeichnend ist" (Th. Schieder 1992, S. 49).[28]

Ganz im Sinne dieses nationalen Imperialismus entwickelt Weber — die Prämissen einer funktionalen Differenzierung zwischen Politik und Wissenschaft souverän mißachtend — in seiner Freiburger Antrittsvorlesung des Jahres 1895 eine Zukunftsperspektive für das Deutsche Reich, die auf eine imperiale Konkurrenz mit

---

26 Eine Übersicht über die Forschung bis zur Mitte der 1920er Jahre gibt Hertz 1927.

27 Unter Akademikern muß die emphatische Zustimmung zum neuen Nationalstaat und seinen politischen Konsequenzen aber ein besonderes Ausmaß angenommen haben, wie Gordon Craig über diese Zeit schreibt: "Nirgendwo stieß man zur gleichen Zeit auf eine unkritischere Zustimmung zu den Anmaßungen des deutschen Nationalismus als in den akademischen Fakultäten." (Craig 1981, S. 188)

28 Zur der Entwicklung imperialistischer und nationalistischer Semantiken während des letzten Drittels des 19. Jahrhunderts vgl. auch meine Darstellung in Abschnitt 3.6. Max Webers *politischer* Nationalismus unterscheidet sich nicht wesentlich vom seinerzeitigen publizistischen *Mainstream*.

den anderen europäischen Mächten im Weltmaßstab hinausläuft. Für Weber, der sich selbst einen "ökonomischen Nationalisten" nennt (M. Weber 1988a, S. 18), ist der imperialistische Drang eine politische Konsequenz, die sich aus der Bildung des deutschen Nationalstaats notwendig ergibt: "Wir müssen begreifen, daß die Einigung Deutschlands ein Jugendstreich war, den die Nation auf ihre alten Tage beging und seiner Kostspieligkeit halber besser unterlassen hätte, wenn sie der Anschluß und nicht der Ausgangspunkt einer deutschen Weltmachtpolitik sein sollte." (Ebd., S. 23) Die Stellung Deutschlands unter den Weltmächten hat für Weber einen entscheidenden Einfluß auf die innere Entwicklung der Nation. Mit sozialdarwinistischer Rhetorik fordert er daher, sich nicht den Illusionen hinzugeben, daß Wohlstand und Prosperität durch Frieden zu erreichen seien: "Es gibt keinen *Frieden* auch im wirtschaftlichen *Kampf* ums Dasein; nur wer jenen Schein des Friedens für die Wahrheit nimmt, kann glauben, daß aus dem Schoße der Zukunft für unsere Nachfahren Frieden und Lebensgenuß erstehen würde." (Ebd., S. 12)

Webers Nationalismus schließt nicht an romantische Träumereien des 19. Jahrhunderts an, die ihr Heil in der Vergangenheit gesucht haben. Der Nationalismus, den Weber in seiner Antrittsvorlesung vertritt, ist ein im besonderen Maße moderner Nationalismus. Er erfordert, so Weber, daß die bislang herrschenden Klassen Deutschlands, und hier vor allem die preußischen Junker, ihre Machtbasis verlieren müßten. Die Gefahr für die politische Zukunft liege weniger bei den Massen, als vielmehr in der Qualität der herrschenden Klassen (vgl. ebd., S. 23). Die Massen hingegen seien in den entscheidenden Momenten für die Nation zu mobilisieren. Zwar könne man von ihnen, "die mit der Not des Tages zu ringen haben" (ebd., S. 18), nicht erwarten, daß sie die ökonomischen Belange der Nation jederzeit berücksichtigten, doch zeige sich vor allem unter Bedingungen äußerer Gefahren, daß auch diejenigen, die wirtschaftlich beherrscht seien, hinter der Nation stünden: "In großen Momenten, im Fall des Krieges, tritt auch ihnen die Bedeutung der nationalen Macht vor die Seele, dann zeigt sich, daß der nationale Staat auf urwüchsigen psychologischen Unterlagen auch bei den breiten ökonomisch beherrschten Schichten der Nation ruht und keineswegs nur ein 'Überbau', die Organisation der ökonomisch herrschenden Klassen ist." (Ebd., S. 18f.)

Webers Nationalismus wird sich im Laufe der nächsten Jahrzehnte in seiner Radikalität abschwächen. Zwar bleibt die Verpflichtung an Deutschland auch während des Ersten Weltkrieges bestehen, doch distanziert er sich schon früh von den Expansionsgelüsten, die etwa vom *Alldeutschen Verband* vertreten werden und die einen großen Einfluß auf das akademische Milieu Deutschlands haben. Weber gehört im Jahre 1915 zu einer Minorität von Wissenschaftlern, die sich, als Gegenbewegung zu einem expansionistischen Kriegszielmemorandum, für die weitestgehende Beibehaltung des deutschen Territoriums einsetzt (vgl. Craig 1981, S. 316f.). Zusammen mit Persönlichkeiten wie Max Planck und Albert Einstein, aber auch mit Alfred Weber und Ferdinand Tönnies, betont Weber als Unterzeichner einer Petition den defensiven Charakter der deutschen Kriegsziele. Auch setzt sich Weber in Artikeln und Aufsätzen für die Verständigung mit den Kriegsgegnern ein (vgl. M. Weber 1988b). Der Weltkrieg ist für ihn ein Ereignis, das letztendlich auf die Errichtung von machtpolitisch begründeten Nationalstaaten zurückgeht, die in der so entstehenden Konkurrenz ihre *Ehre* zu verteidigen hätten (vgl. M. Weber 1988c, S. 175ff.). Der Krieg wird somit zu einem quasi unvermeidlichen Phänomen, das, wie Weber anführt, auch auf die Entstehung moderner Massengesellschaften zurückzuführen sei: "Mit der Demokratisierung der Kultur wird die Sprachgemeinschaft auch in den Massen exklusiv, die nationalen Gegensätze [werden] notwendig schärfer mit dem ideellen und wirtschaftlichen Interesse der Massenschriftstellerei fest verknüpft." (Ebd., S. 177) Mit anderen Worten: Durch die Einbeziehung der Massen in den Nationalstaat, welche gleichzeitig in äußerer Konkurrenz zueinander stehen, müssen gleichsam naturwüchsig Nationalismen entstehen, die sowohl defensive wie offensive Folgen haben.

Während Max Weber in seinen politischen Schriften die Distanz zum Gegenstand nicht immer hält[29], sind seine wissenschaftlichen Diskussionen des Themas Nation von einer angenehmen analytischen Position geprägt, die offenbar auf die Selbstanwendung der von ihm wissenschaftstheoretisch postulierten Werturteilsfreiheit (vgl. M. Weber 1988d) zurückzuführen ist. In Webers Monumentalwerk *Wirtschaft und Gesellschaft* (M. Weber 1972) findet man einen der ersten — wenn nicht gar den ersten — Versuch, die Begriffe Ethnie und Nation sorgfältig zu unterscheiden. Hintergrund dieser Unterscheidung ist die theoretische Differenz von *Vergemeinschaftung* und *Vergesellschaftung* (vgl. ebd., S. 21ff.). Ethnische Gemeinsamkeitsbeziehungen sind nach Weber keine Gemeinschaften im strengen Sinne (wie etwa traditionale Sippengemeinschaften), sondern beruhen lediglich auf dem "subjektiven Glauben an eine Abstammungsgemeinschaft" (ebd., S. 237). Das heißt, ethnischer Gemeinsamkeitsglaube ist nach Weber nur eine Voraussetzung anderer Vergemeinschaftungsformen, etwa der politischen Vergemeinschaftung als Nation.[30] Zum anderen sei es die politische Vergemeinschaftung wiederum selbst, die ethnischen Gemeinsamkeitsglauben zu "wecken" pflege. Diese "'künstliche' Art der Entstehung eines ethnischen Gemeinsamkeitsglaubens" (ebd.) wird von Weber auf ein allgemeines

---

29 So behauptet Weber in seiner Antrittsvorlesung, die seinerzeit gängige Vermengung von 'Rasse' und 'Nation' aufnehmend, es bestünden physische und psychische Rassendifferenzen zwischen Deutschen und Polen und die Natur habe der slawischen Rasse niedrigere Ansprüche an die Lebenshaltung mitgegeben (vgl. M. Weber 1988a, S. 2ff.). Demgegenüber setzt er sich auf dem ersten Deutschen Soziologentag mit rassenbiologischen Ansätzen dahingehend auseinander, daß rassische Differenzen eben keine natürlich gegebenen seien, sondern auf sozialen Konstrukten (Weber: "Massenglauben") beruhten. Vgl. M. Weber 1913 sowie die Darstellung bei Peukert 1989, S. 92ff.

30 Askriptive Merkmale machen in Webers Theorieanlage noch keine Gemeinschaft aus. Erst wenn das askriptive Merkmal zur Grundlage intentionalen Handelns wird, entsteht "Gemeinschaft": "Erst wenn sie auf Grund dieses Gefühls ihr Verhalten irgendwie *an* einander *orientieren*, entsteht eine soziale Beziehung zwischen ihnen — und nicht nur: jedes von ihnen zur Umwelt — und erst, soweit dieses eine gefühlte Zusammengehörigkeit dokumentiert, 'Gemeinschaft'." (M. Weber 1972, S. 22)

Phänomen zurückgeführt, das in nur gering rationalisierten Beziehungen vorkomme, nämlich das "Schema der Umdeutung von rationalen Vergesellschaftungen in persönliche Gemeinschaftsbeziehungen" (ebd.). Mit dieser Begriffsbestimmung setzt er sich von jedweder ontologischen Definition eines Volkes ab und erteilt damit auch implizit jeder historischen Suche nach den vermeintlichen "Wurzeln" eine klare Absage.

Wodurch wird aber dieser künstliche Gemeinsamkeitsglaube hervorgerufen, wenn ihm keine objektiven Kriterien entsprechen müssen? Sicherlich spielten in diesem Zusammenhang auch Faktoren wie die gemeinsame Sprache, der gemeinsame religiöse Glaube oder ein gemeinsam geteiltes politisches Schicksal eine große Rolle. Als entscheidenden Faktor sieht Weber jedoch einen gemeinsam geteilten und dadurch von anderen Gruppen getrennten Lebensstil an, bzw. in Webers Terminologie: die "in die Augen fallende(n) Unterschiede in der *Lebensführung des Alltags.*" (Ebd., S. 238) Unterschiede in den Lebensgewohnheiten, in Sitten und Gebräuchen, Kleidung oder Haartracht seien deshalb von großer Bedeutung, weil "die abweichende 'Sitte' in ihrem subjektiven 'Sinn' nicht durchschaut" (ebd., S. 236) und verstanden werden könne. Zusammengefaßt: "Fast jede Art von Gemeinsamkeit und Gegensätzlichkeit des Habitus und der Gepflogenheiten kann Anlaß zu dem subjektiven Glauben werden, daß zwischen den sich anziehenden oder abstoßenden Gruppen Stammverwandtschaft oder Stammfremdheit bestehe." (Ebd., S. 237)[31]

Aus diesen aus unterschiedlichen Lebensweisen konstruierten Gegensätzen, die symbolische Gemeinschaften zu konstruieren in der Lage seien, erwächst für Weber weiter das Phänomen, daß sich jedes Volk als auserwählt empfindet (vgl. ebd., S. 239). In Analogie zu ständischen Differenzierungen, die ebenfalls auf differenten Lebensstilen basierten, betont Weber, daß ethnische Unterscheidungen den 'Vorteil' haben, die Überordnung von *jeder* Gemeinschaft gegenüber jeder anderen für sich in Anspruch nehmen zu können. Unter Bedingungen ständischer Differenzierung hingegen müsse von der Masse der Menschen statt der Überordnung über andere notwendig die eigene Unterordnung unter andere akzeptiert werden.

Den begrifflichen Übergang von ethnischer Gemeinschaft zu Nation stellt die *Nationalität* dar (vgl. ebd., S. 242ff.). Auch diese habe mit der ethnischen Gemeinschaft gemein, daß ihr ein Abstammungsglaube zugrunde liege. Im Unterschied zur ethnischen Gemeinschaft aber besitze die Nationalität eine besondere Ausrichtung, die ein spezieller *politischer Verband* sei. Entscheidendes Kriterium der Nation in Absetzung zur Ethnie ist der Faktor *Macht*: "Immer finden wir uns bei dem Begriff 'Nation' auf die Bezeichnung zur politischen 'Macht' hingewiesen, und offenbar ist also 'national' — wenn überhaupt etwas Einheitliches — dann eine spezifische Art von

---

31   Eine ähnliche Position im Anschluß an Weber vertritt Roffenstein: *"Fremd ist lediglich ein psychologischer Begriff, der primär auf den Gegensatz von gewohnt und ungewohnt zurückgeht. (...) Das als fremd Empfundene sind oft heterogene Eigenschaften, oft nur Trachten und Sitten."* (Roffenstein 1927, S. 161)

Pathos, welches sich in einer durch Sprach-, Konfessions-, Sitten- oder Schicksalsgemeinschaft verbundenen Menschengruppe mit dem Gedanken einer ihr eigenen, schon bestehenden oder von ihr ersehnten politischen Machtgebildeorganisation verbindet, und zwar je mehr der Nachdruck auf 'Macht' gelegt wird, desto spezifischer." (Ebd., S. 244) Aus dieser begrifflichen Bestimmung ergibt sich, daß man im Weberschen Sinne Nation und Ethnie als nicht identisch ansehen darf.

Die *Nation* ist nach Webers Theorieanlage eine rein *politische Gemeinschaft* (vgl. ebd., S. 514ff.). Politische Gemeinschaften sind folgendermaßen definiert: "Unter *politischer* Gemeinschaft wollen wir eine solche verstehen, deren Gemeinschaftshandeln dahin verläuft: 'ein Gebiet' (nicht notwendig: ein absolut konstantes und fest begrenztes, aber doch ein jeweils irgendwie begrenzbares Gebiet) und das Handeln der darauf dauernd oder auch zeitweilig befindlichen Menschen durch Bereitschaft zu physischer Gewalt, und zwar normalerweise auch Waffengewalt, der geordneten Beherrschung durch die Beteiligten vorzubehalten (und eventuell weitere Gebiete für diese zu erwerben)." (Ebd., S. 514) Notwendig für eine Nation ist also ein intentionales Gemeinschaftshandeln, das sowohl nach innen als auch nach außen auf Gewaltbereitschaft beruht. Gerade die kriegerischen Auseinandersetzungen mit äußeren Gegnern und ihre identitätsstiftenden Erinnerungen sind für Weber entscheidend für die Ausbildung eines Nation-Bewußtseins. Es sei der potentielle Tod, der mit dem gewaltbereiten Handeln der politischen Gemeinschaft verbunden sei, welcher entsprechende andauernde Gefühlsgrundlagen stifte.

Mit dem Machtfaktor politischer Gebilde ist ein weiteres identitätsstiftendes Element verbunden: das *Machtprestige*. Für Weber besteht ein enger Zusammenhang zwischen politischer Macht, die eine spezifische Dynamik entwickeln könne, und einer positiven Besetzung dieser Macht durch Angehörige der politischen Gemeinschaft. Die Ausübung politischer Macht des Staatsgebildes über andere könne gerade für Offiziere und andere Personen im Staatsapparat "eigene Macht und eigenes machtbedingtes Prestigegefühl" (ebd., S. 520) bedeuten. Von besonderer Relevanz sei das Machtprestige, wenn sich infolge einer akuten politischen Bedrohung eine unvermeidliche Machtdynamik entwickle, wie dies etwa in den Beziehungen zwischen Deutschland und Frankreich vor dem Ersten Weltkrieg passiert sei. Weber betont an dieser Stelle ausdrücklich die "eminente Wirkung dieses irrationalen Elements aller politischen Außenbeziehungen." (Ebd., S. 521)[32]

Aufgrund der starken Bedeutung, die das Machtprestige für die Ausbildung der nationalen Identität für Weber hat, wendet er sich gegen ökonomistische Interpretationen des Imperialismus und der dadurch entfachten Emotionen des

---

32 Über das starke irrationale Element, das der Nation anhafte, hat es in der Forschung der zwanziger Jahre offenbar einen Konsens gegeben. So bemerkt etwa Ziegler, daß es eine Parallelität von Rationalisierungsprozeß und irrationalen Bindungen an die Nation gebe (vgl. H.O. Ziegler 1931, S. 258). Dezidiert äußert sich auch Hertz: "Wesentlich ist die Irrationalität; es ist nicht möglich, daß eine Anzahl von Leuten sich zusammentun, um aus rationalen Erwägungen eine Nation zu bilden." (Hertz 1927, S. 61)

Nationalismus. Diese Emotionen entstünden vornehmlich in den Trägergruppen des Staates und in den Teilhabern einer spezifischen Kultur, die mit diesem Staatsgebilde verbunden sei (vgl. ebd., S. 527f.). Unter dem Einfluß dieser Trägergruppen verwandle sich das Machtprestige in die "Idee der 'Nation'" (ebd., S. 528). Letztendlich kommt Weber somit zu folgender Definition der Nation: "'Nation' ist ein Begriff, der, wenn überhaupt eindeutig, dann jedenfalls nicht nach empirischen gemeinsamen Qualitäten der ihr Zugerechneten definiert werden kann. Er besagt im Sinne derer, die ihn jeweilig brauchen, zunächst unzweifelhaft: daß gewissen Menschengruppen ein spezifisches Solidaritätsempfinden anderen gegenüber *zuzumuten* sei, gehört also der Wertsphäre an." (Ebd.) Unter Berücksichtigung der Werttheorie Webers[33] verpflichtet also die Nation jeden, an den dieser Wert herangetragen wird, unabdingbar zu einer Haltung ihr gegenüber.

Webers Nationbegriff rückt damit dezidiert von jeglicher Objektivität ab. Deutlich ist der konstruierte und voluntaristische Charakter der Nation, die im Grunde nichts anderes meint als ein *Symbol, das die solidarische Erwartungshaltung einer sich in Konkurrenz mit anderen befindlichen politischen Gemeinschaft ausdrückt.* Von Bedeutung für die weitere Diskussion ist, daß die solidarische Erwartungshaltung nicht aus der Gemeinschaft selbst stammt, sondern im wesentlichen durch die staatliche Macht nach innen und nach außen generiert wird. Deshalb verleiht Weber auch den — subjektiv konstruierten[34] — Erinnerungen der subjektiv konstruierten Abstammungsgemeinschaft große Bedeutung für die Erzeugung des Nationalbewußtseins. Die "Erinnerungsgemeinschaft" (ebd., S. 515), die vornehmlich die gemeinsamen Kämpfe und Todesgefahren rekonstruiert, hat einen stärker verpflichtenden Charakter als jegliche, vermeintlich objektive Kriterien wie kulturelle oder sprachliche Gemeinsamkeiten. Weber schließt damit an Otto Bauers Definition der Nation als historisch entstandener Schicksalsgemeinschaft wieder an.[35]

---

33 Vgl. die von Weber an anderer Stelle niedergeschriebenen Ausführungen. Danach ist ein Wert "das und nur das, was fähig ist, Inhalt einer Stellungnahme: eines artikuliert-bewußten positiven und negativen 'Urteils' zu werden, etwas, was 'Geltung heischend' an uns herantritt, und dessen 'Geltung' als 'Wert' 'für' uns demgemäß 'von' uns anerkannt, abgelehnt oder in den mannigfachsten Verschlingungen 'wertend *beurteilt*' wird. Die 'Zumutung' eines ethischen oder ästhetischen 'Wertes' enthält ausnahmslos die Fällung eines 'Wert*urteils*'." (M. Weber 1988e, S. 123ff.) Zu Webers Werttheorie vgl. ausführlicher Schluchter 1979, S. 28ff.

34 Daß auch die Erinnerungen subjektiv konstruiert sind, ist Webers Analysen nicht explizit zu entnehmen. Doch wie anders soll man sich die Erinnerungen einer Gemeinschaft vorstellen, die auf Glauben basiert? Eine solche Annahme wäre auch zu Webers Zeit nicht unbedingt neu gewesen. Schon Adam Ferguson bemerkt in der zweiten Hälfte des 18. Jahrhunderts, "daß jene berühmten Nationen einen großen Teil ihres Rufes nicht dem tatsächlichen Inhalt ihrer Geschichte verdanken, sondern vielmehr der Art und Weise, wie diese überliefert worden ist, d.h. der Fähigkeit ihrer Historiker und anderer Schriftsteller." (Ferguson 1988, S. 355) In der historischen Forschung ist diese Konstruktion von Erinnerungen später als "Invention of Tradition" bezeichnet worden; vgl. den Sammelband von Hobsbawm/Ranger 1983.

35 Zudem trifft er sich mit Ernest Renans berühmter Rede über die Frage "Was ist eine Nation?" aus dem Jahre 1882 (vgl. Renan 1993). Hier wird die Nation ebenfalls als eine Solidargemeinschaft

In vielerlei Hinsicht knüpft *Heinz O. Ziegler* mit seiner 1931 erschienen Untersuchung *Die moderne Nation* an Max Weber an. Ziegler entwickelt einen theoretischen Analyserahmen, der zwischen *strukturellen Faktoren* wie der Entwicklung der Weltwirtschaft und der Durchsetzung des Staatsapparates einerseits und damit zusammenhängenden *ideologischen Faktoren* wie der 'Nation' andererseits, unterscheidet. Der Ideologiebegriff wird hier ausschließlich funktional gesehen und absolut wertfrei besetzt. Die zentrale Fragestellung ist die Frage nach der "*sozialen Geltung*, also der Wirksamkeit und sozialen Verbindlichkeit einer solchen Idee" (H.O. Ziegler 1931, S. 15). Ziegler baut damit neben Weber auf der Wissenssoziologie der zwanziger Jahre auf, wie sie vor allem von Karl Mannheim (1978 [1929]) entwickelt worden ist.

Als strukturelle Faktoren werden von Ziegler neben der kapitalistischen Entwicklung die Ausbildung des Staatsapparates und die damit einhergehende Demokratisierung des Staates als Problemkreis identifiziert. Die zentralistische Machtkonzentration ist nach dieser Ausgangsstellung eben nur ein Merkmal moderner Gesellschaften. Ein anderes ist das des "*Eindringen[s] der Massen in* die staatliche *Herrschaftsorganisation* und der *Mobilisierung der Massen* durch und für diese Apparatur mit der *Nationalisierung der Herrschaft*" (ebd., S. 8), wie Ziegler mit einem rudimentären Inklusionsbegriff anmerkt. Folge sei, daß Herrschaft nicht mehr ausschließlich über Gewaltanwendung geschehen könne, sondern daß das Gewaltmonopol von den Massen in gewisser Weise anerkannt oder zumindest respektiert werden müsse. Und hier spiele die Nation eine entscheidende legitimatorische Rolle. Die Idee der Nation wird nach Ziegler zur "*Legitimitätsidee der gegenwärtigen Staatlichkeit*" (ebd., S. 14) ausgeweitet. Es findet, mit anderen Worten, eine Identifikation mit dem Staatsapparat und seinen mitunter bedrohlichen, aber auch Sicherheit spendenden Leistungen statt.

Mit dieser an Weber und Mannheim orientierten Bestimmung der Nation sind wiederum andere übliche Definitionen kategorial ausgeschlossen. So betont Ziegler, daß etwa die Volksgeist-Theorien à la Herder lediglich als Metaphern zu sehen seien (vgl. ebd., S. 32). Ähnliches gelte für die Rassentheorien, die zwar theoretisch unhaltbar seien, aber dennoch soziale Geltung erlangen könnten. Aus diesem Grunde sei aus soziologischer Sicht die Unterscheidung zwischen der Subjektivität und der Objektivität der Nation ein Fehler. Den Soziologen habe vor allem die folgende Frage zu interessieren: "Wieso werden solche Ideen sozial wirksam und was bedeutet ihre Wirksamkeit für den Gesellschaftsprozeß?" (Ebd., S. 60)

Die Nation sei deshalb so wichtig, weil sie einen Orientierungspunkt darstelle, der zwar nicht ausschließlich gelte, aber doch eine "Geschehenseinheit" sei, "die eine faktische Grenze des Sichverhaltens und Sichorientierens" bedeute (ebd., S. 88).

---

konzipiert, die sich im wesentlichen aus den Erinnerungen an die gemeinsam erlittenen Opfer speist.

Ähnlich wie bei Simmel und in Anlehnung an Carl Schmitt, wird auch von Ziegler die Nation als politische Geschehenseinheit durch die Möglichkeit der Austragung bewaffneter Konflikte bestimmt: "Es wird also von politischer Geschehenseinheit da gesprochen, wo die Freund-Feind-Konstellation, und das heißt die Austragung des Gegensatzes durch Waffengewalt, die mögliche ultima ratio ist." (Ebd., S. 88f.) Daher habe die Konstituierung der französischen Nation auch erst mit den Revolutionskriegen ihre Vollendung gefunden (vgl. ebd., S. 115).

Ziegler erteilt damit Vorstellungen eine Absage, die den Gemeinschaftsbegriff und den Nationbegriff universalistisch aufladen wollen. Die Erklärung der Volkssouveränität habe nicht nur Konsequenzen nach innen, sondern, davon untrennbar, auch nach außen: "Dieser innere Zusammenschluß zur politischen Geschehenseinheit bedeutet aber weiterhin auch immer gleichzeitig *Abschluß nach außen.* Jede Gemeinschaft ist mitkonstituiert durch eine solche Abgrenzung; der Fremde, der Nicht-dazu-gehörende ist ebenso Voraussetzung des Gemeinschaftsbewußtseins wie der in dieselbe Einbezogene." (Ebd., S. 250)[36] Daher könne man auch nicht sinnvoll eine vermeintlich "gesunde" nationale Politik vom Nationalismus unterscheiden. Wie schon bei verschiedenen hier vorgestellten Ansätzen erstaunt auch bei Ziegler die Klarheit über das destruktive Potential der Nation. Was an seinem Ansatz weiterhin überzeugt, ist die Verbindung von kulturellen und sozialen Faktoren, die nicht ohne weiteres aufeinander reduziert werden. Damit werden Fehler vermieden, die zu kurzschlüssigen Prognosen hinsichtlich der Zukunft der Nation verleiten, wie dies in klassischen marxistischen Theorien der Fall ist.

Auch für *Werner Sombart* bilden Max Webers theoretische Bemühungen den Ausgangspunkt für eigene Analysen in diesem Zusammenhang. Doch sollten ihn diese nicht in die Richtung Zieglers führen, sondern direkt in die Legitimation des Nationalsozialismus. Das Thema Nation/Nationalismus ist kein originäres Forschungsfeld Sombarts. Er wird an dieser Stelle nur deshalb vorgestellt, weil man an seinem Werk studieren kann, wie sich politischer Nationalismus aus soziologischer Erkenntnis speist. Sombarts Werk bietet quasi eine Mischung aus Sekundärquelle und Primärquelle über den Nationalismus.

Ebenso wie Weber widmet Sombart der Entstehung des Kapitalismus umfangreiche Studien. Während Weber bekanntlich aber dem Protestantismus entscheidenden Einfluß auf die Ausbildung des Kapitalismus zuspricht (vgl. Weber 1988f.), kommt Sombart — nach eigenem Verständnis Sozialist — zu dem Schluß, daß diese relevanten Elemente aus der jüdischen Religion stammen. Sombarts Buch *Die Juden und das Wirtschaftsleben* aus dem Jahre 1911 (Sombart 1922) dient dem Ziel, eben

---

36 Im übrigen sieht Ziegler die gleichen konstruktiven Mechanismen wie Max Weber am Werk, wenn es darum geht, Erinnerungsgemeinschaften zu konstituieren: "Das Volk als Nation beginnt, sich Kriege, Siege und Niederlagen *zuzurechnen,* 'Kultur', 'Geschichte' werden nun auf Nationen bezogen, die Vorstellungen von nationalem Prestige und nationaler Ehre entstehen und werden bald sozial wirksame Mächte." (H.O. Ziegler 1931, S. 7; meine Herv.)

diesen Einfluß auf das deutsche Wirtschaftsleben zu beschreiben. Nach Sombarts eigenem Anspruch ist es ein streng wissenschaftliches Unterfangen. Obgleich er ausdrücklich jegliches Werturteil über das Judentum ablehnt (vgl. ebd., S. XI), steht das, was er in der Folge bietet, rassentheoretischen Erklärungsmustern nicht sehr fern (vgl. Rehberg 1987, S. 85f.). So postuliert er etwa unter Rückgriff auf den Rassentheoretiker Chamberlain epochenunabhänigie Kollektivpsychen, die zwar nur wissenschaftliche Hilfskonstruktionen seien, doch aufschlußreiche Erkenntnisse bieten würden (vgl. Sombart 1922, S. 305ff.). Ergebnis: "Der Jude trieft förmlich von guten Händlereigenschaften." (Ebd., S. 332) Juden seien gescheit, klug, geistvoll, nüchtern, tüchtig und ordnungsliebend.

Was auf den ersten Blick wie ein "Lob des Tüchtigen" aussieht, entpuppt sich schnell als Boden eines nationalistisch und sozialistisch inspirierten Antisemitismus. Denn Sombart identifiziert das Judentum mit dem Kapitalismus und, identisch mit diesem, mit der Moderne insgesamt. Während die "nicht-jüdische Wirtschaftsgesinnung" in der frühen Neuzeit von Traditionalismus, der Orientierung am Anbau der eigenen Nahrung und der Idee der ständischen Gliederung und Stabilität durchsetzt gewesen sei, hätten die Juden freihändlerische Ideen und ökonomischen Rationalismus in diesen vermeintlich ganz anders gearteten Ideenkreis hineingetragen. "Was aber ist nun das grundsätzlich Neue in der Betrachtungsweise, die wir als spezifisch jüdische kennen lernten? Wir können es in einem einzigen inhaltsschweren Wort zusammenfassen: es ist der *'moderne'* Geist, wie er heute die Wirtschaftssubjekte durchgehend beherrscht." (Ebd., S. 179)

Während des Ersten Weltkriegs, nur wenige Jahre nach Erscheinen von Sombarts Buch über das Judentum, wird die Identifizierung von Modernität und Kapitalismus mit dem Judentum durch ein anderes Kollektiv ersetzt: die Engländer. *Händler und Helden* lauten die "patriotischen Besinnungen", die Sombart nun vorlegt (Sombart 1915). Es ist ein wütendes Pamphlet gegen Pragmatismus, Utilitarismus, Individualismus, Kommerzialisierung, kurz: gegen die Moderne insgesamt. Denn all dies wird natürlich den Engländern zugeschrieben, während die deutsche Volksseele, etwas, das bekanntlich nicht geleugnet werden könne, "sich zunächst einmal in der einmütigen Ablehnung alles dessen [äußert], was auch nur von ferne englischem oder insgesamt westeuropäischem Denken und Empfinden nahe kommt." (Ebd., S. 55) Ohne sich die Frage zu stellen, wieso denn der "Händlergeist" im "heldischen" Deutschland Fuß fassen konnte, beklagt Sombart die vermeintlich 'zersetzenden' Auswirkungen des Modernisierungsprozesses, der sich für ihn nahezu ausschließlich in den Konsequenzen von gesellschaftlicher Differenzierung manifestiert: "Immer mehr spezialisierten und verfeinerten sich die wissenschaftlichen und technischen Methoden und Fertigkeiten, aber die Zusammenfassung zu einem sinnvollen Ganzen blieb aus. Der Differenzierung folgte keine Integration." (Ebd., S. 106) Dann aber sei der Krieg, die Erlösung vom Übel gekommen: "Was im Zerfallen und Zusammenbrechen war, wird nun gleichsam gestützt. Alle Zwecksetzungen, die vorher an einem Punkte abbrachen und hier mit der Frage: wozu? auf unseren Willen zurückfielen, der dadurch immer mehr gelähmt wurde, gipfeln nun in einem obersten Zwecke: in dem Heile und Wachsen und Blühen unseres Volkes und seines Staates." (Ebd., S. 119)

An dieser Stelle wird die Funktion von Nationalismus besonders deutlich: Es geht um die Wiedererlangung gesellschaftlicher Einheit einer Gesellschaft. Der Modernisierungsprozeß hat zu Differenzierungen geführt, die als Zerfall 'gemeinschaftlicher' Bindungen sowie als kultureller Verfall beobachtet werden. Die Nation bietet eine Richtung, besser: eine kriegerische Stoßrichtung, die von den Konsequenzen erst einmal entlastet und über alle Differenzierungen hinweg integrierend wirkt. Von besonderer Relevanz ist Sombarts Stoßrichtung, die sich nicht nur gegen äußere Feinde wendet, sondern gegen Modernität als solche. Wie schon in seinem Buch über das Judentum, wird auch hier der Kapitalismus mit der Moderne identifiziert. In der Konsequenz ist es allein die deutsche Nation, die sich als Bollwerk gegen die Moderne eignet: "Deutschland ist der letzte Damm gegen den Kommerzialismus, der sich über alle anderen Völker entweder schon ergossen hat oder unaufhaltsam zu ergießen im Begriffe ist, weil keines von ihnen gegen die andringende Gefahr gepanzert ist durch die heldische Weltanschauung, die allein, wie wir gesehen haben, Rettung und Schutz verleiht." (Ebd., S. 145) Deutschland vs. Moderne — das also ist das Ergebnis, das Sombarts Synthese aus Anti-Kapitalismus, Völkerpsychologie und naiver Kulturidentifikation auszeichnet.[37]

Daß Sombarts "patriotische Besinnungen" nicht in erster Linie auf die Umstände des Krieges zurückzuführen sind, zeigt seine weitere theoretische Entwicklung. Noch während der Weimarer Republik zieht er die Konsequenzen aus seiner antimodernen und antikapitalistischen Haltung und propagiert das, was vormals von ihm als "nichtjüdische Wirtschaftsgesinnung" bezeichnet worden ist: Autarkie, Planwirtschaft und Reagrarisierung Deutschlands (vgl. Sombart 1932). Von hier aus ist es nur noch ein kurzer Weg zu seinem Buch *Deutscher Sozialismus* (Sombart 1934), in dem er theoretisch an den 'linken' Flügel der Nationalsozialisten um die Gebrüder Strasser anschließt.

Der Unterschied zum 'völkischen' Nationalsozialismus besteht darin, daß Sombart auf einen 'modernen' Nationalismus setzt, der nicht das Volk, sondern den Staat ins Zentrum rückt. Das Volk bezeichne lediglich den Abstammungsgedanken, die Nation hingegen weise das Ziel: "Das Volk ist blind, die Nation ist sehend." (Ebd., S. 183) Daher könne eine Gemeinschaft auch nur dort entstehen, wo dem Staat mit Enthusiasmus begegnet werde: "Nur wo der Staat mit Liebe umfangen wird, entsteht

---

37 Es sollte nicht unerwähnt bleiben, daß nahezu alle namhaften deutschen Soziologen sowie ein Teil ihrer internationalen Kollegenschaft während des Ersten Weltkriegs sich in irgendeiner Form zum Themenkomplex Nation und Krieg geäußert haben. Dieser Umstand wäre einen Exkurs wert, den ich mir aus Platzgründen ersparen muß. In aller Regel gehen die Äußerungen bei den deutschen Autoren mit einem vorsichtigen bis deutlichen Nationalismus einher; vgl. etwa von Wiese 1914 sowie Simmel 1917. Die Publikationen Tönnies' faßt Dreyer 1991 zusammen. Eine vergleichende Darstellung findet sich bei Joas 1989, eine weitere, über den Weltkrieg hinausreichende, bei Jansen 1993.

eine Gemeinschaft." (Ebd., S. 240) Dies freilich führt ihn jedoch zu ähnlichen Konsequenzen: unbedingtes Führerprinzip (vgl. ebd., S. 212ff.) sowie ständische Organisation des Staates (vgl. ebd., S. 219ff.).[38]

Insgesamt zeigt der Nation-Begriff, der von Max Weber formuliert und von Heinz Ziegler und Werner Sombart weitergeführt worden ist, klare Differenzen zu den vorher vorgestellten marxistischen Theorien. Im klassischen Marxismus liegt der Schwerpunkt eindeutig auf den Versuchen, der Nation innerhalb der Theorie einen Stellenwert zuzuweisen und von dort aus politische Konsequenzen zu ziehen. Die hier skizzierte Linie von Weber legt dagegen den Schwerpunkt auf den *Konnex von Nation und Staat*. In allen drei Fällen, wenn auch mit spezifischen Differenzen, ist es der Staat, der Anlaß gibt, sich mit der Nation zu identifizieren. Bei Weber ist es die staatlich gestützte politische Gemeinschaft, die aus der Konkurrenz mit anderen politischen Gemeinschaften den Wert der Nation generiert, welcher wiederum eine Aufforderung zu solidarischem Handeln darstellt. Zieglers Nation-Begriff ist noch funktionalistischer angesetzt. Hier wird die Idee der Nation zur Legitimation der staatlichen Macht, in die der einzelne gleichwohl integriert ist. Beide, Weber und Ziegler betonen in einer an neueste Ansätze höchst anschlußfähigen Weise die konstruierten Mechanismen, die mit der Entstehung eines nationalen Pathos offenbar verbunden sind.

Sombart hingegen versucht in einer theoretisch eigentümlichen Art, den modernen Staatsapparat für explizit anti-moderne Zielsetzungen zu instrumentalisieren. Der Nation-Begriff selbst bleibt merkwürdig diffus, da er zwar an den Staat geknüpft ist, aber dennoch Anleihen an romantische Volksgeist-Ansätze und rassistische Theorien vornimmt. Die Unklarheiten resultieren vermutlich daher, daß Sombart einen nicht nur analytischen Zugang zum Phänomen 'Nation' intendiert, sondern diesen gleichzeitig mit einem affirmativen Impetus besetzt. Man kann daraus schließen, daß eine streng wissenschaftliche Vorgehensweise derartige 'wesenhafte' Bestimmungen der Nation nicht mehr mitvollziehen darf, wenn sie nicht dem Nationalismus selbst aufsitzen will.

---

38 Sombart, der schon im Jahre 1933 emeritiert wurde, wandte sich nach anfänglicher Begeisterung vom Nationalsozialismus ab und übte vorsichtige Kritik an den Veränderungen innerhalb der deutschen Soziologie, die bekanntlich nun mit großem D geschrieben wurde (vgl. hierzu Rammstedt 1986, S. 86f.).

1.4 Strukturfunktionalismus und Modernisierungstheorien[39]

Die unter der Überschrift "Modernisierungstheorien" firmierenden Theorien sollten die Nation- und Nationalismusforschung bis weit in die 70er Jahre dieses Jahrhunderts hinein dominieren. Ihr zentrales Anwendungsgebiet waren die national inspirierten Entkolonialisierungsbewegungen, die sich nach dem Zweiten Weltkrieg in der sog. Dritten Welt bemerkbar machten, zu einer Zeit also, da der Nationalismus in Europa seine Relevanz vermeintlich schon verloren hatte. Daher stehen diese Theorien in einem engen Zusammenhang mit dem Problem sozialer Evolution bzw. mit dem Übergang von der traditionalen zur modernen Gesellschaft, wie es die Entwicklung in der Dritten Welt zu indizieren schien. Das Phänomen 'Nation' wird deshalb auch in erster Linie als ein notwendiges Übergangsphänomen angesehen, dessen destruktive Tendenzen mit fortschreitender Modernisierung verschwinden würden, wie es die Entwicklung im Westen vorzumachen schien.

Die Darstellung dieser Theorieansätze beginnt mit *Talcott Parsons*, dem führenden Gesellschaftstheoretiker der *Mainstream*-Soziologie der 50er und 60er Jahre. Parsons kann zwar nicht zum engeren Kreis der Modernisierungstheoretiker gezählt werden, er hat jedoch in vielerlei Hinsicht einen großen und deutlich spürbaren Einfluß auf die spätere Theoriebildung in diesem Bereich. Vor allem die den Modernisierungstheorien anhaftende "Große Dichotomie", wie Wehler es genannt hat (vgl. Wehler 1975, S. 16), also die Unterscheidung von Traditionalität und Modernität, findet sich in Parsons' Evolutionstheorie paradigmatisch wieder.

Bevor jedoch im folgenden seine diesbezüglichen Vorstellungen näher erläutert werden, muß ein Rückgriff in die 40er Jahre erfolgen, wo sich Parsons in verschiedenen Aufsätzen intensiv mit dem Thema Faschismus und dessen Entstehungsbedingungen auseinandergesetzt hat. Im Rahmen dieser Studien beschäftigt er sich auch mit dem Merkmal des Faschismus als nationalistischer Bewegung. Bemerkenswert sind die Studien, weil daß Parsons hier einen dezidiert anderen Nation-Begriff vertritt, als dies ab den 50er Jahren der Fall sein wird.

Parsons knüpft mit seinen Studien über den Faschismus in gewisser Weise an den antimodernistischen Impetus Werner Sombarts wieder an, allerdings nicht affirmativ, sondern rein analytisch. Insbesondere der deutsche Nationalsozialismus erscheint für Parsons als eine *fundamentalistische Bewegung* (vgl. Parsons 1964a, S. 119ff.).[40] Die Zielrichtung des Nationalsozialismus liege in einer Ablehnung von modernen Phänomenen wie der Rationalisierung und damit verbundener Werte. Die Ablehnung der westlichen Werte beruhe auf einem tief sitzenden Romantizismus der Deutschen, der zu diesem Zweck hätte mobilisiert werden können: "[A]t least one critically important aspect of the National Socialist movement lies in the fact that it constitutes

---

39 Die Ergebnisse dieses Abschnitts sind schon an anderer Stelle veröffentlicht worden; siehe D. Richter 1994b.

40 Zu Parsons' Faschismus-Analysen vgl. ausführlicher Baum/Lechner 1981 sowie Gerhardt 1992.

48

a mobilization of the extremely deep-seated romantic tendencies of German society in the service of a violently aggressive political movement, incorporating a 'fundamentalist' revolt against the whole tendency of rationalization in the Western world, and at the same time against its deepest institutionalized foundations." (Ebd., S. 123) Ähnlich wie später Norbert Elias (vgl. Elias 1989) rekurriert auch Parsons auf kulturelle Traditionen Deutschlands, die er gewissermaßen zu einem — in Elias' Worten — nationalen Habitus verdichtet. Dazu zählen die feudalistischen und militaristischen Besonderheiten, genauso wie die Bedeutung des Ehrenkodex, der Satisfaktionsfähigkeit und des preußischen Obrigkeits-Konservatismus (vgl. Parsons 1964a, S. 106ff.).

Hintergrund der Entwicklung faschistischer Bewegungen ist für Parsons der Prozeß der Modernisierung. Dieser führe, so Parsons im Anschluß an Durkheim, zu einer anomischen Situation "where large numbers of individuals are to a serious degree lacking in the kind of integration with stable institutional patterns which is essential to their own personal stability and to the smooth functioning of the social system." (Parsons 1964b, S. 125) Aus dem Mangel an sozialer Integration mit individuell verunsichernden Folgen heraus entstehe die Suche nach neuen, Sicherheit verheißenden Orientierungen. Der Verbund von frei flottierender Angst und Aggression führe vor allem in der Jugend zu einer Überreaktion, mit der man sich negativ von einer ignoranten, privilegierten und kapitalistisch beherrschten Gesellschaft absetzen wolle. Parsons betont in diesem Zusammenhang die besondere emanzipatorische Funktion des Faschismus für die Jugend. Vor allem die Nation bzw. nationalistische Gefühle würden sich geradezu anbieten, fundamentalistisch aufgeladen zu werden, mit der Folge, daß Aggressionen nach außen gerichtet würden: "The actual or potential enemy in the power system of states, differing in national tradition, has formed a convenient target for the projection of many aggressive affects. At the same time many of the emancipated areas of the social structure have been defined as 'international' and could be regarded as subversive of national interest, honor, and solidarity." (Ebd., S. 138)

Parsons bemüht sich also — in strikter Analogie zu dem von Dollard gegen Ende der 30er Jahre entwickelten Frustrations-Aggressions-Theorem — gesellschaftliche Unsicherheit mit der Entwicklung von Aggression zu verbinden. Wie Baum und Lechner (1981) dargestellt haben, liegt Parsons originärer Beitrag nicht unbedingt im Aufzeigen der einzelnen Faktoren. Die Verbindung von Statusbedrohungen, psychologischer Unsicherheit und fehlgeleiteter Aggression war in den sozialpsychologischen Ansätzen dieser Zeit durchaus üblich (vgl. ebd., S. 287). Parsons originärer Beitrag hingegen liegt zum einen in der Zusammenfassung und Übertragung auf Modernisierungsprozesse, zum anderen — im Anschluß an Max Weber — in der Analyse des Nationalsozialismus als einer *wert-orientierten Bewegung* mit fundamentalistischem Charakter.

Fundamentalistische Reaktionen drehen sich nach Parsons einerseits um solche Bereiche der Gesellschaft, die nicht so empfänglich für Rationalisierungen seien, "namely religion, family, class attitudes, the informal traditions of ethnic culture, and the like, where non-logical symbolic systems are heavily involved." (Parsons 1964c, S. 317) Andererseits betonten die Fundamentalismen solche Gruppen, die Informalität und Solidarität symbolisieren, nämlich "those of families, social class, socio-religious groups, ethnic groups and nations." (Ebd.) Die so entstehenden Gruppenkonflikte beruhten eben auf dem Appell an die Solidarität, an bestimmte gemeinsame Gefühle, die notwendigerweise die 'out-group' herabsetzen oder aber dazu führen würden, einer 'out-group' vorzuwerfen, sie beanspruche unberechtigterweise Superiorität für sich. In diesem Zusammenhang habe gerade der Nationalismus eine eminente Bedeutung, da die Zivilisation in Nationalstaaten aufgeteilt sei und die Regierungen sich mittels Kriegen der ultimativen Loyalität ihrer Bürger versichern würden (vgl. ebd., S. 318f.).

Während Parsons also in den 40er Jahren seinen Nation-Begriff in relativ enger Anlehnung an Max Weber formuliert (Nation als partikularistischer Wert, Versicherung der Loyalität der Bürger durch Kriege), erfährt die 'Nation' ab den 50er Jahren eine einschneidende Neu-Bewertung. Dies geschieht offenbar im Zusammenhang mit grundlegenden theoretischen Neu-Orientierungen, die Parsons nun vornimmt. Entscheidend ist hier die veränderte Einschätzung hinsichtlich der Folgen der funktionalen Differenzierung der modernen Gesellschaft. Diese waren, wie gezeigt, ursprünglich eher desintegrierend bis anomisch. Nun aber wird, als Wende von Weber zum frühen Durkheim, von Parsons das gleichwohl *integrierende Potential der modernen Gesellschaft* betont.[41] Mit Jeffrey Alexanders Worten, der ihm damit zugleich die "Sünde des übertriebenen Optimismus" vorwirft: "Inmitten der Periode, die von der großen Depression zum Faschismus reichte, sah Parsons Differenzierung als eine Ursache von sozialen Problemen und Umbrüchen. In der Periode des Nach-kriegsgleichgewichts sah er Differenzierung im Gegensatz dazu als eine problemlösende Einrichtung." (Alexander 1993, S. 102) *Gesellschaftliche Gemein-schaft* lautet das Stichwort, das von nun an auch die theoretische Behandlung der Nation prägen wird.

Bei der Ausarbeitung des Konzepts der gesellschaftlichen Gemeinschaft rekurriert Parsons neben Durkheim auf den englischen Soziologen Thomas H. Marshall. Dieser hatte nach sozialhistorischen Analysen die These aufgestellt, daß die entscheidende Grundlage der modernen westlichen Gesellschaften die Herausbildung der *staatsbürgerlichen Rechte* (engl. citizenship) gewesen sei (vgl. Marshall 1964). Marshall ordnet die Entwicklung der bürgerlichen Freiheitsrechte dem 18. Jahrhundert, die politischen Rechte dem 19. Jahrhundert und die sozialen Rechte dem 20. Jahrhundert zu.[42] Ebenfalls bei Marshall findet sich schon das Postulat, daß die

---

41 Parsons konzediert nun: "Durkheim established the basic foundations for developing a fruitful theory of social integration." (Parsons 1967a, S. 34)

42 Zum Konzept der *Citizenship*, das im Deutschen mit dem Begriff 'Staatsbürgerschaft' nur unzureichend übersetzt werden kann, weil der *Citizenship* gerade der staatliche Charakter abgeht, vgl. Turner 1990a. Die regionale Reichweite der Theorie Marshalls sei eher begrenzt und zudem zu eindimensional angelegt, meint hingegen Michael Mann (vgl. Mann 1987). Für Deutschland hat Wehler die These vertreten, daß die von Marshall aufgezeigte Entwicklung sich mehr oder

citizenship ein Verbindungsband brauche, das durch die Mitgliedschaft in einer Gemeinschaft ausgezeichnet sei, die auf der Loyalität gegenüber einer gemeinsamen Zivilisation beruhe (vgl. ebd., S. 92).

Dieses Verbindungsband sieht Parsons in der von ihm 'gesellschaftliche Gemeinschaft' genannten Integrationsbasis moderner Gesellschaften als gegeben: "The concept of citizenship, as used here, refers to full membership in what we call the *societal community*. This term refers to that aspect of the total society as a system which forms a *Gemeinschaft* which is the focus of solidarity or mutual loyalty of its members, and which constitutes the consensual base underlying its political integration." (Parsons 1967b, S. 423) Die gesellschaftliche Gemeinschaft konstituiere sich dadurch, daß sie einerseits eine universalistische normative Ordnung widerspiegele, andererseits halte sie für ihre Mitglieder einen bestimmten Status, Rechte, aber auch Verpflichtungen bereit. Die Verpflichtungen zielten vor allem auf *Loyalität* und *Solidarität* gegenüber der Gemeinschaft.

Aufgrund ihres universalistischen Charakters sehe die gesellschaftliche Gemeinschaft über die unterschiedliche partikularistische Herkunft ihrer Mitglieder hinweg. *Askriptive Merkmale* wie Geschlecht und ethnische Herkunft treten zunehmend in den Hintergrund, es komme zu einer *Inklusion* vormals ausgeschlossener Personengruppen. Die moderne Gesellschaft dürfe wegen der mit der funktionalen Differenzierung verbundenen Rollenspezialisierung auf solche Merkmale keine Rücksicht mehr nehmen. Statt askriptiver Merkmale sollte allein die funktionale Verwendungsfähigkeit, also Leistung, über den Status der Person entscheiden, so das Credo Parsons' (vgl. etwa Parsons 1966, S. 22). Zusammengefaßt: Nicht *ascription*, sondern *achievement* bildet die Grundlage der modernen Gesellschaft.

Die Nation wird als identisch mit der gesellschaftlichen Gemeinschaft bezeichnet (vgl. Parsons 1967b, S. 424ff.; 1975, S. 85f.), da sie, wie Parsons meint, sich evolutionär über die askriptiven Merkmale hinweggesetzt habe, also insbesondere ethnische Merkmale transzendiert habe. So rekonstruiert Parsons die Entwicklung in Europa dahingehend, daß zwar in der Frühmoderne die Gemeinschaftsgrundlage ethnischnational gewesen sei, daß aber infolge von Modernisierung, Säkularisierung und Demokratisierung diese Grundlage weitestgehend obsolet geworden sei (vgl. Parsons 1972, S. 117f.). Die Konsequenz: "Die Staatsbürgerschaft kann von der ethnischen Zugehörigkeit mit ihrer starken Tendenz zu Nationalismus und sogar 'Rassismus', der ein scharfes Zuweisungskriterium der Zugehörigkeit schafft, getrennt werden." (Ebd., S. 118) Als Prototyp einer solchen modernen gesellschaftlichen Gemeinschaft sieht Parsons den vermeintlichen '*melting pot*' der Vereinigten Staaten an. Es erscheint mir wichtig, festzuhalten, daß die Überwindung askriptiver Merkmale wie Ethnizität durch Modernisierung und Differenzierung von Parsons als *empirisches Faktum* angesehen

---

weniger gleichzeitig als überlappende Konfliktfelder nach dem Vormärz darstellen ließe (vgl. Wehler 1989b, S. 415).

wird, und nicht nur als eine normative Prämisse, die seiner Theorie sicherlich immer auch zugrunde liegt.[43]

Weil die gesellschaftliche Gemeinschaft 'Nation' als eine Folge von Differenzierungsprozessen analysiert wird, muß jedes politische Rekurrieren auf Ethnizität, wie es etwa seit den 1960er Jahren in den USA registriert werden kann, eine *Entdifferenzierung* bedeuten. Diese habe, so Parsons in Anlehnung an die Psychoanalyse, etwas mit Regression zu tun (vgl. Parsons 1975, S. 69). Mit anderen Worten: Die Betonung von Ethnizität statt universalistischer Verpflichtungen in der Nation hat einen Anschein von neurotischem und pathologischem Charakter. Nicht mehr die Nation wird zum potentiellen semantischen Träger des Fundamentalismus, wie Parsons ursprünglich meinte, sondern das Agieren gegen die Nation.[44]

Mit Parsons kommt es somit zu einer entscheidenden Wende hinsichtlich der Bestimmung der 'Nation' in der soziologischen Theorie. Statt durch Partikularismus und durch latente Aggression wird die Nation nun durch Universalismus und durch Überwindung ethnischer Merkmale ausgezeichnet. Die Nation als Gemeinschaft ist nicht mehr an den Staat gebunden, sondern vollzieht sich allein durch die Universalisierung des Rechts der Staatsbürgerschaft. Entsprechend gelten bei Parsons Solidarität und Loyalität nicht mehr wie bei Max Weber der staatlich induzierten Gemeinschaft, sondern sind ein Ergebnis der Wertgeneralisierung in der gesellschaftlichen Gemeinschaft. Gleichzeitig wird dieses Nation-Modell geschichtsteleologisch aufgeladen, indem es mit der modernen Gesellschaft und ihren Differenzierungsmerkmalen schlechthin identifiziert wird. Jedwedes Rekurrieren auf Ethnizität muß dann notwendig als anti-modern und unzeitgemäß interpretiert werden. Mit den Worten von Tiryakian: "de-differentiation appears as a counter-progressive process, going against the general progressive trends of history." (Tiryakian 1985, S. 120)

Mit der Welle der Entkolonialisierungsbewegungen nach dem Zweiten Weltkrieg sieht sich die soziologische Theorie erneut vor ein Phänomen gestellt, das schon in ihren Gründungstagen von zentraler Relevanz gewesen ist: die Modernisierung traditionaler Gesellschaften. Mit den *Modernisierungstheorien*[45] finden zentrale Elemente des Parsonsschen Strukturfunktionalismus Eingang in empirische Forschungen und theoretische Bemühungen, die sich mit der Frage der sozialen Evolution in den ehemals kolonialisierten Gesellschaften der sog. Dritten Welt beschäftigen.[46] Die

---

43 Die Empirie hat allerdings die Charakterisierung der interethnischen Beziehungen in den USA als *melting pot* nicht bestätigt. Zu einem Überblick über die normative und empirische Assimilationsforschung in den Vereinigten Staaten vgl. Ch. Hirschman 1983.

44 Für ein ähnliches Modell, das allerdings den Faktor Ethniziät nicht derart rigoros verabschiedet wie Parsons' Ansatz, vgl. Reiterer 1988.

45 Zu den Modernisierungstheorien, die hier in ihrem theoretischen Gehalt und den Differenzierungen nicht erörtert werden können, vgl. u.a. Zapf 1969 sowie ausführlich Flora 1974.

46 Während der 50er und 60er Jahre sind im Gefolge der Modernisierungstheorien eine Vielzahl empirischer Studien in der sog. Dritten Welt durchgeführt worden; vgl. etwa die berühmte Unter-

Modernisierungstheorien stellen den Versuch dar, Rückschlüsse aus den vermeintlich vergleichbaren Transformationsprozessen der westeuropäischen Modernisierung auf die Verhältnisse traditionaler Gesellschaften zu ziehen. Als die zentrale Aufgabe der neuen, sich modernisierenden Gesellschaften wird das *"Nation-building"* betrachtet, also die Herstellung von politischer Loyalität und Gemeinsamkeitsgefühl gegenüber vormals unterschiedlichen bis konflikthaften Stammesloyalitäten. Der Ausbau der Nation habe, so wird angenommen, in erster Linie interne Konsequenzen, die sich nur in ungünstigen Fällen auch destruktiv nach außen richten könnten. Zudem wird auch dem externen, defensive Folgen auslösenden Anstoß zum *Nation-building* nur wenig Bedeutung beigemessen.[47]

Man orientiert sich im großen und ganzen an den vermeintlich so erfolgreichen Modernisierungsprozessen des Westens: "Leitbild war dabei der angelsächsisch-demokratische Weg, während Faschismus und Stalinismus als pathologische Fälle nicht weiter theoretisch reflektiert wurden." (Menzel 1992, S. 100) Entsprechend diesem Leitbild werden die traditionalen Gesellschaften, wie es Parsons schon formuliert hatte, als partikularistisch und askriptiv bezeichnet, während die modernen Gesellschaften als universalistisch und leistungsbezogen charakterisiert werden.

Der Ausgangspunkt des Strukturfunktionalismus als die Theorie-Diskussion dieser Zeit beherrschende soziologische Richtung ist auch in der Nation- und Nationalismustheorie von *Karl W. Deutsch* zu spüren, die mittlerweile zu den klassischen Forschungen in diesem Bereich gezählt werden kann. Deutschs Nationalismustheorie (grundlegend: Deutsch 1953), die hier beispielhaft für die Modernisierungstheorien vorgestellt werden soll, beruht auf den folgenden Merkmalen: *Kommunikation, Mobilisierung, Assimilation.* Ganz in Sinne der strukturfunktionalistischen Durkheim-Rezeption wird eine Gesellschaft für Deutsch dadurch gebildet, daß eine Gruppe von Individuen sich durch Arbeitsteilung miteinander verbindet.

Ähnlich wie vor ihm Otto Bauer sieht Karl Deutsch in der *kommunikativen Verflechtung* eines Territoriums die Grundlage für die Ausbildung eines gemeinsamen "Wir"-Gefühls. Demnach ist ein Volk: "A larger group of persons linked by such complementary habits and facilities of communication (...)." (Ebd., S. 70) Der Fokus der Theorie Deutschs liegt auf der Integration peripherer Gruppen in das Zentrum, das schon entsprechende Kommunikationsformen wie z.B. eine Standardsprache ausgebildet hat. Die Mitgliedschaft in einer Nationalität beruht folglich auf den Teilnahmemöglichkeiten an der Kommunikation. Für die Ausbildung eines Gemeinsamkeitsbewußtseins sei entscheidend, daß innerhalb eines Territoriums leichter und

---

suchung über *The Passing of Traditional Society* von Lerner (1958) sowie die Beiträge in Geertz, Hrsg., 1963.

47   So formuliert Dietrich Rüschemayer noch Mitte der 70er Jahre, daß Nationalismus zwar auch aus äußeren Konflikten entstehen könne, daß aber die internen Probleme des Nationen-Aufbaus höher eingestuft werden müßten (vgl. Rueschemayer 1976, S. 747).

effektiver kommuniziert werden könne als mit Personen außerhalb dieser Kommunikationsgemeinschaft.

Für Deutsch ergibt sich als Folge, daß die Integration der Individuen allein auf den *internen* Kommunikationsmöglichkeiten beruht: "Peoples are held together 'from within' by this communicative efficiency (...)." (Ebd., S. 72) Die Differenz zu anderen Nationalitäten entstehe durch Kommunikationsbarrieren, die durch sprachliche und andere kulturelle Faktoren aufgebaut würden. Neben der sozialen Kommunikation sind für Deutsch fünf weitere Integrationsvorgänge von Bedeutung (vgl. Deutsch 1972a, S. 10ff.): die territoriale Integration durch Straßen und wirtschaftliche Verflechtung, die sprachliche Integration durch eine gemeinsame Standardsprache, die Integration von Eliten, die Integration von Stämmen in Völker sowie die Integration von Verwaltungsbezirken in eine staatliche Verwaltung. Auf diese Weise entstehe eine Nation, nämlich dann, wenn sich eine Kommunikationsgemeinschaft mit staatlichen Institutionen verbinde (vgl. ebd., S. 24). Mit anderen Worten: Statt durch die traditionalen Sitten und Loyalitäten sollte eine Integration in eine neue, kommunikativ induzierte, transethnische Gemeinschaft vollzogen werden. Die *primordialen* Gefühle des Stammes und der Ethnie sollten in *zivile* Emotionen gegenüber der Nation überführt werden.[48]

Den hier skizzierten Kommunikations- und Integrationsmöglichkeiten kommt nach Deutsch eine fundamentale Bedeutung in Zeiten erhöhter *sozialer Mobilisierung* zu, wie sie die Entwicklung von traditionalen zu modernen Gesellschaften darstellt. Je mehr die von der Modernisierung betroffenen Menschen urbanisiert würden, je mehr sie vom Hof in die Fabrik wechseln würden, desto weniger bildeten auch traditionale Vorstellungen von Sitte und Zusammenleben eine ausreichende kulturelle Grundlage. Die soziale Mobilisierung drückt sich nach Deutsch in einer Reihe von Indikatoren aus, die von der Professionalisierungsrate außerhalb der Landwirtschaft bis hin zur Rate der registrierten Wähler reicht. Wenn infolge sozialer Mobilisierung Kommunikationsmöglichkeiten geschaffen würden, die den Notwendigkeiten der Arbeitsteilung entsprächen, komme es zu einer politisch-kulturellen *Assimilation* der Individuen, die ihre frei werdenden emotionalen Energien nun der Politik zur Verfügung stellen könnten (vgl. ebd., S. 30).[49] Die Differenz der zu integrierenden Einheiten werde allerdings zunehmen, wenn die Möglichkeiten der Assimilation hinter den Notwendigkeiten zurückblieben.

---

48 Zur Unterscheidung von primordialen und zivilen Verbindungen und ihrem Anschluß an die Tönniessche Differenz von Gemeinschaft und Gesellschaft vgl. Shils 1957.

49 David Apter hat die emotionale Fokussierung auf die Politik als "political religion" bezeichnet, der die Funktion zukomme, die Einheit einer fragmentierten Gesellschaft wieder herzustellen. Aus diesem Grund könnten sich in den neuen Nationen auch überall charismatische Führer durchsetzen: "Men must be freed from these unnatural differences by both acts of leadership and exceptional public will. Harmony in the political sphere derives from the messianic leader who points out the dangers and noxious poisons of faction. Many such leaders are charismatic who represent the 'one'. They personify the monistic quality of the system." (Apter 1963, S. 78)

Deutsch negiert das konfliktgenerierende Potential von Nationalismen durchaus nicht, betont jedoch eine Differenz zwischen einem "gesunden" und einem pathologischen Nationalismus (vgl. Deutsch 1953, S. 155ff.). Ein pathologischer, bzw. in Deutschs Terminus: "extremer" Nationalismus, entstünde immer dann, wenn ausschließlich Informationen aus der eigenen Nation zur Kenntnis genommen würden, d.h. wenn gewisse Kommunikationskanäle nicht mehr geöffnet seien: "Nationalismus ist eine Geistesverfassung, die 'nationalen' Nachrichten (messages), Erinnerungen und Vorstellungen einen bevorzugten Platz in der gesellschaftlichen Kommunikation und ein stärkeres Gewicht im Entscheidungsprozeß einräumt. (...) Wenn die größere Aufmerksamkeit und das vermehrte Gewicht, das man solchen Mitteilungen beimißt, alle anderen Nachrichten, Erinnerungen oder Vorstellungen verdrängt, dann sprechen wir von extremem Nationalismus." (Deutsch 1972b, S. 204)[50] Die entscheidende Frage aber sei, ob der Nationalismus zur inneren Entwicklung der Nation oder aber zur Stagnation und Destruktion eingesetzt werde.

Die Chancen zu einer "gesunden" Entwicklung werden von Deutsch noch in den 50er Jahren als nicht schlecht eingestuft. Er setzt erhebliches Vertrauen in Industrialisierung und Modernisierung, die letztendlich auch zum Ende des Nationalimus beitrügen, insofern die Entwicklungsunterschiede ausgeglichen würden: "[N]ot before the vast poverty of Asia and Africa will have been reduced substantially by industrialization, and by gains in living standards and in education — not before then will the age of nationalism and national diversity see the beginning of its end." (Deutsch 1953, S. 165) Hier kommt eine Hintergrundannahme der Modernisierungstheorien zum Ausdruck, die eine Angleichung der einzelnen Industriegesellschaften prognostiziert hat. Ergänzend sieht Deutsch auch in dem Aufbau supranationaler Strukturen und entsprechender politischer Integrationsvorgänge die "Vision einer Weltregierung" aufscheinen (Deutsch 1972a, S. 9). Dies wird jedoch später relativiert, und er betont die Vorteile, die nationale Integrationsmuster gegenüber einer Weltgesellschaft haben, etwa die Schaffung eines Sicherheitsgefühls (vgl. Deutsch 1972b, S. 212ff.).

Der Nation-Begriff, wie er von Karl Deutsch geprägt wird, führt, so läßt sich *zusammenfassend* sagen, die theoretische Absetzung der Nation vom Staat fort. Zwar besteht auch bei Deutsch eine notwendige Verbindung zwischen Nation und Staat in dem Sinne, daß eine Nation ohne Staat eben nur ein Volk wäre. Doch der Fokus auf der konstitutiven Kommunikationsgemeinschaft läßt das Schutz- und Aggressionspotential der Nation leicht in den Hintergrund rücken. Diese Feststellung gilt insbesondere für Deutschs Ausgangsuntersuchung (vgl. Deutsch 1953), ist aber auch in den späteren Werken zumindest implizit vorhanden. Der sog. extreme Nationalismus ist nämlich ebenfalls eine Konsequenz der internen

---

50 Der Terminus "extremer Nationalismus" hat sich im Anschluß an Deutsch in der Forschung eingebürgert; vgl. etwa die Studie von Lepsius 1966, die den Aufstieg des Nationalsozialismus in Deutschland ebenfalls als extremen Nationalismus tituliert.

Kommunikationskanäle der Gemeinschaft. Darüber hinaus kann auch bei Deutsch die theoretische Absetzung von der Ethnie als konstitutives Merkmal der Nation beobachtet werden. Ethnischen Gemeinsamkeitsbindungen werden allgemein in der *"integrativen Revolution"*,[51] die sich in den modernisierenden Gesellschaften zu vollziehen scheint (Geertz 1963), keine großen Chancen eingeräumt. Dies gilt jedenfalls dann, wenn von den Regierungen zielstrebig auf eine Gleichstellung der früher getrennt lebenden Gruppen hingearbeitet würde.

Es sollte zum Abschluß dieses Abschnittes nicht unerwähnt bleiben, daß die Modernisierungstheorien durchaus nicht so einheitlich sind, wie es hier vielleicht erscheinen mag.[52] Erwähnenswert in nation- und nationalismustheoretischer Hinsicht ist sicherlich Reinhard Bendix' historisch-komparative Studie (vgl. Bendix 1964), die statt an Parsons wieder an Max Webers herrschaftssoziologische Untersuchungen anknüpft und das *Nation-building* als Problem der Legitimation von Herrschaft begreift. Gerade Bendix ist sicherlich nicht vorzuwerfen, er habe sich an den mitunter allzu vereinfachenden Modellen ("Große Dichotomien") der Modernisierungstheorien beteiligt.[53] Insgesamt jedoch bleibt auch diese Studie innerhalb des integrativen Paradigmas, das die interne Problembewältigung beim Aufbau von Staatsapparaten und die damit einhergehenden Mentalitätsänderungen in den Blick nimmt.

Innerhalb der deutschsprachigen Diskussion hat sich bis in die jüngste Zeit eine Variante des strukturfunktionalistischen Nation-Begriffs halten können. Gemeint ist die Theorie der *Staatsbürgernation*, von der erwartet wurde, sie könne insbesondere den nationalen Identitätsfindungsproblemen der Deutschen eine demokratische Ausrichtung geben. Ausgangspunkt dieser Idee war die Unterscheidung von *Ethnos* und *Demos*, die Emerich Francis (1965) vorgenommen hat. Francis argumentiert, daß die Idee der Nation in keinem zwingenden Zusammenhang zu einer ethnischen Grundlegung der Identität stehe: "So paradox es klingen mag, so steht doch die Nation, auf dessen Realisierung der Nationalismus gerichtet ist, ebensowenig in einem notwendigen Zusammenhang mit dem Ethnos wie das Ethnos mit dem Staat. Ausgangspunkt der nationalen Idee ist vielmehr der Staat bzw. das Verhältnis zwischen staatlichem Machtapparat und der Gesamtheit seiner Herrschaft Unterworfenen: dem Demos."

---

51 Das "integrative Paradigma" im Gefolge des Strukturfunktionalismus und der sich neu entwickelnden Kommunikationstheorie hat vor allem in den 60er Jahren eine große Breitenwirkung erzielt. Vor allem innerhalb der Politikwissenschaft werden diese Ansätze in eine Vielzahl von Studien umgesetzt; vgl. unter vielen anderen Almond und Verba (1963), die den Versuch unternehmen, eine *Civic Culture* zu beschreiben. In der Politikwissenschaft hat diese Art des Funktionalismus — im Gegensatz zur Soziologie — auch in der Gegenwart seine Bedeutung noch nicht verloren und wird als Modell für die Integration Europas gehandelt (vgl. Zellentin 1992).

52 Für einen detaillierten Überblick über Ansätze des *Nation-building* vgl. Rokkan 1969 und 1971. Rokkan selbst favorisiert einen Ansatz, der sich stärker an Parsons' AGIL-Schema orientiert (vgl. Rokkan 1975).

53 Vgl. auch Bendix' großangelegte historisch-soziologische Studie (Bendix 1980a; 1980b), die gerade die unterschiedlichen singulären Ausgangsbedingungen hinsichtlich Modernisierung und Herrschaftslegitimation verschiedener Länder und Regionen darlegt.

(Ebd., S. 90) Diese Unterscheidung aufnehmend sowie an Parsons anschließend, versucht M. Rainer Lepsius die Staatsbürgernation als ein tendenziell universalistisches Gemeinwesen zu fassen, in dem ethnische Gesichtspunkte keine oder nur eine untergeordnete Rolle spielen (vgl. Lepsius 1982; 1986). So umschreibt er diesen Zusammenhang im Hinblick auf die Vereinigten Staaten folgendermaßen: "Die '*Staatsbürgernation*' konstituiert sich über die individuellen Gleichheitsrechte und die Verfahren der demokratischen Legitimation der Herrschaft durch die Staatsbürger. Die Außenabgrenzung ergibt sich durch den räumlichen Geltungsbereich der Verfassungsordnung, und zwar unabhängig davon, ob außerhalb der Staatsgrenzen Personengruppen leben, die ethnisch oder kulturell oder historisch eine Merkmalsgleichheit mit dem demokratisch verfaßten Staatsvolk haben." (Lepsius 1982, S. 23)[54] Und schließlich darf in diesem Zusammenhang auch Jürgen Habermas' normative Zuspitzung dieser Idee nicht unerwähnt bleiben. In Anlehnung an den von Dolf Sternberger (1990 [1979]) geprägten Begriff des "Verfassungspatriotismus", empfiehlt Habermas einen Patriotismus, "der sich nicht mehr auf das konkrete Ganze einer Nation, sondern auf abstrakte Verfahren und Prinzipien bezieht." (Habermas 1990, S. 173) Diese Verfahren und Prinzipien müßten ihre Grundlage im Universalismus der Menschenrechte finden. Habermas' Vorschlag zielt nach eigenem Selbstverständnis auf eine *postnationale und posttraditionale Identität*, welche in der Lage sein soll, die traditionalen ethnischen Bindungen zu ersetzen (vgl. auch Habermas 1992b).[55]

Von dieser, am Ende eher in die Philosophie gehörenden Diskussion um die Staatsbürgernation einmal abgesehen, hat die Konjunktur der Modernisierungstheorien seit den 60er Jahren stark nachgelassen. Zu offensichtlich sind sowohl die empirischen als auch die theoretischen Probleme. *Empirisch*, da sich schon in den 60er Jahren die ethnisch inspirierten Sezessionsbewegungen bemerkbar machten, etwa im Biafra-Konflikt, als die Volksgruppe der Ibo sich aus dem pluriethnischen Nationalstaat Nigeria herauszulösen beabsichtigte. Noch die Clan- und Stammeskämpfe, die in der jüngsten Vergangenheit den Nationalstaat Somalia in eine Hungerkatastrophe von bislang ungekanntem Ausmaß geführt haben, scheinen in der Kontinuität dieser Entwicklung zu liegen.

Theoretisch, da die Modernisierungstheorien bei näherem Hinsehen vor allem in zweierlei Hinsicht unbefriedigend sind: Zum einen hat sich die implizite, mitunter auch explizite Simplifizierung des Ablaufs des sozialen Wandels in der Dichotomie von Tra-

---

54 Empirisch zeigt sich jedoch, daß auch die westlichen Staaten, die über ein Staatsbürgerrecht verfügen, das vermeintlich auf askriptive Merkmale wenig Rücksicht nimmt, dieses Recht tendenziell ethnisieren. Siehe den Überblick über das deutsche, das französische, das britische und das US-amerikanische Staatsbürgerrecht bei Bös 1993.

55 Den expliziten Bezug des Verfassungspatriotismus zur 'Nation' fordert dagegen Gebhardt 1993. Zur Kritik des Verfassungspatriotismus vgl. ausführlicher Estel 1988, S. 197ff. sowie D. Richter 1994a.

dition und Moderne als inadäquat herausgestellt. Diese Dichotomie impliziert die Vorstellung eines statischen Traditionsbegriffs sowie eines ebenso festen Begriffs der Moderne. Sozialer Wandel aber vollzieht sich nicht gradlinig und auch nicht teleologisch im Sinne der Konvergenz-Annahme der Modernisierungstheorien. Deren zentraler Mangel ist in diesem Zusammenhang die Unfähigkeit, die allzu offenkundigen Variationen erklären zu können. Zu Recht ist gegen die Modernisierungstheorien eingewendet worden, sie seien ahistorisch und würden die unterschiedlichen Start- und Evolutionsbedingungen der verschiedenen Regionen, ebenso wie die verschiedenen kulturellen Traditionen unberücksichtigt lassen (vgl. Eisenstadt 1979, insb. S. 128ff.). Ebenso problematisch ist zum zweiten die Normierung des *idealtypischen* westlichen Entwicklungsmodells zum vermeintlichen Endpunkt der Moderne. Es setzt die Ergebnisse des eher zufälligen, mithin kontingenten Aufstiegs Europas und seiner Tochtergesellschaft in Amerika[56] als teleologischen Fixpunkt, an dem jede Modernisierung notwendig scheitern muß, zumal das normative Modell mit seinen Merkmalen Universalismus und Leistungsbezug sich in der angenommenen Weise selbst im Westen nicht hat realisieren lassen.

Entsprechend harte Kritik ist auch am Nation- und Nationalismuskonzept des Strukturfunktionalismus und der Modernisierungstheorien geübt worden. Das offenkundige Fehlschlagen der integrativen Revolution im Sinne von Deutsch und anderen ist etwa von A.D. Smith auf die Nicht-Berücksichtigung lokaler Kontexte zurückgeführt worden: "The crucial defect, then, of 'communications' theory is its omission of the particular context of beliefs and interpretations and interests within which the mass media operate." (A.D. Smith 1971, S. 101) Damit hänge zusammen, daß sich Gemeinsamkeitsglauben eben nicht willkürlich herstellen lasse, sondern dieser auf einen Set von in der Regel ethnisch besetzten Traditionen zurückgreife. Nach Smith hat das zur Folge, daß Nationalismen nicht allein integrativ, sondern in gleicher Weise sezessionistisch sein müssen: "Nationalism is both integrative and divisive, because the 'assimilationist' stresses the vision of fraternity among equals, but the elitist-minded 'revivalist' underlines the cultural differentiae so necessary to the *renovation* of the community and the restoration of the dignity through secession." (Ebd., S. 256)

In die gleiche Richtung stößt die Kritik, die Walker Connor (1971/72) an den Nation- und Nationalismuskonzepten der Modernisierungstheorien übt. Connor betont, daß die von Deutsch angenommene assimilative und integrative Tendenz durch soziale Mobilisierung gerade ins Gegenteil umschlage: "Advances in communications and transportation tend also to increase the cultural awareness of the minorities by making their members more aware of the distinctions between themselves and others." (Ebd., S. 329) Mit anderen Worten: Die auf die Vorurteils-Forschung Gordon Allports (1971,

---

56 Die singulären Entstehungsbedingungen des Aufstiegs des Westens sind in jüngster Zeit mehrfach betont worden; vgl. Titel wie "Der Sonderweg des Westens" (Weede 1988) oder "Das Wunder Europa" (Jones 1991).

S. 267ff.) zurückgehende "Kontakt-Hypothese", nach der Kommunikation Differenzen abbaut, scheint nicht zuzutreffen.[57] Ebenso wie Smith sieht auch Connor den Grund hierfür im offenbar notwendigen 'ethnischen Unterbau' der Nation, der zugleich Konflikte zu generieren scheint: "[W]hat is fundamentally involved in such a conflict is that divergence of basic identity which manifests in the 'us-them' syndrome." (Connor 1971/72, S. 341) Nach Connor bedarf eine ethnisch-nationale Identität einer Gegenidentität, von der man sich abgrenzen können muß.

Die Vision einer kollektiven Identität mit universalistischen Zügen, die ethnische Spannungen überwinden sollte, scheint damit theoretisch wie empirisch *ad acta* gelegt werden zu müssen. Rückzugsmöglichkeiten einer solchen Vision liegen — wie aufgezeigt — allenfalls noch in der Philosophie bzw. in der normativen Gesellschaftstheorie, wie sie etwa von Habermas formuliert wird (vgl. etwa Habermas 1992b; ähnlich: Peters 1993).

Mit den Problemen der Modernisierungstheorien scheint aber ein erster Hinweis auf die einschneidenden theoretischen Veränderungen hinsichtlich der Einschätzung des Destruktionspotentials der Nation verbunden zu sein. Offenbar unter dem Eindruck der westlichen Frontstellung gegen Faschismus und sozialistischen Totalitarismus (vgl. etwa zu Parsons bei Wearne 1989, S. 149ff. sowie J.K. Nielsen 1991) ist im Rahmen einer Totalrevision gesellschaftstheoretischer Analysen auch das Konzept der 'Nation' neu durchdacht und überarbeitet worden. Wurden vorher, etwa bei Weber und Ziegler, Loyalität und Solidarität der politischen Gemeinschaft als Staat gegenüber äußeren Konkurrenten und Feinden "zugemutet", wird nun die Solidarität nach innen gewendet und dem normativen rationalistischen Verständnis moderner Gesellschaften untergeordnet. Dieses normative Verständnis schien zu implizieren, daß gesellschaftliche Solidarität nicht mehr auf äußeren Druck angewiesen sei, wie es noch Simmel formulierte, sondern allein aus dem internalisierten Universalismus moderner Institutionen und entsprechend sozialisierter Personen stammen könnte.

---

57   Sie scheint zumindest nicht in der ursprünglich angenommenen Weise zuzutreffen. Für eine neuere Überprüfung der Kontakt-Hypothese mit sehr differenzierten Ergebnissen vgl. Sigelman/Welch 1993.

1.5 Nationalismustheorien der Gegenwart: Ungleiche Entwicklung und Rückkehr der Ethnien

Das offensichtliche Scheitern des Strukturfunktionalismus und der Modernisierungstheorien hat in der Folge den Blick wieder auf ethno-nationale Konflikte gelenkt, die scheinbar unvermeidlich mit Modernisierungsprozessen verbunden sind. In den neueren Theorieanlagen werden denn auch die Modernisierungstheorien als Absetzpunkt genommen, um das Versagen theoretisch zu reflektieren und neue, auch gesellschaftstheoretisch inspirierte Untersuchungen zu beginnen.

Es fallen in dieser Hinsicht vor allem zwei theoretische Richtungen auf. Zum einen findet sich ein Ansatz, der marxistisch fundierte Ungleichheitstheorien als Grundlage zur Erklärung der Entstehung ethnischer und nationalistischer Bewegungen heranzieht. Diese Richtung hat sich wiederum in zwei Linien aufgespalten. Eine Linie orientiert sich an einem aufgeklärten, nicht-orthodoxen Marxismus; zu nennen sind die Namen Tom Nairn und Michael Hechter. Letzterer versucht eine theoretisch und empirisch fruchtbare Verbindung von Marxismus mit *Rational Choice*-Theorien (RC-Theorien) zu erstellen. Die zweite Linie bleibt einem orthodoxen Marxismus mehr oder weniger verhaftet. Sie versucht Nationalismus durch die periphere Stellung einzelner Regionen im kapitalistischen Weltsystem zu beschreiben. Diese Linie verbindet sich im besonderen Maße mit dem Namen Immanuel Wallerstein.

Zum anderen gibt es eine bedeutende Richtung, deren Fokus auf der scheinbar ethnischen Fundierung der Nationen zielt, wie es gegen Ende des vorigen Abschnittes als Desiderat deutlich geworden ist. Zu nennen sind hier wiederum die Namen Walker Connor und insbesondere Anthony D. Smith, der in den letzten zwei Jahrzehnten mit einer Fülle von Publikationen, darunter mehrere Monographien, an die wissenschaftliche Öffentlichkeit getreten ist.

Zum ersten Ansatz: Am Ende des Abschnitts 1.2 habe ich auf die Versäumnisse hingewiesen, die der klassische Marxismus hinsichtlich der Einordnung der Nation vorgenommen hat. Dort ist auch erwähnt worden, daß es heute ernstzunehmende neo-marxistische Ansätze gibt, die genau an diesen Schwächen weiterarbeiten, um zu einer adäquateren Behandlung des Themas zu gelangen. Gemeinsamer Bezugspunkt der alten und neuen marxistischen Nationalismus-Forschung ist die Imperialismus-Theorie Lenins. Wie ich oben gezeigt habe, hat insbesondere Lenin den Kolonien des europäischen Imperialismus aus strategischen Gründen ein nationales Selbstbestimmungsrecht zugesprochen. Auch die neo-marxistische Forschung, die aufgrund ihrer internen Vielfältigkeit hier nur in groben Zügen wiedergegeben werden kann,[58] setzt an der globalen Ausbreitung des Kapitalismus an, um die Entstehung

---

58 Eine Übersicht und Kritik dieser Ansätze findet sich bei Orridge 1981.

nationalistischer Bewegungen zu erklären: "Die wahren Ursachen (...) liegen nicht im Volk und auch nicht im unterdrückten Verlangen nach Ganzheit oder Identität, sondern in den Antrieben der weltweiten politischen Ökonomie." (Nairn 1978, S. 14) Nationen gelten nach wie vor als "Überbau"-Phänomene innerhalb des kapitalistischen Gesamtsystems (vgl. Nairn 1978, S. 33; Wallerstein 1992, S. 98). Es wird zur Erklärung nationalistischer Bewegungen in der Dritten Welt vor allem auf die Ungleichheiten im globalen Maßstab abgehoben, die nach dieser Position den Nationalismus als Gegenreaktion generiert haben.

Eine wichtige Unterscheidung in diesem Zusammenhang ist die Differenz von Zentrum und Peripherie. Demnach ist eine Peripherie ein Teil des kapitalistischen Weltsystems, "in dem vor allem wenig angesehene Waren produziert werden (d.h. Waren, deren Herstellung weniger gut entlohnt wird), der aber doch ein integraler Bestandteil des Gesamtsystems der Arbeitsteilung ist, weil diese Güter hauptsächlich für den täglichen Gebrauch bestimmt sind." (Wallerstein 1986, S. 450) Das Zentrum hingegen ist nach diesem Ansatz die sog. Erste Welt, die im kapitalistischen Weltsystem die Führungsrolle innehabe und gewissermaßen nach-koloniale Kolonialstrukturen aufrechterhalte. Gegen die somit vorgenommene Zuweisung einer inferioren Position rebellierten die peripheren Nationalismen.

Die Unterscheidung von Zentrum und Peripherie wird jedoch nicht nur für die Kluft zwischen Erster und Dritter Welt behauptet, sondern findet ihre Anwendung auch innerhalb der Regionen des hochindustrialisierten Nordens.[59] Ausgehend von den Ungleichheiten innerhalb Westeuropas hat insbesondere Michael Hechter den Begriff der *internen Kolonialisierung* geprägt (vgl. Hechter 1975). Die interne Kolonialisierung soll demnach die periphere Stellung bestimmter Regionen beschreiben, die nach wie vor auch in Westeuropa anzutreffen sei. Innerhalb der großen Nationalstaaten Westeuropas gibt es nach diesem Ansatz die Praxis einer *kulturellen Arbeitsteilung*, welche zur Folge habe, daß in reaktiver Weise auf die Verbindung der Zuweisung eines niedrigen Sozialstatus durch das Zentrum mit ethnischer Solidarität reagiert wird (vgl. Hechter 1974). Sowohl Hechter als auch Nairn (vgl. Nairn 1977) beziehen sich dabei auf die Entstehung sogenannter Sub-Nationalismen in West-Europa, wie sie paradigmatisch der schottische oder der walisische Nationalismus in Großbritannien darstellen. Zentraler Erklärungsansatz ist dabei die ungleiche ökonomische Entwicklung zwischen dem Zentrum (England) und der Peripherie (Schottland bzw. Wales). Von marxistischer Seite ist vor allem der schottische Nationalismus von großem Interesse, da sich hier, innerhalb der *Scottish Nationalist Party*, Nationalismus und Sozialismus durchaus nicht fremd sind.[60]

---

59 Wallerstein hat diesen Ansatz in gewisser Weise noch erweitert, indem er den Begriff 'Rasse' auf die Zentrum-/Peripherie-Unterscheidung im globalen Maßstab anwendet, den Begriff 'Nation' auf dieselbe Unterscheidung innerhalb einer Region bezieht (vgl. Wallerstein 1992, insb. S. 102f.).

60 Zur Programmatik der SNP und ihrer starken sozialistischen Fraktion vgl. Sonnert 1987, S. 287ff.; vgl. auch die Selbstdarstellung bei Gallagher, Hrsg., 1991.

Einen ähnlichen Ansatz, der Nationalismus mit ungleicher Entwicklung zusammenbringt, verfolgt Ernest Gellner. Gellners Bezugspunkt (vgl. Gellner 1991) ist aber nicht eine neo-marxistische Position, sondern eher eine funktionalistische im Sinne der Modernisierungstheorien. Ähnlich wie Deutsch sieht auch Gellner einen Ausgangspunkt auf kulturellem Gebiet bzw. in den Kommunikationsformen moderner Gesellschaften. So betont er die "objektive Notwendigkeit kultureller Homogenität" (ebd., S. 73), die aufgrund der modernen arbeitsteiligen Gesellschaft entstehe, und eine Identifikation mit der damit einhergehenden Hochkultur in Form des Nationalismus generiere. "Nationalismus handelt von Zugang zu, Teilnahme an, Identifikation mit einer schriftkundigen Hochkultur, die mit einer vollständigen politischen Einheit und ihrer gesamten Bevölkerung übereinstimmt und übereinstimmen muß, wenn diese mit der Art von Arbeitsteilung, dem Typus der Art Produktionweise, auf die sich diese Gesellschaft gründet, kompatibel sein soll." (Ebd., S. 143f.)

Da die Zugangsmöglichkeiten zur Hochkultur und ihren Institutionen aber ungleich verteilt seien, entstehen nach Gellner, so meine vereinfachende Interpretation, zwei Nationalismen, die sich gegenüberstehen: der Nationalismus der Gruppe, die vorerst ausgeschlossen ist, sowie der Nationalismus derer, die ihre Hochkultur gegen vermeintliche Eindringlinge zu verteidigen suchen.[61] Perspektivisch sieht Gellner die nationalistischen Konflikte im Rahmen der Industrialisierung und der Ausweitung kultureller Institutionen abnehmen, wenn auch nationale Identifikationen nicht gänzlich verschwinden würden (vgl. ebd., S. 178). Gellners Position ist in vielerlei Hinsicht mit neo-marxistischen Ansätzen kompatibel und wird dort auch positiv rezipiert. So hat beispielsweise Eric Hobsbawm diesem Ansatz große Aufmerksamkeit gewidmet und lediglich die funktionalistische Perspektive bemängelt, die nach seiner Ansicht "zu sehr den Blick von unten verstellt." (Hobsbawm 1991, S. 22)

Theoretisch interessant ist weiterhin eine Verbindung der hier vorgestellten Ungleichheitstheorien mit sog. *Rational Choice*-Theorien (im folgenden: RC-Theorien).[62] Im Anschluß an Olson (1968) wird hier ethnische und nationale Mobilisierung als eine Form kollektiven Handelns aufgefaßt: "Ethnic mobilization is the process by which groups organize around some features of ethnic identity (for example, skin color, language, customs) in pursuit of collective ends." (Olzak 1983, S. 355; vgl. weiter u.a. Nielsen 1985; Esser 1988; Kiser/ Hechter 1991, S. 19ff.; Hechter 1992; Weede 1992, S. 285ff.) Wie dieses Zitat prototypisch aufzeigt, werden aus der Perspektive der RC-Theorien kollektive Ziele anhand ethnisch-nationaler Kriterien verfolgt. Das Anwendungsgebiet der Theorie sind vornehmlich ungleiche Zustände innerhalb von Nationalstaaten, jedoch werden auch zwischenstaatliche Konflikte damit beschrieben. Die gesellschaftstheoretische Komponente der RC-Theorien in Verbindung mit ethnisch-nationaler Mobilisierung bezieht sich auf Formen sozialer Ungleichheit, die mit

---

61 Eine genauere Typologie findet sich bei Gellner 1991, S. 133ff.

62 Für einen Aufriß dieser Theorielinie mit empirischen Anwendungsgebieten vgl. Weede 1992. Für eine kurze Darstellung vgl. Reinecke 1994.

der modernen Gesellschaftsstruktur gleichgesetzt werden. Prinzipiell zielen ethnische Kollektive auf die Überwindung der von ihnen perzipierten sozialen Ungleichheiten. Sie unterscheiden sich damit grundsätzlich nicht von anderen sozialen Bewegungen: "Soziologisch gesehen machen ethnische Bewegungen in modernen Gesellschaften keinen Unterschied z.b. zur Frauenbewegung, zu den Grauen Panthern oder zu den militanten Tierschützern." (Esser 1988, S. 243) In allen diesen von Esser angesprochenen Fällen geht es ebenfalls um die Beseitigung von Benachteiligung. Ethnisch-nationale Identifikation beruht nach den RC-Theorien im wesentlichen auf der Gemeinsamkeit von Interessen, die mit Hilfe askriptiver Merkmale verfochten werden. Es müssen, mit anderen Worten, nach diesem Ansatz neben askriptiven Differenzen *immer auch* andere Interessenunterschiede, mithin äußere Faktoren existieren, um ethnisch fundierte Nationalismen auszulösen.

Der enge theoretische Konnex von sozialer Ungleichheit mit ethnisch-nationaler Mobilisierung hat starke Konsequenzen, von denen zwei hier näher diskutiert werden sollen. Zum einen impliziert dieser Theorieansatz die Auflösung ethno-nationaler Bewegungen mit der Zielerreichung, d.h. ethnisch-nationale Bewegungen verlieren dann an Bedeutung, wenn die 'Nationen' mit anderen Konkurrenten gleichgezogen haben; sie können nicht entstehen, wenn es keine Unterschiede zwischen zwei Populationen gibt. Nun wird von mir nicht bestritten, daß ethnisch-nationale Bewegungen sich mit anderen Faktoren zu verbinden wissen. Gerade in den Staaten, die multiethnische Populationen aufweisen, spielen askriptive Merkmale eine große Rolle bei der Durchsetzung von Ansprüchen auf Gleichbehandlung gegenüber Konkurrenten auf dem Arbeitsmarkt und anderen Feldern. Das entscheidende Manko in diesem Zusammenhang scheint mir jedoch darin zu liegen, daß mit RC-Theorien gerade die dem Ethno-Nationalismus eigentümliche Emotionalität und Irrationalität sowie die daraus resultierende Dynamik von Intergruppenkonflikten nicht erklärt werden können. Zugespitzt formuliert: RC-Theorien können Konkurrenzphänomene bei der Zuweisung wohlfahrtsstaatlicher Mittel an bestimmte *communities* erklären, nicht jedoch die *race riots*, die ebenfalls zur Realität multiethnischer Gesellschaften gehören.

Zum zweiten begehen die RC-Theorien den gleichen Fehler, den sie den Modernisierungstheorien vorwerfen (vgl. Esser 1988), daß nämlich ihr Modernisierungsbegriff letztlich ebenfalls auf der Überwindung der Bedeutung askriptiver Merkmale beruht. Dieser Umstand resultiert aus der aufgezeigten Verbindung von sozialer Ungleichheit mit ethnischer Solidarisierung. Esser formuliert etwa: "Für diesen Typus tatsächlich funktional differenzierter, nun endgültig 'moderner' Gesellschaft entfallen indessen die objektiven Grundlagen für *dauerhafte* ethnische Vergemeinschaftung und für *systematische* ethnische Mobilisierungen letztendlich." (Ebd., S. 246f.) Damit sitzt auch der RC-Ansatz, wie Kreckel (1989) und Nassehi (1990) an Essers Position kritisiert haben, einem normativen Verständnis von Modernität auf, dessen Problematik für die Behandlung des vorliegenden Themas am Beispiel der oben behandelten Modernisierungstheorien deutlich geworden sein sollte.[63] Hier ist Nationalismus nicht ein Durchgangssyndrom zu einer die Modernisierung begleitenden überstaatlichen Integration, sondern ein Durchgangssyndrom zu einer wie auch immer gearteten "vollständigen" Moderne.

Schließlich gilt für alle Ansätze, die soziale Ungleichheit als primäre Sozialstruktur der modernen Gesellschaft postulieren, daß sie gesellschaftstheoretisch relativ unbefriedigend sind. Denn es ist m.E. deutlich, daß die moderne Vergesellschaftung jenseits sozialer Ungleichheit doch primär über andere, d.h. Prinzipien funktionaler Differenzierung stattfindet. Ich schließe mich in diesem Zusammenhang Armin Nassehi an (vgl. Nassehi 1990; Nassehi/ Weber 1990a), der gegenüber Esser darauf hingewiesen hat, daß ethnisch-nationale Merkmale durchaus nicht kategorial unvereinbar mit systemtheoretischen Analysen sind. Eine befriedigende Nationalismus-Theorie müßte daher, wenn sie mit der Entwicklung innerhalb der gesellschaftstheoretischen Diskussion mithalten will, auch auf Kategorien rekurrieren, die sich auf die funktionale Differenzierung beziehen.

Zum zweiten Ansatz: Wie im vorhergehenden Abschnitt ausführlicher beschrieben, ist der Ausgangspunkt von Connor und Smith eine eingehende Kritik der modernisierungstheoretischen Nation-Forschung (vgl. Connor 1971/72; A.D. Smith 1971). Gegen die modernisierungstheoretische Hypothese, die soziale Evolution laufe auf eine Überwindung askriptiver Merkmale hinaus, betonen Connor und Smith die besondere Funktion ethnischer Merkmale, die auch auf einem fortgeschrittenen Modernisierungs- niveau nicht an Bedeutung verlieren würden.[64]

Entsprechend konsequent unternimmt Smith einen Versuch, in Richtung der ethnisch fundierten Genealogien der Nationen zu forschen (vgl. A.D. Smith 1986). Smith stellt sich damit nach eigener Einschätzung zwischen zwei Positionen, die er, sicherlich verkürzend, als *Primordialisten* und *Modernisten* umschreibt. Primordialisten behaupten, so Smith mit Hinweis auf Shils (1957), die "ewigen" Aus- prägungen kultureller Identität, die sich in der Nation zeigen würden.[65] Modernisten, zu denen Smith insbesondere die Werke von Anderson (1988) und Gellner (1991)

---

63 Zu ähnlichen Schlüssen wie Esser kommt Sonnert, der mit Hilfe einer normativen Theorianlage im Anschluß an Habermas die Bedeutung des schottischen Nationalismus aufzuzeigen versucht. Seine These: "In einer Situation unvollständiger Moderne kann die Nation – die 'theoretisch', d.h. in einer idealtypischen Moderne, eindeutig als reaktionär und obsolet zu identifizieren ist — eine bedeutende und relativ dauerhafte Rolle spielen, da ihr eine Reihe wichtiger Funktionen zukommt, die ihren Grund in der unvollständigen Durchsetzung der Moderne und in den daraus resultierenden Krisen finden und sowohl anti-modern, als auch pro-modern ausgerichtet sein können." (Sonnert 1987, S.121)

64 Einen Überblick über weitere Forschungen in diesem Zusammenhang gibt Newman 1991; eine vergleichende Studie über die Ansätze des "Ethnonationalismus" findet sich bei Yun 1990.

65 In der *soziologischen* Diskussion spielen die 'Primordialisten' keine Rolle, sieht man einmal von dem oben zitierten Werner Sombart ab, der Wesenhaftes für die Nation beanspruchte. Als Primordialisten können denn auch vielmehr Biologen bzw. Rassenbiologen gelten, deren Konjunktur in der Mitte des 19. Jahrhunderts begann.

zählt, beschreiben demgegenüber die Nationen als vollkommen moderne Produkte, deren Funktion in der Herstellung funktional notwendiger kultureller Homogenität liege (Gellner) bzw. deren inhaltliche Ausprägungen wesentlich konstruierter Natur seien (Anderson).

Smiths eigener Ansatz versucht die von ihm wahrgenommenen Mängel beider Konzepte zu überwinden. So behauptet er gegen die sogenannten Primordialisten, daß man nicht ohne weiteres die modernen Nationen aus Beständen ableiten könne, die Jahrtausende zurückreichen, indem eine Identität der modernen Nationen mit ihren vormodernen Vorläufern angenommen werde. Gegen die Modernisten wie Gellner und Anderson versucht er die These zu belegen, daß aller Modernität zum Trotz die inhaltlichen Bestände und die daraus resultierenden Differenzen zwischen modernen Nationen eben nur aus den unterschiedlichen Genealogien der Nationen erklärt werden können: "There have, indeed, been important changes of *form*; but these have occurred within a pre-existing framework of collective loyalties and identities, which has conditioned the changes as much as they have influenced the framework." (A.D. Smith 1986, S.13) Smiths Analyse zielt also in erster Linie auf die semantischen Ausprägungen und Veränderungen, welche die nationale Symbolik und ihre vermeintlichen Traditionsbestände durchgemacht haben. Zu diesem Zweck formuliert er den analytischen Term *"ethnie"*, der die hier zugrunde gelegten Verschiebungen und historischen Konstrukte dennoch zu einer semantischen Einheit zusammenfüge, die unabhängig von den Wahrnehmungen einzelner Generationen eine bindende Wirkung entfalten könne (vgl. ebd., S. 22).

Wie viele seiner vor allem historisch forschenden Vorgänger unterscheidet auch Smith analytisch zwischen westlichen und östlichen semantischen Ausprägungen, oder mit seinen Worten: zwischen territorialen und ethnischen Nationen (vgl. ebd., S. 134ff.). Das Merkmal der territorialen Grundlage spricht er den Nationen zu, die schon von Hugh Seton-Watson als die "alten" Nationen bezeichnet wurden: beispielsweise England, die Niederlande oder Frankreich (vgl. Seton-Watson 1977, S. 7f.). Diese Nationen hätten ihr Nationalbewußtsein im Zusammenhang mit der Ausbildung der territorial begrenzten absolutistischen Staaten sowie der Staatsbürgerschaft (*citizenship*) ausgebildet. Demgegenüber hätten die — von Seton-Watson als "neue" bezeichneten — östlichen Nationen die ethnischen Gemeinsamkeiten wesentlich mehr in den Blickpunkt gerückt.

Diese analytische Trennung zwischen territorialen und ethnischen Nationen kann nach Smith jedoch nur begrenzt auf die Realität übertragen werden. In der Wirklichkeit moderner Nationen würden sich die beiden Merkmalskreise miteinander vermischen und die eine oder andere Ausprägung annehmen. Keine Nation auf ethnischer Basis könne darauf verzichten, die theoretische Gleichstellung ihrer Bürger im Sinne der Staatsbürgerschaft herzustellen. Umgekehrt könnten selbst Immigrationsgesellschaften wie die USA oder Australien nicht darauf verzichten, daß eine ethnische Gemeinschaft dominant sei (vgl. A.D. Smith 1986, S. 149ff.). Auch ethnische Gemeinschaften müssen daher nach Smith moderne Formen annehmen, wenn sie sich zur Nation ausbilden wollen. Smith sieht hier drei notwendige Bewegungsformen moderner Gesellschaften, die auch von ethnischen Gemeinschaften geteilt werden müßten: "from isolation to activism, from quietism to mobilization, from culture to politics." (Ebd., S. 154) Nationalismus entsteht aus dieser Sicht dann, wenn ethnische Kerne politisiert werden.

Der ethnische Kern moderner Nationen verschwinde aber nicht im Sinne eines Übergangsphänomens zur Industrialisierung, wie es die Modernisierungstheorien postuliert hatten. Im Gegenteil erhalte der ethnische Kern gerade in der modernen Gesellschaft seine besondere Funktion, er markiert nach Smith Distinktion: "Ethnic distinctiveness remains a *sine qua non* of the nation, and that means shared ancestry myths, common historical memories, unique cultural markers, and a sense of difference, if not election — all elements that marked off ethnic communities in pre-modern eras. In the modern nation they must be preserved, indeed cultivated, if the nation is not to become invisible." (A.D. Smith 1991, S. 70)

Nicht zu unterschätzen ist nach Smiths Einschätzung das irrationale und folglich explosive Moment, das solche Erinnerungen und Mythen notwendig begleite: "Evoking a heroic past is like playing with fire, as the history of too many *ethnie* and nations, locked in conflict today, can tell." (A.D. Smith 1986, S. 201) Denn die Erinnerung, so kann man Smith interpretieren, ist ein verminter Raum, voll mit konfliktträchtigen "legends and landscapes". Smith wendet sich damit gegen die oben vorgestellten RC-Ansätze, die den durchaus rationalen Kern der Nationalismen oder ethnischen Gemeinschaftsbildungen behaupten. Nicht um diese rationalen Anliegen herum bildeten sich Nationalismen, sondern umgekehrt: Nationalismen können sich auch mit rationalen Anliegen verbinden. "It is not that nationalism feeds on other 'rational' issues and interests, as it sometimes is assumed. Rather, neglected, oppressed or marginalized ethnic communities or categories fuse their national grievances and aspirations with other non-national aspirations and grievances (...)." (A.D. Smith 1991, S. 145)

Die Stärke des Ansatzes von Smith liegt m.E. in der rein deskriptiven Vorgehensweise, die auf normative Vorgaben verzichtet. Seine Analysen nationalistischer Semantiken verdienen sicherlich insbesondere im deutschsprachigen Raum mehr Aufmerksamkeit, als ihnen bislang zugekommen ist. Aus einer soziologisch-gesellschaftstheoretischen Perspektive ist in der Beschränkung auf die Untersuchung der Semantik allerdings auch das zentrale Manko des Ansatzes von Smith zu sehen. So verdienstvoll und notwendig der kulturelle Aspekt im Zusammenhang mit der Erforschung des Nationalismus durchaus ist, so unverzichtbar erscheint mir die Frage nach der Relevanz des Nationalismus zu bestimmten Zeitpunkten bzw. in bestimmten Situationen zu sein.

Darüber hinaus stellt sich die Frage, ob nationalistische Tendenzen immer nur unter Rückgriff auf diese Semantiken zustande kommen. Der Rechtsradikalismus der 1980er und 90er Jahre in Westeuropa — der ja unzweifelhaft ein Nationalismus ist — unterscheidet sich in vielen Punkten von einem Nationalismus, wie er sich zur gleichen

Zeit in Osteuropa bemerkbar macht. Während in Osteuropa genau die von Smith beschriebenen Mythen, "legends and landscapes" wie der serbische Amselfeld-Mythos, noch eine mobilisierende Wirkung haben, scheint der moderne Rechtsradikalismus in dieser Hinsicht nicht ganz in das Schema zu passen. Dort, wo er sich reflektiert gibt, dominiert ein völkisch-biologisches Weltbild, das hauptsächlich ausgrenzende Funktionen gegenüber Minoritäten und Einwanderern hat. Zudem geht es in diesen Kreisen vornehmlich um Geschichtsklitterung hinsichtlich des Nationalsozialismus — die deutschen Mythen greifen heute kaum weiter zurück. Dort, wo der Rechtsradikalismus selbst die Reflexion aufgegeben hat, versagen auch die Mythen; hier machen sich allenfalls dumpfe Ressentiments bemerkbar.

Vielleicht darf man — auch in historischer Perspektive — die ausgearbeiteten nationalistischen Ideologien, die historischen "Erfindungen" nationaler Traditionen und kultureller "Wesenheiten" nicht in der Weise überschätzen, daß man davon ausgeht, daß sie in ihrer Gesamtheit eine Tiefenwirkung erzielen können. So hat etwa Michael Jeismann zum Abschluß seiner Studie über die nationalen Feindbilder zwischen Frankreich und Deutschland (vgl. Jeismann 1992) gefordert, das Nationale nicht in Richtung auf ein National*bewußtsein*, sondern eher als ein National*empfinden* zu untersuchen, das aus recht einfachen Bildern zusammengesetzt sei.[66] Aus dieser Perspektive würde die Analyse nationalistischer Semantiken und Typologien allein ziemlich in die Irre führen. Der Nachteil des Vorgehens von Smith besteht darin, den Mobilisierungseffekt des Nationalen vornehmlich auf den semantischen Gehalt von Literatur und anderem ideologischem Material zurückzuführen und zu übersehen, daß nationale Ressentiments noch durch weitere soziale Faktoren ausgelöst werden. Daher erscheint mir eine Analyse der Konstitution von Feindbildern der erfolgversprechendere Weg zu sein (vgl. Abschnitt 2.6).

1.6 Fazit

Die eingangs vorgenommene Einschätzung der Unterbewertung und Unterschätzung des Nationalen in der soziologischen Theorie hat sich, so meine ich, in der Übersicht bestätigt. Schon die Klassiker, die das Theoriepotential besessen hätten, haben sich eher Grundsätzlicherem zugewendet als der Untersuchung des Nationalen selbst. Als Ausnahmen können Max Weber und Ziegler sowie die Forschung in den zwanziger Jahren gelten, deren weiter zu entwickelnde Möglichkeiten aber durch Faschismus und Krieg nicht mehr zum Zuge gekommen sind. Nach dem Zweiten Weltkrieg hat man die Potentiale, die für eine hinreichend adäquate Nation-Theorie geeignet gewesen wä-

---

66 "[M]an wird das, worauf sich 'Nationalempfinden' stützte, gar nicht einfach genug vorstellen dürfen: einige Namen (Napoleon, Blücher etc.), einige Schlachten und vor allem ein kleiner, aber vielfach tradierter Set von Eigenschaftsbestimmungen, mit deren Hilfe man sich als 'Franzose' im Gegensatz zum 'Deutschen' oder vice versa verstehen konnte." (Jeismann 1992, S. 389)

ren, also insbesondere die Ansätze von Georg Simmel und Max Weber (auch Ziegler), für den vorliegenden Zusammenhang gar nicht bzw. kaum noch herangezogen. Zwar widmete man sich der Untersuchung des Topos Nation, die relevanten theoretischen Kontexte hatten sich aber derart verändert, daß man, wie aus heutiger Sicht zu konstatieren ist, zu inadäquaten Ergebnissen kommen mußte. Die Gründe hierfür wurden im Zusammenhang mit der Theorieentwicklung Parsons' schon angedeutet und werden unten noch zusammenfassend analysiert.

Die Übersicht über soziologische Nation- und Nationalismus-Konzepte hat darüber hinaus ein recht heterogenes Bild ergeben. Bevor im weiteren Verlauf der Untersuchung die Nation unter gesellschaftstheoretischen Gesichtspunkten weiter analysiert wird, erfolgt daher an dieser Stelle eine bewertende Auseinandersetzung mit den verschiedenen Konzepten, die die jeweiligen kritischen Bemerkungen im Anschluß an die Darstellung der einzelnen Positionen noch einmal aufnimmt und vertieft. Doch unter welchen Gesichtspunkten soll eine derartige Bewertung geschehen? Die vorgestellten Positionen sind aufgrund ihrer Heterogenität nicht ohne weiteres miteinander vergleichbar; der Bezug auf die 'Nation' allein vermag hier noch keine einheitlichen Gesichtspunkte herauszuschälen. Ich greife daher auf Kategorien zurück, die von 'außen' herangetragen werden, und stütze mich dabei teilweise auf einen ähnlichen Evaluationsversuch, der von Jeismann (1993) vorgenommen worden ist. Jeismann weist dabei recht allgemein auf die Defizite der Nationalismus-Forschung hin.

1. Eine der überraschenden und zugleich erschreckenden Erkenntnisse über die nationalistischen Auseinandersetzungen der letzten Jahre in Europa ist die Form der Brutalität, die man in der europäischen Zivilisation nicht mehr für möglich gehalten hatte. Ich erinnere nur an das Entsetzen, das die systematischen Massenvergewaltigungen von Frauen der jeweils gegnerischen Nationalität im Krieg der Nachfolgestaaten des ehemaligen Jugoslawien oder die Einrichtung von Konzentrationslagern dort weltweit ausgelöst haben. Der erste Gesichtspunkt ist also die Bestimmung des *Aggressionspotentials*, das mit nationalen Semantiken offenbar verbunden zu sein scheint.

2. Mit dem Aggressionspotential verbindet sich ein zweiter Aspekt, nämlich die *Irrationalität* und *Emotionalität*, die durch nationale Konflikte ausgelöst werden. Jeismann (ebd., S. 15ff.) verweist auf den missionarischen Charakter, den Nationalismen annehmen, die somit eine quasi-religiöse Qualität entwickeln. Mit diesem Glauben an den Wert der eigenen Nation vollzieht sich, wie es scheint, regelmäßig eine Abwertung anderer Nationalitäten, die schließlich in Richtung auf die Vernichtung der Feinde läuft. Gemeinsamer Bezugspunkt der beiden ersten Aspekte ist mithin der *Konfliktcharakter*, unter dem nationale Empfindungen und Nationalismen untersucht werden müssen.

3. Die wohl meistzitierte Definition der Nation in den letzten Jahren ist die Bestimmung von Benedict Anderson, als "vorgestellte politische Gemeinschaft —

vorgestellt als begrenzt und souverän." (Anderson 1988, S. 15) [67] Ähnlich wie Max Weber und Heinz O. Ziegler (vgl. Abschnitt 1.3), betont Anderson den konstruierten Charakter des Nationalen. Mit diesen theoretischen Entwicklungen im Hintergrund ist es analytisch nicht mehr möglich, die Nation als 'Wesenheit' oder Organum zu beschreiben, wie es selbst in der Soziologie nicht unüblich war; ich verweise noch einmal auf den ebenfalls in Abschnitt 1.3 behandelten Werner Sombart. Der dritte Aspekt ist folglich der *semantisch-konstruierte Mechanismus*, der mit nationalem Pathos einhergeht.

4. Eine gesellschaftstheoretische Sicht, wie sie die vorliegende Arbeit verfolgt, impliziert logisch, daß die semantische Seite der Entstehung nationaler Ideologien immer nur eine Seite der Medaille ist. Auf die andere Seite verweist die schon einmal zitierte Frage, die Heinz O. Ziegler hinsichtlich des Wirksamwerdens nationaler Ideologien gestellt hat: "Wieso werden solche Ideen sozial wirksam und was bedeutet ihre Wirksamkeit für den Gesellschaftsprozeß?" (Ziegler 1931, S. 60) Neben dem semantischen Gehalt nationaler Ideen müssen also auch strukturelle Faktoren in einen solchen Ansatz mit einfließen. Um es mit Luhmannschen Termini auszudrücken: Es geht bei einer gesellschaftstheoretischen Untersuchung von Nation und Nationalismus immer auch um das Verhältnis von Gesellschaftsstruktur und Semantik. Der vierte Gesichtspunkt ist somit *die Berücksichtigung gesellschaftsstruktureller Bedingungen bei der Erklärung der Entstehung von nationalem Pathos.*

Untersucht man auf diese Weise die hier vorgestellten Ansätze, so fällt schnell auf, daß hinsichtlich der Irrationalität und des Aggressions- bzw. Konfliktpotentials nationaler Semantiken lediglich die nicht-marxistischen Ansätze aus der Zeit vor 1950 einigermaßen befriedigende Antworten zu geben in der Lage sind. Bei Weber, Ziegler und dem frühen Parsons finden diese Punkte eine Berücksichtigung, die man in den meisten der folgenden Ansätzen vermißt. Für Simmel waren Konflikte und Notsituationen bekanntlich konstitutiv für die Ausbildung eines nationalen Bewußtseins. Die marxistischen Theorien leiden, mit einer leichten Einschränkung bei Bauer, unter ihren fortschrittsgläubigen Annahmen, die ihnen den theoretischen Zugang versperren, da sie letztendlich von der Überwindung des Nationalen ausgehen. Unter den späteren Theorien betonen die RC-Theorien zwar das Konfliktpotential, doch werden die irrational-emotionalen Aspekte — der Theorieanlage entsprechend — unterbewertet.

Auch der semantisch-konstruierte Aspekt des Nationalen wird eher von den früheren Theorieanlagen betont. Der fiktionale Charakter nationaler Semantiken kommt insbesondere bei Simmel, Tönnies, Weber und Ziegler zum Ausdruck. Aus den marxistischen Varianten sticht wiederum nur Bauer hervor. Von den Ansätzen, die nach dem Zweiten Weltkrieg entstanden sind, kann in diesem Punkt nur bei Smith

---

67 Anderson, ein Südost-Asien-Spezialist, hat mit seinem Werk "Imagined Communities" (Anderson 1988) keine systematische Untersuchung vorgelegt, daher ist er vorher nicht vorgestellt worden. Seine Fallstudie, die gleichwohl großen Wert für einen soziologischen Ansatz hat, bezieht sich vornehmlich auf asiatische Entwicklungen.

Befriedigendes gefunden werden. Ähnlich unbefriedigend steht es um die Berücksichtigung struktureller Faktoren. Hier finden sich zwar schon im Marxismus positive Ansätze, die aber — wiederum mit Ausnahme Bauers — nur inkonsequent zu Ende gedacht wurden. Wie schon mehrfach angedeutet, leiden sowohl der Marxismus wie auch die von Durkheim und Parsons beeinflußten Modernisierungstheorien und die RC-Ansätze unter ihren evolutionstheoretischen Determinanten.

Mit dieser kurzen Übersicht kann schon eine Antwort auf die Frage nach der Ursache des "Versagens" soziologischer Theoriebildung bei der Einschätzung nationaler Potentiale in der Moderne versucht werden. Sicherlich liegt ein nicht zu unterschätzendes Moment darin, daß vor allem die empirischen Forschungen, aber auch die gesellschaftstheoretischen Analysen die Nation als selbstverständlich vorausgesetzt haben, sie *for granted* genommen haben, um darauf aufbauend komparative Schlüsse zu ziehen.[68] Ein zweites, m.E. wichtigeres Moment liegt aber darin, daß die großen Theorierichtungen nach dem Zweiten Weltkrieg, also der Marxismus und die vom frühen Durkheim beeinflußte amerikanische *Mainstream*-Soziologie, sowohl implizit wie auch explizit von einem Nachlassen ethnischer und nationalistischer Feindseligkeiten im Verlaufe der Modernisierung, in der kapitalistischen Entwicklung bzw. im prognostizierten Übergang zum Sozialismus ausgegangen sind. Ich schließe mich in diesem Zusammenhang der Einschätzung Sonnerts an, daß die Nationen und Ethnien im Sinne von askriptiven Merkmalen innerhalb der Soziologie über lange Zeit als vormoderne, traditionale Relikte eingeschätzt wurden, die mit dem "soziologischen Idealtyp der Moderne" nicht kompatibel schienen (Sonnert 1987, S. 9f.). Die *normativen* Geschichtsphilosophien beider Richtungen haben gegenüber den *empirischen* Sachverhalten dominiert, ja sie haben sogar die empirische Beobachtung in gewisser Weise determiniert. Die Theoriebildung war hingegen überall dort stark, wo keine allzu übermächtigen Evolutions- bzw. Fortschrittsparameter mit im Spiel waren.

Die augenfällige Konvergenz evolutionstheoretischer Grundannahmen in Marxismus und *Mainstream*-Soziologie lenkt zudem den Blick auf die *politischen* Funktionen der Theorien, ohne die m.E. die Probleme der gegenwärtigen Soziologie mit dem Phänomen 'Nation' nicht verstanden werden können. Wie sehr gerade die marxistische Forschung und Theoriebildung politisch motiviert (gewesen) ist, braucht an dieser Stelle nicht weiter ausgeführt zu werden; das ergibt sich schon aus der Theorieanlage selbst und wurde beim Referat der Positionen der Klassiker mehr als deutlich. Ich möchte deshalb noch einmal auf die politischen Funktionen der amerikanisch dominierten Soziologie der Nachkriegszeit hinweisen. Wie schon kurz angedeutet wurde, befand sich diese Theorierichtung *nach eigenem Selbstverständnis* an der Front gegen den Totalitarismus. Nach den Erfahrungen des Kampfes gegen den Faschismus sowie unter dem Eindruck des Kalten Krieges (vgl. Wehler 1975, S. 11) sah

---

68   A.D. Smith hat diesen Umstand als "methodological nationalism" ironisiert (A.D. Smith 1983, S. 26).

sich die amerikanische Soziolgie auf seiten derer, die die bis dato größte Krise der Moderne relativ heil überstanden hatten. Das westliche Zivilisationsmodell schien sich gegenüber diesen Entwicklungen in Form von Faschismus und Stalinismus noch stabil behaupten zu können. Zudem gab es gerade nach dem Zweiten Weltkrieg einige Indikatoren, die auf ein Nachlassen ethnischer und anderer askriptiver Merkmale hinzuweisen schienen.

Vor diesem Hintergrund muß m.E. der Wandel in der nicht-marxistischen Nation-Analyse gesehen werden. Während noch bis in die vierziger Jahre hinein (Weber, Ziegler, Parsons vor 1950) der Nation gerade ihre partikularistischen Merkmale bescheinigt wurden, ändert sich dies in der folgenden Zeit dramatisch. Nun wurden allgemein die vermeintlich universalen Anteile hervorgehoben und, wo noch nicht verwirklicht, normativ postuliert. So wurde bis in die jüngste Vergangenheit hinein zumindest implizit ein optimistisches Bild der modernen Gesellschaft ausgemalt, das in starkem Maße von den "evolutionären Universalien" der Moderne (Parsons 1964d) oder dem Telos der Verständigung, das der Sprache innewohne (Habermas),[69] schwärmte. In dieses, den zivilisatorischen Fortschritt feiernde Bild gehörte eben auch die Annahme, daß askriptive Merkmale, die so oft als Aufhänger für soziale Konflikte dienen, in ihrer Relevanz abnehmen würden. Oder aber es wurde — wie im Falle Habermas' — normativ begründet, daß kollektive Identitäten sich explizit postnational zu geben hätten, um mit dem kulturellen Universalismus der Moderne konform zu gehen.

Problematisch ist an dieser Theorieanlage nicht das Postulieren universaler Identitäten, wenngleich auch dies — wie an anderer Stelle noch deutlich werden wird (vgl. Abschnitt 2.7) — faktisch nicht durchführbar wäre; es sei aber jedem Philosophen überlassen, entsprechendes zu fordern. Aus gesellschaftstheoretischer Sicht, die in erster Linie einen deskriptiven und analytischen Anspruch verfolgt, stößt man sich hingegen an der *Konfundierung von normativen mit empirischen Argumenten.* Man findet diese Praxis von Parsons (wie gezeigt) bis Habermas durchgehend (vgl. Habermas 1992a). Ein empirisch beobachtetes, vermeintliches Nachlassen der Bedeutung askriptiver Merkmale wird zum normativen Fluchtpunkt der Moderne stilisiert. Dabei wird — nicht einmal kontrafaktisch — registriert, daß man einer politischen Wunschvorstellung aufsitzt, die — so gerne man sie auch teilen möchte — mit dem 'Nationalen', d.h. dem spezifisch Partikularen in der Moderne nichts zu tun hat.

Der nun folgende Versuch, eine gesellschaftstheoretische Nation-Analyse vorzunehmen, wird sich bemühen müssen, die aufgezeigten Mängel und Probleme der Nation-Forschung zu berücksichtigen und, falls möglich, zu vermeiden.

---

69   Ansätze dazu finden sich schon bei Habermas 1968 (Differenz zwischen Arbeit und Interaktion).

2. Die Form 'Nation' und die Struktur der Weltgesellschaft

Die im ersten Teil der Untersuchung aufgezeigten Probleme einer theoretischen Bearbeitung des Topos 'Nation' lassen für die Auswahl einer adäquaten gesellschaftstheoretischen Herangehensweise nur wenig Spielraum. So haben sich normative Theorieanlagen, beispielsweise von Parsons und Habermas, als nur wenig hilfreich erwiesen und müssen für die weitere Bearbeitung ausfallen. Als ebenso problematisch haben sich individualistische Theorien à la *Rational Choice* herausgestellt. Abgesehen von den in Abschnitt 1.5 dargestellten Defiziten der Behandlung des Themas 'Nation', fällt es schwer, dem *Rational Choice*-Ansatz grundsätzlich einen gesellschaftstheoretischen Status zuzusprechen. Aufgrund der individualistischen Theorieanlage können hier spezifisch soziale Aspekte, etwa Emergenzphänomene, nicht oder nur unzureichend theoretisch begriffen werden. *Rational Choice*-Ansätze, kommen — so wertvoll sie aus Sicht der empirischen Sozialforschung auch sein mögen — kaum über eine Sozialpsychologie hinaus.

Denkbar wäre die Heranziehung einer Theorie, wie sie diejenige von Norbert Elias darstellt (vgl. Elias 1976a; 1976b; 1987; 1989; Elias/Scotson 1990). Auch hat sich Elias explizit mit der Thematik auseinandergesetzt (vgl. Elias 1989, S. 159ff.) und weitere Forschungen zu der hier zu behandelnden Thematik angeregt (vgl. Korte 1984; Blomert/Kuczmics/Treibel, Hrsg., 1993; Nowotny/Taschwer, Hrsg., 1993). Elias hat versucht, in soziologisch-historischer Hinsicht Konsequenzen von Modernisierung und insbesondere von Staatsbildung für die Psyche von Individuen zu beschreiben. So sind es nach Elias spezifische Figurationen, die sich durch Macht sowie durch die Verkettung sozialer Handlungsabläufe (Dependenz) auszeichnen, welche einen erheblichen Einfluß auf Denken und Fühlen des Individuums nehmen. Das 'Schicksal' bestimmter 'Staatsgesellschaften' bindet demnach die Persönlichkeitsstruktur ihrer Angehörigen: "So hoch individualisiert die Menschen entwickelterer Nationalstaaten sind, ihre Persönlichkeitsstruktur ist durch ein unsichtbares Band mit der Struktur ihrer Staatsgesellschaft (als 'wir') und mit der Struktur zwischenstaatlicher Beziehugen (als 'sie') verknüpft (...)." (Elias 1983, S. 132f.) Schon aus diesen wenigen Bemerkungen wird deutlich, wie sehr Elias' Theorie an der Hypostasierung sowohl von nationalstaatlichen Gesellschaften als auch von Individuen hängt, die gewissermaßen die Unausweichlichkeit eines bestimmten Nationalcharakters oder — in Elias' Terminologie — eines nationalen Habitus zur Folge hat. Daher meine ich, daß die Theorieanlage als solche nicht hinreichend differenziert ist, um das hier gewählte Vorhaben durchzuführen.

Ähnliche Probleme stellen sich bei einer weiteren Theorieanlage, nämlich derjenigen von Anthony Giddens. Giddens Strukturtheorie ist zwar, wie im weiteren Verlauf der Untersuchung noch verschiedentlich deutlich wird, für die Analyse der modernen Gesellschaft ein nicht zu vernachlässigendes Instrumentarium. Doch ebenso wie bei Elias, kommt es hier zu einer Verabsolutierung des Nationalstaats und des Individuums. So bleibt denn auch die Untersuchung des Topos Nationalismus eher blaß; Nationalismus wird als ein primär psychologisches Phänomen beschrieben: "By 'nationalism' I mean a phenomenon that is primarily psychological — the affiliation of individuals to a set of symbols and beliefs emphasizing communality among the members of a political order." (Giddens 1987, S. 116). In beiden Fällen, bei Elias und bei Giddens, besteht m.E. eine zu enge Verbindung zwischen strukturellen und kulturellen Aspekten. Zudem kann die Psychologisierung des Topos 'Nation' in den Theorieanlagen Elias', Giddens' und des *Rational Choice* nicht das letzte Wort aus soziologischer Sicht bleiben.

Aufgrund dieser Überlegungen werde ich meine eigene Untersuchung auf die systemtheoretische Gesellschaftstheorie im Anschluß an Niklas Luhmann stützen. In dieser Theorieanlage liegt ein hinreichend differenziertes Potential vor, das für eine spezifisch gesellschaftstheoretische Analyse der 'Nation' fruchtbar gemacht werden kann. Luhmann selbst hat die hier zu behandelnde Thematik allerdings mehr als vernachlässigt und, wie ich meine, ebenfalls mit zu ihrer Unterschätzung beigetragen. Man kann den wenigen verstreuten Bemerkungen zum Thema beipielsweise entnehmen, daß die Nation sich gegenwärtig allenfalls "als fußballtüchtig" erweist (Luhmann 1992b, S. 100). Gegenüber dieser Vernachlässigung der 'Nation' bei Luhmann selbst haben sich aber mittlerweile einige Forschungen zur Thematik auf seine systemtheoretische Theorieanlage gestützt. Ich verweise auf Arbeiten von Rudolf Stichweh (1988), Peter Fuchs (1991; 1992) sowie Armin Nassehi (1990) bzw. Armin Nassehi und Georg Weber (1990a), die wichtige Vorarbeiten für mein eigenes Vorhaben darstellen. Eine ähnliche, zum Teil auf die Luhmannsche Differenzierungstheorie gestützte Herangehensweise kann ebenfalls in neueren Publikationen von Bernhard Giesen (1991a; 1991b; 1993; Giesen/Junge 1991) sowie von Alois Hahn (1993) gefunden werden. Mit diesen Arbeiten sollte deutlich geworden sein, daß eine Analyse nationaler oder ethnischer Kategorien nicht grundsätzlich unvereinbar mit der Theorie funktionaler Differenzierung ist; Hartmut Esser hatte diese These vertreten (vgl. Esser 1988).

Der folgende Versuch einer theoretischen Nation- und Nationalismusanalyse auf der Grundlage von System- und Gesellschaftstheorie Niklas Luhmanns baut sich wie folgt auf: Ich beginne mit einer kurzen Darstellung der wissenssoziologischen Grundlagen der Gesellschaftstheorie Luhmanns, mit dem Verhältnis von *Gesellschaftsstruktur* und *Semantik* (2.1). Hieran schließen weitere theoretische Bestimmungen an, nämlich die Begriffe *Form* (im Anschluß an Spencer Brown), *Code* und *Programm* (2.2). Es folgt dann die Beschreibung eines zentralen Merkmals der modernen Gesellschaft, ihre Ausprägung als *Weltgesellschaft* (2.3). Die Hauptthese dieser Arbeit, daß die *'Nation' als Form ein Beobachtungsmodus der Weltgesellschaft* darstellt, wird im darauffolgenden Abschnitt (2.4) entwickelt. Anschließend (2.5) wird ausgearbeitet, daß sich die Form 'Nation' *semantischer Stereotype zur Selbst- und Fremdbeschreibung* bedient. Die strukturellen und semantischen Veränderungen, die die Form 'Nation' in den *Nationalismus* überführen, werden in Abschnitt 2.6 dargestellt. Hieran schließt sich eine weitere Funktionsbestimmung der 'Nation' an, nämlich ihre Eignung als *Identitäts- und Einheitssemantik* (2.7). Ich schließe wiederum mit einem kurzen *Fazit* (2.8).

2.1 Gesellschaftsstruktur und Semantik

Ausgangspunkt der folgenden Überlegungen zur Entwicklung eines gesellschafts-theoretisch gehaltvollen 'Nation'-Begriffs ist die von Niklas Luhmann formulierte Unterscheidung von Gesellschaftsstruktur und Semantik (vgl. Luhmann 1980; 1981a). Grundlegender Gedanke ist die Beobachtung, daß sich kulturelle Begrifflichkeiten im Laufe der sozialen Evolution in charakteristischer Weise verändern und je nach den strukturellen Umständen unterschiedlich interpretiert werden. Abhängig von Standort und Zeitpunkt können formal identische Begriffe unterschiedliche Konnotationen annehmen, und diese Konnotationen gilt es im einzelnen zu untersuchen. Der Luh-mannsche Ansatz besitzt somit im Vergleich zu anderen Gesellschaftstheorien einen entscheidenden Vorteil; ich meine damit in erster Linie die *Entkoppelung von Gesell-schaftsstruktur und Semantik.* Im Gegensatz zu früheren Gesellschaftstheorien und ihren evolutionstheoretischen Annahmen kann man bei der Verwendung dieses Ansatzes nicht mehr von *notwendigen* semantischen Veränderungen ausgehen, die mit bestimmten Evolutionsstufen korrelieren werden. Solche, zum Teil noch werthaft aufgeladenen Annahmen liegen bekanntermaßen sowohl dem Strukturfunktionalismus Parsonsscher Prägung als auch weiten Teilen des Marxismus zugrunde. In bezug auf die vorliegende Problemstellung heißt das: Aus Modernisierung und fortschreitender Differenzierung folgt nicht unbedingt eine geringere Relevanz partikularer Semantiken, nur weil sich die moderne Gesellschaftsstruktur in der globalen Dimension universell durchgesetzt hat. *Gesellschaftsstruktur und Semantik stehen in keinem notwendigen, sondern nur in einem kontingenten Verhältnis zueinander.*[1] Für den Begriff der Modernisierung, der so fundamental mit der Ausformung 'nationaler' Semantiken verbunden ist, bedeutet diese theoretische Entscheidung einen bewußten Verzicht auf normative Konnotationen der Moderne. Die Moderne zeichnet sich durch nicht mehr und durch nicht weniger aus als durch die komplette Durchsetzung funktionaler Teilsy-steme. Die spezifische Ausprägung einer *kulturellen Moderne* und ihr inhärenter normativer Implikate, wie sie etwa von Jürgen Habermas propagiert wird (vgl.

---

1   Zur neueren Diskussion des Verhältnisses von Gesellschaftsstruktur und Semantik bzw. von Sozialstruktur und Kultur vgl. auch den Sammelband von Haferkamp (1990), und hier insbesondere die Beiträge von Shmuel Eisenstadt und Hans Haferkamp.

Habermas 1985, S. 390ff.), kann — soziologisch gesehen — aus dem strukturellen Modernisierungsprozeß nicht mit Notwendigkeit abgeleitet werden. Konkret heißt das: Eine Qualifizierung der 'Nation' als ein Phänomen, das der Moderne nicht gerecht wird, wie sie beispielsweise von Habermas nahegelegt wird, verbietet sich von selbst.

Ein theoretisches Vorgehen wie dieses von Luhmann vorgeschlagene, knüpft an die bestehende wissenssoziologische Tradition in der Soziologie wieder an, verändert jedoch die Prämissen grundlegend. Vor allem in der marxistischen Theorietradition, aber nicht nur hier, hat es immer wieder Versuche gegeben, kulturelle Ausdrücke auf den 'Klassenstandpunkt' ihrer Träger zurückzuführen und letzteren gewisse 'Interessen' beim Gebrauch bestimmter Begriffe zu unterstellen. Kultur und Wissen konnte somit als interessengeleitete Ideologie entlarvt werden. Sehr schnell wird bei solchen Unterstellungen die theoretische Problematik der Zurechnung (Attribution) von Wissen auf Trägergruppen deutlich, und man kann weiterfragen, welche Interessen diejenigen verfolgen, die derartige Zurechnungen vornehmen. Karl Mannheim hat, u.a. auch aus diesen Gründen, bekanntlich schon in den zwanziger Jahren dieses Jahrhunderts eine Revision innerhalb der Wissenssoziologie vorgeschlagen, indem er den Ideologiebegriff ausgeweitet hat (vgl. Mannheim 1978 [1929]). Demnach sollte *jede* Wissensrepräsentation grundsätzlich als kontextbezogen betrachtet werden. Freilich wollte auch Mannheim nicht auf objektive Kategorien verzichten, die seiner Theorieanlage selbst widersprochen haben.

Gegenüber der hier kurz skizzierten 'klassischen' Wissenssoziologie werden bei Luhmann begriffliche Ausdrücke bzw. beobachtbare Veränderungen auf Entwicklungen innerhalb der Gesellschaftsstruktur zurückgeführt. Dadurch wird ermöglicht, die in der Geschichtsforschung etablierte *Begriffsgeschichte*[2] mit Informationen über den sozialstrukturellen Hintergrund anzureichern; erst im Zusammenhang beider Bereiche lassen sich, so die m.E. begründete Annahme, soziologisch fruchtbare Erkenntnisse gewinnen. Paradigmatisch mag an dieser Stelle auf die geschichtswissenschaftliche Erkenntnis verwiesen werden, daß im letzten Drittel des 18. Jahrhunderts zahlreiche neue Bedeutungen alter Begriffe zu beobachten sind, die auch innerhalb der Geschichtsforschung als Indikatoren eines "strukturellen Wandels" gelten (Koselleck 1984b, S. 114), ja sogar als Zeichen einer *Epochenschwelle* (vgl. Koselleck 1987) gehandelt werden. Man kann so im Vergleich älterer und neuer Bedeutungen die Eigentümlichkeiten der modernen Gesellschaft gerade vor der Folie vormoderner Gesellschaftsformationen als besondere herausarbeiten.[3]

---

2 Siehe hierzu das von Otto Brunner, Werner Conze und Reinhart Koselleck herausgegebene Lexikon *Geschichtliche Grundbegriffe*, das 1992 mit dem siebten Band abgeschlossen worden ist.

3 "Alle Funktionsaussagen oder alle Aussagen über die moderne Gesellschaft, alle Aussagen über die Form und Funktion von Sinn, alle Aussagen über Kommunikationssysteme haben immer diesen historischen Vergleichspunkt. Das heißt, ich muß immer zugeben können, daß in älteren Gesellschaften bestimmte Aussagen nicht gelten (...)." (Luhmann 1991a, S. 940)

Soziologisch ist ein solches Vorgehen also deshalb von Interesse, weil mit der Dynamik der Begrifflichkeiten ein Zugang zur Dynamik soziokultureller Entwicklung geschaffen werden kann. Die soziokulturelle Entwicklung wird hier mit Luhmann als eine Evolution gesehen, die nicht-teleologisch und somit kontingent verläuft (vgl. Luhmann 1981b). Das heißt: Weder geschieht die Entwicklung in einer geplanten Weise, noch kann man aus ihr irgendeine Heilserwartung bzw. eine bestimmte Zukunftskonzeption ableiten. Vielmehr entwickeln sich Semantik wie Sozialstruktur in einem Zusammenspiel verschiedener Faktoren und in nicht-linearer Richtung. Die soziokulturelle Evolution ist daher immer für Neues, Spontanes sowie für Überraschungen gut.

Die bis dato sichtbaren *soziologisch relevanten* Entwicklungsformen seien hier nur kurz erwähnt, da sie in Teil 3 im Zusammenhang mit der Evolution des Nation-Begriffs eingehender erläutert werden. Man kann grob drei *primäre* sozio-kulturelle Entwicklungsstufen unterscheiden (vgl. die Übersicht bei Kneer/Nassehi 1993, S. 122ff.):[4] Zunächst enthält die Stufe der *segmentären Differenzierung* verschiedene Personen-Verbände auf gleicher Grundlage. Abgegrenzte Einheiten leben mehr oder weniger selbstgenügsam zusammen, ohne daß sich innerhalb dieser Einheiten wiederum bedeutende Arbeitsteilungen oder gar Differenzierungen entwickelt hätten. Ein älterer Sprachgebrauch hatte diese Gesellschaftsform als 'archaisch' bezeichnet.

Zu den genannten Differenzierungen arbeitsteiliger Art und nach einer Rangfolge kommt es hingegen in der *stratifikatorischen Differenzierung*. Stratifizierte Gesellschaften zeichnet aus, daß sie aus ungleichen Schichten (*strata*) bestehen, die wiederum in einer Hierarchie aufeinander aufbauen. Man findet diese Gesellschaftsformation realhistorisch von den antiken Hochkulturen in Europa und Asien über die großen Reiche der Inka und Azteken in Amerika bis hin zur europäischen Vormoderne des 15./16. Jahrhunderts. Natürlich wird nicht behauptet, daß diese verschiedenen Kulturen nahezu identisch gewesen sind, sondern lediglich daß sie ähnliche oder gar gleiche Strukturmerkmale aufweisen.

Die gegenwärtige Gesellschaftsstruktur der Moderne hingegen zeichnet sich durch eine Differenzierung in funktionsspezifische Teilsysteme aus, welche sich nicht gegenseitig ersetzen können. In einem Zeitrahmen, der ab dem 11./12. Jahrhundert beginnt und bis ins 19. Jahrhundert hineinreicht, hat sich diese Gesellschaftsform der *funktionalen Differenzierung* entwickelt. Man kennt heute sich selbst reproduzierende und relativ autonom operierende Funktionsbereiche wie ein auf Geld basierendes Wirtschaftssystem, ein Rechtssystem, ein Wissenschaftssystem, ein Erziehungssystem, ein Familiensystem mit einem speziellen Liebescode, ein Religionssystem, ein Kunst-

---

4   Es sollte mit dem hier verwendeten Evolutionsbegriff klar sein, daß sich mit den verschiedenen Differenzierungsformen keine wesensmäßigen Eigenschaften der an ihnen beteiligten Personen verbinden, etwa in der Art einer abwertenden Konnotation des Begriffs 'primitiv' im Gegensatz zu 'zivilisiert'. Vielmehr handelt es sich in jedem Fall um unterschiedliche Lösungen für unterschiedliche soziokulturelle Probleme, von denen keine für sich einen Vorrang behaupten kann.

system und, nicht zu vergessen, ein politisches System, das mit Hilfe der Macht operiert. Alle genannten Funktionssysteme reproduzieren sich über *Kommunikation*, und zwar unter Berücksichtigung unterschiedlicher und jeweils spezifischer Codes.[5] Die Funktionsweise der Systeme wird von Luhmann als *autopoietisch* bezeichnet, was bedeutet, daß die Systeme ihre Elemente kommunikativ selbst schaffen müssen, um in der Zeit weiter kontinuieren zu können.[6] Zwar müssen die Systeme auf ihre Umwelt Rücksicht nehmen, doch wie dies geschieht, erfolgt nach jeweils eigener Maßgabe des Systems. Jedes Funktionssystem konstituiert, mit anderen Worten, eine spezifische System/Umwelt-Differenz.[7]

Der hier zugrunde gelegte wissenssoziologische Ansatz behauptet nun, daß sich begriffliche Veränderungen vor allem mit der Wende von der stratifikatorischen zur funktionalen Differenzierung ergeben haben; die oben angesprochene Epochenschwelle ist ein Synonym hierfür. Als jeweils spezifische *Semantik* wird der Gebrauch bestimmter Begriffe vor dem Hintergrund der Differenzierungsform einerseits sowie des distinkten Teilsystems andererseits bezeichnet. Die Begrifflichkeit der Semantik wird somit aller logischen, linguistischen oder zeichentheoretischen Implikationen entledigt und bezeichnet allein den *kulturellen Sinnvorrat*, mit dem die sozialen Systeme kommunikativ operieren. *Die auf Kommunikation basierenden, sinnhaft operierenden Systeme benutzen jeweils unterschiedliche Semantiken zur Beobachtung ihrer Umwelt.*[8] Semantiken können zur weiteren Verwendung schließlich fixiert werden, wodurch es zu einer Stabilisierung der Semantiken für Anschlußoperationen kommt. Oder mit den

---

5   Die Unterscheidung von Kommunikation und Handlung ist fundamental für den hier zugrunde gelegten Ansatz. Alle Funktionssysteme, von denen hier die Rede ist, operieren aus analytischer Perspektive ausschließlich über Kommunikation; es handelt sich also explizit nicht um Handlungssysteme. Da Kommunikation allerdings, wie Luhmann anmerkt, nicht direkt beobachtet werden kann, sondern nur erschlossen wird, wird Kommunikation immer einem Handelnden zugerechnet. Konsequenz: "Um beobachtet zu werden oder sich selbst beobachten zu können, muß ein Kommunikationssystem deshalb als Handlungssystem ausgeflaggt werden." (Luhmann 1984a, S. 226)

6   Eine Erörterung der theoretischen Voraussetzungen sozialer Systeme würde den Rahmen dieser Arbeit sprengen und kann daher an dieser Stelle nicht geleistet werden. Eine Erläuterung der entsprechenden Begrifflichkeiten soll nur dort geschehen, wo es aus gesellschaftstheoretischem Blickwinkel unverzichtbar erscheint. Ich verweise als Grundlage auf Luhmann 1984a, sowie auf die mittlerweile vorhandene Sekundärliteratur über die Theorie sozialer Systeme, beispielsweise Kneer/Nassehi 1993.

7   Eine ähnliche Evolutionstheorie, die zwar ein wenig differenziertere Einteilungen präsentiert, aber in vielem mit der Theorie Luhmanns kompatibel ist, hat Bernd Giesen vorgelegt (vgl. Giesen 1991a). Auch auf diesen Ansatz werde ich bei Bedarf zurückgreifen.

8   Ähnlich wie der Begriff Semantik ist auch die 'Beobachtung' aller ansonsten üblichen Konnotationen entkleidet worden. In dem hier verwendeten Kontext kann 'Beobachtung' also nicht anthropomorph verstanden werden, sondern als Operation eines sozialen Kommunikationssystems. Indem die Kommunikation etwas beschreibt, beobachtet sie zugleich mit Hilfe der Semantik. In Anlehnung an die Psychologie könnte man in der Semantik eine Analogie zur Kognition sehen: Ohne vorhergegangene Kognitionen kann auch das psychische System nichts erkennen. Der soziologische Beobachtungsbegriff wird im Zusammenhang mit der "Form" noch eingehender erläutert; vgl. den folgenden Abschnitt 2.2.

Worten von Helmut Willke: "Beschreibungen dienen der kommunikativen Bemächtigung des Beschriebenen. Mit einer Beschreibung oder Diagnose bringt der Beobachter seine Beobachtungen auf den Begriff; und von da an übernehmen die Gesetzmäßigkeiten der Eigendynamik von Semantiken das Kommando." (Willke 1993, S. 92) Das heißt zugleich, die Sozialsysteme können die Welt nicht nach Belieben neu 'erfinden', sondern müssen den jeweils vorhandenen kulturellen "Typenschatz" (Luhmann 1980, S. 19) nutzen, um Kontinuität in der Zeit und somit eine gewisse Vertrautheit herzustellen. Unter Semantik verstehe ich mit Luhmann demnach "einen höherstufig generalisierten, relativ situationsunabhängig verfügbaren Sinn." (Ebd.)

Bei der Semantik sozialer Systeme handelt es sich, mit anderen Worten, um *fixierte Beschreibungen*, die als bewahrenswert anerkannt und für die Wiederholung bereitgehalten werden (vgl. auch Luhmann 1990a, S. 107f.). Nun ergibt sich aus der Möglichkeit der Wiederholung, daß die Nutzung des semantischen Typenvorrats aber selbst wiederum in der Zeit erfolgen muß, und das heißt: unter immer veränderten sozialen Bedingungen. Die spezifische Semantik muß also jeweils so eindeutig sein, daß man zu verschiedenen Zeitpunkten noch etwas Identisches festmachen kann, sie muß aber gleichfalls so flexibel sein, daß sie zur Beschreibung veränderter sozialer Umwelten dienen kann. Luhmann hat diese beiden Merkmale der Semantik im Anschluß an den Logiker George Spencer Brown (vgl. Spencer Brown 1971, S. 9ff.) als *Kondensierung* und *Konfirmierung* beschrieben (vgl. Luhmann 1990a, S. 108ff.). Kondensierung meint die Reduktion auf das Gleichbleibende, um es als etwas Spezifisches aus einer Fülle von Möglichkeiten herauszuziehen. Durch Konfirmierung hingegen wird das Identische mit neuen Sinnbezügen versehen, um es veränderten Situationen anpassen zu können.

Aus dem bisher Erörterten bleiben vor allem drei Punkte festzuhalten: (1) Gesellschaftsstruktur und Semantik stehen in einem kontingenten Verhältnis; man kann nicht von bestimmten Evolutionsstufen auf die sicher vorherrschenden Semantiken schließen. (2) Soziale Systeme beobachten ihre Umwelt mit Hilfe von Semantiken. (3) Semantiken selbst müssen sich in der Zeit verändern, ohne daß sie ihren vormaligen Kern, das Identische, notwendig aufgeben.

2.2 Form, Code und Programm

Die Überlegungen zu Gesellschaftsstruktur und Semantik beziehen sich auf das noch recht allgemeine Problem der sozialen Evolution. Eine genauere Beschreibung der Frage, wie die Teilsysteme der modernen Gesellschaft ihre Umwelt beobachten, ist damit noch nicht geleistet. Zu diesem Zweck müssen die systemtheoretischen Begrifflichkeiten *Form*, *Code* und *Programm* eingeführt werden. Es sei daher zunächst ein kurzer Blick auf den *Form*-Begriff geworfen, wie er von Spencer Brown entwickelt wurde, um daran anschließend auf die soziologische Anwendung und Weiterentwicklung einzugehen, die innerhalb der Systemtheorie Niklas Luhmanns vertreten wird.

George Spencer Browns *Laws of Form* (Spencer Brown 1971) stammen aus einem Wissenschaftsgebiet, das der soziologischen Anwendung auf den ersten Blick relativ fern steht, nämlich aus der mathematischen Logik. Spencer Browns Intention ist es, einen adäquaten Zugang für logische Paradoxien zu formulieren, die bekanntlich seit Jahrhunderten zu den großen Problemen in Philosophie (Epimenides!) und Logik zählen. Es geht Spencer Brown, wie er genauer formuliert, um eine Rehabilitierung paradoxer Gleichungen, die weniger destruktiv seien, als zumeist angenommen würde (vgl. ebd., S. XV). Immer wieder hat es in der Vergangenheit in Philosophie, Logik und Mathematik Versuche gegeben, der durch Paradoxien implizierten Selbstbezüglichkeiten des Denkens zu entkommen. Spätestens seit Kurt Gödels Widerlegung der logisch-mathematischen Prinzipien Whiteheads und Russels weiß man jedoch, daß dies nicht möglich ist. Ebenso, wie sich in der Zahlentheorie, allen widerspruchsfrei formulierten Axiomen zum Trotz, unentscheidbare Aussagen nicht vermeiden lassen (spätestens nämlich in der Selbstanwendung der Axiome), muß man auch in anderen Bereichen der Wissenschaft (und des täglichen Lebens!) die "Seltsamen Schleifen" (Hofstadter 1985, S. 12, passim) der Selbstreferentialität als gegeben voraussetzen.

Der Problemlösevorschlag Spencer Browns, wie mit der Selbstreferentialität umzugehen sei, kommt nun auf den ersten Blick so einfach wie auf den zweiten Blick vollkommen unverständlich daher:[9] *Man setze nur eine Unterscheidung.* "Draw a distinction" lautet die erste Anweisung des Formenkalküls (Spencer Brown 1971, S. 3). Dabei setzt er die Möglichkeit einer Unterscheidung und einer Bezeichnung als gegeben voraus: "We take as given the idea of distinction and the idea of indication, and that we cannot make an indication without drawing a distinction." (Ebd., S. 1) Aber schließlich muß man irgendwo anfangen, um den seltsamen Schleifen gerecht zu werden, und Spencer Brown fängt eben mit einer Unterscheidung an. Man setzt, so kann man die erste Anweisung verstehen, immer schon eine Unterscheidung, wenn man etwas bezeichnet. Wenn ich über das Formenkalkül schreibe, dann muß ich dieses von allen anderen Möglichkeiten, mit denen man sich beschäftigen könnte, schon unterschieden haben. Wichtig ist: Durch das Setzen einer Unterscheidung, habe ich eine *Form*, eine Differenz von Innen und Außen gebildet. Folgt man Spencer Browns Definition, dann ist die Form der Unterscheidung "the space cloven by any distinction, together with the entire content of the space (...)." (Ebd., S. 4) Eine Form ist also nichts anderes als die Einheit dessen, was unterschieden wurde; in meinem Beispiel: Formenkalkül (und alles andere).

Jeder Beobachter zieht, mit anderen Worten, durch die Anwendung einer Unterscheidung eine Grenze zwischen dem, was er sieht (nennt, bezeichnet usw.), und dem, was er nicht sieht. Und umgekehrt: *Man sieht nur, indem man etwas unterscheidet.*[10]

---

9   Die Möglichkeiten und Implikationen, die die Logik Spencer Browns bietet, können an dieser Stelle nicht einmal ansatzweise entfaltet werden. Vgl. hierzu die Darstellung bei Simon 1988, S. 27ff. sowie jüngst die beiden Sammelbände von Baecker 1993a und 1993b.

10   Man sieht hier eine erste Konvergenz zum Konstruktivismus, etwa zu Gregory Bateson, der

Das heißt zugleich aber auch, jeder Beobachter, der etwas sieht (nennt, bezeichnet usw.), macht dies nicht unmotiviert. Daß ich mich mit Spencer Browns Formenkalkül (und nicht beipielsweise mit meinem Sohn) beschäftige, hat einen — bei Spencer Brown zunächst nur mathematischen — *Wert*: "Es ist also die Bewertung eines Beobachters, die bestimmt, wo eine Unterscheidung vorgenommen wird und welche Inhalte bezeichnet werden." (Simon 1988, S. 32)

Hierdurch wird auch ersichtlich, daß es unmöglich ist, beide Seiten der Form gleichzeitig zu beobachten (zu benennen, zu bezeichnen usw.). *Die Handhabung einer Unterscheidung durch Bezeichnung ist grundsätzlich asymmetrisch.* Es wird immer nur eine Seite benannt (beobachtet, bezeichnet usw.), die andere ist momentan, obwohl immer vorhanden, irrelevant. Zu diesem Zweck muß aber die Grenze markiert sein, man muß, um mit Spencer Brown zu sprechen, einen *mark* setzen bzw. man hat immer schon einen *mark* gesetzt, mit dem man sehen kann, daß man sich auf der Innenseite der Form befindet. Das heißt, der *mark* ist dasjenige, was zugleich bezeichnet und unterscheidet. Dem *marked state* wird auf diese Weise ein *unmarked state* gegenübergestellt; beide Zustände zusammen bilden die Form. Eine Seite ist nicht möglich ohne die andere. Der *marked state* wird erst zu dem, was er ist, durch den *unmarked state*, und umgekehrt. Die relevante Seite wird erst relevant, weil es eine irrelevante Seite gibt.[11] Das prinzipielle Aufgeben der Unterscheidung würde in ein Chaos münden, das selbst nicht einmal als solches benannt werden könnte. Es ist aber, wie könnte man ansonsten ein Thema wechseln, durchaus möglich, auf die andere Seite der Unterscheidung zu gelangen (Spencer Brown: *crossing*), einfach indem man sich zu einem anderen Zeitpunkt mit dem Sohn und nicht mehr mit dem Formenkalkül beschäftigt; vorausgesetzt, man behandelt 'Formenkalkül' und 'Sohn' als die beiden Seiten der Form.

Was dem Beobachter allerdings nicht möglich ist, das ist die Beobachtung der Unterscheidung selbst. Wenn ich mich intensiv mit dem 'Formenkalkül' beschäftige, dann kann ich nicht sehen, daß ich mich nicht mit dem 'Sohn' beschäftige. Um dies, nämlich die Unterscheidung selbst, sehen zu können, bedarf es einer weiteren Operation, die Spencer Brown das *"re-entry"* nennt (Spencer Brown 1971, S. 69ff.). Das *re-entry* ermöglicht, die Unterscheidung selbst zu bezeichnen (beobachten, nennen usw.). Es ist der Wiedereintritt der Form (der Unterscheidung) in die Form (der Unterscheidung); und von hier aus kann die Selbstreferentialität *ad infinitum* fortgesetzt werden. In den Kategorien der zweiwertigen aristotelischen Logik gedacht, ist das *re-entry* der Einschluß des vormals ausgeschlossenen Dritten.

Information als "Unterschied, der einen Unterschied ausmacht" beschreibt (Bateson 1981, S. 582). Wie oben deutlich wurde, hat schon Simmel mit derartigen Konstruktionen gearbeitet (vgl. Abschnitt 1.1).

11 Der Anschluß an phänomenologische Forschungen, etwa von Alfred Schütz, drängt sich schon an dieser Stelle auf (vgl. Schütz 1971a). Siehe hierzu beispielsweise Luhmann 1986b, wo die 'Lebenswelt' in der Form einer Differenz von vertraut und unvertraut analysiert wird.

Die Beschreibung der Differenzlogik Spencer Browns bricht hier ab, allerdings nicht ohne vorher die Essenz der *Laws of Form* zitiert zu haben, so wie sie der Autor selbst sieht: "We see now that the first distinction, the mark, and the observer are not only interchangeable, but, in the form, identical." (Ebd., S. 76) An diese Essenz, daß nämlich Beobachter, Unterscheidung und Bezeichnung in der Form zusammenfallen, knüpft Luhmanns Übernahme des Form-Begriffs in die Systemtheorie an. Was Spencer Browns Logik so interessant für die Luhmannsche Theorieanlage macht, ist, daß Spencer Brown das vermeintliche Problem der Selbstreferentialität nicht mit Bedauern zur Kenntnis nimmt, wie viele andere dies tun,[12] sondern es offensiv angeht. Luhmann interpretiert Spencer Brown dahingehend, daß es einen immanenten Zusammenhang von Selbstreferenz und Unterscheidung geben muß: "Nur selbstreferentielle Systeme können unterscheiden (beobachten), weil sie dazu die Unterscheidung bzw. das mit ihrer Hilfe Bezeichnete von sich selbst unterscheiden müssen; und umgekehrt setzt natürlich Selbstreferenz die Unterscheidung von Selbstreferenz und Fremdreferenz voraus." (Luhmann 1993a, S. 175) Wir können, mit anderen Worten und um einen bekannten Wittgensteinschen Ausdruck aufzugreifen, den selbstreferentiellen "Sprachspielen" gar nicht entkommen, wir können immer nur mitspielen.[13] Und wir spielen immer dann mit, wenn wir Differenzen handhaben. Alle Unterscheidungen sind idiosynkratisch und somit kontingent gewählt.

Wie schon mehrfach angedeutet wurde, findet in der Systemtheorie Luhmanns ein Begriff der *Beobachtung* ebenfalls seine Anwendung. So heißt es im Anschluß an Spencer Brown explizit: "Die Operation des Beobachtens ist immer (...) die Einheit der zwei Komponenten Unterscheiden und Bezeichnen." (Luhmann 1990a, S. 81) Dieser Beobachtungs-Begriff ist zunächst so allgemein formuliert, daß er für alle autopoietischen Systeme Geltung beansprucht; es findet also noch keine Unterscheidung von biologischen, psychischen und sozialen Systemen statt. Jedes autopoietische Systeme beobachtet über seine Differenz zur Umwelt, in dem es bestimmte Informationen aufnimmt, somit bezeichnet und unterscheidet, und andere, momentan irrelevante Informationen eben nicht. Jede Beobachtung unterliegt damit der Kontingenz, da immer auch andere Unterscheidungen und Bezeichnungen möglich sind. Kontingenz bedeutet aber nicht Beliebigkeit. Die grundsätzlich asymmetrische Handhabung der

---

12 Man denke etwa an Jacques Derridas Begriffsschöpfung 'différance', die ähnliches beschreibt, aber deren Ansprüche erheblich weitreichender sind; sie sucht die ursprüngliche Unterscheidung, die selbst noch der von Heidegger (1986) postulierten ontologischen Differenz von Sein und Seiendem vorausgeht: "Erfragt wird somit die Grenze, die uns immer schon gezwungen hat, die uns stets zwingt — uns, die Bewohner einer Sprache und eines Denksystems, — den Sinn von Sein überhaupt als Anwesenheit oder Abwesenheit, in den Kategorien des Seienden oder der Seiendheit (*ousia*) zu gestalten." (Derrida 1988, S. 36) Dies muß natürlich zu dem Ergebnis führen, daß es irgendwo nicht weitergeht: "Eine solche *différance*, 'älter' noch als das Sein, hat keinen Namen in unserer Sprache." (Ebd., S. 51)

13 Wittgensteins "Sprachspiel"-Begriff steht dem Form-Begriff Spencer Browns relativ nahe. Bei Sprachspielen handelt es sich um "Vorgänge des Benennens" (Wittgenstein 1984, S. 241 [PU §7]).

Differenz führt zur Präferenz bestimmter Informationen und zur Abneigung gegenüber anderen. Wäre dies nicht so, könnte das System nicht in der Zeit kontinuieren und keinerlei Identität ausbilden.

Soziale Systeme, die mit Kommunikation operieren, *beobachten ihre Umwelt sinnhaft* (vgl. Luhmann 1984a, S. 92ff.). Sie benutzen Sinn, mit dem sie jeweils systemspezifisch die 'Welt' für sich auslegen. Dieser Sinnbegriff ist also weder emphatisch ("Sinn des Lebens") noch gar teleologisch fundiert, er stammt hingegen aus einer phänomenologisch-hermeneutischen Tradition.[14] In seiner systemtheoretischen Anwendung erscheint Sinn in der Weise "eines Überschusses von Verweisungen auf weitere Möglichkeiten des Erlebens und Handelns" (ebd., S. 93). Die sinnhafte Kommunikation sozialer Systeme setzt somit immer schon eine bestimmte Selektion aus anderen Möglichkeiten voraus. Jede sinnhafte Kommunikation wird erst möglich über die Setzung einer Differenz von aktualisiertem und möglichem Sinn. Phänomenologisch ausgedrückt: "Kommunikation ist immer Kommunikation über etwas." (Kneer/Nassehi 1993, S. 77) Und man kann hinzufügen: Über etwas anderes nicht. Man sieht, schon die Anwendung eines derartigen Sinnbegriffs auf soziale Systeme legt die Berücksichtigung des Formbegriffs Spencer Browns nahe. "Sinn ist mithin Form als Grenze, die immer mitbeobachtet wird, aber nie operativ überschritten werden kann, da jede Operation auf der Innenseite der Form bleibt, nämlich Sinn aktualisiert." (Luhmann 1993b, S. 63) Jede Kommunikation verwendet aktualisierten Sinn (auf der Innenseite der Form) und hält ein Potential nicht-aktualisierten Sinns im Hintergrund (auf der Außenseite).

Der Anschluß des Formbegriffs an die Gesellschaftstheorie Luhmanns liegt schließlich auch deshalb nahe, weil die Funktionssysteme der modernen Gesellschaft in der Lesart Luhmanns, der hier gefolgt werden soll, selbst *binär codiert* sind. Das heißt, *alle Funktionssysteme beobachten mit zweiwertigen Unterscheidungen, wobei sie jeweils für einen der beiden Werte optieren.* Der Wert, für den optiert wird, hat aber keine Funktion, wenn ihm nicht ein anderer Wert entgegengestellt wird. Binäre Codierungen werden, so Luhmann, "dadurch gebildet, daß Informationen im Kommunikationsprozeß bewertet und dem Vergleich mit einem korrespondierenden Gegenwert ausgesetzt werden." (Luhmann 1986a, S. 77) Oder mit anderen Worten: Die binäre Codierung wird zur *operationsleitenden Differenz* des jeweiligen Funktionssystems (vgl. Luhmann 1990a, S. 194). Das Funktionssystem braucht diese Differenz, um den eigenen Operationen eine Richtung zu geben. Intentionalistisch ausgedrückt: Es motiviert sich dadurch, daß es vor dem Hintergrund des anderen Werts für den einen optiert.

So wird im politischen System dafür optiert, an der Regierung zu sein, um Entscheidungen durchsetzen zu können. Damit dies aber überhaupt als Option auftauchen

---

14 Zu dieser Traditionslinie vgl. den Überblick bei Thürnau 1990, v.a. S. 284ff. Zum Anschluß des Sinnbegriffs an die systemtheoretische Forschung vgl. grundlegend Luhmann 1971 sowie jüngst Fuchs 1993, S. 61ff.

kann, muß im politischen System noch ein anderer Wert existieren, und in demokratischen Staaten lautet dieser Wert 'Opposition' (vgl. Luhmann 1989a). Die Opposition beobachtet ihre Umwelt in der Weise, daß sie untersucht, wie sie mit den Informationen, die sie perzipiert, wieder an die Regierung gelangen kann. Und die Regierung unternimmt *alles*, um gar nicht erst in die Opposition abzugleiten.[15]

Schärfer noch stellt sich das Problem im Rechtssystem. Die Codierung 'Recht/Unrecht' kann immer nur zugunsten des Rechts ausfallen. "Keine Rechtsordnung kann die Frage zulassen, ob sie mit Recht oder mit Unrecht eingerichtet worden ist." (Luhmann 1984b, S. 134) Würde sie dennoch für Unrecht plädieren, käme dies einer Selbstabschaffung gleich. Man mag zwar mit einem gewissen Recht (!) bestimmte Rechtssysteme *von außen*, in einer Beobachtung 2. Ordnung[16] als Unrechtssysteme beschreiben; in dem betroffenen System selbst werden jedoch auch die von außen als 'unrecht' beobachteten Entscheidungen als 'rechtmäßig' codiert und demgegenüber die verurteilten Taten als 'unrecht' klassifiziert.[17] Und auch innerhalb von Rechtssystemen, die sich nicht so schnell dem Vorwurf des Unrechts aussetzen, können Entscheidungen zu einem späteren Zeitpunkt prinzipiell revidiert werden. Wenn die höhere Instanz ein Urteil der niederen als 'unrecht' beobachtet und 'kassiert', wird das aktuell gültige Urteil wieder als 'recht' bezeichnet. Bis dieses Urteil aber ergeht, gilt das vorherige als 'recht'. Recht gilt immer.

Ähnlich operiert das Wissenschaftssystem, das mit der Unterscheidung von wahr und falsch arbeitet. Ebenso, wie das Rechtssystem nicht für 'unrecht' optieren kann, kann auch das Wissenschaftssystem nicht für 'falsch' plädieren. Forschungsergebnisse sind *per se* wahr, weil sie Forschungsergebnisse des Wissenschaftssystems sind. Die Wahrheit von Forschungsergebnissen "enthält keinerlei Fremdreferenz, denn es gibt keine Wahrheit außerhalb der Wahrheit." (Luhmann 1990a, S. 177) Es bleibt wiederum einem Beobachter überlassen, diese Wahrheit in Frage zu stellen. So mag mir etwa ein Gutachter oder Rezensent argumentationslogische Inkonsistenzen nachweisen

---

15   Beides zeigte sich während der sogenannten Barschel-Äffäre in Schleswig-Holstein. Die Regierungsmannschaft unternahm alles, von Bespitzelung bis zu gezielten Indiskretionen, um dem Oppositionsführer zu schaden. Selbst die Verletzungen des Regierungchefs durch einen Flugzeugabsturz wußte man publikumswirksam zu 'verkaufen'. Als der Oppositionsführer, der als "politischer Saubermann" angetreten war, frühzeitig von den Informationen über Barschels Machenschaften erfuhr, konnte er sie sich in der Weise zunutze machen, daß die Opposition als unwissendes Opfer hingestellt wurde.

16   Eine Beobachtung 2. Ordnung beobachtet, wie ein anderer Beobachter beobachtet. Dies impliziert keine privilegierte Position, sondern nur eine *andere*, welche selbst wieder als Beobachtung beobachtbar ist. So kann, wollte man die Reihe weiterspinnen, ein Beobachter 3. Ordnung den Verfasser dieser Arbeit (als Beobachter 2. Ordnung) daraufhin beobachten, wie dieser das politische System (als Beobachter 1. Ordnung) daraufhin beobachtet, welchen Umgang es mit dem Topos 'Nation' pflegt.

17   Es gibt somit kein anderes Recht als positives Recht. Daß damit das Rechtssystem noch lange nicht einem blanken Dezisionismus à la Carl Schmitt anheimfällt, ist ein Problem, das hier nicht erörtert werden kann. Für eine Analyse dieses Problems müßte zuerst eine sorgfältige Unterscheidung von Systemcode und dem jeweils aktualisierten Programm vorgenommen werden.

oder die Arbeit abwerten, indem er mir vorwirft, ich hätte die neueste Literatur nicht zur Kenntnis genommen, oder er mag mir mit empirischen Evidenzen mein gesellschaftstheoretisches 'Nation'-Modell zunichte machen. So lange dies aber nicht geschieht, kann ich mit einer gewissen Berechtigung mein Modell als 'wahr' unterstellen; 'wahr' jedenfalls in einem wissenschaftlichen Sinne. Auch das Wirtschaftssystem funktioniert mit einer binären Codierung, nämlich 'Eigentum/Nicht-Eigentum' (vgl. Luhmann 1988a, S. 188ff.), die nach der Durchsetzung von Geld als einem generalisierten Kommunikationsmedium mit einer Zweitcodierung 'Zahlen/ Nicht-Zahlen' versehen wird. Auch hier gilt die Option immer einer Seite, der Erhaltung bzw. der Maximierung der Zahlungsfähigkeit. Die Option wäre aber sinnlos, drohte nicht auf der anderen Seite des Werts die Zahlungsunfähigkeit.

In jedem der hier angegebenen Fälle (man könnte weitere angeben, wie Religion: Immanenz/Transzendenz, Erziehung: gute Leistung/schlechte Leistung, Familie: Liebe/Haß) operieren die Funktionssysteme also mit einer zweiwertigen Codierung, welche pragmatisch auf einen einwertigen Code verkürzt wird. Die Operationen werden, um es noch einmal zu wiederholen, nach der Präferenz für Macht (Regierung), Recht, Wahrheit, Zahlung, Transzendenz, gute Leistung und Liebe ausgerichtet. Zieht man nun wieder den Form-Begriff Spencer Browns hinzu, wird schnell deutlich, daß jeder Code, jede werthafte Präferenz eines Funktionssystems auch als Form analysiert werden kann: "Wie jede Form ist auch der Code eine Zwei-Seiten-Form mit einer Innenseite (...) und einer Außenseite (...)." (Luhmann 1990a, S. 184) Die motivierende Wertung liegt jeweils auf der Innenseite der Form, diese ist aber, wie sich sowohl aus der Erörterung des Form-Begriffs wie der binären Codierung ergeben hat, nicht denkbar ohne die Außenseite. Die konstituierende Bedeutung der *Asymmetrie* wird sowohl für die Form als auch für den Code deutlich.

Es sollte noch betont werden, daß die einzelnen Codes relativ invariant sind. Hat sich erst einmal eine spezifische Leitunterscheidung evolutiv herausgebildet, dann stabilisiert sie sich gegen ihre Umwelt. Die Unterscheidung des politischen Systems beispielsweise hat sich in den Jahrhunderten seit der Möglichkeit, Macht effektiv zu kommunizieren, nicht verändert. Die präferierte Seite der Unterscheidung des Codes wird auf diese Weise zu einem *Medium*, das für Kommunikationsannahme auch dort sorgt, wo es eher unwahrscheinlich ist (vgl. ebd., S. 179).[18] Medien wirken oftmals eher unbemerkt und geräuschlos im Hintergrund, und sie machen sich erst bemerkbar, wenn sie rigider als im Normalfall auftreten (vgl. ebd., S. 186). Genauso, wie die Befolgung der meisten politischen Entscheidungen auf Verwaltungsebene selbst nicht mehr hinterfragt wird, wird auch über den Wahrheitscharakter wissenschaftlicher

---

18 In älteren Publikationen Luhmanns wurde in diesem Zusammenhang mit der Begrifflichkeit des 'symbolisch generalisierten Kommunikationsmediums' an die Theorie Parsons' angeschlossen, vgl. etwa Luhmann 1975b. Der Begriff 'Medium' ist abstrakter angesetzt und vermag jenseits der Gesellschaftstheorie auch Phänomene wie 'Sinn' (vgl. Luhmann 1993b) oder 'Sprache' (vgl. Luhmann 1990a, S. 53ff.) als Medium zu fassen.

Ergebnisse zumeist nur wenig reflektiert — von solch esoterischen Bereichen wie der Wissenschaftstheorie einmal abgesehen. Erst dort, wo die Annahmebereitschaft einer Kommunikation massiv negiert wird, versucht sich beispielsweise das Medium der politischen Macht in Form von Polizei-Hundertschaften durchzusetzen. In welchen Situationen sich Medien aber auch immer durchsetzen, und wie geräuschvoll oder leise dies geschieht: Es bleibt ein zentrales Merkmal von Medien, daß sie relativ unspezifisch, ja, man ist fast versucht zu sagen, undifferenziert wirken.

Würden die Funktionssysteme allein mit Medien und den Formen der Codes operieren, könnten sie sich in einer immens schnell verändernden Umwelt gar nicht halten. Ihnen fehlten die spezifischen Sensoren, die überhaupt erst Entwicklungen in der Umwelt wahrnehmen und damit zugleich die systeminterne Kommunikation irritieren könnten. Die Kriterien, warum, wann und mit wem die Funktionssysteme kommunizieren, werden daher über *Programme* festgelegt, die sich jeweils veränderten Umwelten anpassen können (vgl. Luhmann 1986a, S. 89ff.). Programme bestimmen, für welche Fälle die Werte der Codierungen (recht/ unrecht; wahr/falsch etc.) zur Anwendung kommen. Sie sind, wie Luhmann anmerkt, "vorgegebene Bedingungen für die Richtigkeit der Selektion von Operationen." (Ebd., S. 91) Mit anderen Worten, es ist die "Zusatzsemantik" der Programme, welche die Codierung der Funktionssysteme mit Inhalt füllt (vgl. auch Luhmann 1993a, S. 189ff.).

Am Beispiel des politischen Systems sei dies verdeutlicht. Das politische System operiert bekanntermaßen mit dem Medium Macht und einer Anschlußcodierung von Regierung und Opposition. Der Leitwert des politischen Systems, der die Operationen ausrichtet, ist, wie bereits gezeigt, der Versuch, an die Regierung zu kommen bzw. sich dort zu halten. Die Macht selbst ist aber, zumal in demokratischen Staaten, kaum direkt spürbar. Sie hat sich als Medium in eine Art Kreislauf verflüssigt, der in einer dreistelligen Relation zwischen den politischen Entscheidern, ihrem Publikum (den Wählern) und der Verwaltung Gestalt angenommen hat (vgl. Luhmann 1981c, S. 45f.). Die Stelle der politischen Entscheidung bleibt dennoch in der öffentlichen Aufmerksamkeit diejenige, die am meisten beobachtet wird. Und das politische System beobachtet dies wiederum. Es muß seinem Publikum, den Wählern, Fixpunkte anbieten, die diejenigen voneinander unterscheiden läßt, die sich aktuell in Regierung und Opposition befinden. Zu diesem Zweck werden die Beteiligten *programmatisch* differenziert: man unterscheidet zwischen Linken und Rechten, Konservativen und Progressiven, Reaktionären und Radikalen. Über die jeweiligen Präferenzen des Publikums informiert sich das politische System dann über die programmatischen Ausrichtungswünsche der Wählerschaft für einen bestimmten Zeitraum. Über die veränderten Präferenzen der Wählerschaft wird zudem möglich, daß das System *gezwungen* wird, sich mit neuen Themen zu beschäftigen, die es ehedem nur marginal oder gar nicht behandelt hatte. Exemplarisch sei hier nur an die Widerstände erinnert, welche die Einführung ökologischer Themen in das politische System hervorgebracht haben. Das heißt, über die Programmebene kann das Ausgeschlossene, das, was über die Codierung nicht gesehen werden kann, wieder eingeschlossen werden: "[J]eder

Sinn, der im Codebereich zum Thema wird, kann auf universelle spezifische Weise behandelt werden, auch dann, wenn der Eigensinn dieses Sinnes (...) damit nicht angemessen berücksichtigt wird. Eben das ermöglicht die Ausdifferenzierung von Funktionssystemen unter der Regel des ausgeschlossenen Dritten mit Vorbehalt der Wiedereinführung des ausgeschlossenen Dritten in den Operationsbereich des Codes in der Form nicht von Codierung, sondern von Programmierung (...)." (Luhmann 1988c, S. 63)

Es geht dabei, wie deutlich geworden sein sollte, im politischen System nicht um einzelne Parteiprogramme. Vielmehr geht es um Programme des Funktionssystems, an der sich die aktuelle Kommunikation orientiert. Die Opposition wird mit jenen identifiziert, die wegen ihrer überhöhten Sozialstaatsforderungen den Bedingungen des "Wirtschaftsstandorts Deutschland" nicht gerecht werden. Die Regierung ist diejenige, die mit dem massiven Sozialstaatsabbau den "sozialen Frieden" zu stören geneigt ist. Und wer die "europäische Integration" in Frage stellt, manövriert sich von selbst "in die rechte Ecke". Immer jedoch richten sich die Semantiken danach, eine regierungsfähige Mehrheit im Publikum zu erzielen bzw. zu verhindern, daß andere diese Mehrheit erreichen. *Die programmatische Semantik ist dem Code in gewisser Weise nachgeordnet, wird von letzterem aber nicht determiniert.* Die Themenwahl ist nahezu beliebig, denn das politische System reklamiert für sich bekanntermaßen die Regelungskompetenz für alle sozialen Probleme. Warum, wann, von wem und wie bestimmte Themen ausgewählt werden, dies hängt wesentlich vom Programm des Systems ab.

Ich bin damit am Ende der — ohne Frage nur kursorischen — theoretischen Vorüberlegungen zur Bestimmung der 'Nation' als einer semantischen Form angelangt und kann zusammenfassen. Ausgangspunkt der Überlegungen war die Unterscheidung von Gesellschaftsstruktur und Semantik. Es ergab sich, daß sich im Rahmen der sozialen Evolution die Semantik, also die Themenwahl der Kommunikation funktionaler Teilsysteme, in Abhängigkeit (aber nicht: Determiniertheit!) von der strukturellen Entwicklung ebenfalls mit verändert. Es konnte weiter gezeigt werden, daß die Funktionssysteme mit Hilfe der Semantik Beschreibungen vornehmen, die fixiert und zu einem späteren Zeitpunkt, d.h. unter veränderten Umweltbedingungen wieder aufgenommen werden können. Die Beschreibungen werden mit der Beobachtung ihrer Umwelt durch die Teilsysteme gleichgesetzt. Zentrales Charakteristikum von Beobachtung und Beschreibung ist die Handhabung einer Differenz; indem etwas bestimmtes beobachtet wird, ist etwas anderes ausgeschlossen. Zu diesem Zweck ist der Form-Begriff Spencer Browns eingeführt worden: Jede Beobachtung und jede Beschreibung, jede Nutzung einer Semantik ist eine Form, die etwas ein- und etwas anderes ausschließt, wobei jeweils nur die Innenseite, das jeweils Aktualisierte zum Ausgangspunkt weiterer Beobachtungen, Beschreibungen, also Kommunikation gemacht werden kann.

In welcher Weise die fixierten Beschreibungen wieder aufgenommen werden, hängt mit dem Code des Funktionssystems zusammen. Bei der Einführung des Code-

Begriffs wurde erneut deutlich, wie wichtig Unterscheidungen für die Operationen des Funktionssystems sind. Auch der Code eines Funktionssystems operiert mit einer Zwei-Seiten-Form. Hierbei liegt die Präferenz, die die Operationen des Funktionssystems anleitet, ebenfalls auf einer Seite der Form; der Gegenwert ist allerdings unverzichtbar. Das Funktionssystem stabilisiert sich durch die Differenz vom präferierten Wert von seinem Gegenwert. Die somit entstandene Asymmetrie läßt den präferierten Wert zu einem Medium werden, welches das Funktionssystem steuert.

Auf der Programmebene finden Code, Medium, Form und Semantik wieder zusammen. Das codierte Medium wird erst durch die Handhabung programmatischer Semantiken zu einer ständig aktualisierten Form, wodurch das Funktionssystem die laufenden Operationen jeweils neu adjustieren kann. Es wird auf diese Weise schließlich deutlich, daß die hier getrennt vorgestellten Begrifflichkeiten in der jeweils aktuellen Operation eines Funktionssystems zusammenfallen und sich bedingen.[19] Die eine Operation wurde somit aus verschiedenen Perspektiven und von divergierenden Abstraktionsniveaus her beleuchtet, was — vor allem in der hier angestrebten Kürze — fast absehbar argumentative und terminologische Probleme mit sich bringt, die hoffentlich klein genug gehalten werden konnten.

2.3 Die moderne Gesellschaft als Weltgesellschaft

Nach diesen kurzen Abrissen zum Verhältnis von Gesellschaftsstruktur und Semantik sowie zur Operationsweise funktionaler Teilsysteme möchte ich im folgenden Abschnitt einen besonderen Aspekt der modernen Gesellschaftsstruktur hervorheben. Der Schwerpunkt soll auf der *Globalisierung sozialer Prozesse* liegen. Dem Globalisierungsprozeß, oder genauer gesagt: der Weltgesellschaft schreibe ich eine entscheidende Rolle bei der Evolution der 'Nation' zu. Aufgrund der gewichtigen Position, die der Topos Weltgesellschaft für die zu bearbeitende Thematik hat, erfolgt zunächst ein kursorischer Überblick über die Forschungslage (vgl. ausführlicher D. Richter 1995b).

Ebenso wie das Thema 'Nation' gehört auch die 'Globalisierung' — "a term which must have a key position in the lexicon of the social sciences" (Giddens 1990, S. 52) — nicht zu den herausragenden Forschungsgebieten der Soziologie, wenngleich die Thematik seit den Anfängen der Disziplin immer präsent war.[20] So heißt es schon

---

19   Vgl. Luhmanns diesbezügliche Beschreibung des Wissenschaftssystems: "[E]rst diese Unterscheidung von Code und Programm gibt dem Medium die Form, die diejenige Operationen anweist, die das Medium im laufenden Betrieb zu wahrheitsfähigen Sätzen koppeln und entkoppeln. Der Bereich, in dem dies geschieht, der Bereich möglichen Wissens, ist daher nicht unabhängig von Codierung zu denken. Er existiert nicht unabhängig, bevor die Wahrheitsproduktion beginnt. Er wird korrelativ zur Bildung der Formen für Formproduktion (eben: Code und Programm) erzeugt, und das fassen wir zusammen in der Aussage: Wahrheit ist ein codiertes Medium." (Luhmann 1990a, S. 184f.)

20   Genauer gesagt, die Soziologie hat in ihren Anfängen zwischen globalen und regionalen (national-

bei Marx im ersten Band des *Kapital* über die Entstehung des Kapitalismus: "Welthandel und Weltmarkt eröffnen im 16. Jahrhundert die moderne Lebensgeschichte des Kapitals." (MEW 23, S. 161) Auch bei der Darstellung der Tönniesschen Theorieanlage war deutlich geworden, daß sich der Gesellschaftsbegriff explizit von der Vorstellung der Gesellschaft als Nationalstaat abgrenzt; die moderne Gesellschaft im Sinne von Tönnies zeichnet sich gerade durch ihre Grenzenlosigkeit aus, sie kann daher — so meine Interpretation — als Weltgesellschaft gelesen werden (vgl. Tönnies 1963, S. 53; siehe Abschnitt 1.1). Ebenso kann Max Webers Rationalisierungstheorie (vgl. Schluchter 1979) im Grunde nur im globalen Kontext gesehen werden, obwohl das Thema nicht explizit ausgeführt wird. Aus seinem Ansatz geht klar hervor, welch universalisierenden Charakter Rationalismus resp. Kapitalismus angenommen haben.

In der Nachfolge ökonomistischer Ansätze, wie sie explizit vom Marx und Tönnies vorgelegt wurden, steht die vornehmlich von Immanuel Wallerstein ausgearbeitete *Weltsystem-Theorie*.[21] Ausgangspunkt der Weltsystem-Theorie ist nicht, wie man dem Titel nach meinen könnte, ein systemtheoretischer Funktionalismus. Es ist vielmehr gerade der Funktionalismus in seiner modernisierungstheoretischen Variante (vgl. Abschnitt 1.4), von dem Wallerstein sich explizit abgrenzt. Wie oben schon ausgeführt worden ist, haben die modernisierungstheoretischen Ansätze in erster Linie die Entkolonialisierungsprozesse des seinerzeit als 'Dritte Welt' titulierten Bereichs zu begleiten und zu steuern versucht, womit sie bekanntlich grandios gescheitert sind. Modernisierung kann demnach nicht einfach mit ökonomischem Aufstieg und gleichzeitiger Demokratisierung identifiziert werden, wie es der Strukturfunktionalismus vorgegeben hatte.

Auch Wallerstein sieht ein Versagen dieser Ansätze, da die Unterentwicklung eines großen Teils der Erde nach Jahrzehnten implementierter Modernisierungsprogramme unbestreitbar ist. Sein zentrales Argument lautet nun, daß die Unterentwicklung in der Dritten Welt nahezu ausschließlich auf die Bedingungen der Weltwirtschaft zurückzuführen ist. Das kapitalistische Weltsystem, so seine Theorie, habe zur Entwicklung eines kapitalistischen *Zentrums* (die ehemaligen Kolonialstaaten), einer sogenannten *Semiperipherie* und einer *Peripherie* geführt; mit letzterer sind die ehemaligen Kolonien der westlichen Staaten gemeint. Es liege in der Logik kapitalistischer Entwicklung, eine internationale Arbeitsteilung zu etablieren, in der diejenigen Staaten Vorteile erringen würden, die zeitweilige Handelsmonopole etablieren könnten.

---

staatlichen) Problemstellungen geschwankt; vgl. die Rekonstruktion von Turner 1990b.

21 Aus der umfangreichen Literatur zu Wallersteins Ansatz vgl. den ersten Band seiner auf mehrere Jahrzehnte angelegten Sozialgeschichte des modernen Kapitalismus (Wallerstein 1986) sowie einen von ihm stammenden Überblick (Wallerstein 1987). Als Überblicksartikel anderer Autoren vgl. Chirot/Hall 1982 sowie Bornschier 1984. Zu Wallersteins Bestimmung der Nation innerhalb des kapitalistischen Weltsystems vgl. oben Abschnitt 1.5.

So unbezweifelbar die verheerende Armut in vielen Teilen der Welt ist, ein kausaler Zusammenhang zwischen den Zuständen der Armutsregionen und dem Reichtum im Norden und Westen läßt sich jedoch kaum nachweisen, wie die zahlreichen Kritiker des Wallerstein-Ansatzes immer wieder betont haben. Wallersteins Mängel liegen zum einen in dem Ökonomismus, der diesem Ansatz zugrunde liegt und der politische und kulturelle Faktoren lediglich als abhängige Variablen gelten läßt.[22] Zum anderen hat auch seine sozialhistorische Hauptthese, die kolonialistische Ausbeutung der Peripherie habe erst den Reichtum im Zentrum ermöglicht, außerhalb marxistischer Theorien kaum Anhänger gefunden. Der Aufstieg des Westens ist vielmehr auf interne Faktoren wie die Kleinstaaterei oder die geostrategische Lage Europas zurückzuführen (vgl. Jones 1991 und im Anschluß an ihn Weede 1988; Kennedy 1989, S. 48ff.). Die Bedeutung der Peripherie für das Zentrum ist, wie sarkastisch festgestellt wurde, eher peripher einzuschätzen (O'Brien 1984, S. 60).[23]

Eine Variante, die versucht, die Mängel des Weltsystem-Ansatzes zu umgehen, ist von Peter Heintz und seinen Mitarbeitern vorgelegt worden. Der Ansatz von Heintz (vgl. etwa Heintz 1982) vermeidet ökonomischen Reduktionismus und postuliert neben einem "internationalen Entwicklungsschichtungssystem" auch ein "intergouvernementales System". Beide Systeme werden als stratifiziert gedacht, wodurch viele Konflikte innerhalb der Weltgesellschaft generiert würden. Es bleibt jedoch zu fragen, ob mit der Analyse des Wirtschaftssystems und des politischen Systeme die Weltgesellschaft hinreichend beschrieben ist.

Ein wenig differenzierter, wenngleich im Prinzip ähnlich, sind die Ansätze zu einer Globalisierungs-Theorie bei Anthony Giddens angelegt. Einerseits definiert Giddens Globalisierung relativ abstrakt als Zunahme von weltweiten Kontakten: "Globalisation can thus be defined as the intensification of worldwide social relations which link distant localities in such a way that local happenings are shaped by events occurring many miles away and vice versa." (Giddens 1990, S. 64) Andererseits reduziert Giddens die Dimensionen der Globalisierung auf vier Faktoren, nämlich: 1. das Nationalstaaten-System, 2. die kapitalistische Weltwirtschaft, 3. die internationale Arbeitsteilung sowie 4. die militärische Weltordnung (vgl. ebd., S. 70ff.). Diese lassen sich wiederum als Ausdruck von Geld (Weltwirtschaft, internationale Arbeitsteilung) und Macht (Nationalstaaten-System, militärische Weltordnung) beschreiben.

---

22 Giddens kommt daher zu folgendem Urteil: "Wallerstein's arguments involve an uncomfortable amalgam of functionalism and economic reductionism." (Giddens 1987, S. 167)

23 Die letzte Feststellung gilt im übrigen nicht nur historisch, sondern auch für die Gegenwart (vgl. Kohlhammer 1992). Eine gründliche Darstellung sowie eine vernichtende Kritik aller bisherigen Entwicklungstheorien, zu denen auch der Strukturfunktionalismus und die Weltsystem-Theorie gezählt werden, hat jüngst Ulrich Menzel vorgelegt (vgl. Menzel 1992).

Während, wie gesehen, die marxistische Theorie zur exklusiven Betrachtung der weltwirtschaftlichen Verflechtungen tendiert, hat die westliche *Mainstream*-Soziologie in der Durkheim-Parsons-Traditionslinie eher zu Problemstellungen der nationalstaatlichen Integration geneigt. Aus dieser Perspektive werden die gleichwohl nicht geleugneten Globalisierungsphänomene vornehmlich unter den Prämissen des politischen Systems, also unter dem Aspekt 'zwischenstaatlicher' bzw. 'internationaler Beziehungen' analysiert. Dementsprechend hat etwa Roland Robertson (1976) im Anschluß an Parsons die Relation zwischen intra- und internationalen Ereignissen zu fassen gesucht. In Soziologie und Politikwissenschaft versucht man nach dem Zweiten Weltkrieg die globale Dimension als "Weltstaatengesellschaft" (Truyol y Serra 1963) zu begreifen, die dann das politische System vor die Alternative "Nationale Souveränität oder übernationale Integration" gestellt hat (Ziebura, Hrsg., 1966).

Gegenüber dem Primat des politischen Systems und der teils impliziten, teils expliziten Gleichsetzung von Gesellschaft mit Nationalstaat hat sich aber auch aus der gleichen Theorieanlage heraus Widerspruch entwickelt. So versucht etwa Wilbert E. Moore (1966) Parsons' Ansatz von nationalstaatlichen Begrenzungen zu befreien. Es sind, so seine These, nicht mehr die ausschließlich innerhalb des Nationalstaats stattfindenden Ereignisse, die wirkliche Relevanz entfalten: "to an increasing degree, the life of the individual anywhere is affected by events and processes everywhere." (Moore 1966, S. 481) Folglich müsse der Nationalstaat als die zentrale Analyseeinheit der Soziologie in seiner Bedeutung relativiert werden. Noch weitreichender als Moores Ansatz ist der Vorschlag von John W. Burton (1972), der auch begrifflich eine *Weltgesellschaft* postuliert, die durch globale Kommunikationsstränge gebildet wird. Burton zufolge machen zwischenstaatliche Kommunikationen nur einen kleinen Teil globaler Kommunikation aus; es gebe darüber hinaus eine Fülle religiöser, wissenschaftlicher, wirtschaftlicher Beziehungen sowie eine Reihe bedeutender Organisationen mit globalem Operationsfeld. Daher seien Vorstellungen internationaler Beziehungen, die auf machtpolitische Faktoren reduziert sind, analytisch unzureichend: "Communications, and not power, are the main organizing influence in world society." (Burton 1972, S. 45)

Diesem *Statement* möchte ich mich anschließen. Ich halte Ansätze für unzureichend, die allein entweder auf weltwirtschaftliche Verflechtung oder aber auf internationale Beziehungen setzen. Selbst die Beschreibung der Weltgesellschaft als Ensemble wirtschaftlicher und politischer Aktivitäten bzw. Kommunikationen ist verkürzend. Ich sehe zwei Probleme solcher Ansätze: Zum einen gibt es mehr als nur zwei globale Kommunikationssysteme. Auffällig ist, daß etwa das Wissenschaftssystem, das ja, wie schon an der Bibliographie dieser Arbeit ersichtlich ist, ohne Zweifel globalen Charakter hat, kaum ernsthaft in dieser Richtung soziologisch reflektiert wird.[24] Gleiches gilt

---

24 Selbst Niklas Luhmann, der der Wissenschaft als sozialem System über 700 Seiten widmet, ist dieser Umstand nur fünf Sätze wert (vgl. Luhmann 1990a, S. 619). Spätestens wenn es jedoch um Technologie-Transfer für Massenvernichtungswaffen geht, wird die Problematik augenfällig:

für die globale Medienverflechtung, die erst in den letzten Jahren publizistisch in den Blick genommen wird, aber soziologisch, soweit mir bekannt, noch nicht eigenständig untersucht wurde.[25] Selbst intime Beziehungen als globales soziales System würden mehr Aufmerksamkeit verdienen, bedenkt man die Zunahme der bi-kulturellen Verbindungen und die oftmals daraus resultierenden Schwierigkeiten.

Der zweite Aspekt beleuchtet gleichzeitig ein eher generelles Problem der Gesellschaftstheorie: die Vernachlässigung kultureller Faktoren. Damit ist gemeint, daß die Theorien zur Globalisierung und zur Weltgesellschaft zu sehr auf gesellschaftsstrukturelle Elemente setzen und zu wenig berücksichtigen, welche Auswirkungen gerade die *Beobachtung von Globalisierungsprozessen* in verschiedenen Regionen der Erde auslösen. John Burton hat das Problem folgendermaßen beschrieben: "It follows that our social problems do not arise out of the aggressiveness, hostility, or other characteristics of people and nations, as is often assumed. They may arise out of the observations and interpretations that are made by others." (Burton 1972, S. 56) Es reicht, mit anderen Worten, nicht, nur zu untersuchen, daß die globale Kommunikation in Sachen Politik, Wirtschaft oder auch Wissenschaft zugenommen hat, man muß dazu analysieren, welche Folgen diese Entwicklung zeitigt und auf welchem Hintergrund die Beobachtung der Weltgesellschaft stattfindet. "Globalization does not simply refer to the objectiveness of increasing interconnectedness. It also refers to cultural and subjective matters." (Robertson 1992, S. 183) Es wird, um es vorwegzunehmen, eine der zentralen Grundannahmen dieser Arbeit sein, daß es exakt dieser Zusammenhang von kultureller Beobachtung und Globalisierung ist, welcher erheblichen Einfluß auf die Entwicklung von Nationalismen genommen hat und immer noch nimmt.

Um den hier aufgezeigten Schwierigkeiten einer Theorie der Weltgesellschaft gerecht werden zu können, schlage ich einen anderen Weg vor, der den Ansatz einer 'Weltgesellschaft' von der Reduktion auf wirtschaftliche und/oder politische Kommunikation befreit. Ausgangspunkt der folgenden Überlegungen ist wiederum die Gesellschaftstheorie der funktionalen Differenzierung, wie sie von Luhmann vorgelegt worden ist. Vorweg sei aber betont, daß das letztere der beiden genannten Probleme, die Vernachlässigung kultureller Faktoren, sicherlich auch für das Werk Luhmanns zutrifft. Luhmanns Augenmerk gilt, was die Gesellschaftstheorie betrifft, in erster Linie der Beschreibung und Analyse der Teilsysteme sowie einiger Konsequenzen

---

"The problem of *horizontal proliferation* — the spread of nuclear weapons capability to more and more countries — is a vivid reminder that technology is a global force which recognizes no national boundaries. Both the diffusion of knowledge and the unrelenting march of industrialization across the globe have bequeathed to an increasing number of states the capability to develop, or to acquire, extremely sophisticated and incredibly powerful military technologies on a hitherto historically unprecedented scale." (McGrew 1992b, S. 104)

25 Siehe aber Swain (1992), der die These aufstellt, daß westliche Radiosender wie BBC oder Radio Free Europe ganz entscheidend zum Legitimationsverlust der realsozialistischen Regime in Osteuropa beigetragen haben. Aus den gleichen Gründen sah sich, wie der Tagespresse zu entnehmen war, wohl auch die Regierung der VR China genötigt, die unkontrollierte Anbringung von TV-Satellitenantennen zu unterbinden.

dieser sozialen Evolution. Andererseits muß aber bedacht werden, daß die funktionale Differenzierung der modernen Gesellschaft in Teilsysteme lediglich die *primäre Differenzierungsform* darstellt. Wie Armin Nassehi (Nassehi 1990, S. 262ff.; vgl. Nassehi/Weber 1990a, S. 281ff.) vollkommen richtig gegenüber der entsprechenden Kritik Hartmut Essers (Esser 1988) an der Theorie funktionaler Differenzierung deutlich gemacht hat, sind kulturelle Faktoren wie 'Nationalität' bzw. 'Ethnizität' *nicht kategorial inkompatibel* mit der Theorieanlage. Diese Feststellung Nassehis gilt m.E. auch für eine aus dem Prinzip der funktionalen Differenzierung abgeleitete Theorie der Weltgesellschaft.

Luhmann selbst hat bis dato das Thema 'Weltgesellschaft' nur sporadisch aufgenommen (vgl. Luhmann 1975a; 1982b; 1983a, S. 333ff.; 1993a, S. 571ff.). Die Entwicklung der Weltgesellschaft ist für ihn, wie schon angedeutet, eine Konsequenz der Differenzierungsform der modernen Gesellschaft in Teilsysteme. Mit anderen Worten, es gibt — zumindest tendenziell — eine globale wirtschaftliche Kommunikation in Form von Zahlungen und der Beobachtung von Preisen; eine globale politische Kommunikation, in der Macht die zentrale Rolle spielt; eine globale wissenschaftliche Kommunikation, die Forschung nach Wahrheit und Unwahrheit codiert; eine globale rechtliche Kommunikation, die darüber entscheidet, was jeweils für Recht und was als Unrecht bezeichnet wird. Gleiches gilt für das Erziehungssystem und sogar für intime Beziehungen, deren globale Relevanz sich nicht nur im Sex-Tourismus niederschlägt.

Die Folgen dieser ausdifferenzierten Weltgesellschaft gehen, wie Luhmann angemerkt hat, wiederum in zwei Richtungen: "It provides one world for one system; and it integrates all world horizons as horizons of one communicative system." (Luhmann 1982b, S. 133) Mit anderen Worten: Zum einen *beobachtet jedes Teilsystem seine Umwelt resp. die Weltgesellschaft aus jeweils eigener Perspektive.* Das heißt, es gibt keine konkurrenzfreie Beobachtungsperspektive. Jede Beobachtung, welche die Welt(gesellschaft) als Einheit konzipiert, setzt sich selbst wiederum potentiell der Beobachtung durch andere Perspektiven aus. Man konnte ein solches Vorgehen beispielsweise registrieren, als innerhalb des politischen Systems nach dem Zusammenbruch der bipolaren *politischen* Weltordnung von Ost und West die Möglichkeit einer "neuen Weltordung" für wahrscheinlich gehalten wurde. Die neue Weltordnung sollte "einer langen Ära des Friedens" mit "offenen Grenzen, offenem Handel und offenem Denken" den Weg bereiten.[26] Wie fixiert das politische System die Weltgesellschaft anhand der Ost-West-Differenz beobachtet hatte, wurde schnell deutlich, als der Zusammenbruch dieser Differenz eben nicht zu ewigem Frieden führte. Offensichtlich hatte man bei aller Fixierung an diese Beobachtungsform andere Elemente (ethnische, religiöse etc.) gar nicht mehr wahrgenommen. Und die Wissenschaft könnte hämisch auf die Entwicklung einer "New World Disorder" verweisen (Anderson 1992).

---

26   Die Zitate stammen vom damaligen US-amerikanischen Präsidenten Bush, zit. n. Sommer 1992.

Zum zweiten steht hinter diesem Ansatz die Prämisse, daß die Weltgesellschaft als *Gesamtheit aller Kommunikationen* zu gelten hat. Das heißt: *Jede Kommunikation, sei sie wirtschaftlich, politisch, wissenschaftlich oder intim, findet in der Weltgesellschaft statt.* Natürlich ist nicht jede Kommunikation für alle anderen von gleicher Relevanz; dennoch kann *jede Kommunikation potentiell globale Konsequenzen haben.* Und umgekehrt: Man kann eine zunehmende Bedeutung von Kommunikation jenseits des eigenen vertrauten Nahbereichs konstatieren. "Globalization (...) describes the process by which events, decisions, and activities in one part of the world can come to have significant consequences for individuals and communities in quite distant part of the globe." (McGrew 1992a, S. 23)

Um dies an wenigen Beispielen zu illustrieren: (1) Würde in den USA ein neuer gesellschaftstheoretischer Ansatz zur Analyse von Nation/Nationalismus vor Beendigung dieser Arbeit erscheinen, müßte ich diesen zur Kenntnis nehmen und verarbeiten. Wissenschaft ist nicht mehr denkbar ohne Bezug auf Ergebnisse in entfernten Regionen. (2) Daß intime Beziehungen nicht mehr territorial gebunden sind, ist vielen ein Ärgernis in moralischer Hinsicht, dennoch kann an diesem Faktum nicht mehr vorbeigesehen werden, und dies spätestens nicht mehr seit der globalen Ausbreitung von HIV/AIDS. Eine einzige — wenn auch wegen der geringen Übertragungsmöglichkeit eher unwahrscheinliche — Infektion eines südamerikanischen Geschäftsmannes durch eine Dame aus Osteuropa, die vormals einen deutschen Fixer zum Freund hatte, macht die globale Dimension deutlich. (3) Die Rechtsprechung in Westeuropa muß sich mit jener Rechtspraxis beschäftigen, vor der diejenigen Personen flüchten, die hier als Asylbewerber gelten. Dies mag dann zu der für den Betroffenen potentiell tödlichen Entscheidung führen, daß Folter in seinem Herkunftsland ein normales Mittel der Rechtsfindung sei, und er deshalb abgeschoben werden dürfe, wie dies letztinstanzlich von einem bundesdeutschen Gericht festgestellt worden ist. Jedenfalls kann die Rechtspraxis anderer Staaten hier nicht mehr ignoriert werden.

Allerdings nehmen die verschiedenen Teilsysteme der modernen Gesellschaft jeweils voneinander divergierende Referenzgebiete für sich in Anspruch. Während das Wirtschafts- und das Wissenschaftssystem sowie die intimen Beziehungen immer weniger auf ein regional begrenztes Gebiet beschränkt bleiben, sind das politische und das Rechtssystem genauso wie das Erziehungssystem auf staatliche, also segmentäre Grenzen angewiesen. Diese Unterschiede sind aber allein auf die spezifischen Funktionsweisen der Teilsysteme zurückzuführen, die in diesen Fällen von den Binnendifferenzierungen des politischen Systems vorgegeben werden: "Funktionale Differenzierung schließt segmentäre Differenzierung in gleiche Teileinheiten nicht schlechthin aus; sie läßt sich mit ihr kombinieren, verweist sie aber in eine untergeordnete Stellung, die selbst jeweils funktional gerechtfertigt werden muß." (Luhmann 1975a, S. 60) Wie sehr etwa das politische System für die Durchsetzung bindender Entscheidungen an bestimmte Gebiete gebunden ist, machen die supranationalen Integrationsbemühungen und -hindernisse deutlich, wie sie etwa auf der Ebene der Vereinten Nationen und der Europäischen Union zusehends spürbar sind. Und ebenso sind das Rechts- und Erziehungssystem auf politische, d.h. territorial begrenzte Entscheidungsvorgaben angewiesen, anhand derer sie sich orientieren können.

Den segmentären Differenzierungen zum Trotz findet auch politische Kommunikation innerhalb der Weltgesellschaft statt.[27] Das Faktum, daß regionale Grenzen innerhalb der weltgesellschaftlichen Teilsysteme sichtbar sind, impliziert nicht, daß auch die Relevanz dieser Kommunikation regional begrenzt bleibt. *Jede Kommunikation ist potentiell global beobachtbar*, und das nicht nur innerhalb des jeweils gleichen Typus des Teilsystems. So können Staaten die Entscheidungen anderer Staaten beobachten (nichts anderes ist Außenpolitik), aber auch für das Wirtschaftssystem sind politische Entscheidungen in entfernten Regionen von Belang. Wenn Investitionsentscheidungen in entfernten Ländern mit dort zu beobachtenden Menschenrechtsverletzungen dazu führen können, daß die Kundschaft im eigenen Land zum Boykott aufgerufen wird, bleibt das nicht ohne Auswirkungen auf die Entscheidungen selbst.

Die Konzeption der Weltgesellschaft als Gesamtheit aller Kommunikationen impliziert theoretische Vorentscheidungen. Sie hat zur Folge, daß bestimmte andere Vorstellungen damit zugleich ausgeschlossen sind.[28] Weltgesellschaft in dem hier vorgestellten Sinne bedeutet *erstens* nicht die Gesamtheit aller Menschen, also die 'Menschheit' weder im deskriptiven noch im emphatischen Sinne, wie es begriffsgeschichtlich oftmals der Fall gewesen ist (vgl. Bödeker 1982).

Die Weltgesellschaft impliziert damit *zweitens*, daß man sie analytisch nicht als Einheit fassen kann, sondern dem Blick auf die Weltgesellschaft immer Perspektivität zugrunde legen muß. Das heißt: *Weltgesellschaft ist nicht Weltgemeinschaft.*[29] Je nach Teilsystem und je nach regionaler 'Brille' stellt sich die Weltgesellschaft anders dar. Identifiziert man, wie hier im Anschluß an Luhmann vorgeschlagen wird, die moderne Gesellschaft mit Weltgesellschaft,[30] dann unterliegt auch letztere unhintergehbar den

---

27   Rudolf Stichweh hat aus Luhmanns Analysen den Eindruck gewonnen, "als sei die autopoietische Realisierung von Funktionssystemen nur auf der Ebene der Weltgesellschaft möglich, oder — forschungsstrategisch formuliert — als sei die Verwendung von Ländernamen in der Soziologie eine Art Kategorienfehler." Und er vermutet, "daß dies tatsächlich so gemeint ist" (Stichweh 1990, S. 257). Demgegenüber kann zum einen nur erneut betont werden, daß die segmentäre Differenzierung innerhalb des Primärtypus der funktionalen Differenzierung nicht kategorial ausgeschlossen ist. Zum anderen unterliegt auch die Weltgesellschaft einer Evolution, d.h. es macht einen großen Unterschied, ob ich beispielsweise Rechtsfindungsprozesse im 16. Jahrhundert untersuche, die vermutlich erheblich weniger mit Beobachtungen von Entwicklungen außerhalb des entsprechenden Territoriums befrachtet war, oder ob ich dies im 20. Jahrhundert untersuche.

28   Siehe auch die Diskussion von Tudyka 1989 und E. Richter 1990.

29   Der These Emanuel Richters, daß in Luhmanns Konzeption der Weltgesellschaft eine "in den Gesellschaftsstrukturen schon angelegte Gemeinschaftlichkeit" zu finden sei (E. Richter 1992, S. 172), kann ich daher nicht folgen. Offenbar geht dieses Mißverständnis auf einen inadäquaten Gebrauch der soziologischen Begrifftradition von 'Gemeinschaft' und 'Gesellschaft' zurück.

30   "Gesellschaft ist heute eindeutig Weltgesellschaft, — eindeutig jedenfalls dann, wenn man den hier vorgeschlagenen Begriff des Gesellschaftssystems zu Grunde legt." (Luhmann 1984a,

Bedingungen polykontexturaler Beobachtung (vgl. hierzu Fuchs 1992, S. 54ff.). Man mag dies wie Emanuel Richter bedauern und einem solchen Vorgehen die "Austrocknung von geschichtsphilosophischen Ansprüchen der Vernunftentfaltung" (E. Richter 1992, S. 172) vorwerfen; berücksichtigt man allerdings die Aspekte der Kontingenz und der nicht-teleologischen Evolution, kommt man gar nicht erst in die Versuchung, der Weltgesellschaft Vernunft zu unterstellen, um sich anschließend enttäuschen zu lassen. Letztlich kommt auch E. Richter nicht umhin, den "Zerfall der Welteinheit" für die Modelle von Globalisierung und Weltgesellschaft zu konstatieren.

Zum *Dritten* darf aber aus einer derartigen Fassung der Weltgesellschaft nicht das Merkmal der Homogenität abgeleitet werden. Die einstmals im Rahmen des Strukturfunktionalismus angenommene gesellschaftsstrukturelle Konvergenz, die beispielsweise der Prognose der Entwicklung "evolutionärer Universalien" (Parsons 1964d) zugrunde lag, hat sich als unzutreffend herausgestellt.[31] Vielmehr beruhen die angesprochenen Tendenzen antiwestlicher Affekte unter anderem auch auf einer "unbalancierten Gesamtentwicklung" (Luhmann 1983a, S. 336), oder besser ausgedrückt: auf Ungleichzeitigkeiten in der Weltgesellschaft (vgl. Nassehi 1991). Die funktionssystemspezifischen Dynamiken innerhalb von Wirtschaft, Politik, Wissenschaft, Erziehung etc., die u.a. mit jeweils voneinander divergierenden Zeithorizonten operieren, können nicht mehr im Sinne einer sozialen Integration und eines dadurch gesteuerten Wachstums zusammengefaßt werden. Und diese Ungleichzeitigkeiten wirken wiederum auf das Gesamtbild der Weltgesellschaft zurück: "Die Zunahme regionaler Differenzen bei gleichzeitiger Zunahme weltweiter Interdependenzen ist der vielleicht auffälligste Tatbestand. Die Weltgesellschaft wird mehr und mehr ein einheitliches System — und zugleich ein System, das immense Diskrepanzen erzeugt und zu ertragen hat. Das schließt eine politische Vereinheitlichung aus, ohne dafür ein funktionales Äquivalent zu bieten." (Luhmann 1988a, S. 170)

Und *viertens* kann anhand einer solchen Fassung nicht konstatiert werden, daß die Weltgesellschaft hegemonial beherrscht werde, etwa durch westlichen Konsum- und Medien-Imperialismus sowie einer damit verbundenen Konsum-Ideologie, wie es — einen geläufigen Vorwurf aufnehmend — jüngst Leslie Sklair (1991) als Fokus ihrer Analyse des 'globalen Systems' formuliert hat. Die moderne Weltgesellschaft ist ein globales Produkt, wie Giddens (1990, S. 147f.) zu Recht betont hat. Die Kommunikation islamischer Fundamentalisten gehört ebenso zur Weltgesellschaft wie die Ausstrahlung von in den USA produzierten Musikvideos *via* Satellit in Indien. Der antiwestliche Affekt, der dem Hegemonie-Vorwurf gegenüber dem Westen zugrunde liegt, ist nichts anderes als eine ursächliche *Zurechnung* der *Consequences of Modernity* (Giddens 1990) auf eine bestimmte Region.

S. 585)

31 Eine Konvergenz läßt sich — wenn überhaupt — für die westlichen Industrieländer konstatieren; vgl. Kaelble 1987 sowie Bornschier 1988.

Akzeptiert man die vorstehenden vier Abgrenzungen, und berücksichtigt man nun die oben erläuterte Begrifflichkeit der Semantik, mit der kommunikativ beobachtet wird und die gleichfalls auf historisch (und regional!) kontingentem Hintergrund gedacht werden muß, dann ergibt sich *fünftens* die Zurückweisung von Vorstellungen einer globalen Kultur oder gar einer gemeinsamen kulturellen Integration der Menschheit. Selbst im Angesicht globaler ökologischer Risiken wird man kein 'Weltethos' durchsetzen können, wie es unter Theologen und Philosophen mitunter erhofft wird.[32] Vielmehr muß von einer *kulturellen Fragmentierung der Weltgesellschaft* ausgegangen werden, die sich zukünftig noch weiter verschärfen wird (vgl. Huntington 1993).[33] Robertson hat diesen Zusammenhang von gleichzeitiger Globalisierung und kultureller Fragmentierung als "a massive, twofold process involving *the interpenetration of the universalization of particularism and the particularization of universalism* (...)" bezeichnet (Robertson 1992, S. 100). Mit anderen Worten: Partikularistische Semantiken haben sich universell ausgebreitet und universalistische Semantiken suchen sich jeweils partikularistische Kontexte, vor deren Hintergrund sie interpretiert werden. So müssen etwa die Diskussionen um unterschiedliche, kulturell und regional bedingte Menschenrechtstheorien *auch* in diesem Kontext gesehen werden und dürfen *nicht nur* auf das Streben nach Machterhaltung bestimmter Regime zurückgeführt werden.

---

32 Vgl. hierzu die Darstellung bei E. Richter 1992, S. 204ff. Das Phänomen der "globalen Schicksalsgemeinschaft" wird ansatzweise auch in der Soziologie reflektiert, wenngleich bislang nur sporadisch und mit eher skeptischer Beurteilung. Siehe etwa die Analyse der "Globalisierung der Zivilisationsrisiken" in der "Weltrisikogesellschaft" bei Ulrich Beck (1986, S. 48ff.) Ganz ähnlich hat Norbert Elias den Prozeß der Globalisierung als einen "Übergang von einer weniger Menschen umfassenden, weniger differenzierten und komplexen zu einer mehr Menschen umfassenden und komplexeren Form der vorherrschenden Überlebensorganisation" bezeichnet (Elias 1987, S. 224f.). Aus diesem gemeinsamen Schicksal folgt aber noch nicht, so betont Elias vollkommen zu Recht und im Einklang mit der hier vertretenen Argumentation, daß sich eine gemeinsame Identität ausbilden wird. Der Grund: Es fehlt der gemeinsame Feind. "Auf allen anderen Stufen der Integration entwickelte sich das Wir-Gefühl im Zusammenhang mit der Erfahrung der Bedrohung der eigenen Gruppe durch andere Gruppen. Die Menschheit dagegen ist nicht durch andere, außermenschliche Gruppen bedroht, sondern nur durch Teilgruppen ihrer selbst." (Ebd., S. 305) Als Ausnahme in soziologischer Hinsicht ist sicherlich Ralf Dahrendorfs auf Kant rekurrierende Utopie einer "Weltbürgergesellschaft" anzusehen (vgl. Dahrendorf 1992, S. 280).

33 So auch Bassam Tibis Argumentation zur Erklärung islamisch-fundamentalistischer Politik: "Mein Argument lautet, daß parallel zu der durch Globalisierung bedingten strukturellen Vernetzung der Welt eine durch die Vielfalt bereits vorhandene 'kulturelle Fragmentation' um sich greift und sich zunehmend verschärft. Unter 'kultureller Fragmentation' verstehe ich, daß sich die kulturell unterschiedlich verankerten Staaten unserer Welt nicht über gemeinsame Normen und Werte als Basis ihrer Orientierungen verständigen können. So gibt es z.B. kein allgemeingültiges Verständnis von Menschenrechten und Demokratie. Diese kulturelle Fragmentation trägt dazu bei, daß die durch Transport und Kommunikation einander nahegerückten Nationen sich kulturell voneinander entfernen." (Tibi 1993, S. 29) Auch unter Politologen hat sich dieses Faktum herumgesprochen: "The world today can be viewed as fragmented into a number of mutually exclusive cultures that tend to foster divergent interpretations of the meanings of events." (Rosenau 1990, S. 420) Der Autor fügt allerdings hinzu, daß beispielsweise ökologische Fragen auch Anstöße zu einer globalen Kultur geben könnten.

Fazit: Die Charakteristika der Weltgesellschaft sind also, ebenso wie diejenigen der einzelnen Teilsysteme, das Ergebnis einer historisch kontingenten Evolution, die von niemandem geplant und ebenfalls nicht bewußt durchgesetzt worden ist. Allein die Entstehungs- und Entwicklungsbedingungen sowie die spezifischen Funktionserfordernisse der Teilsysteme und die jeweils aktualisierten kulturellen Semantiken sind hierfür verantwortlich. Für die weitere Behandlung des Themas sind, die vorstehenden Ausführungen zusammengefaßt, m.E. die folgenden vier Aspekte der Weltgesellschaft von Bedeutung: (1) die mit der funktionalen Differenzierung verbundene Perspektivität der Teilsysteme; (2) die mit jeder Kommunikation aktualisierte, also auch innerhalb der Weltgesellschaft anzutreffende Multiperspektivität; (3) die ungleichzeitigen Entwicklungstendenzen innerhalb eines globalen Modernisierungsprozesses; (4) die kulturelle Fragmentierung.

2.4 Die Form 'Nation': Ein Beobachtungsmodus der Weltgesellschaft

Aus der eher grundsätzlich angelegten Beschreibung der Weltgesellschaft läßt sich die 'Nation' nicht durch strukturelle Merkmale im Sinne der primären Differenzierung der modernen Gesellschaft ableiten. Wenn die Gesellschaft (und folglich die Weltgesellschaft) nur aus Kommunikation besteht, kann der 'Nation' kein strukturelles oder personelles Substrat zugeordnet werden. Ebensowenig, wie die Weltgesellschaft in der hier vorgeschlagenen Theorieanlage als Gesamtheit aller auf der Erde lebenden Menschen verstanden werden kann, kann die 'Nation' als Gesamtheit aller in einer Regionalgesellschaft lebenden Menschen gesehen werden. Ein derartiges, in der Soziologie durchaus übliches Vorgehen,[34] das die 'Nation' im Sinne einer 'Großgruppe' zu fassen sucht, muß sich mit zwei Problemen auseinandersetzen. Zum ersten stellt sich die Frage, wer denn zur 'Nation' gehört; diejenigen, für die es behauptet wird (etwa in der Weise der Vereinnahmung der Kurden als 'Bergtürken' in der Türkei) oder diejenigen, die sich selbst als 'Nation' beschreiben (demnach würden viele Kurden eben nicht zur türkischen Nation gehören, gleiches gilt für alle Fälle, in denen 'Minoritäten' um Separation kämpfen: Korsen, Basken etc.). Für den wissenschaftlichen Beobachter

---

34   Siehe etwa die Position Friedrich Heckmanns: "Nation ist ein ethnisches Kollektiv, das ein ethnisches Gemeinschaftskeitsbewußtsein teilt und politisch-verbandlich in der Form des Nationalstaats organisiert ist." (Heckmann 1992, S. 57; ähnlich Heckmann 1988) Oder siehe die Definition von A.D. Smith: "A nation can therefore be defined as a named human population sharing a historic territory, common myths and historical memories, a mass public culture, a common economy and common legal rights and duties for all members." (Smith 1991, S. 14) Dem Verfasser stellt sich die Frage: Wo gehört er denn hin, wenn er zwar auf einem bestimmten Territorium wohnt, ohne aber die nach letzterer Bestimmung scheinbar dazugehörenden Mythen und Erinnerungen zu teilen?

besteht demnach die *Gefahr, der Selbstbeschreibung bestimmter Personen aufzusitzen* und die analytische Distanz zu verlieren.

Das zweite, m.E. gewichtigere Problem besteht in den gesellschaftstheoretisch inadäquaten 'Gesellschafts'-Begriffen, die mit solchen Ansätzen verbunden sind. Auch Hinweise, wie der von Peters gegebene, daß man "weitverbreitete Konventionen" (Peters 1993, S. 177) befolge, entbindet, gerade wenn man gesellschaftstheoretisch argumentiert, eben nicht von einer Reflexion über den Gegenstand.[35] So macht man es sich zu einfach, das Verhältnis von 'Nation' zu Weltgesellschaft als "die nationalen 'Branchen' von Sozialsystemen oder Handlungssphären, die einen wesentlich transnationalen Charakter haben", anzusehen (ebd.). Insbesondere für das Wirtschafts- und das Wissenschaftssystem vermag ich das 'branchenhafte' kaum noch zu erkennen. Wenn die Entwicklungen der New Yorker Börse eine mindestens ebenso große Relevanz für Arbeitsplätze in Deutschland bekommen wie einzelne Kaufentscheidungen hier (das könnte man spätestens seit 1929 wissen), dann kann gerade am globalen Charakter der modernen Gesellschaft nicht mehr vorbeigeschrieben werden; es sei denn, man postuliert eine sozial-moralische Integration der modernen Gesellschaft und behandelt alle Folgeprobleme als nachrangig.

Um diesen Schwierigkeiten zu entgehen, möchte ich, man vermutet es fast, den Vorschlag einer Abstraktion des Problems machen. Wenn der 'Nation' kein gesellschaftsstrukturelles Substrat zugeordnet werden kann, dann muß sie sich nach der hier zugrunde gelegten Theorieanlage auf *semantischer Ebene* wiederfinden lassen. Wenn also von 'Nation' die Rede ist, heißt dies zunächst nichts anderes, als daß beobachtet wird, daß das *Thema* 'Nation' irgendwo kommunikativ Verwendung findet. Das heißt, jeder 'sozial-ontologische' Bezug, etwa in der Weise von "Es gibt Nationen", wird hier vermieden. Dies geschieht zugleich deshalb, um dem *konstruierten Charakter* der 'Nation' gerecht zu werden. Die 'Nation' als Konstrukt bzw. als (nicht abwertend!) Fiktion zu behandeln, hatte sich als eine der zentralen Folgerungen der Übersicht über die soziologische Nation- und Nationalismusanalyse herausgestellt (vgl. Abschnitt 1.6).

'Nation', so mein nächster, noch recht vorläufiger Vorschlag, soll als eine *semantische Form* im Sinne Spencer Browns aufgefaßt werden, mit der beobachtet, also die Welt bestimmbar gemacht wird. Bestimmbarmachung der Welt heißt, daß die Semantik der 'Nation' als ein sprachliches Ordnungskriterium, oder genauer gesagt: als ein Deutungsmuster eingesetzt wird. Die Semantik der 'Nation' (aber auch diejenigen der 'Rasse' oder des 'Volks'/'Ethnie') dient zunächst zu nichts anderem als zu Klassifizie-

---

35 Der Vollständigkeit halber sei hier Peters' im Anschluß an Parsons gebildete Nation-Definition wiedergegeben: "Unter *Nation* verstehe ich eine *symbolische Gemeinschaft*, die im Selbstverständnis einer Gemeinschaft von Staatsbürgern (citizens) zentriert ist, aber in der Regel weitere symbolische Elemente enthält, die nicht unmittelbar auf die politisch-rechtliche Assoziation bezogen sind." (Peters 1993, S. 177f.) Auch hier stellt sich die Frage: Wer gehört dazu? Mit bestimmten Personen, die mir zufällig politisch-rechtlich gleichgestellt sind, möchte ich einfach keine symbolische Gemeinschaft eingehen.

rungs- und Einteilungszwecken. Eine derartige sprachlich-semantische Klassifikation erlaubt es, wie Zygmunt Bauman treffend formuliert hat, "der Welt eine *Struktur* zu geben: ihre Wahrscheinlichkeiten zu beeinflussen; einige Ereignisse wahrscheinlicher zu machen als andere; sich so zu verhalten, als wären Ereignisse nicht zufällig, oder die Zufälligkeit von Ereignissen einzuschränken oder zu eliminieren." (Bauman 1992a, S. 14) Bei der Verwendung semantischer Formen wie 'Nation' geht es also darum, die Diversität der in der Weltgesellschaft beobachtbaren Phänomene handhabbar und damit kommunikabel zu machen.

Der Gebrauch derartiger Semantiken geschieht, wie inzwischen deutlich geworden sein sollte, nicht frei flottierend, er ist vielmehr primär vor dem Hintergrund teilsystemspezifischer Kommunikation zu sehen und auf ihren jeweiligen Code bezogen. Die Verwendung nationaler Semantiken bzw. der 'Nation' als einer semantischen Form wird daher hier *vornehmlich* dem politischen System bzw. dem Staat zugeordnet. Die Ausklammerung des politischen Systems aus der Bestimmung der 'Nation' war bekanntlich eines der Merkmale, die als zentrale Schwächen anderer theoretischer Ansätze, etwa des Parsonsschen Strukturfunktionalismus erkannt wurden. Die primäre Zuordnung nationaler Semantiken zum politischen System bedeutet nun aber nicht, daß die Verwendung der 'Nation' auf dieses Teilsystem beschränkt bleiben muß. Aufgrund später noch zu erläuternder semantischer Merkmale der 'Nation' ist es ihr möglich, auch außerhalb des politischen System Anschluß zu finden. Man könnte auch sagen: Nationale Semantiken diffundieren aus dem politischen System hinaus in andere Kommunikationssphären. Die primäre Zuordnung der 'Nation' zum politischen System gibt aber ein theoretisch sinnvolles Unterscheidungskriterium an die Hand, mit dem Konzepte wie 'Rasse' oder 'Volk'/'Ethnie' abgegrenzt werden können.[36] Wenn also im folgenden von 'Nation', nationalen Semantiken etc. die Rede ist, dann impliziert dies in erster Linie einen Bezug auf Staatlichkeit. Entweder wird die Errichtung eines Staates mit Hilfe nationaler Semantiken angestrebt, oder aber das politische System wird damit zur Solidarität und Verteidigung angerufen. Das Konzept Ethnizität hingegen hat diesen Bezug zur Staatlichkeit nicht in dem Sinne, daß es für bestimmte 'Gruppen' die Errichtung eines eigenen abgetrennten politischen Systems anstrebt. Es handelt sich hier um eine Selbstbeschreibung als Kollektiv bzw. Gruppe (vgl. Elwert 1989, S. 447f.; Heckmann 1992, S. 46f.). 'Nationen' bauen auf ethnischen Kategorien auf (vgl. A.D. Smith 1986), das Ethnische dient quasi als semantischer Unterbau für die 'Nation'; hiermit läßt sich das spezifisch Partikulare unterstreichen. Daher kann der Eindruck entstehen, als seien etwa die Begriffe 'Volk' und 'Nation' Synonyme. Zudem erfüllen diese Semantiken mitunter identische Funktionen, beispielsweise erlauben beide Begriffe die Beobachtung von Unterschieden zu anderen 'Völkern' bzw. 'Nationen' (vgl. Hoffmann 1991), und in der Tat werden alltagssprachlich diese Kategorien zumeist nicht unterschieden.

---

36   Für einen Überblick über die Forschungsliteratur zum Topos Rasse/Ethnizität vgl. O'Sullivan See/Wilson 1988.

Für einen analytischen Zugang zur Thematik halte ich, wie im folgenden noch deutlich wird, die Differenz von Ethnizität und 'Nation' jedoch für unumgänglich. Das Konzept der Ethnizität kann unter modernen Bedingungen als Programm im politischen System benutzt werden, um konkurrierende Ansprüche auf Ressourcen abzuwehren bzw. um jeweils eigene Partikular-Ansprüche zu formulieren (vgl. Bell 1975). Ethnizität verschwindet daher nicht in der Moderne, mutiert nicht in jedem Fall in Richtung auf die 'Nation'. In dem Fall jedoch, wo mittels ethnischer Semantiken die Etablierung eines für eine partikulare Gruppe bestimmten Staates angestrebt oder verteidigt wird, handelt es sich um Semantiken aus dem Umkreis der 'Nation'.

Eine ähnliche Differenzierung muß zwischen der 'Rasse' und der 'Nation' vorgenommen werden. Begriffsgeschichtlich wurden beide semantischen Konzepte auch identisch gehandhabt (vgl. Conze/Sommer 1985, S. 156ff.; Miles 1991, S. 43f.). Die eindeutige Verwendung der 'Rasse' zur Biologisierung der Weltläufe ist ein relativ spätes Produkt, diese stammt nämlich aus der zweiten Hälfte des 19. Jahrhunderts. Ob es aus biologisch-anthropologischer Sicht heute noch sinnvoll ist, den Rassenbegriff weiterhin zu verwenden, kann von hier aus nicht beurteilt werden. Geht es jedoch im politischen System darum, per Rassendefinition Superiorität festzustellen und über politische Macht zu zementieren, dann kommen ebenfalls Semantiken aus dem Umkreis der 'Nation' ins Spiel.

So wird denn auch in der Forschungsliteratur kaum bestritten, daß es sinnvoll ist, den Gebrauch nationaler Semantiken vornehmlich für das politische System zu reservieren.[37] Sicherlich können nationale Semantiken auch in anderen Teilsystemen Verwendung finden. Wie oben schon festgestellt wurde, vermag das politische System die Binnendifferenzierung anderer Teilsysteme zu formieren. Es ist daher kein Zufall, daß Teilsysteme wie das Erziehungs-, Rechtssystem und sogar das Wissenschaftssystem die Grenzvorgaben des politischen Systems übernehmen können. Dies ist etwa der Fall, wenn es darum geht, Kindern aufgrund ihrer ethnischen Herkunft bestimmte Bildungsleistungen zu verweigern, oder wenn, wie es in den ehemaligen sozialistischen Staaten durchaus üblich war, bestimmte ausländische Forschungsergebnisse aufgrund ihrer Herkunftsregion nicht zur Kenntnis genommen werden. Gerade diese Beispiele zeigen aber, daß in solchen Fällen die Codierung des Erziehungssystems oder des Wissenschaftssystems politisch überformt wird. Es stehen dann politische Entscheidungen im Hintergrund, die festlegen, welche Forschungsergebnisse als wahr eingestuft

---

37 Zum Bezug der 'Nation' auf den Staat vgl. beispielsweise Georg Elwert: "Unter Nation verstehen wir eine (lockere oder festgefügte) soziale Organisation, welche überzeitlichen Charakter beansprucht, von der Mehrheit ihrer Glieder als (imaginierte) Gemeinschaft behandelt wird und sich auf einen gemeinsamen Staatsapparat bezieht." (Elwert 1989, S. 446) Ähnlich die Position von Heckmann nach Übersicht der Literatur: "Der Zusammenhang von ethnischem Gemeinsamkeitsbewußtsein und staatlicher Organisation wird (...) für 'Nation' als konstitutiv angesehen." (Heckmann 1992, S. 52) Für eine entsprechende Definition aus geschichtswissenschaftlicher Perspektive vgl. Otto Dann; demnach ist das wichtigste Ziel einer Nation "die eigenverantwortliche Gestaltung ihrer Lebensverhältnisse, politische Selbstverwaltung (Souveränität) innerhalb ihres Territoriums, ein eigener Nationalstaat." (Dann 1993, S. 12)

werden und welche grundsätzlich als irrelevant anzusehen sind; letztere wandern in die sog. Giftschränke, deren Zugänglichkeit (politisch!) streng limitiert ist.

Zur Charakterisierung des politischen Systems ist es notwendig, zwischen der wissenschaftlichen Beobachtung und der Selbstbeschreibung eines Kommunikationssystems zu unterscheiden. Die soziologische Beobachtung sieht *ein* weltgesellschaftliches politisches System. Innerhalb des politischen Systems orientiert man sich hingegen an den ohne Zweifel vorhandenen Binnendifferenzierungen; man benutzt daher die *Selbstbeschreibung* 'Staat' (vgl. Luhmann 1987c). Das politische System operiert, um es noch einmal zu wiederholen, mit dem Medium Macht und innerhalb demokratischer Staaten mit der Zweit-Codierung von Regierung/Opposition (vgl. Luhmann 1989a). Insofern es sich um nicht-demokratische Regime handelt, kann die Codierung in der Weise von Regierung/Regierte gesehen werden. Diese Codierung findet dabei ihre Anwendung sowohl auf vormoderne Zustände, etwa den absolutistischen Staat, als auch auf undemokratische Regierungen unter modernen Bedingungen, wie sie Diktaturen oder Junta-Regime darstellen. Es wird damit nicht behauptet, daß moderne Diktaturen *anciens régimes* seien, dies ist unter Bedingungen funktionaler Differenzierung nicht mehr möglich. Die Unterscheidung Regierung/Regierte spiegelte in der Vormoderne die Stratifizierung der Gesellschaft wider (vgl. Luhmann 1989b, S. 107ff.). Es werden vielmehr strukturelle Gemeinsamkeiten behauptet, die sich etwa darauf beziehen, in welcher Weise bestimmte Informationen bei der Entscheidungsfindung berücksichtigt werden. Als zentraler Unterschied zwischen vormodernen Regimen und modernen Diktaturen sind sicherlich die Verwendung von bestimmten politischen Semantiken ("Ideologien") unter den modernen Verhältnissen anzusehen.

Eine für den vorliegenden Zusammenhang besonders wichtige Gemeinsamkeit aller Staaten, seien sie nun absolutistischen, diktatorischen oder demokratischen Charakters, gilt es vor der Präzisierung des 'Nation'-Begriffs noch hervorzuheben: Die Legitimationssemantik der Politik beinhaltet in nahezu allen Fällen den Bezug auf das *Gemeinwohl*. Das heißt, die Verwendung von Macht wird im politischen System zumeist unsichtbar gemacht, indem jede Tätigkeit darauf bezogen wird, den Regierten bzw. in demokratischen Staaten dem Publikum das größtmögliche Wohlergehen angedeihen zu lassen. Unsichtbarmachen der Macht heißt nicht, daß dies in allen Fällen intentional geschehen würde. Die Verschleierung von Macht mag in dem einen oder anderen Fall durchaus vorkommen; hier geht es nur darum, daß das Handeln der politisch Mächtigen von entsprechenden Semantiken begleitet wird. So gehört der Bezug der allgemeinen Wohlfahrt auf die *patria* sowie die Erwartung an den Herrscher, die Wohlfahrt der Regierten zu erhalten, spätestens seit Thomas von Aquin zu den Gemeinplätzen der politischen Philosophie (vgl. Rassem 1992, S. 605f.). Faßt man diesen Umstand soziologisch, dann kann das Gemeinwohl, der Luhmannschen Theorieanlage gemäß, als *Kontingenzformel* des politischen Systems beschrieben werden.[38]

---

38 In diesem Punkt ist die Theorie Luhmanns noch nicht ausgearbeitet und die Aussagen sind wider-

Alles, was politisch geschieht, von Steuerermäßigungen bis hin zur Folter, geschieht um des Gemeinwohls willen. Alle auflaufenden Informationen für Entscheidungen werden daraufhin untersucht, welche Folgen sie für das Gemeinwohl haben. Es handelt sich bei Kontingenzformeln also um Selbstbeschreibungen und Selbstbeobachtungen des jeweiligen Systems (vgl. Luhmann 1993a, S. 217). Das politische System beobachtet sich selbst als handelnd, indem es für das Gemeinwohl handelt; man befindet sich auf der Ebene des Beobachters 1. Ordnung. Theoretisch, also von der Ebene des Beobachters 2. Ordnung ausgedrückt: Eine Kontingenzformel stellt "eine Repräsentation der Einheit des Systems im System" (ebd.) dar. Diese Ebenenunterscheidung gilt es im folgenden streng zu beachten. Die Selbstbeschreibung des politischen Systems ist immer eine andere als eine wissenschaftliche Fremdbeschreibung, wie sie hier vorgenommen werden soll.

Im politischen Tagesgeschäft der Gegenwart finden für die aufgezeigte Kontingenzformel Vokabeln wie "Wohlstand" oder "Wohlfahrt" Verwendung, und es würde wohl kaum ein politisch Handelnder bestreiten, daß er sich hierfür einsetzt. Es handelt sich bei dieser Art von Kontingenzformel jedoch nicht um eine moderne Erfindung, sondern um eine Legitimationsformel, die auf eine lange Tradition zurückblicken kann. Luhmann nennt in dieser Linie etwa "die benevolentia, die man vom Herrscher erwartete, die merkantilistische Entwicklungspolitik und [den] moderne[n] Wohlfahrtsstaat." (Luhmann 1989b, S. 135) Man kann Anfänge dieser Semantik aber schon in der antiken Idee der *eudaimonía* finden, also in der Vorstellung, daß man mittels einer Tugendethik zu einem Zustand des Glücks, Erfolgs und Gutgehens in der Gemeinschaft der *polis* gelangen könne. Dies spielt bekanntermaßen in der aristotelischen Tugendethik eine Rolle (vgl. MacIntyre 1987, S. 200ff.; zur Begriffsgeschichte allgemein vgl. Rassem 1992). Und in jüngster Zeit muß man nur an das geflügelte Kanzlerwort erinnern, mit dem der Anschluß der ehemaligen DDR an die Bundesrepublik legitimiert wurde; demnach sollte "es niemandem schlechter, aber vielen besser gehen", wenn erst die bundesrepublikanische Politik das Heft in die Hand genommen hätte.

Nun hängt der Wohlstand eines Landes und die Wohlfahrt der Bürger nicht nur davon ab, mit welchen internen *policies* die jeweilige Regierung versucht, das Gemeinwohl zu fördern. Gerade unter den modernen Bedingungen einer funktionalen

---

sprüchlich. So bezieht Luhmann in einer früheren Publikation die Kontingenzformel 'Gemeinwohl' ausdrücklich nur auf vormoderne Politik und optiert für 'Freiheit' als Legitimationsformel (vgl. Luhmann 1977, S. 203). Demgegenüber heißt es jüngst, das "Gemeinwohlprinzip" stelle als Kontingenzformel die Limitierung der Souveränität des politischen Systems dar (vgl. Luhmann 1990a, S. 396f.). Helmut Willke diskutiert beide Begriffe in diesem Zusammenhang und lehnt 'Gemeinwohl' als zu weit gefaßt ab, denn es sei nicht nur das politische System, das dem Gemeinwohl diene. Willke setzt daher auf 'Legitimität' (vgl. Willke 1992, S. 43ff.). Ich halte dies für nicht plausibel: Es mag zwar sein, daß man auch die Beiträge anderer Funktionssysteme entsprechend interpretieren kann, aber es ist ausschließlich das politische System, das sich primär mit dem 'Gemeinwohl' legitimiert, und nur auf das Faktum der Selbstbeschreibung kommt es hier an.

Differenzierung kann die weltgesellschaftliche Kommunikation, wie gezeigt (Abschnitt 2.3), nicht außer acht gelassen werden. Es stellt sich somit die Frage nach dem Verhältnis von politischem System und Weltgesellschaft. Die zeitgenössische Soziologie des politischen Systems bzw. des Staates zeichnet sich auf diesem Gebiet jedoch durch vielfältige Lücken aus.[39] Das politische System stellt hier in erster Linie administrative Macht dar. Daran anschließend werden zumeist Fragen der Legitimation von Machtausübung untersucht. So beschäftigt sich Habermas beispielsweise jüngst unter den Stichworten 'deliberative Politik' und 'Zivilgesellschaft' mit einer normativ gehaltvollen Demokratietheorie (Habermas 1992a, S. 349ff.). Und auch Habermas' vermeintlicher Antipode Luhmann wirft in diesem Zusammenhang den Blick nur auf das 'innenpolitische' Feld. Man liest zwar in einer Abhandlung Luhmanns (1989b) über Staat und Staatsräson, daß sich mit der Modernisierung die dynastische Rivalität zu einer "Nationalisierung der Feindvorstellung" (ebd., S. 90) entwickelt hätte; am Ende wird aber nur die Differenz von Regierung/Regierte in die schon bekannte Unterscheidung von Regierung/ Opposition überführt. Ähnlich unbefriedigend für den vorliegenden Zusammenhang ist ein weiterer Aufsatz, wo es heißt: "Im 18. Jahrhundert wurde das Problem der *externen* Entzweiung durch das Problem der *internen* Entzweiung abgelöst." (Luhmann 1987c, S. 84) Sehr deutlich wird hier die Vernachlässigung externer staatlicher Probleme für die moderne Gesellschaft.

An dieser Stelle soll dagegen das Verhältnis vom Staat zur Weltgesellschaft in den Blick genommen werden. Staaten, die sich selbst als Regelungsinstanzen für das Gemeinwohl verstehen, können die Tendenzen der Globalisierung nicht unberücksichtigt lassen (hierzu auch: M. Smith 1992). Weltwirtschaft, 'inter'-nationale Konflikte, globaler Wissenschaftstransfer und Entscheidungen suprastaatlicher Organisationen - wie der NATO, der Vereinten Nationen, der Organisation Afrikanischer Einheit oder der Europäischen Union spielen so auch in der Kommunikation des politischen Systems eine kaum zu unterschätzende Rolle. Dies, so meine weitere Vermutung, ist nicht erst der Fall, seitdem es die genannten Organisationen bzw. ihre Vorläufer gibt. Wenn die These Luhmanns zutrifft — und davon gehe ich aus —, daß die soziale Evolution zur funktionalen Differenzierung zugleich die Evolution zur Weltgesellschaft hervorgebracht hat, dann muß es eine *politische, d.h. partikularstaatliche Beobachtung*

---

39 Die angesprochene Lückenhaftigkeit hängt sicherlich auch damit zusammen, daß nach dem Zweiten Weltkrieg über Jahrzehnte hinweg keine ernsthafte 'Staatssoziologie' existierte. Im soziologischen *Mainstream*, Strukturfunktionalismus und Neo-Marxismus, wurde dem politischen System jegliche Autonomie abgesprochen. Es wurde entweder darauf reduziert, das Medium für eine gemeinsame Zielerreichung bereitzustellen (*goal-attainment* innerhalb Parsons' AGIL-Schema), oder es war lediglich ein Überbau-Phänomen, das den Interessen des Kapitals zu dienen hatte. Erst seit wenigen Jahren gibt es Versuche, "to bring the state back in". Es ist Theda Skocpol zuzustimmen, daß ein solches Unterfangen den Bruch mit den genannten Richtungen impliziert: "Bringing the state back in to a central place in analyses of policy making and social change does require a break with some of the most encompassing social-determinist assumptions of pluralism, structure-functionalist developmentism, and the various neo-Marxisms." (Skocpol 1985, S. 20)

der Weltgesellschaft mindestens seit diesem Umbruch geben, also spätestens ab der zweiten Hälfte des 18. Jahrhunderts, welche allerdings aus gesellschaftstheoretischer Perspektive bislang unterbelichtet geblieben ist.[40] Wohlgemerkt, die Fragestellung nach der politischen Beobachtung der Weltgesellschaft ist nicht gleichzusetzen mit der These, die Weltgesellschaft sei vornehmlich als zwischenstaatliche Dimension zu betrachten. Diese These, die so dominierend für die Nachkriegssoziologie und - politologie war, hatte ich oben schon kritisiert. Es soll hier um die Beobachtung aller globalen Ereignisse, seien sie ökonomischer, wissenschaftlicher oder sonstiger Art, mit einer spezifisch politischen Perspektive gehen, was etwas gänzlich anderes bedeutet.

Diese staatliche Beobachtung der Weltgesellschaft kann nicht vom Code des politischen Systems geleistet werden. Die Unterscheidung von Macht/Nichtmacht ist derart unspezifisch, daß sie zur Erhaltung von Macht selbst nicht ausreicht. Der Code eines Teilsystems ist 'blind', blind in dem Sinne, daß zwar ohne den Code nicht beobachtet werden kann, der Code selbst aber ohne weitere Differenzierungen nicht weiß, was er beobachten soll. Die Feinbeobachtung der Umwelt staatlicher Politik erfolgt daher, wie schon beschrieben, auf der *Programmebene* mit Hilfe entsprechender Semantiken. Und hier, so meine zugrunde liegende These, kommt die *Form 'Nation'* ins Spiel. *Unter den Bedingungen der funktionalen Differenzierung stellt die Form 'Nation' eine (unter vielen möglichen) Formen der Beobachtung weltgesellschaftlicher Ereignisse dar.* Mit anderen Worten, die Form 'Nation'[41] ist das in der Moderne *historisch dominante Programm zur Beobachtung überstaatlicher Prozesse.*[42] Die

---

40 Ausnahmen bestätigen, wie immer, die Regel. Einen ähnlichen Ansatz, wie er hier vorgeschlagen wird, unternimmt Anthony Giddens, der "Nation-States in the Global State System" untersucht (vgl. Giddens 1987, S. 255ff.). Giddens' Ansatz leidet aber unter seinen Prämissen. Der Staat wird bei ihm auf einen "power-container" reduziert, und die globale Dimension wird nahezu ausschließlich unter den friedensgefährdeten Konsequenzen aus dieser Ausgangsprämisse analysiert. Das Zusammenspiel von 'innenpolitischen' mit globalen Gesichtspunkten bleibt außer acht; vgl. auch die harsche Kritik von Breuilly: "It seems incredible that one can write a book about the modern state without including sections on the role of parliament of other kinds of elective or representative bodies and the role of parties and other organizations which mobilize large numbers of people for politics." (Breuilly 1990, S. 284) Eine Rekonstruktion der Thesen Giddens' über das Verhältnis von Nationalstaat und Weltsystem findet sich bei Dandeker 1990.

41 Der Form-Begriff findet hier nicht zum ersten Mal Anwendung auf die Untersuchung des Topos Nation. So hat A.D. Smith in Anlehnung an die aus der Philosophie bekannte Differenz Form/Inhalt die These vertreten, es gebe eine Kontinuität zwischen Ethnien und Nationen, die sich gerade in der Form ausdrücke: "Form is akin to style, in that, though the symbolic contents and meanings of communal creations may change over time, their characteristic mode of expression remains more or less constant." (A.D. Smith 1986, S. 14) Eine weitere Verwendung dieses Begriff, die schon in die Richtung des hier vertretenen Ansatzes weist, stammt von Etienne Balibar. Demnach ist eine Nation "eine wirksame ideologische Form, in der tagtäglich die imaginäre Singularität der nationalen Formation konstruiert wird, wobei der Weg von der Gegenwart in die Vergangenheit führt." (Balibar 1992, S. 108)

42 Andere Beobachtungsformen der Weltgesellschaft können beispielsweise entlang folgender Unterscheidungen gesehen werden: Schwarz/Weiß (Rasse), Dritte Welt/Erste Welt, Ost/West, Nord/-Süd, Islam/Westen, Sozialismus/Kapitalismus, Asien/Europa, Frau/Mann etc.

Form 'Nation' wird also, und das ist wichtig, ausschließlich für den Differenzierungstypus der modernen Gesellschaft reserviert. Das spezifisch Partikulare, das mit der 'Nation' verbunden ist, ist mitnichten vormodern, wie bis heute immer noch angenommen wird.[43] Eine 'Nation' im modernen politischen Sinne wird erst ermöglicht durch die Auseinandersetzung mit der Weltgesellschaft. Es sei hier noch einmal beonders betont, daß die Verwendung nationaler Semantiken zwar primär dem politischen System zugeordnet wird, daß die Beobachtung der Weltgesellschaft mittels der Form 'Nation' sich aber nicht auf dieses Teilsystem beschränkt. Eine genauere Beschreibung dieses Sachverhalts folgt unten.

Bevor die Haupt-These dieser Untersuchung im folgenden näher erläutert wird, sei zunächst noch einmal die Ebenendifferenz der Beobachtung nationaler Semantiken dargelegt: Es sollte deutlich geworden sein, daß die Beschreibung und Unterscheidung mit Hilfe der Form 'Nation' im politischen System selbst nicht in der Weise geschieht, wie es hier mit einer gesellschaftstheoretischen Vorgehensweise gemacht wird. In der Selbstbeschreibung des politischen Systems, also auf der Ebene des Beobachters 1. Ordnung, 'erscheinen' Nationen als unterscheidbare Gemeinschaften von Staaten und der dazugehörigen 'Gesellschaften', letztere im Sinne einer *Kollektivsemantik*.[44] Es wird hier also ein *common sense*-Gesellschaftsbegriff gebraucht, der sich die Gesellschaft als Zusammensetzung einer Vielzahl von Individuen vorstellt. Diesem Sprachgebrauch hat sich auch die Soziologie z.T. bis in die Gegenwart angeschlossen. So hatte Max Weber (vgl. Abschnitt 1.3) in diesem Zusammenhang den Terminus der 'Politischen Gemeinschaft' geprägt. Hier soll jedoch festgehalten werden, daß politische Selbstbeschreibung und wissenschaftliche Fremdbeschreibung schon *aus methodischen Gründen* auf gar keinen Fall konform gehen können. Eine Beobachtung 2. Ordnung sieht prinzipiell etwas anderes als die Beobachtung 1. Ordnung, und gerade diese Distanz erlaubt ihr, zu sehen, nicht *was* die Beobachtung 1. Ordnung sieht, sondern *wie*, das heißt, welche Unterscheidung der Beobachter 1. Ordnung benutzt (vgl. Luhmann 1990b). Und indem man sehen kann, wie der Beobachter 1. Ordnung beobachtet, kann man wiederum sehen, was dieser nicht sehen kann. Zugleich schützt eine derartigen Vorgehensweise davor, den Selbstbeschreibungen der (nationalistischen) Politik aufzusitzen.[45]

---

43 So interpretiert Reiterer (1991, S. 66f.) den gegenwärtigen Nationalismus als "Zeichen der Rückständigkeit" und als "anachronistisch". Ählich meinte noch jüngst Pelinka (1993), die ethnisch-nationalen Konflikte Osteuropas stellten einen Rückfall in die Prämoderne dar.

44 Wenn von Kollektiven die Rede ist, handelt es sich um Selbst- und Fremdbeschreibungen, also um Semantiken. Die Gesellschaft beschreibt sich aus theoretischer Sicht paradox, sie beschreibt sich als etwas, was sie nicht ist, nämlich als Kollektiv (vgl. Luhmann 1987a).

45 Hier wird im Rahmen der neueren Systemtheorie ein Vorgehen vorgeschlagen, das darauf verzichtet, sich mit einer Art Empathie dem Forschungsgegenstand zu nähern. Man muß sich nicht in die Anwendung nationaler Semantiken hineinfühlen können, um diese zu beobachten. Siehe als Differenz dazu die Ansicht von A.D. Smith: "Methodologically, nationalism presents great difficulties of definition, classification and explanation; it involves a vast historical and geographical field, requires knowledge of several languages, familiarity with many events,

Die Beobachtung nationaler Semantiken aus einer Perspektive 2. Ordnung erlaubt aber nicht, wie es vielleicht erscheinen mag, diese mit einem Entlarvungsgestus als Feind- und Einheitsfiktionen bloßzustellen und anschließend darauf zu hoffen, mit aufklärerischem Bemühen Nationalisten von der Vergeblichkeit und Verderblichkeit ihres Tuns zu überzeugen. Auch wenn sich gegenwärtig in der Forschungsliteratur die Ansicht durchzusetzen scheint, daß man die Bestimmung des Nationalen von objektiven bzw. 'primordialen' Faktoren ablösen und den Konstruktcharakter betonen sollte, heißt dies nicht, man könne damit das Nationale als obsolet ad acta legen. Einige Definitionen, wie etwa die folgende von Ernest Gellner, verheißen aufgrund ihrer Wortwahl und ihrer handlungstheoretischen Hintergrundannahmen zuviel in dieser Beziehung: "*Der Mensch macht die Nation*; Nationen sind die Artefakte menschlicher Überzeugungen, Loyalitäten und Solidarbeziehungen." (Gellner 1991, S. 16) Dies suggeriert, der Mensch habe sich dazu entschlossen, die Nation als objektiv anzusehen, und er könne sich auch entschließen, die Nation beiseite zu legen, wenn etwa die soziale Ungleichheit abgeschafft wäre. Doch so einfach ist es nicht (und Gellner sieht es in der Tat auch ein wenig differenzierter).

Die Beobachtung 2. Ordnung, wie sie hier versucht wird, impliziert, um es noch einmal zu wiederholen, keine bessere Position, sondern nur eine andere. Das heißt, die Beobachtung der 'Nation' als Konstrukt und Fiktion berührt gar nicht erst die Frage, ob denn die 'Nation' auf 'objektiven' Merkmalen oder nur auf einer 'subjektiven' Einbildung oder Erfindung beruht. Reinhart Koselleck hat in der Einleitung des entsprechenden Artikels der *Geschichtlichen Grundbegriffe* in diesem Zusammenhang vollkommen zu Recht angemerkt: "Die moderne wissenschaftliche Antithese, ob ein Volk objektiv vorgegeben sei oder ob es sich nur durch subjektive Willensbekundungen verwirklicht, wird durch die Semantik unterfangen. Die Semantik ist beides zugleich, 'objektiv' und 'subjektiv', ihr sprachlicher Status enthält die bezeichnete oder benannte Wirklichkeit wie die linguistische Leistung, so oder so zu erfassen und zu begreifen." (Koselleck 1992, S. 144) Für den Beobachter 1. Ordnung bleibt die 'Nation' in jedem Fall ein realer Bezugspunkt, wenn entsprechende Semantiken verwendet werden. Das Thomas-Theorem, das bekanntlich besagt, daß reale Situationsdefinitionen reale Konsequenzen zeitigen, läßt sich mittels Aufklärung und Propaganda kaum überwinden. Hinter solchen Vermutungen stecken immer noch evolutionstheoretische Utopien, die soziale Evolution mit Zivilisierung verwechseln.[46] Indem zwei 'Sprachspiele' aufeinanderprallen, folgt noch lange nicht die Konsequenz, das aus einer

customs and sentiments, and an *empathy with various situations and problems of identity.*" (A.D. Smith 1983, S. 25; meine Herv.)

46   Derartige Utopien halten sich nachdrücklich. So hat Ulrich Beck jüngst nach einer durchaus anregenden Rekonstruktion der Entstehung nationaler Feindbilder mit einem Blick auf die Konflikte im ehemaligen Jugoslawien vorgeschlagen, man solle der nationalen Propaganda eine Gegenpropaganda entgegenstellen: "Die gezielte Aufhebung nationaler Hoheitsräume der Information — von gemischtnationalen bis zu weltumspannenden Sendungen — wäre jedenfalls eine wichtige Voraussetzung für die Zivilisierung nationaler Konflikte." (Beck 1993, S. 135)

bestimmten Perspektive formulierte, moralisch 'bessere' Sprachspiel müsse obsiegen. Mit anderen Worten: Aus dem (beobachteten) Konstruktcharakter der 'Nation' und ähnlicher Semantiken (Rasse, Ethnie etc.) abzuleiten, daß diese Konstrukte als obsolet überführt werden könnten, offenbart eine erkenntnistheoretische Naivität, die schnell zur Unterschätzung entsprechender Semantiken führen kann.

Und noch eine zweite Vorbemerkung ist notwendig. Wenn im folgenden die Verwendung nationaler Semantiken primär dem politischen System zugeordnet wird, dann ist damit nicht gemeint, daß das politische System "von der Spitze der Gesellschaft aus" die Massen der Regierten oder des Publikums mittels derartiger Semantiken zu lenken in der Lage ist, wie es oftmals in Anlehnung an Verschwörungstheorien geglaubt wird.[47] Das politische System steht nicht an irgendeiner Spitze irgendeiner Gesellschaft, es ist nur ein Teilsystem unter mehreren. Es beansprucht allerdings, wie alle Teilsysteme, einen universalen Zugriff auf die Gesellschaft. Daher präsentiert sich das politische System gerne als universaler Problemlöser; es geht schließlich um die Machterhaltung. Und auch von der anderen Seite, vom Publikum aus, wird dem politischen System nur allzu gern die Funktion des Problemlösers zugeschrieben. Nur zu bereitwillig wird vom Publikum die Vorstellung eines politischen Zentrums oder einer steuernden Spitze der Gesellschaft akzeptiert. Dieser Selbst- und Fremddarstellung jedoch aufzusitzen, hieße eine gewaltige Überschätzung der Möglichkeiten des politischen Systems zu begehen. Auch das politische System kann nur solche Themen (und die 'Nation' ist nichts anderes als ein Thema unter vielen möglichen) erfolgreich *pushen*, die in ihrem Wählerpublikum akzeptiert werden. Wenn also nationale Themen erfolgreich durchgesetzt werden können, dann spiegelt das zugleich reale (kommunizierte!) Befindlichkeiten im Publikum und unter den Regierten wider.[48]

Zudem kann nicht ohne weiteres zwischen Publikum und politischem System getrennt werden, oder anders gesagt, dies macht nur zu analytischen Zwecken Sinn. Das politische System nutzt zur Information das *Medium der öffentlichen Meinung*, das

---

47 Vgl. für ein derartiges Argument, das sich aber noch relativ differenziert gibt, etwa Krippendorff, der die Nationalisierung der Massen nach der Französischen Revolution analysiert: "Die Politik, von einer breiteste Schichten erfaßten Öffentlichkeit diskutiert, war zwar in der Substanz ebenfalls Große Politik wie bei den alten Mächten, aber sie begann in die Köpfe 'des Volkes' einzudringen — *jedermann dachte in globalen Machtkategorien, internalisierte mit den Kategorien der Großen Politik als der Politik der Großen auch deren Abstraktion von den eigenen, konkreten Bedürfnissen, die ihm, dem kleinen Mann, von den an der Staatsmacht partizipierenden Publizisten und Intellektuellen als engstirnig, unpolitisch, egoistisch usw. ausgeredet wurden.*" (Krippendorff 1985, S. 313)

48 Das betont aus einer politisch-psychologischen Perspektive auch Bloom: "[P]olitical ideologies and ideas of nationalism cannot out of themselves evoke identification. Political ideologies do not work in a psychological vacuum. They must provide appropriate modes of behaviour, appropriate attitudes, appropriate ideologies, appropriate identity-securing interpretive systems, for dealing with real, experienced situations." (Bloom 1990, S. 52) Ähnliches findet man bei Hobsbawm, der anmerkt, daß nationale Versuche überall dort erfolgreich 'von oben' installiert werden konnten, "wo sie bereits auf inoffiziellen, bereits vorhandenen nationalistischen Gesinnungen aufbauen konnten (...)." (Hobsbawm 1991, S. 111)

wiederum offen für jeweils eigene Formgebungen ist (vgl. Luhmann 1990c). Es informiert sich über die Befindlichkeiten des Publikums, indem es in den "Spiegel der öffentlichen Meinung" (ebd., S. 181) blickt, und kann dort beobachten, wie es wiederum beobachtet wird. Auf der anderen Seite der öffentlichen Meinung steht, wenn man so will, das Publikum, das über das Zustandekommen der öffentlichen Meinung ebenfalls mitentscheidet. Das Publikum hat zwar keinen direkten Einfluß auf das Medium, wirkt aber über verkaufte Auflagen und neuerdings über Einschaltquoten wieder auf die Ausrichtung der Medien zurück. Und in diesem Sinne gehört auch die viel zitierte Stammtischkommunikation, der man — ob zu Recht oder zu Unrecht, sei hier dahingestellt — eine gewisse Anfälligkeit für nationale Semantiken zuschreibt, ebenfalls zur öffentlichen Meinung, die das politische System beobachten und beachten muß. Es sollte somit deutlich geworden sein, daß die Verwendung nationaler Semantiken im politischen System nicht in erster Linie von den politischen Entscheidern abhängt, sondern davon, wie das System seine Umwelt (diesmal im 'innenpolitischen' Sinne) beobachtet.

Wichtig ist weiterhin, daß auch im Publikum die 'Nation' im Sinne des oben genannten *common sense*-Gesellschaftsbegriffs kommuniziert wird. Das Publikum bzw. die Regierten erwarten geradezu die Einheit von 'Staat' und 'Gesellschaft'; schließlich propagiert das politische System unentwegt das Gemeinwohl, und die Spitze des politischen Systems stellt sich vielleicht gar als *primus inter pares* dar. Auf diese Weise kann es zur folgenschweren Identifikation von Staat und Publikum mit Hilfe der 'Nation' kommen. Eine zumindest partielle Perspektivenüberlagerung von politischem System und Publikum ist die Folge: *Die Form 'Nation' als Einheit von staatlicher Macht und einer 'Gesellschaft' im Sinne eines Kollektivs wird in der Konsequenz dieser Perspektivenüberlagerung als singulärer 'Akteur' ausgeflaggt.* Allein dieser Umstand, die Beobachtung der 'Nation' als eines einheitlichen Akteurs, kann schon entsprechende politische Erwartungen auslösen.

Und hier findet man auch den Schlüssel dafür, wie nationale Semantiken aus dem politischen System herausdiffundieren können. Das semantische Potential der 'Nation' selbst, das die Einheit von Staat und Gesellschaft postuliert, bedingt, daß die Form 'Nation' sich vom Medium Macht lösen und gewissermaßen verselbständigen kann. Durch den Gebrauch der 'Nation' im Sinne einer Kollektivsemantik, die das 'Volk' mit der 'Gesellschaft' identifiziert, wird die nahezu ubiquitäre Anschlußfähigkeit in anderen Bereichen hergestellt. So bleiben 'nationale' Ausgrenzungsversuche nicht auf staatliche Organe beschränkt, sondern sind bis in alltagsweltliche Witze hinein zu verfolgen.

Nach diesen Vorbemerkungen gilt es im folgenden die Verwendung nationaler Semantiken genauer zu untersuchen. Hierzu wird der Blick zunächst auf die Verwendung der 'Nation' als einer Form im Sinne von Spencer Brown geworfen. Eine Form wird bekanntlich durch das Setzen einer Grenze aufgebaut. Auch die 'Nation' als Form setzt eine Differenz und markiert somit einen Raum. Die Form 'Nation' orientiert sich — wie schon von Simmel angeregt wurde (vgl. Abschnitt 1.1) —

zumeist an Grenzen, die für das politische System von eminenter Bedeutung sind und bezeichnet dabei nicht nur das Gebiet, in dem das politische System damit rechnen kann, daß seine Entscheidungen kollektiv bindend sind.[49] Dies ist auch der Fall, wenn nationale Semantiken nur eine untergeordnete Rolle spielen, man denke etwa an die Zeit nach dem Zweiten Weltkrieg in Westeuropa. Die Konnotation von 'Grenze' mit 'Nation' zeigt darüber hinaus eine *bestimmte Orientierung* des politischen Systems an, die auch von völkerrechtlich definierten Grenzen abweichen kann.[50] Jede Beobachtung, so wurde oben festgestellt, operiert mit einer Unterscheidung. *Die Beobachtung der Weltgesellschaft mittels der Form 'Nation' benutzt die Unterscheidung eigene Nation/-fremde Nation bzw. Fremdes.* Es ist nicht notwendig, auf der anderen Seite der Nation wiederum andere Nationen als Selbstbeschreibung im Sinne der Einheit des politischen Systems und der Gesellschaft zu plazieren. Aus der Beobachtung *qua* Form kann primär nur die Innenseite als gesichert vorausgesetzt werden. Die Verwendung der 'Nation' als eine Mixtur aus politischem System und einer Kollektivsemantik erlaubt aber, auf der anderen Seite wiederum andere Kollektive *wahrzunehmen.* Dabei kann es sich um 'Nationen' handeln oder lediglich um Kollektive wie sie etwa Juden, Sinti und Roma ('Zigeuner') oder allgemein 'Ausländer' darstellen. Die Beobachtung und Beschreibung der anderen Seite der Form ist zu einem hohen Grad davon unabhängig, wie die solchermaßen etikettierten Personen sich selbst wahrnehmen. Die in jüngster Zeit auf der anderen Seite der deutschen 'Nation' plazierten 'Asylanten' stellen nun unstreitig keine 'Einheit' in der Selbstwahrnehmung der nach Deutschland ein-reisenden Flüchtlinge dar. Sie werden aber von der Innenseite der Form aus als einheitliche Gruppe konstruiert, durch die man sich bedroht fühlt. Was auch immer auf der anderen Seite stehen mag, die 'Nation' wird so zum Fixpunkt in der Weltgesell-schaft. Berücksichtigt man wiederum die Kontingenzformel, das Gemeinwohl, dann wird die Weltgesellschaft daraufhin beobachtet, wie ihre Ereignisse der 'politischen Gemeinschaft' zum Nutzen oder zum Schaden gereichen können.

Aus dem Form-Ansatz ergibt sich weiterhin, daß damit zugleich und notwendig eine *Asymmetrie* bezüglich der Wertigkeit der Unterscheidung von eigener Na-tion/fremder Nation entsteht. Weil mit der Form 'Nation' semantisch ein Rele-vanzbereich von einem Irrelevanzbereich getrennt wird, werden die als relevant betrachteten Personen erheblich positiver betrachtet als diejenigen, die man auf der

---

49   Ein unter Soziologen gleich welcher Ausrichtung wohl unbestrittenes Faktum; vgl. Giddens 1987, S. 51: "Borders are nothing other than lines drawn to demarcate state's sovereignty." Auch eine Disziplin wie die 'Politische Geographie' hat hier nicht mehr zu bieten: Die Grenze hat aus geographischer Sicht nur eine Funktion, "and this is to delimit the area in which authority is exercised." (Prescott 1972, S. 72; vgl. Prescott 1965)

50   Gerade dieser Umstand macht aber jede Art von Grenzfragen so bedeutend für die moderne Poli-tik. "Boundaries and frontiers are evocative subjects, which easily arouse patriotic or nationalist feelings (...). (...) Politicians know that boundaries are sensitive subjects in international rela-tions, and that apparent threats against the state's boundaries can be a powerful force for political cohesion." (Prescott 1972, S. 54)

anderen Seite der Form plaziert hat. Wie man auch dem sozialphänomenologischen Ansatz Eviatar Zerubavels entnehmen kann, zeitigt eine derartige Grenzziehung gravierende Konsequenzen: "Anyone we perceive as lying beyond the limits of this circle is essentially considered morally irrelevant to us and, as such, does not arouse our moral 'instincts' at all." (Zerubavel 1993, S. 404) Das heißt, es ist durch den Gebrauch der Form 'Nation' nahezu ausgeschlossen, daß die andere Seite, die fremde Nation, als vorrangig gegenüber der eigenen präferiert wird. Selbst der Behauptung einer Gleichrangigkeit verschiedener 'Nationen' sind damit Grenzen gesetzt. Eine Abwertung der anderen Seite, ist, wie Bernd Estel mit Recht angemerkt hat, mit der Verwendung nationaler Semantiken *logisch* schon vorgezeichnet: "Die Betonung der nationalen Besonderheiten führt der inneren Logik nach zur vielfältigen nationalen Ausgrenzung des Ungleichartigen; sie bringt, jedenfalls in den wohl mit jedem denkbaren Abgrenzungskriterium auftretenden Mischräumen und Übergangszonen, fast automatisch Konflikte um Zugehörigkeit in der Form von äußeren und inneren Grenzen mit sich — bis hin zur massenhaften Vertreibung und zum Völkermord." (Estel 1991, S. 220)[51] *Nationales ist nicht ohne abwertende Differenz zu haben.* Selbst in patriotischen Semantiken, die sich kosmopolitisch geben, ist eine Abwertung explizit enthalten. Das Verhältnis der Form 'Nation' zu Patriotismus und Nationalismus wird an anderer Stelle noch eingehender erörtert (vgl. Abschnitt 2.6).

Daß die Anwendung des Form-Begriffs auf die 'Nation' nicht nur eine logisch-theoretische Spekulation, sondern auch in anderen Bereichen empirisch nachweisbar ist, das belegt Reinhart Kosellecks Beobachtung, politisch-soziale Einheiten hätten sich historisch immer schon in der Auseinandersetzung mit *asymmetrischen Gegenbegriffen* identifiziert: "Eine politische oder soziale Handlungseinheit konstituiert sich erst durch Begriffe, kraft derer sie sich eingrenzt und damit andere ausgrenzt, und d.h. kraft derer sie sich selbst bestimmt." (Koselleck 1984a, S. 212). Als Beispiele führt Koselleck die Differenzpaare Christen/Heiden und Hellenen/ Barbaren an. Eine analoge Verwendung hat Bernard Lewis für den islamischen Sprachgebrauch festgestellt: "Es ist der Islam, der zwischen dem eigenen und dem Anderen unterscheidet, zwischen dem Zugehörigen und dem Außenseiter, dem Bruder und dem Fremden." (Lewis 1991, S. 16) Man könnte die Form 'Islam' in dieser Hinsicht durchaus als Äquivalent zur Form 'Nation' begreifen. Schließlich gehört die Abwertung der Nachbarn als Barbaren schon zum altchinesischen Sprachgebrauch, wie Arno Borst schon während der fünfziger Jahre festgestellt hat (vgl. Borst 1957, S. 42ff.). Die historische und geographische Verbreitung dieser sprachlichen Muster läßt vermuten, daß es sich bei der Beobachtung *qua* Form um einen universalen Beobachtungsmodus von innen/außen handelt.

---

51 Dieses logische Problem bemerkte schon Otto Bauer, als er gegen eine voluntaristische Identitäts-Theorie, wie sie heutzutage etwa von Habermas vertreten wird, einwandte, diese sei unbefriedigend "da sie der Frage ausweicht, warum wir gerade mit diesen und nicht mit anderen Menschen zu einem Gemeinwesen vereinigt sein wollen." (Bauer 1924, S. 172)

Differenztheoretisch reformuliert heißt das, die andere Seite der Form ist ein notwendiger Bestandteil zur Selbstbeschreibung.[52] Eine Selbstbeschreibung ist konstitutiv an die Differenz gebunden. Und mehr noch: Eine Selbstbeschreibung kann nur aufgrund eines *re-entry* erfolgen. *Erst die reflektierte/kommunizierte und gleichzeitig abwertende Differenz ermöglicht die positive Selbstbeschreibung im Sinne einer Kollektivsemantik.* Diese Feststellung gilt offenbar für alle Arten der Selbstbeschreibung von 'Handlungseinheiten' und nicht erst für die historisch relativ späte Selbstbeschreibung als 'Nation'.

2.5 Stereotype als Selbst- und Fremdbeschreibungen

Als der wohl entscheidende Hintergrund der Ausbildung einer spezifischen Form 'Nation' zur Selbstbeschreibung wird die kommunikative Verdichtung der Weltgesellschaft angesehen.[53] Diese hat nämlich, wie schon deutlich wurde (vgl. Abschnitt 2.2), zur Folge, daß vormals nicht miteinander verbundene Regionen in den Sog globaler Kommunikation geraten. Die damit einhergehenden Vergleichsprozesse stimulieren den Blick auf die eigenen Besonderheiten, zumal mit der Entwicklung zur modernen Weltgesellschaft gleichzeitig die religiös-konfessionellen Selbstverständlichkeiten ihre exklusive Relevanz einbüßen. Beides zusammen, der Zwang zum Vergleich sowie der Verlust fraglos geltender Orientierung — der sich begriffsgeschichtlich in der Verdrängung des Topos 'Gewißheit' durch den Topos 'Sicherheit' im 17. Jahrhundert niedergeschlagen hat (vgl. Kaufmann 1970, S. 94) — forciert die Ausbildung 'nationaler' Semantiken. Bernhard Giesen hat diesen Zusammenhang so gefaßt: "Nationale Identität wird erst zum Thema kultureller und politischer Bewegungen, wenn die Begegnung mit Fremden Vergleiche ermöglicht und eine übergrei-

---

52   Vgl. auch Patterson, der die Entstehung ethnischer Identifikation beschreibt: "For specific ethnic groups, there is usually (...) a significant counter-distinctive other group, singled out from all the out-groups, which may be called the them-group. Without the them-group, many ethnic groups would simply have no raison d'etre." (Patterson 1983, S. 32)

53   Diese These ist im übrigen nicht neu. Neben der in Abschnitt 1.2 referierten Position Otto Bauers, die das durch die kapitalistische Modernisierung ausgelöste Konfliktpotential betonte, vgl. den Standpunkt von Peter Heintz: "Der Kulturzusammenstoß, der durch die 'Verkleinerung' der Welt verfielfacht wurde (...) kann auch dazu führen, daß sich die eine Gruppe in dem Bestreben, sich gegen die andere zu verteidigen, dazu getrieben fühlt, die eigenen bisher für selbstverständlich gehaltenen Vorstellungen und Werte ins allgemeine Bewußtsein zu heben oder wenigstens bewußter zu machen als bisher, das heißt, diese Vorstellungen nunmehr zu formulieren und in einen möglichst kohärenten Zusammenhang zu bringen; mit anderen Worten wird dadurch ein gesellschaftliches Selbstbewußtsein aufgebaut, das in der bisherigen Gesellschaft keine Funktion auszuüben gehabt hätte. Gerade durch den Kulturzusammenstoß kann also ein Prozeß der Selbstdarstellung der einzelnen Kulturen ausgelöst werden, eine Selbstdarstellung, die ja auch eine Darstellung für (oder gegen) andere ist. Ob wir hierbei schon von einem entstehenden Nationalismus sprechen sollen, ist durchaus fraglich, jedoch nicht in allen Fällen von der Hand zu weisen." (Heintz 1957, S. 12)

fende gesellschaftliche Einheit ihre Selbstverständlichkeit verloren hat: in Situationen sozialer Mobilität und politischer Turbulenzen, wie sie in der Formierung des europäischen Staatensytems in der frühen Neuzeit oder die Beschleunigung der Geschichte an der Schwelle zur Moderne mit sich brachten." (Giesen 1991b, S. 13f.)

Durch die Modernisierungsprozesse wird der jeweils eigene Lebensstil,[54] der als Beobachtungsweise 1. Ordnung natürlich auch als Form im Sinne Spencer Browns beschreibbar ist, unter erheblichen Kontingenzdruck gesetzt. Kontingenz, also die Erfahrung, alles könnte auch anders sein, als man es für selbstverständlich hält, wird zum "Initialphänomen" (Makropoulos 1985, S. 20) der Moderne, oder wie Luhmann es ausgedrückt hat, zu einem "Eigenwert der modernen Gesellschaft" (Luhmann 1992a, S. 93ff.). Nichts ist mehr so, wie es die Vorfahren einem selbst noch als ewig geltend weitergegeben haben. Die ehedem unhinterfragt geltenden Annahmen werden als eine Möglichkeit unter vielen beobachtbar.[55] Man merkt, daß die Leute, mit denen man es nun in der weltgesellschaftlichen Kommunikation zu tun hat, ihre Lebensweise vollkommen anders gestalten. Und gerade diese Erfahrung läßt den eigenen Lebensstil, die Innenseite der Form als besonders und anders erfahren. Theoretisch formuliert: "Die Außenseite ist die Seite, von der aus die Form reflektiert, die Kontingenz der anderen Seite wahrgenommen und Bedingungen der Anschlußfähigkeit ausgemacht werden können." (Luhmann 1990b, S. 17) Man muß sich nicht nur mit der Erfahrung auseinandersetzen, wie wenig die eigenen Vorstellungen und unhinterfragt geltenden Werte für andere 'Gruppen' gelten. Man kann auch sehen, daß andere 'Gruppen' andere (und vielleicht bessere) Problemlösungen entwickeln und es dadurch zu einem höheren Lebensstandard gebracht haben. In jedem Fall wird man durch die Globalisierung zum Vergleich eigener Standards gezwungen. Und wie immer der Vergleich ausgehen wird, die Tatsache, daß die Beobachtung 1. Ordnung als kontingent erfahren wird, kommt wohl ohne Zweifel einer *Orientierungskrise* gleich.[56]

---

54 Ich vermeide hier bewußt den Ausdruck 'Lebenswelt', und zwar aus zwei Gründen. Zum einen wird diesem von phänomenologischer Seite nach wie vor im Anschluß an Husserl ein differenzloser Status zugeschrieben. Aus systemtheoretischer sowie differenztheoretischer Sicht bleibt dies jedoch fragwürdig; vgl. hierzu die Diskussion von Luhmann 1986b und Grathoff 1987 sowie die Analyse von Fuchs 1992, S. 117ff. Zum anderen kann mit dem Lebensstil-Begriff an die Untersuchungen Max Webers angeschlossen werden, der die Kondensierung ethnischer Differenzen an Lebensstil-Differenzen festmachte (vgl. M. Weber 1972, S. 236ff. sowie die Darstellung in Abschnitt 1.3).

55 Eine mittlerweile auch unter Phänomenologen verbreitete Ansicht: "[E]rst in der 'experimentellen' Gegenüberstellung Gruppe — Fremder wird die 'natürliche' Einstellung der Gruppenmitglieder aufgehoben und als ein Konstituiertes sichtbar." (Srubar 1988, S. 210)

56 Zur Entstehung von Orientierungsunsicherheit durch den Verlust 'alter', fraglos geltender Ordnung im Zuge gesellschaftlicher Differenzierungsprozesse vgl. die theoretischen und empirischen Analysen von Franz-Xaver Kaufmann (1970, insb. S. 22ff.). Nationalismustheoretisch interessant ist die These, daß Orientierungs-Unsicherheit die rückwärtige Suche auf vergangene Zustände stimuliert: "Die Unsicherheit der Orientierung ist also im wesentlichen auf einen Zustand der Sozialverfassung zurückzuführen, der als 'nicht in Ordnung' empfunden wird, sei es infolge mangelnder gesellschaftlicher Integration, sei es infolge eines sozialen Wandels, wobei die neue Ordnung noch nicht zu ihrem Begriff gelangt ist. Ziel des 'Strebens nach Sicherheit in

Die entscheidende Differenz, die hier zur Anwendung kommt, ist die *Unterscheidung von vertraut/unvertraut*. Dem jeweils eigenen vertrauten Lebensstil, der Beobachtung 1. Ordnung, werden durch die Globalisierung unvertraute Lebensstile entgegengesetzt. Das müssen nicht einmal Unterschiede verschiedener Religionen oder gar verschiedener 'Zivilisationen' sein. Es reicht zu merken, daß derjenige, mit dem man in Kontakt kommt, nicht die gleiche Sprache spricht; und komme er nur aus dem Nachbarland. Der Umstand einer gemeinsamen, der — im nicht-emphatischen Sinne — Verständigung dienenden Sprache, die anderen nicht vertraut ist, darf in diesem Zusammenhang nicht unterschätzt werden. Aber gerade dieses Unvertraute, das durch die Differenz der Lebensstile entsteht, die Beobachtung einer Nicht-Verständigungsmöglichkeit mit dem anderen Lebensstil bedarf der Interpretation. Mit anderen Worten: Das Unvertraute muß vertraut gemacht werden. Es muß seine bedrohlichen und nicht einschätzbaren Anteile verlieren, um handhabbar zu werden; es bedarf einer Neu-Orientierung, welche die gewohnte Handlungssicherheit wieder herzustellen in der Lage ist.[57]

Man könnte von hier aus in eine Phänomenologie des Fremden/Anderen/ Unvertrauten bzw. des Fremdverstehens einsteigen.[58] An dieser Stelle soll es jedoch allein um die kommunikative Bewältigung dieser aufgezeigten Orientierungskrise gehen. Im Anschluß an eine systemtheoretische Hermeneutik (vgl. Luhmann 1986c; Kneer/ Nassehi 1991) wird davon ausgegangen, daß jegliches Verstehen, mithin auch Fremdverstehen ein Sonderfall von Beobachtung und somit Konstruktion ist.[59] Soziale Systeme verstehen resp. beobachten ihre Umwelt mit Hilfe von Semantiken. Und hier ist der Punkt, wo sich die in Abschnitt 2.3 angesprochene kulturelle Fragmentierung unterstützend einschaltet. Sie ermöglicht zunächst eine grobe Orientierung (Religion, Hautfarbe etc.), an der Vertrautes von Fremdem unterschieden werden kann. In vielen Teilen der Welt wird die kulturelle Fragmentierung zum dominanten Orientierungsmuster, etwa in der Weise von 'Islam vs. Westen'.

Dies ist jedoch nicht überall der Fall. Ich halte in diesem Zusammenhang die

---

diesem Sinne' wird damit notwendigerweise die 'alte Ordnung', die 'gute alte Zeit', in der man noch geborgen war, wobei natürlich die Frage offen bleibt, wie es um die Ordnung tatsächlich bestellt war, und vor allem, welches das Element der Ordnung ist, dessen Ausfall den Verlust der Ordnung herbeigeführt hat." (Kaufmann 1970, S. 24)

57 Ich befinde mich hier im Einklang mit der psychologischen Fremdheitsforschung, deren Leitgedanke von Alexander Thomas folgendermaßen formuliert worden ist: "Je unstrukturierter eine Situation für ein Individuum ist, desto größer ist der erlebte Fremdheitscharakter. Daraus entsteht eine Tendenz zur Wiedergewinnung von Vertrautheit, Orientierungs- und Handlungssicherheit." (A. Thomas 1993, S. 259)

58 Vgl. etwa Schütz 1971b bzw. im Anschluß daran Srubar 1988, S. 208ff. Siehe auch die gesellschaftstheoretische Übersetzung des Schützschen Ansatzes für die Analyse des Topos 'Nation' bei Giesen 1993, S. 36ff. Ansätze für eine Phänomenologie des Fremdverstehens finden sich bei Hettlage 1988.

59 "*Verstehende* Systeme müssen selbstreferentielle Systeme sein, da Verstehen jedenfalls eine Art von Beobachtung und gegebenfalls eine Art von Beschreibung ist." (Luhmann 1986c, S. 79)

These Huntingtons (1993a; 1993b), daß die kulturelle Fragmentierung anhand von 'Zivilisationen' *in allen Teilen der Welt* zu einer tendenziellen Schwächung des 'Nationalstaats' führen wird, für nicht stichhaltig.[60] Die Form 'Nation' sitzt, zumindest in Europa, der kulturellen Fragmentierung auf, macht sie sich zunutze und überlagert sie. Sie ist der für einen großen Teil der Welt typische Ausdruck desjenigen Prozesses, der oben mit Robertson als *Universalisierung des Partikularen* bezeichnet wurde. Sicherlich werden nationale Semantiken sich insbesondere durch einen exklusiven religiösen Hintergrund stärken lassen. Dennoch behält die politische Semantik, die, wie oben gezeigt, für andere Bereiche der Gesellschaft über den Systemcode Macht - präformierend wirken kann, die Überhand. Nationale Semantiken können es geradezu als "Ehre" verarbeiten, als Speerspitze im Sinne einer "frontier *ethnie*" (A.D. Smith 1986, S. 84f.) gegen einen anderen Kulturkreis zu agieren. Es bliebe aber noch zu diskutieren, ob nicht die Form 'Nation' ein funktionales Äquivalent zur Politisierung kultureller Semantiken in anderen Teilen der Welt darstellt.

In jedem Fall, so meine Hypothese, leistet die Form 'Nation' (mindestens in Europa) in diesem Zusammenhang Abhilfe bei der Bewältigung einer Orientierungskrise. Ihre Differenz erlaubt eine kommunikative Beobachtung der Weltgesellschaft, die das Vertraute vom Fremden unterscheidet und zugleich benennt. Das heißt, *die Thematisierung des generalisierten Fremden ist immer die andere Seite der Form 'Nation'.* Die Form 'Nation' schafft damit zunächst die wichtige Differenz von Selbstreferenz und Fremdreferenz, sie erlaubt eine Unterscheidung von 'Wir' und 'Sie'. Mit anderen Worten: Die Form 'Nation' findet erst in einer solchen Situation ihren adäquaten kommunikativen Anschluß, wenn es *nicht nur eine* 'Nation' gibt. Es macht erst Sinn von 'Deutschen' zu sprechen, wenn es auch 'Franzosen', 'Engländer', 'Niederländer' bzw. ganz allgemein: 'Ausländer' gibt. Die Anwendung dieser Form setzt einen Unterscheidungs*bedarf* zwischen In- und Ausländern voraus.

Gleichzeitig wird deutlich, daß erst diese Unterscheidung zwischen 'Wir' und 'Sie' die eigentliche Voraussetzung zur Selbstbeschreibung der Gesellschaft als gemeinschaftliches Kollektiv ist. Man muß unterscheiden, wer nicht zum Kollektiv dazugehört, wenn man die Gemeinschaft der Deutschen als Masse von Individuen (mit noch näher zu definierenden gleichen Merkmalen) beschreiben will. Man muß, genauer gesagt, *Einschluß- und Ausschlußkriterien* benennen, die zwischen relevanten und nicht-relevanten Personen unterscheiden (vgl. Zerubavel 1993, S. 402ff.). Georg Elwert (1989, S. 450) hat diese Selbstbeschreibungskonstrukte von Kollektiven in Anlehnung an Max Weber als "Wir-Gruppen-Prozesse" bzw. "als organisatorisch wirksame Umdeutungen zielgerichteter Vergesellschaftungen in persönliche (imaginierte) Gemeinschaftsbeziehungen" definiert. Derartige Gemeinschaftskonstruktionen sind, wie man schon Helmuth Plessners "Grenzen der Gemeinschaft" entnehmen kann,

---

60 Ich verweise etwa auf die ethnisch-nationalen Spannungen in vielen Ländern Afrikas oder auch auf die nach wie vor anhaltenden Feindseligkeiten von Niederländern gegenüber Deutschen.

konstitutiv an scharfe Grenzziehungen gebunden; an Grenzen, die das Vertraute vom anderen trennen: "Immer ist Gemeinschaft kreishaft gegen ein unbestimmtes Milieu abgeschlossene Sphäre der Vertrautheit. Ihr wesensnotwendiger Gegenspieler, Hintergrund, von dem sie sich abhebt, ist die Öffentlichkeit, der Inbegriff von Leuten und Dingen, die nicht 'dazugehören', mit denen aber gerechnet werden muß." (Plessner 1981 [1924], S. 48)

Für die Entstehung nationaler Semantiken, dies hat Elwert ebenfalls klar herausgearbeitet, sind immer auch Einflüsse von 'außen' erforderlich. Die (im Grunde kontingente) Konstruktion als Wir-Gruppe schließt fast zwanghaft an vorgegebene Selbstbeschreibungsformen nachbarlicher 'Nationen' an: "Sobald dieser Pfad bzw. die resultierende Struktur einmal besteht, sind auch benachbarte Sozialorganisationen zur Anpassung an die vorgegebene Form (!) gezwungen. Diese Dynamik scheint, allgemeiner gesehen, überall dort vorzukommen, wo Einheiten auf der Grundlage von 'Information' ihre relative Lage zueinander bestimmen (...)." (Elwert 1989, S. 457) Mit anderen Worten: Wenn beobachtet wird, daß sich Nachbarn als 'Nationen' abgrenzen und solchermaßen Einschluß- und Ausschlußbeschreibungen vornehmen, dann ziehen die Ausgeschlossen mit hoher Wahrscheinlichkeit nach. Als empirischer Beleg für diese Einschluß-/Ausschluß-Beschreibungen können die vielfältigen frühmodernen "Counter-Identities" (Ranum 1986) in West-Europa gelten. Auch das Wechselspiel zwischen französischem und deutschem Nationalismus zu Beginn des 19. Jahrhunderts kann hier angeführt werden (vgl. unten Abschnitt 3.5).

Für die Analyse spezifisch 'nationaler' Semantiken reicht es jedoch nicht aus, allein verschiedene 'Völker' oder Ethnien auf den verschiedenen Seiten der Form zu plazieren. Es muß in diesem Zusammenhang an die *Selbstbeschreibungseinheit von Staat und Gesellschaft* bzw. von politischem System und Publikum erinnert werden. Wie oben schon ausgeführt wurde, ist bei der Thematisierung der 'Nation' diese Einheit von Staat und Gesellschaft impliziert. Und was für die 'eigene Nation' zutrifft, das kann auch für die Beobachtung fremder Nationen gelten. Fremde 'Nationen' werden ebenfalls als eine solche Einheit wahrgenommen. Während man aber die eigene Regierung noch gut vom eigenen Volk unterscheiden kann (vor allem wenn sie eine Politik verfolgt, die einem nicht gefällt), fällt diese Differenzierung zwischen 'Regierung' und 'Volk' bei fremden 'Nationen' erheblich schwerer: "[B]eyond our borders we do not spontaneously differentiate between 'peoples' and 'governments'. We recognize the distinction — when it is called to our attention — but it is not ordinarily an important distinction because whatever effect these people have on us is customarily transmitted through the entity called their government. Thus 'people' and 'government', as they affect us, are more or less of a piece." (Buchanan/Cantril 1953, S. 95) Diese scheinbar banale Beobachtung hat im Falle nationalistischer Konflikte gravierende, d.h. potentiell tödliche Konsequenzen. Es wird dann nämlich nicht nur das feindselige Verhalten von Regierungen und Armeen registriert, sondern dieses Verhalten auch auf eigentlich unbeteiligte Personen attribuiert. In einem solchen Fall spielt keine Rolle, welche Einstellung eine bestimmte Person zum Gegner hat, es reicht die Beobachtung der Fremdheit, um diese Person selbst zum auszulöschenden Gegner zu erklären. Massaker, Massenvergewaltigungen und ähnliche Grausamkeiten lassen sich zu einem großen Teil auf eben diesen aufgezeigten Umstand zurückführen.

Solchermaßen werden durch die hier aufgezeigten Unterscheidungsprozesse *Fixpunkte in der Weltgesellschaft* geschaffen, mit der Kommunikation zugerechnet werden kann. Weltgesellschaftliche Ereignisse können auf diese Weise anderen 'Nationen' als Handlungen unterstellt und auf sie attribuiert werden. Die Verwendung nationaler Formen, die klare Unterscheidung zwischen 'uns' und den 'anderen' erlaubt somit die Konstruktion "sozialer Kausalitäten" in der globalen Dimension, wie man, einen Begriff des Sozialpsychologen Henri Tajfel (1982, S. 59f.) aufgreifend, formulieren könnte. Dabei ist es vollkommen gleichgültig, wie sehr bestimmte Ereignisse "wirklich" ihren Ausgang von einer bestimmten Region in eine andere genommen haben. Die Attribution sozialer Kausalitäten kümmert sich nicht um die Perspektive der anderen Seite, ja, sie findet oftmals dort ihre Anwendung, wo es gilt, hochkomplexe und zumeist unangenehme Entwicklungen verstehbar zu machen (vgl. ebd., S. 54); die klassische 'Sündenbock'-Funktion (vgl. Girard 1992) ist Folge dieses Attributionsmechanismus. So sind es bekanntermaßen die Vereinigten Staaten, die zumeist für die Konsequenzen des "Kapitalismus" genannten Wirtschaftssystems die Verantwortung tragen müssen. Und umgekehrt: Statt des Staatssicherheitsdienstes der DDR (der zumeist im Hintergrund agierte) wurden die "Sowjets"/Russen, als Bewohner des "Reichs des Bösen" tituliert und als Urheber des internationalen Terrorismus vermutet.

In gewisser Weise ähnelt damit die Form 'Nation' der Form 'Person', die in der Luhmannschen Theorie ebenfalls als Adressat von Kommunikation dient (vgl. Luhmann 1984a, S. 125ff.; Luhmann 1991b). Man könnte die Form 'Nation' in der weltgesellschaftlichen Kommunikation als ein funktionales Äquivalent zur Form 'Person' bezeichnen.[61] *Das heißt, sowohl die 'Person' wie auch die 'Nation' werden erst durch Kommunikation konstruiert, da diese Fix- und Attributionspunkte braucht.*[62] Die Äquivalenzen gehen aber noch darüber hinaus. Genauso, wie sich die Interaktion an den sichtbaren Umrissen eines Körpers orientiert, um die Kommunikation als Handlung zurechnen zu können, genauso orientiert sich die Form 'Nation' an Grenzen als Umrissen. Dies müssen nicht in jedem Fall die Grenzen des politischen Systems sein. Es können, wie im Falle der deutschen Nation, auch Sprachgrenzen bzw. 'ethnische' Grenzen zur Differenzsetzung herangezogen werden. In ihren Konsequen-

---

61 In der Politikwissenschaft ist ein ähnlicher Vorschlag schon einmal mit einem älteren soziologischen Instrumentarium, der Rollentheorie, unternommen worden. Hier ging es aber nicht um das Problem 'Nation', sondern um die Frage, welches Bild Politiker von anderen Staaten haben (vgl. Gaupp 1983).

62 Auch Etienne Balibar sieht in seiner "Nation-Form" eine Analogie zur *persona ficta* der juristischen Tradition (vgl. Balibar 1992, S. 118). Zu dieser, aus der römischen Antike stammenden Begriffstradtion der 'Person' vgl. Fuhrmann 1979.

zen sind gerade solche imaginären Landkarten nicht zu unterschätzen.[63] Die Bindung der Form 'Nation' an ein bestimmtes Territorium, das womöglich auch von der anderen Seite beansprucht wird, birgt schon in der Anlage den Stoff für Konflikte, zumal wenn nationale Legenden an bestimmte Landstriche gebunden sind (hierzu: A.D. Smith 1986, S. 174ff.); der serbische Amselfeldmythos mag hier als Hinweis genügen. Das Bild, das dadurch entsteht, ist in jedem Fall, und auch dies ist eine Analogie zur 'Person', ein Bild, das einen *einheitlichen Organismus* suggeriert. Bekanntermaßen ist es gerade in Deutschland seit der Romantik üblich gewesen, Nationen bzw. Völker als Individuen zu behandeln, und im 19. Jahrhundert gehört es nahezu zum *common sense*, Völker als historisch gewachsene Organismen zu sehen.[64] Im Endeffekt läuft dieser Prozeß unter dem Rückgriff auf "primordiale" Semantiken von Blut und Boden auf eine "Naturalisierung" wahrgenommener Unterschiede hinaus (vgl. Giesen 1993, S. 48ff.).

Und ebenso, wie man in 'Personen' eine Seele oder einen Charakter hineinkonstruiert, kann man dies offensichtlich auch mit 'Nationen' machen. Die semantische Geschichte ist voller Belege für Versuche, der eigenen Nation oder anderen Nationen einen National- oder Volkscharakter zuzuschreiben (vgl. Maurer 1993). Nationalcharaktere können aus der hier zugrunde gelegten Theorieanlage selbstverständlich nicht essentialistisch gedacht werden. Es handelt sich vielmehr um Semantiken, genauer gesagt: um *kommunikative Selbst- und Fremdbeschreibungen*. Der kommunikative Aspekt kann in diesen Zusammenhang nicht hoch genug eingeschätzt werden. Um ein Bild einer anderen 'Nation' oder eines anderen 'Volks' zu bekommen, muß ich nämlich nicht einem ihrer Angehörigen von Angesicht zu Angesicht begegnen. Ich kann auf die nahezu überall präsenten *kommunikativen Stereotype* zurückgreifen, die mich mit einem Bild über den Anderen versorgen. Wie anders könnte man erklären, daß kollektive Stereotypsemantiken auch dort vorzufinden sind, wo keine oder nur wenige Angehörige des zu beschreibenden Kollektivs anzutreffen sind.

Nun ist der Stereotypgedanke *theoretisch gesehen* nicht werthaft besetzt, stereotypisierende Klischees können von Anwendern sowohl positiv wie negativ aufgeladen werden. Faktisch verbinden sich jedoch insbesondere im Kontext mit der

---

63 "'Geographies of the mind' can and do find expression in the way space is structured; landscapes as perceived by the occupants can have powerful symbolic links to a group's national identity." (Knight 1982, S. 517)

64 Vgl. etwa Friedrich Meineckes 1907 niedergeschriebene Anmerkungen zur Persönlichkeit der Nation: "Persönlichkeit heißt nicht nur Autonomie, sondern auch möglichste Autarkie und harmonische Einheit und Ausbildung aller inneren Kräfte und Anlagen. (...) Im Grunde ist dieser Hergang [Nationwerdung, D.R.] eine großartige Erweiterung der Einzelpersönlichkeit und ihres Lebenskreises. (...) Es ist also kein Zufall, daß der Ära des modernen Nationalgedankens eine Ära individualistischer Freiheitsregungen unmittelbar vorangeht. Die Nation trank gleichsam das Blut der freien Persönlichkeiten, um sich selbst zur Persönlichkeit zu erheben." (Meinecke 1962, S. 15f.) Vgl. hierzu auch die vielfältigen Belege bei Schönemann 1992, der die semantische Grundlegung dieser Entwicklung bei Herder verortet. 'Volk' und 'Nation' wurden seinerzeit als synonym behandelt.

Form 'Nation' fast unvermeidbare Wertungen. Stereotype, die auf der anderen Seite der Form 'Nation' angesiedelt sind, tragen dabei nahezu notwendig einen eher negativen Charakter. Eigenstereotypisierungen sind, das folgt aus der konstitutiven Asymmetrie der Form 'Nation', hingegen zumeist positiver aufgeladen. Dies hat insbesondere für den Umgang mit der Kontingenzerfahrung erhebliche Konsequenzen: Die positive Aufladung der Innenseite der Form erlaubt es, die kontingente Beobachtung 1. Ordnung, den als selbstverständlich angesehenen eigenen Lebensstil, der mit Beobachtungen von der anderen Seite konfrontiert ist, zu einem eigenen Wert zu machen. Gegenüber dem eigenen Lebensstil müssen dann andere Lebensentwürfe, sei es, daß sie kulturell, sprachlich oder sonstwie differieren, *notwendig* abfallen. Und umgekehrt: Der eigene kontingente Lebensstil kann somit zur einzig möglichen Lebensweise erklärt werden. Man kann sich dann nur noch fragen, wie es denn die Personen auf der anderen Seite überhaupt aushalten, so 'unzivilisiert' oder 'ohne Kultur' leben zu können. Der auf der eigenen Lebensweise lastende Druck des Auch-Anders-Sein-Könnens wird somit kommunikativ umgelenkt und zur wahren Lebensform aufgeladen. Aus Kontingenz wird sozial konstruierte Notwendigkeit, die quasi-religiöse Züge annehmen kann.

Als Hintergrund dieser kommunikativen Stereotypisierung muß wiederum das Problem der Orientierung in einer unvertrauten bzw. unstrukturierten Umgebung gesehen werden. Rudolf Jaworski hat diesen Zusammenhang für die ethnisch-nationale Gemengelage Osteuropas zutreffend so formuliert: "Wer sich in diesem Völkerwirrwarr nicht verlieren wollte — sei es als Bewohner dieses Raumes, sei es als auswärtiger Beobachter — dem halfen ein paar handfeste Charakteristika, ohne Umschweife zu sagen, was und wie ein Tscheche, ein Ungar, ein Pole, ein Jude oder Deutscher sei. Wem es hier — im wahrsten Sinne des Wortes — zu bunt wurde, der suchte zwangsläufig nach klaren Schwarz-Weiß-Kontrasten." (Jaworski 1987, S. 66) Doch das Unvertraute und Unstrukturierte muß dabei nicht einmal unmittelbar 'persönlich' erlebt werden, es reicht die Kommunikation über das Unvertraute, das in das Vertraute einzubrechen droht.[65]

Die Stereotypisierung mit Hilfe der Form 'Nation' erlaubt, das Unvertraute als vertraut zu behandeln. Und die moderne Gesellschaft, das ist wohl unstrittig, schafft ständig unvertraute Situationen, die es zu verstehen gilt. Wie schon Berger, Berger und Kellner beschrieben haben, artikuliert sich das "Unbehagen in der Modernität" sehr gern über nationale Semantiken (vgl. Berger/Berger/Kellner 1987, S. 116f.; 145ff.). Die Orientierung mittels nationaler Stereotype ist somit nicht als ein frühmodernes oder gar 'primitives' Relikt anzusehen, das in der Gegenwart inadäquat sei. Es ist vielmehr ein jederzeit aktualisierbares Orientierungsmuster, das auch, wenn

---

65 Es sei hier nur an die allgemeine Verwunderung über die Tatsache erinnert, daß auch in Ostdeutschland eine massive Ausländerfeindlichkeit anzutreffen war, wo sich keine bzw. nur wenige Ausländer aufhielten. Dies ist ein Zeichen dafür, daß der Begriff 'Asylant' "*Amok* im gesellschaftlichen Diskurs" gelaufen ist (Wong 1992, S. 410).

man es auf Personen zurechnen will, von denen angewendet wird, die sich selbst 'nationaler' Einstellungen für unverdächtig halten.[66] Die Persistenz von Selbst- und Fremdbeschreibungen, die sich bekanntlich über Jahrhunderte halten können, beruht auf ihrem semantischen Charakter. Ich hatte oben (Abschnitt 2.1) mit Luhmann und Spencer Brown im Zusammenhang mit dem Semantikbegriff die Merkmale der *Kondensierung* und *Konfirmierung* hervorgehoben. Kondensierung besagt, um es noch einmal zu wiederholen, die Reduktion einer Information auf einen identischen Kern. Mit der Konfirmierung kann dieser Kern jedoch unter den verschiedensten Situationen und Zeitpunkten wieder aktualisiert werden. Nationale Stereotypisierungen können geradezu als Paradebeispiel für diesen Umstand gelten. Unter welchen Bedingungen auch immer nationale Stereotype entstanden sein mögen, einmal fixiert (Kondensierung), können sie auf die verschiedensten Situationen angewendet werden (Konfirmierung). So ist es etwa zu erklären, daß einer der Urmythen des deutschen Nationalismus, die 2000 Jahre alte *Germania* des Tacitus, je nach Zeitpunkt und Leserkontext vollkommen unterschiedlich gelesen wurde und die Essenzen der Lektüre jeweils als (positive oder negative) Stereotype den Deutschen insgesamt zugerechnet wurden.[67] Selbst- und Fremdbeschreibungen sind, wie mit diesem Beispiel deutlich wird, aneinander gekoppelt (vgl. auch Jeismann 1991, S. 91). Lediglich die Wertung hängt davon ab, auf welcher Seite der Form 'Nation' man sich selbst und die anderen plaziert hat.

Falls man *neue* Orientierungen braucht, bieten sich daher die fixierten *alten* Orientierungen als Anknüpfungspunkt wieder an. Empirisch zeigt sich dieser Umstand beipielsweise in dem Rückgriff nationaler Symbolik, wie er in den baltischen Ländern mit Bezug auf die Zwischenkriegszeit der zwanziger und dreißiger Jahre gegenwärtig stattfindet. Dort ist man, wie Dan Diner angemerkt hat, "zur Deutung von Gegenwärtigem gehalten, sich des Erinnerungspotentials jener Vergangenheiten zu bedienen." (Diner 1992, S. 183) So muß die Welt nicht augenblicklich neu erfunden werden, und die neuen Nachbarn waren vermutlich auch die alten Nachbarn, mit denen man seinerzeit schon Probleme hatte.

Die historischen Fakten, 'wie es wirklich war', spielen in diesem Kontext nationaler Mythen nur eine untergeordnete Rolle, zumal es in der Regel die Historiker selbst sind, die zur Mythenbildung beitragen.[68] Nationale Mythen und Stereotype sind

---

66   Vgl. die Studie von Nico Wilterdink (1992; 1993). Selbst in einer internationalen Hochschulorganisation, deren Angehörige einen hohen Sozialstatus, den besten Bildungshintergrund haben sowie 'internationalistische' Ansichten vertreten, finden sich demnach "grundsätzlich nationale Klischees wieder, die weit verbreitet und populär sind." (Wilterdink 1993, S. 144)

67   Bei der "Germania" des Tacitus handelt es sich um eine Reisebeschreibung, die auf ca. 100 n. Chr. datiert wird. Im Rahmen des Renaissance-Humanismus wurde diese Quelle wiederentdeckt und interpretiert. Während jedoch die italienischen Humanisten die Sitten der alten Germanen als barbarisch und tierisch lasen, wurden dieselben Bräuche von deutscher Seite als Sitte eines unverdorbenen Naturvolks gesehen. Vgl. die Darstellung bei Kloft 1990.

68   Zum Zusammenhang von ethnischen Ursprungsmythen und modernem Nationalismus vgl.

gegenüber 'besseren' historischen Aufklärungen relativ immun (vgl. Connor 1992). Die geschichtswissenschaftlich abgesicherte Beobachtung, daß gerade die osteuropäischen Juden in ihrer überwiegenden Anzahl in Armenghettos zu Hause waren und nicht an den Schalthebeln der Macht, änderte nichts an dem bis heute in der Region überlieferten und wirksamen Stereotyp, daß in allernächster Zeit eine jüdische Verschwörung ins Haus stehe (vgl. Löwe 1978). Und wenn noch so viele sozialwissenschaftliche Analysen, von Max Weber bis in die Gegenwart, das Ethnische insgesamt als reines Konstrukt beschreiben, wird dies in der politischen Diskussion von denen, die ethnisch-nationale Positionen vertreten, nicht zur Kenntnis genommen werden; es sei denn, solche wissenschaftlichen Befunde werden als Defätismus abgestempelt. Mit dieser Einschätzung sei der Abschnitt über die Form 'Nation' und nationale Stereotype in der Hauptsache abgeschlossen.

Exkurs: Stereotype und Vorurteile

Bei der Lektüre des Abschnittes über Stereotype, Selbst- und Fremdbeschreibungen wird man vielleicht den Begriff 'Vorurteil' vermißt haben, der gewöhnlich in solchen Kontexten gebraucht wird. Daher sei zum Abschluß dieses Abschnittes in aller Kürze erläutert, warum der Gebrauch dieses Begriffes bislang unterblieben ist. Um es salopp zu sagen: Der Begriff 'Vorurteil' riecht mir zu sehr nach Aufklärung. Er ist mir in gewisser Weise zu optimistisch, da er in seiner philosophisch-aufklärerischen Tradition und wohl auch in seiner psychologischen Tradition darauf zielt, Vorurteile, also negative Urteile über andere, durch 'wahre' Urteile zu ersetzen. So war man noch lange nach dem Zweiten Weltkrieg davon überzeugt, das "Hauptübel der menschlichen Natur" durch "die psychoanalytische Methode des Exorzismus" auszutreiben (Allport 1993 [1946], S. 9). Und selbst wenn man, wie Gordon Allport, der Psychoanalyse kritisch gegenüberstand, dann konnte man auch nach dem Holocaust noch mit Zuversicht formulieren, "daß bewußte Empfindungen der Anständigkeit, des Mitleids und der Treue gegenüber einem religiösen Glauben stark genug sind, um Vorurteile unter Kontrolle zu halten." (Ebd., S. 10) Vorurteilen sollte also entweder mit Therapie oder aber mit Moral begegnet werden.[69]

---

ausführlich A.D. Smith 1986. Das Problem "sozialer Erinnerung" und seine Differenz zur geschichtswissenschaftlichen Forschung erörtert Connerton 1989.

69   Auch die Aufklärungsalternative wird bis in die jüngste Zeit vertreten. So folgert etwa Schaff aus den Funktionsweisen von Stereotypen "die Notwendigkeit, den Träger dieser Stereotypen über die faktische Situation aufzuklären, das heißt, ihm den zweifachen Inhalt des in diesen Fällen gebrauchten Wortes bewußt zu machen (...). Er muß sich darüber klar werden, daß das als Zeichen dienende Wort in diesen Fällen nicht nur einen Begriff, sondern auch ein Stereotyp bezeichnet und daß man diese beiden Erscheinungen weder gleichsetzen noch die zwischen ihnen stehenden Unterschiede verwischen darf." (Schaff 1980, S. 111f.)

Demgegenüber hatte der philosophisch-aufklärerische Vorurteilsbegriff schon früher eine Neubewertung erfahren. In einer Theorielinie, die man von Nietzsche über Heidegger bis zu Gadamer ziehen kann, hat man sich um eine "Rehabilitierung des Vorurteils" (Gadamer 1990, S. 281) bemüht. Dabei ging es nicht um die Behauptung einer Präferenz von alltagsweltlichen Urteilen etwa gegenüber wissenschaftlichen Urteilen. Es ging vielmehr darum, das erkenntnistheoretische Problem zu bearbeiten, ob man überhaupt dem *hermeneutischen Zirkel* entrinnen kann. Der hermeneutische Zirkel besteht darin, daß jedes Verstehen immer schon auf einem Vorverständnis fußt: "Auslegung ist nie ein voraussetzungsloses Erfassen eines Vorgebenen." (Heidegger 1986, S. 150) Vorurteile sind somit als "Bedingungen des Verstehens" anzusehen (vgl. Gadamer 1990, S. 281ff.). Systemtheoretisch formuliert: Durch die rekursive Verwendung von semantischen Stereotypen entstehen *Eigenwerte*, die die Beobachtung weiter beeinflussen. Vorurteile, wenn man diesen Begriff beibehalten will, also stabilisierte und fixierte Eigenwerte, sichern so den Beobachtungs-Zugriff auf die Welt. Sie strukturieren durch die Erfahrung das jeweils neu Einzuschätzende. Und gegen diese — offenbar unhintergehbare — Macht der Erfahrung helfen dann, wie von einigen Autoren vermutet wird, nur noch moralische Appelle, wonach es gelte, "der eigenen Voreingenommenheit innezusein" (ebd., S. 274).[70]

In der Psychologie versucht man ebenfalls dem strukturierenden und kategorisierenden Charakter der Erfahrung gerecht zu werden. So wird beispielsweise zwischen 'Stereotyp' und 'Vorurteil' unterschieden (vgl. etwa Pettigrew 1985). Ein Stereotyp ist demnach eine "Über-Verallgemeinerung der psychologischen Merkmale größerer Menschengruppen" (ebd., S. 87), das auf den Versuch zurückgehe, die Sinneswahrnehmungen kognitiv zu vereinfachen. Ein Vorurteil hingegen beziehe sich neben dem kognitiven Aspekt des Stereotyps auf eine affektuelle Seite, die sich, begleitet von falschen Verallgemeinerungen, zur Antipathie gegen bestimmte Gruppen entwickeln könne. Doch auch gegen diese empirischen Feststellungen weiß sich die Psychologie oftmals nur mit Moral zu behelfen. Pettigrew führt gegen Vorurteile an, sie verstießen sowohl gegen die "Norm der Rationalität", die uns verpflichte, nach korrekter Information zu suchen, wie auch gegen die "Norm der Mitmenschlichkeit", die uns die Achtung des Menschen als solchen vorgebe (vgl. ebd., S. 82f.). Es lastet also, wie Bernd Estel mit Recht festgestellt hat, auf der Vorurteilsforschung ein "massiver ideologisch-moralischer Druck" (Estel 1983, S. 44), der darauf zielt, Strategien zu ersinnen, um die Vorurteile nicht nur zu diskreditieren, sondern sie gänzlich aus der Welt zu schaffen. Doch ob Moral in diesem Zusammenhang weiter-

---

70 Vgl. auch Mall und Hülsmann, die im Rahmen einer 'Weltphilosophie' fordern, sich trotz der hermeneutischen Funktionen von Vorurteilen von jeglicher Voreingenommenheit zu befreien: "Besteht das hermeneutische Dilemma darin, daß man ohne Vorurteile nicht verstehen kann, daß man aber nur mit Vorurteilen das zu Verstehende doch nicht versteht, dann besteht der Ausweg nicht in dem Dogma, man könne den hermeneutischen Zirkel doch nicht verlassen, sondern in der realmöglichen Einsicht, daß man den hermeneutischen Zirkel zu reflektieren vermag, als stünde man außerhalb." (Mall/Hülsmann 1989, S. 77)

hilft, mag, ohne daß dies der Ort ist, das Problem auszuführen, sowohl für Philosophie als auch für Psychologie (und Soziologie!) mit Recht bezweifelt werden; auf die — kaum reflektierten — logisch-erkenntnistheoretischen Probleme von Vorurteilen wurde oben schon hingewiesen.

Im Gegensatz zur traditionellen Vorurteilsforschung der Psychologie, die sich nach wie vor auf Allport (1971 [1954]) stützt,[71] kann man auch neuere Bestrebungen registrieren, die den "normativen Ballast" (Stapf/Ströbe/Jonas 1986, S. 17) der Forschung abzuwerfen versuchen. Stereotype werden danach allein formal untersucht: "Genau wie die Kategorien unserer dinglichen Umwelt sind Stereotype Modelle oder Theorien über die Realität, die uns den Umgang mit den kategorisierenden Objekten oder Personen erleichtern." (Ebd., S. 18) Der Sozialpsychologe Henri Tajfel (1982) hat dieses Modell individualisierender Kategorisierung weiter entwickelt und die *sozialen* Funktionen von Stereotypen untersucht. Zentrales Ergebnis dieser Forschungen war, daß Stereotype dazu dienen, Unterscheidungskriterien zwischen Gruppen herzustellen, die schließlich identitätsstiftend wirken können.

Dieser Stereotyp-Begriff Tajfels ist, wie auf den ersten Blick deutlich wird, an den hier vorgeschlagenen Semantik-Begriff anschlußfähig. Wenn man sich der normativen Kritik des Stereotyps entledigt, dann bekommt man in den Blick, wie sehr Kategorisierungen darauf aufbauen, daß sie Unterscheidungen setzen: "Die Kategorisierung irgendeines physischen oder sozialen Aspekts der Umwelt basiert auf der Anwendung bestimmter Kriterien für die Einteilung einer Anzahl von Items in mehr oder weniger umfassende Gruppierungen, die sich in bezug auf diese oder ähnliche Kriterien *unterscheiden*, sich jedoch in bezug auf die gleichen (oder ähnliche) Kriterien innerhalb jeder Gruppierung *ähneln*." (Tajfel 1982, S. 44; meine Herv.) Dieses 'sich unterscheiden' und 'ähneln' muß dabei nicht einmal auf leicht erkennbaren Unterschieden beruhen, es reicht, so Tajfel im Anschluß an Wittgensteins Sprachspiel-Begriff, eine gemeinsame bzw. unterschiedene linguistische Bezeichnung (vgl. ebd.). Kategorisierung und Unterscheidung fallen somit zusammen.

Für eine gesellschaftstheoretische Perspektive, wie sie hier eingenommen wird, ist jedoch dieser sozialpsychologische Ansatz noch unzureichend. In der unhinterfragten Ausgangslage von 'Gruppen' und 'Individuen' als Gegenstand der Forschung wird noch übersehen, daß die Konstitution von Gruppen — wie im übrigen die Konstitution von Individuen (vgl. Luhmann 1989c) — ein sozialer Prozeß ist, der nicht nur im Bewußtsein einzelner abläuft, wie Tajfel annimmt.[72] Der auf Stereotype angewendete Semantik-Begriff Luhmanns kann hier abhelfen, zeigt er doch, wie sehr die Beobachtung und schon die Konstituierung anderer 'Gruppen' von vorausgegangener

---

71 Ein interdisziplinärer Überblick über die Vorurteils- und Stereotypforschung findet sich bei Schaff 1980, S. 27ff.

72 "[S]oziale Kategorisierung ist ein Prozeß, durch den soziale Objekte oder Ereignisse, die in bezug auf die Handlungen, Intentionen und das Wertsystem eines Individuums gleichwertig sind, zu Gruppen zusammengefaßt werden." (Tajfel 1982, S. 101)

Kommunikation — und wenn man so will: von Vor-Urteilen — abhängt.[73] In diesem soziologisch-erkenntnistheoretischen Umstand liegt auch der Grund, weshalb nationale und nationalistische Semantiken weitgehend immun gegenüber moralischen Verurteilungen sind. Berücksichtigt man nämlich die Beobachtungsverhältnisse 1. und 2. Ordnung und erinnert sich, daß mit einer Beobachtung 2. Ordnung *per se* keine moralisch bessere, sondern nur eine andere Perspektive eingenommen werden kann, dann wird die Vergeblichkeit, auf 'Vorurteile' moralisch zu reagieren, augenfällig. Vor einer — in ihrer Effizienz ohnehin zweifelhaften — moralischen Verurteilung der Beobachtungsweise anderer Perspektiven müßte vorerst eine eingehende Klärung der Funktion dieser Beobachtung erfolgen. So schlimm die ausgrenzenden und bis hin zum Holocaust führenden Konsequenzen nationaler Ausgrenzungen auch sein mögen, vielleicht kann die Funktionsbestimmung der Beobachtung die Normalität derartig ausgrenzender Semantiken klar machen. Diese Klärung hoffe ich mit dem vorstehenden Abschnitt wenigstens in Ansätzen geleistet zu haben.

2.6 Vom Patriotismus zum Nationalismus: Feindsemantiken

Es liegt nahe, daß sich aus der Stereotypisierung des Unvertrauten Feindbilder bzw. Feindsemantiken entwickeln können. Die Entwicklung von Feindbildern liegt gewissermaßen auf der 'schiefen Ebene', die sich aus dem Form-Ansatz der 'Nation' ergibt. Es braucht auf den ersten Blick nur sehr wenig, damit aus der konstitutiven Asymmetrie der Form 'Nation' als erster Schritt negative Stereotype für die andere Seite gefunden werden, und sich diese negativen Stereotype schließlich zu Feindsemantiken weiterbilden. Dennoch, meine ich, besteht zwischen der Konstitution von Stereotypsemantiken und Feindbildern ein gewichtiger qualitativer Unterschied: *Stereotype gehen den Feindbildern voraus.* Vor dem Feindbild steht die Unterscheidung *qua* Stereotyp. Oder theoretisch, mit Bezug auf den Form-Ansatz formuliert: "Der konstruktivistische Ansatz postuliert, daß man zunächst konstruiert hat, was man negieren will. Die Operation der Negation setzt eine grundsätzlichere Operation bereits voraus: nämlich die Zäsur, die dazu führt, daß ein Objekt als unterschieden von anderem bezeichnet wird, ausgedrückt durch den mark, auf den sich Spencer Browns Kalkül gründet." (Esposito 1993, S. 105) Konkret: Es macht einen großen Unterschied, ob ich die Einheit des Differenten betone, oder ob ich die Einheit strikt negiere und in der Konsequenz zur Vernichtung der anderen Seite bereit bin.

---

73   Würde man mit dem Vorurteils-Begriff weiterarbeiten, müßte eine soziologische Anwendung von einer (sozial-)psychologischen klar abgegrenzt werden. Vgl. zu einem solchen Versuch Estel 1983, der für die Untersuchung der Gegenwartsverhältnisse den Begriff des *sozialen Images* vorschlägt. Soziale Images sollen beschreiben, daß mit zunehmender gesellschaftlicher Komplexität Vorurteile ihre sozial geteilte Verbindlichkeit verlieren.

Um diese Differenz zu bezeichnen, halte ich es für sinnvoll, zwischen *Patriotismus* und *Nationalismus* strikt zu unterscheiden. Beide Semantiken sind abgeleitet aus der Form 'Nation', und ich möchte vorschlagen, Patriotismus und Nationalismus als *Sub-Programme des Nationalen* zu beschreiben. Patriotismus und Nationalismus unterscheiden sich in erster Linie durch die Beobachtung der Außenseite der 'Nation'. Für einen Patrioten ist es, ebenso wie für einen Nationalisten, keine Frage, auf welcher Seite der Form er leben möchte. Die Präferenz gehört in beiden Fällen der Innenseite; die Asymmetrie der Form bleibt bestehen. Die 'Nationen' und 'Völker', die der Patriotismus auf der anderen Seite beobachtet, können *per se* nicht der Innenseite gleichgestellt sein. Orest Ranum hat diesbezüglich drei Elemente identifiziert, mit denen schon die frühmodernen Patriotismen ihre jeweiligen Nachbarn abgewertet haben: Zum einen fehlt den Nachbarn der göttliche Zuspruch, dieser kann nur der jeweiligen Innenseite der Form gehören; zum zweiten sind die Nachbarn moralisch diskreditiert, da sie hinterlistig und heimtückisch sind; und drittens sind die Nachbarn einfach fauler, ärmer und häßlicher als man selbst (vgl. Ranum 1986, v.a. S. 64). Es wird deutlich, wie der Patriotismus und die oben dargelegte Stereotypenbildung konvergieren.

Der Patriotismus kann jedoch, im Unterschied zum Nationalismus, mit der anderen Seite der Form friedlich koexistieren. Es ist verschiedentlich festgestellt worden, daß es sogar zum Konstitutivum des frühmodernen Patriotismus gehört, gleichzeitig einen *Kosmopolitismus* zu propagieren: "Der Patriotismus läßt sich (...) als Voraussetzung eines höheren Allgemeinsinns begreifen, der die nationale Einheit übersteigt und als Vorstufe des Kosmopolitismus gelten konnte." (Giesen/ Junge 1991, S. 273; ähnlich Fuchs 1991, S. 95ff.; Fuchs 1992, S. 157ff.). Die Verbindung von der Nation zur Menschheit wird innerhalb des Patriotismus durch eine universalistische Moral hergestellt. Die moralisch-tugendhafte Aufladung des Staatsbürgers stellt sicher, daß die Rechte der Staatsbürger nicht über die Rechte der Menschheit gestellt werden.[74] Ein aufrechter Patriot wendet sich sowohl gegen die Ungerechtigkeit im eigenen Land wie gegen jene außerhalb der eigenen Staatsgrenzen. Indem man sich gegen die Ungleichheiten im eigenen Land ausspricht, leistet man der Menschheit als solcher einen Dienst: "Der Patriot wirkt (...) für sein Volk, und indem er dies tut, wirkt er gleichzeitig auf die gesamte Menschheit." (Prignitz 1981, S. 14) Trotz der Asymmetrie in der Beobachtung hält also der Patriotismus an der Einheit des Differenten fest.

Die hier nachgezeichnete Verbindung von Nation und Menschheit in der Semantik des Patriotismus, ist für den Nationalismus, wie sich fast von selbst versteht, nicht tragbar. Für einen Nationalisten ist der Rest der Welt eigentlich ohne Bedeutung.

---

74 "Die weitgehende Kongruenz des Begriffs des Patrioten mit dem des Staatsbürgers liegt offen zutage. Die Tugenden des Patrioten wurden als Bürgertugenden angesehen, die von jedermann verlangt, aber nur denen ausgeübt werden können, die sich als Staatsbürger fühlen dürfen." (Vierhaus 1980, S. 17)

Doch der Nationalismus blendet die andere Seite der Form 'Nation' nicht aus, er sieht nicht nur, wie es mitunter scheinen mag, die eigene Nation. Die andere Seite der Form bleibt konstitutiv für jede nationale Semantik. Im Nationalismus wird nämlich die *abwertende Differenz zum Orientierungspunkt* selbst. Um mit Spencer Brown zu sprechen: Der Nationalismus vollzieht einen *re-entry* und behauptet für die eigene Nation die Superiorität über alles andere. Ist der Patriotismus konstitutiv an die Menschheit gebunden, so ist für den Nationalismus die Feindschaft unabdingbar. Er braucht eine andere Seite, die es auszulöschen gilt.

Auf den ersten Blick scheint also mit Patriotismus und Nationalismus eine ernsthafte Alternative mit Bezug auf die Form 'Nation' gegeben zu sein. Es sieht so aus, als könne man zwischen verschiedenen Möglichkeiten wählen, ohne die 'Nation' aus dem Auge zu verlieren. Jeder aufrechte Demokrat würde natürlich ohne großes Zögern den Patriotismus präferieren, denn Feindschaften bringen, wie die Geschichte zu zeigen vermag, nur Krieg, Vernichtung und Grausamkeiten mit sich. Und in der Tat wird selbst in der gegenwärtigen politischen wie auch in der theoretischen Diskussion immer wieder herausgestellt, man könne durchaus national denken, ohne gleich in Feindschaften zu verfallen. So wird denn beispielsweise in der Politik die Solidargemeinschaft der Deutschen beschworen, die sich nicht immer nur im 'Ossi/Wessi'-Gegensatz verstehen sollen. Oder aber es wird gesellschaftstheoretisch argumentiert, die politische Verfaßtheit der Nation sei eine "Wertentscheidung" (Lepsius 1986, S. 756), die sich, wenn sorgfältig getroffen, nicht auf ethnische Kriterien stützen könne. Stattdessen solle doch lieber die 'Staatsbürgernation' bzw. ein "Verfassungspatriotismus" (Habermas) zur Grundlage werden.[75]

Jedoch scheint es, wie schon im Abschnitt über den strukturfunktionalistischen Nation-Begriff deutlich wurde, nicht so einfach zu sein, eine patriotische, also universalistisch konnotierte Nation-Semantik durchhalten zu können. Die Entwicklung von Patriotismus zu Nationalismus ist denn auch sozial-historisch vielfach belegt worden (für Deutschland etwa: Giesen/Junge 1991; für Rußland: Greenfeld 1990). Es stellt sich daher die Frage, wieso denn der Nationalismus gegenüber dem Patriotismus historisch weitaus wirkungsmächtiger ist, wenn doch jedem einsichtig sein kann, welch großer Schaden mit ersterem angerichtet wird. Die Antwort auf diese Frage kann m.E. nur gesellschaftstheoretisch gegeben werden, und zwar erneut durch Bezug der Nation-Semantik auf die Weltgesellschaft. Es geht um das Problem, wie mittels des Nationalismus die Weltgesellschaft beobachtet wird und welche Funktion mit dieser Beobachtungsweise erfüllt wird. Doch bevor diese Antwort versucht wird, sei zunächst

---

75 Donate Kluxen-Pyta hat gegenüber Habermas, der seinen Verfassungspatriotismus strikt übernational versteht, eine Rückbindung zum Kern des Patriotismus vorgeschlagen, der die Nation wiederum universalistisch auflädt: "[D]ie 'Ethik der Nation' steht nicht im Gegensatz zum ethischen 'Universalismus', sondern entspricht ihm unter den Bedinungen der Geschichtlichkeit, sofern sie unter dem universalistischen Gesichtspunkt der Moralität die kritische Affirmierbarkeit des Nationalen prüft und begründet." (Kluxen-Pytha 1991, S. 154) Ähnlich argumentiert Gebhardt 1993.

ein Blick auf einen älteren Ansatz geworfen, der in der soziologischen Diskussion aufgrund der politischen Position seines Autors nur Verachtung gefunden hat und daher für die vorliegende Thematik kaum rezipiert worden ist.

Für den Nationalismus ist festgestellt worden, daß er auf der anderen Seite der Form 'Nation' in erster Linie Feinde sieht. Die Differenz zwischen Freund und Feind ist in der Tat diejenige Unterscheidung, die hier zur Anwendung kommt. Eine schon etwas ältere, teils berühmte, teils berüchtigte Theorie hatte diese Freund/Feind-Schematik zum In-*Begriff des Politischen* erklärt (Schmitt 1963). Der Autor dieser Theorie, Carl Schmitt, hielt jedoch nichts vom Prinzip der funktionalen Differenzierung und meinte, seine wissenschaftlichen Erkenntnisse gleich in den politischen Dienst des NS-Regimes stellen zu müssen, wo er als antisemitischer Groß-Raum-Stratege Karriere machte. Selbst wenn man, wie der Verfasser dieser Arbeit, meint, daß der Einsatz für den Nationalsozialismus Carl Schmitt als Person erheblich diskreditiert hat, muß man sich dennoch mit seiner Theorie auseinandersetzen — insbesondere, wenn man so vorgeht, wie hier vorgeschlagen wird.

Ohne Zweifel nämlich besteht eine theoretische Nähe der Freund/Feind-Schematik Schmitts zur binären Codierung der Funktionssysteme, wie sie Luhmann in seiner Gesellschaftstheorie vorgeschlagen hat und wie sie oben vorgestellt wurde.[76] Doch muß diese Parallele das letztgenannte Konzept wissenschaftlich nicht unglaubwürdig machen. Beide, Schmitt, dem trotz einer wissenschaftlichen Laufbahn als Jurist nicht zu Unrecht soziologisches Denken nachgesagt wird,[77] und Luhmann haben m.E. einen zentralen Punkt der modernen Gesellschaft erfaßt, nämlich ihre Tendenz zu "Totalkonstruktionen", wie Luhmann (1986a, S. 78) das Phänomen der binären Codierung umschrieben hat. Und in einer möglichen Konsequenz der Totalkonstruktionen liegen eben auch die Totalitarismen, die das 20. Jahrhundert zu einem "Jahrhundert der Lager" (Bauman 1993) gemacht haben. Vom KZ über den GULag bis hin zu den ethnischen Säuberungslagern Ex-Jugoslawiens werden in den Lagern diejenigen Personen interniert und vernichtet, die man auf der anderen Seite der jeweiligen Form plaziert hat. Über die Parallelen zwischen Schmitt und Luhmann darf jedoch nicht vergessen werden, daß es einen großen Unterschied macht, ob die Totalkonstruktion in Richtung auf den Totalitarismus und den Aufbau der Lager affirmativ vertreten wird (Schmitt) oder ob sie lediglich zu analytischen Zwecken benutzt wird (Luhmann).

---

76   Diese Nähe ist gerade in jüngster Zeit verschiedentlich festgestellt worden (vgl. etwa Lauermann 1992, S. 68f.; Wagner 1993, S. 309). Auch Beck 1993, S. 73f. sieht die Parallele und meint, hier wirke Schmitt als verdrängter Autor weiter, und Beck möchte dem Leser wohl die Frage stellen, ob dies nicht die Theorie Luhmanns diskreditiere. Ich meine: Nein!

77   Zur Einschätzung Schmitts als Soziologe vgl. Sontheimer 1978, S. 79ff. sowie Quaritsch 1989, S. 10f. Die erste Fassung des "Begriff des Politischen" erschien im Jahre 1927 im "Archiv für Sozialwissenschaft und Sozialpolitik", *dem* Publikationsorgan der frühen deutschen Soziologie. Zu den verschiedenen Fassungen dieser Abhandlung vgl. Meier 1988, S. 14f., Anm. 5. Auch in Rammstedts Übersicht über die deutsche Soziologie zwischen 1933 und 1945 wird Schmitt als Soziologe geführt (vgl. Rammstedt 1986, S. 98).

Schmitts Freund/Feind-Schematik kann daher wichtige Einsichten in die Funktionsweise von Nationalismen bringen, ohne daß man sich der Theorie selbst anschließen müßte. Eine affirmative Position gegenüber dem Ansatz selbst sollte tunlichst vermieden werden, wollte man nicht wiederum der Selbstbeschreibung eines Nationalisten aufsitzen. In gewisser Weise kann nämlich für den *Begriff des Politischen* ähnliches behauptet werden wie oben (Abschnitt 1.3) im Zusammenhang mit Sombarts Werk schon ausgeführt wurde. Es handelt sich in beiden Fällen um eine merkwürdige Mixtur aus Primär- und Sekundärquelle. Denn Carl Schmitt kann nicht nur als Nationalist gelesen werden, auch politisch ist er als solcher einzuordnen (vgl. Quaritsch 1989, S. 56ff.); dies jedoch nicht als Vertreter einer verquasten völkischen Ideologie, sondern in einer Weise, die Feindschaften zum existenziell Notwendigen eines Staates erklären. Gegen wen oder was sich die Feindschaft des Staates richtet, ist dabei vollkommen gleichgültig. Der aus der Feindschaft resultierende Krieg, so Schmitt, habe nur "einen existenziellen Sinn, und zwar in der Realität des wirklichen Kampfes gegen eine wirklichen Feind, nicht irgendwelche Idealen, Programmen oder Normativitäten." (Schmitt 1963, S. 49) Der Kampf mit dem Feind wird somit zu einer fast ästhetisch zu nennenden Kategorie, die für die Existenz einer Nation unabdingbar erscheint. Man ist versucht zu formulieren: "Erst wenn ich einen Feind habe, dann bin ich".

Die eigene Existenz wird also nach Schmitt erst durch einen Feind ermöglicht. Es ist die abstrakte Kategorie des *Fremden*, die Schmitt ins Spiel bringt, die letztlich als Feind bekämpft zu werden hat. "Er ist eben der andere, der Fremde, und es genügt zu seinem Wesen, daß er in einem besonders intensiven Sinne existenziell etwas anderes und Fremdes ist, so daß im extremen Fall Konflikte mit ihm möglich sind (...)." (Ebd., S. 27) Man beachte hier Schmitts Argumentation: Der Fremde wird gebraucht, um mit ihm Konflikte auszutragen zu können. Es handelt sich bei der Freund/Feind-Differenzierung somit nicht in erster Linie um ein "negatives anthropologisches Glaubensbekenntnis" im Sinne von Hobbes' *homo homini lupus*, wie Wagner (1993, S. 309) meint. Der Fremde/Feind wird zuallererst für eine existentielle *Orientierung* gebraucht, die dem Leben wieder eine sinnhafte Richtung zu geben vermag. Besonders deutlich wird diese Orientierungsfunktion des Feindes am Ende des *Begriff des Politischen*, wo Schmitt, über den rechts-konservativen Geist der Weimarer Zeit hinausgehend, fordert, dem überall spürbaren Kulturpessimismus nicht durch Technikfeindlichkeit, sondern durch Technikaneignung zu begegnen, um solchermaßen neue Freund/Feind-Verhältnisse zu schaffen. Die "Antithesen von mechanisch und organisch, Tod und Leben" drücken, wie Schmitt meint, nichts als "Ohnmacht und Hilflosigkeit" aus (Schmitt 1963, S. 94f.) Dagegen hilft, so meine Interpretation, nur eine neue Freund/Feind-Konstellation, die sich die Technik zur Grundlage macht. Denn: "Der endgültige Sinn ergibt sich erst, wenn sich zeigt, welche Art von Politik stark genug ist, sich der neuen Technik zu bemächtigen, und welches die eigentlichen Freund-Feindgruppierungen sind, die auf dem neuen Boden erwachsen." (Ebd., S. 94)

Doch — und damit sei die Erörterung der Freund/Feind-Konstellation Schmitts zunächst abgeschlossen — was hier wie eine Vorwegnahme des industriellen Massenmords des Nationalsozialismus klingt, ist nur wenig mehr als die seinerzeit üblichen konservativen Gedankenspiele, wie sie beipielsweise in der Existenzphilosophie gang und gäbe waren.[78] Und dies stützt erneut meine schon oben angedeutete Interpretation, *daß es bei Benutzung nationaler Semantiken und insbesondere bei der Feindkonstitution durch den Nationalismus in erster Linie auf Orientierung in einer unübersichtlichen und unsicheren Situation ankommt.* Wie Peter Sloterdijk angemerkt hat, gehört gerade die Weimarer Zeit "zu den historischen Phänomenen, an denen man am besten studieren kann, wie die Modernisierung einer Gesellschaft bezahlt sein will. Man tauscht enorme technische Errungenschaften gegen zunehmendes Unbehagen in der Unkultur; zivilisatorische Erleichterungen gegen das Gefühl der Sinnlosigkeit." (Sloterdijk 1983, S. 702) In dieser Sinnlosigkeit und Orientierungslosigkeit bieten sich nationale Feindbilder geradezu an, um neue Orientierung zu erhalten. Die Freund/Feind-Schematik "macht die Welt lesbar" (Bauman 1992a, S. 74). Man weiß schließlich, bei allem Unbehagen, wogegen man ist, man kann das Unbehagen auf die andere Seite der Form, auf einen Feind attribuieren, der die Verantwortung für die Situation zu tragen hat. Und man weiß zugleich, was in dieser Situation zu tun ist: den Feind bekämpfen. Der Unvertrautheit der modernen Gesellschaft wird ein Name gegeben: Feind. Die Nestwärme und Solidarität, die man dadurch semantisch zu erzeugen sucht, wird hingegen auf die Innenseite, auf die eigene 'Nation' zugerechnet. Doch wo der Patriotismus diese Nestwärme noch mit negativen Stereotypen herstellen wollte, braucht der Nationalismus Feinde, gegen die Gewalt angewendet werden muß.

Es ist wohl nicht übertrieben, wenn man diese Funktion des Nationalismus, nämlich die *Herstellung von Bestimmbarkeit und Erklärungssicherheit in der Welt* als ein *Äquivalent zum Mythos* ansieht. In beiden Fällen, im Nationalismus wie in der mythischen Semantik, geht es um die Bestimmbarmachung der Welt, um das Auffinden stabiler Erklärungsmuster für einzelne Ereignisse und für den Zustand der Welt insgesamt. Beide Phänomene nehmen zu diesem Zweck Differenzsetzungen vor. Der Mythos etwa unterscheidet zwischen Chaos und Kosmos oder zwischen Heiligem und Profanen, der Nationalismus zwischen der überlegenen eigenen Nation und den abgewerteten anderen. Und für beide trifft, wie ich meine, die folgende Aussage Luhmanns zum Mythos zu, daß es dabei in erster Linie um die Herstellung von Sicherheit für die jeweils eigene Position geht: "Solche und andere Differenzschemata dienen dazu, den Ort und die Zeit und die Verhältnisse zu bestimmen, in denen man

---

78 Ähnliches, wenngleich nicht in der Breite, findet sich etwa beim frühen Heidegger, wo das *Geschick* eines Volkes bzw. einer Gemeinschaft u.a. durch den "Kampf" ausgemacht wird (vgl. Heidegger 1986, S. 384f.). Dazu: Farías 1989, S. 110ff. sowie Benedikt 1993. Parallelen zwischen Schmitt und Karl Jaspers, einem weiteren Existenzphilosophen, zeigen Aleida und Jan Assmann 1990, S. 25f. auf. Zur Weimarer Republik und den seinerzeit kommunizierten 'nationalen' Attributionen auf das Judentum und den Westen vgl. auch meine Darstellung im Abschnitt 3.6.

lebt — sozusagen auf der einen Seite der Differenz." (Luhmann 1987b, S. 257) Mit anderen Worten: Beiden, Nationalismus und Mythos, geht es darum, hinter den Entwicklungen der Welt(gesellschaft) Notwendigkeiten zu erkennen. Beide versuchen, die Kontingenz der Ereignisse in Kausalität bzw. soziale Kausalität zu überführen.[79]

In der Überführung von Unsicherheit in Kausalität ist m.E. auch der Grund zu sehen, weshalb der Nationalismus zu einer *Ersatzreligion* werden konnte, wie in der Literatur vielfach hervorgehoben wurde (vgl. A.D Smith 1986, S. 176; Nassehi 1990, S. 265). Schon der Mythos und später die Religion hatten unter anderen gesellschaftsstrukturellen Bedingungen eben ähnliche Funktionen zu erfüllen. Ebenso wie die Nation-Semantik in der modernen Gesellschaft, war es vordem die Aufgabe des Mythos und der Religion gewesen, mit der Differenz von vertraut/ unvertraut umzugehen (vgl. Luhmann 1989d, S. 272f.; Luhmann 1991c). Und ebenso wie die Religion das Unvertraute mit Hilfe transzendenter Bestimmungen vertraut machte, vermag der Nationalismus unter modernen, d.h. funktional differenzierten und weltgesellschaftlichen Bedingungen das Unvertraute mit einem oder mehreren Namen zu belegen, die alle in ihrer Feindschaft gegenüber der Innenseite der Form konvergieren.

Die Form 'Nation' kann auf diese Weise in ihrer nationalistischen Ausprägung zu einer ähnlichen *Kontingenzformel* werden, wie sie die Religion darstellt (zu Religion als Kontingenzformel vgl. Luhmann 1977, S. 82ff.). Die Kontingenzformel 'Nation' ist zwar, wie gezeigt, an das politische System gebunden, kann aber auf die Beobachtung aller anderen (wirtschaftlichen, rechtlichen etc.) Ereignisse ebenso angewendet werden. Sie kann die Weltgesellschaft in ihrer ganzen Breite beobachten und eine "Transformation unbestimmter in bestimmbare Komplexität vornehmen" (ebd., S. 83), indem sie Kausalität attribuiert und Feindschaft generiert. Im Anschluß an Max Weber kann man daher die Äquivalenz von Nation und Religion so formulieren: Während "die Erfahrung von der Irrationalität der Welt (...) die treibende Kraft der Religionsentwicklung" war (M. Weber 1988g, S. 554), ist die Unübersichtlichkeit der Weltgesellschaft die treibende Kraft der Nationsentwicklung. Genau hier, in der Erklärungsfunktion *qua* Attribution auf einen Feind, ist im übrigen der theoretische Punkt, wo die Entstehung von Verschwörungstheorien verortet werden kann, die so typisch für die Politisierung kultureller und nationaler Semantiken ist. Es sei hier exemplarisch nur an die Idee einer vermeintlichen 'jüdisch-freimaurerischen Verschwörung' erinnert, die schon den Nationalsozialismus anspornte und bis heute dem russischen Nationalismus sein Feindbild liefert (vgl. Laqueur 1993, S. 56ff.).[80]

---

79 Zum Verhältnis von Notwendigkeit und Kontingenz im mythischen Denken vgl. schon Ernst Cassirer: "Man hat es wenigstens als einen eigentümlichen Wesenszug des mythischen Denkens bezeichnet, daß es den Gedanken eines in irgendeinem Sinne 'zufälligen' Geschehens überhaupt nicht zu fassen vermöge. Häufig findet es sich, daß dort, wo *wir*, vom Standpunkt der wissenschaftlichen Welterklärung, vom 'Zufall' sprechen, das mythische Bewußtsein gebieterisch eine 'Ursache' verlangt und in jedem einzelnen Falle eine solche Ursache setzt." (Cassirer 1987, S. 62f.)

80 Verschwörungstheorien liegen in der Konsequenz der politischen Beobachtung der Weltgesell-

Gerade die Persistenz dieses Beispiels der 'jüdisch-freimaurerischen Verschwörung' zeigt, wie die Kondensierung nationaler Stereotypen und Feindsemantiken schließlich zu einer Art *Weltbild* gerinnen kann, das zu einem stabilen Beobachtungsmodus der Weltgesellschaft führt. Der Modus einer zweiwertigen Totalkonstruktion, der der Perspektive funktionaler Teilsysteme zu eigen ist, kann sich analog zur ubiquitären Anwendbarkeit nationaler Semantiken präformierend auf jedwede Beobachtung legen. Es reicht, die Idee der Verschwörung oft genug zu wiederholen, damit *alle* auflaufenden Informationen nach diesem Weltbild codiert, also selegiert und entsprechend interpretiert werden können.[81] Was immer auch im einzelnen hinter bestimmten Ereignissen stecken mag, die Kondensierung der Attribution auf bestimmte 'Nationen' bzw. 'Gruppen' schafft, wie Luhmann (1990a, S. 109) in einem vollkommen anderen Zusammenhang angemerkt hat, eine Art "konkrete Vertrautheit" mit dem Feind. Um es salopp auszudrücken: Man kennt seine Pappenheimer und niemand kann einem vormachen, daß womöglich hinter bestimmten Ereignissen etwas anderes steckt als eben dieser Feind. Gegen Kontingenzen und aus anderer Perspektive vielleicht notwendige Differenzierungen ist man hierdurch relativ gefeit. Werden nationalistische Unterscheidungskriterien zugrunde gelegt und haben diese sich erst einmal kondensiert und stabilisiert, dann wird die Beobachtung auf Zweiwertigkeit reduziert: 'wir' oder 'die anderen', 'eigenes' oder 'fremdes', Innenseite oder Außenseite der Form. Wo jeweils die Präferenz liegt, braucht nicht mehr eigens erwähnt zu werden.

Doch nach dieser Beschreibung der Freund/Feind-Relation und von Feindbildern im allgemeinen zurück zur Gesellschaftstheorie: Die Verschiebung von Stereotyp auf Feindbild, von Patriotismus zu Nationalismus als Sub-Programm der Form 'Nation' hat ihren Grund in den Verhältnissen der Weltgesellschaft. Feindbilder implizieren

---

schaft qua Differenz. Daß dies nicht notwendigerweise auf 'nationale' Freund/Feind-Unterscheidungen hinauslaufen muß, hat Bassam Tibi anhand des Verschwörungsdenkens im arabisch-islamischen Raum dargestellt. Seine Beobachtungen sind jedoch prinzipiell auf die Folgen der Verwendung der Form 'Nation' übertragbar: "Es gibt in einer Atmosphäre, in der das Verschwörungsdenken vorherrscht, keinen Platz für ein Korrektiv und ohnehin keinen Platz für eine politische Opposition. Die Wahrnehmung aller Menschen entweder als Freunde oder als Feinde, jeweils als Teile eines handelnden Kollektivs, also nicht als Individuen, stellt sicher, daß diese Zweiteilung der Welt als unerschütterlicher Glaube erhalten bleibt. Fehler und Fehlwahrnehmungen darf es in einer dermaßen konstruierten Welt nicht geben. Der Glaube an die Absolutheit des eigenen Wissens bietet die benötigte Sicherheit und die mit ihr korrespondierende Sicht der Welt. Die Ursache des Übels liegt bei den verteufelten anderen, und nur sie sind schuld an der Misere der arabo-islamischen Gemeinschaft; daher gilt es, sie und 'ihre Verschwörung' kompromißlos zu bekämpfen. Die Selbstbemitleidung als 'Opfer der Verschwörung' geht mit dem Aktionismus der Aufrufe gegen die Verschwörung einher." (Tibi 1993, S. 41)

81 Für einen weiteren Beleg der Äquivalenz von Mythos/Nationalismus vgl. erneut die neukantianische Analyse des Mythos durch Cassirer: "An diesen Eindrücken, wie sie sich in einem jeweilig gegebenen Zeitmoment zusammendrängen, müssen bestimmte Züge als wiederkehrende und 'typische' festgehalten und anderen bloß zufälligen und flüchtigen entgegengesetzt werden; — müssen bestimmte Momente betont, anderen dagegen als 'unwesentlich' ausgeschaltet werden. Auf einer solchen 'Selektion' (...) beruht die Möglichkeit, die Wahrnehmung überhaupt auf ein Objekt zu beziehen." (Cassirer 1987, S. 46)

eine Bereitschaft zur Gewalt, da man sich vom Feind bedroht fühlt. Gegenüber Feinden muß eine notfalls gewaltbereite Verteidigungsposition aufgebaut werden, ansonsten ständen auf der anderen Seite nur Gegner und keine Feinde. Die Entstehung von Feindsemantiken korrespondiert also mit dem Faktum des *Konflikts*. Hinter der Verschiebung von Patriotismus/Stereotypisierung hin zu Nationalismus/Feindbild steckt, so meine These, die *Transformation weltgesellschaftlicher Kontakte in weltgesellschaftliche Konflikte*.[82] Ich bin daher, wie im folgenden deutlich werden soll, nicht der Auffassung Schmitts, eine Nation suche den Konflikt, um sich selbst zu bestätigen. Vielmehr gehe ich davon aus, *daß Konflikte in der modernen Weltgesellschaft gleichsam von selbst entstehen, indem eben diese Attributionen auf den näheren oder entfernteren Nachbarn gerichtet werden*. Und parallel zur Konfliktbeobachtung wird die Beobachtung der anderen Seite noch negativer als sie ohnehin schon ist. Daß mit der anderen Seite der Form irgendetwas nicht stimmt, hat man immer schon geahnt, und nun, im Konflikt, zeigt sie ihr wahres, eigentliches Gesicht. Feindsemantiken sind, wie Buchanan und Cantril schon in den fünfziger Jahren betont haben, nicht die Ursache für Konflikte, sondern symptomatisch für Bedrohungszustände: "'These people threaten us, they have fought against us, they are just across our border, we cannot understand what they say, hence they *must be* cruel, conceited, domineering, etc.'" (Buchanan/Cantril 1953, S. 57f.)

Für die gesellschaftsstrukturelle Erklärung des Hintergrundes dieser Attributionen sei zunächst noch einmal daran erinnert, daß die Weltgesellschaft, wie oben (Abschnitt 2.3) dargestellt wurde, sich auf keinen Fall in einem homogenen Zustand befindet. Regionale Disparitäten beherrschen hingegen die Szenerie, und eben diese Disparitäten gilt es *in der jeweiligen Region* zu erklären und verstehbar zu machen. Eine soziologische Erklärung, die auf soziale Evolution, Kontingenz und Nicht-Steuerbarkeit der Entwicklung der Weltgesellschaft hinweisen würde, käme dem Erklärungswunsch wohl kaum entgegen; selbst in der Soziologie globaler Entwicklungen wird ja bekanntlich nach wie vor versucht, einen Schuldigen (also: den Westen) zu finden. Und genau darum geht es auch bei der Beobachtung der Weltgesellschaft mittels nationalistischer Semantiken, der Schuldige muß gesucht und als Feindnation von der eigenen Nation bekämpft werden.

Hinter den Disparitäten der Weltgesellschaft und der Suche nach einem Schuldigen steckt, theoretisch ausgedrückt, ein weiteres Problem, das *Problem der Inklusion in die Teilsysteme*. Der Begriff *Inklusion* in dem hier im Anschluß an Luhmann gebrauchten Sinne ist nicht zu verwechseln mit früher gebräuchlichen Konnotationen. Parsons gebrauchte den gleichen Begriff für die Beschreibung des von ihm mit der 'Nation' verbundenen Prozesses der Einbeziehung ehemals ausgeschlossener Personenkreise in die 'gesellschaftliche Gemeinschaft' (vgl. D. Richter 1994b und Abschnitt

---

82 Vgl. dazu auch Giesen 1991a, S. 200, der anmerkt, daß der Kosmopolitismus die unleugbaren Konfliktlinien, die der Absolutismus generiert hatte, nicht adäquat bewältigen konnte.

1.4). Hier geht es ebenfalls um den Prozeß der Einbeziehung, allerdings nicht in eine irgendwie geartete Gemeinschaft, sondern um den Anschluß an die gesellschaftlichen Teilsysteme selbst (vgl. auch Stichweh 1988).

Das Inklusions-Problem kann wie folgt beschrieben werden: Sowohl die segmentäre Gesellschaftsform als auch die stratifizierte vormoderne Gesellschaft inkludierten ihre Mitglieder relativ fest und eindeutig in die segmentären bzw. geschichteten Teilsysteme. In aller Regel hatten die jeweiligen Mitglieder keine Wahl, welchem Stand sie beispielsweise angehören wollten. Empirisch zeigt sich dieser Umstand etwa an den auf den jeweiligen Stand beschränkten Heiratskreisen. Je weiter sich nun die Umstellung auf den Typus der funktionalen Differenzierung vollzieht, desto weniger kann dieses Inklusionsmuster noch greifen. Mit dem Übergang zur modernen Gesellschaft stellt sich das Inklusionsproblem anders dar: "Bei rasch fortschreitender Entwicklung in Richtung auf eine weitere Ausdifferenzierung von Funktionssystemen muß die Beteiligung des einzelnen an der Gesellschaft in andere Formen gebracht werden; denn Personen bzw. Familien können zwar mit Schichten, nicht aber mit einzelnen Funktionssystemen identifiziert, das hieße *nur* im politischen System, *nur* im Rechtssystem, *nur* im Wirtschaftssystem lokalisiert werden. Sie müssen vielmehr als Individuen Zugang zu allen Funktionsbereichen erhalten, also als Individuen auch stärker aus sozialen Bindungen herausgelöst und mit Rechten und Ansprüchen auf Teilnahme an Politik, Wirtschaft, Recht, Erziehung usw. versorgt werden." (Luhmann 1981d, S. 83) Es geht nun darum, wie jeder einzelne den Anschluß an die Teilsysteme herzustellen vermag. Die Inklusion in die Teilsysteme vollzieht sich nicht mehr von selbst *qua* Geburt in einen Stand, sondern muß irgendwie hergestellt werden. Kennzeichnend für die Epoche, in der sich die Umstellung der Gesellschaftsform bemerkbar machte, war so auch ein Aufkommen einer hierfür typischen Begleitsemantik, nämlich der Semantik der subjektiven Rechte, der Bürger- und Menschenrechte, der "Zivilgesellschaft"[83] und eben auch der 'Nation' (vgl. Conze 1964; Stichweh 1988, S. 286ff.). Solche Semantiken hatten die Funktion, das *Desiderat* zu formulieren, daß der Anschluß an die Teilsysteme nicht mehr automatisch geschieht, aber dieser Anschluß für eine einigermaßen erträgliche Lebensführung eben unabdingbar ist. Man braucht gewisse politische Mitwirkungsrechte, damit die Politik nicht alles in ihrer Macht stehende auch ausführen kann; man braucht die Versorgung mit einem gewissen materiellen Mindeststandard, um nicht zu verhungern; man braucht den Zugang zur Schulbildung, damit die Kinder mit einer entsprechenden Ausbildung zukünftig ein selbständiges Leben führen können; und man braucht, nicht zuletzt, den Zugang zum Rechtssystem, um die eben genannten Rechte selbst einklagen zu können.

Die Lebensführung unter den Bedingungen einer funktionalen Differenzierung der Gesellschaft in Teilsysteme wird somit selbst riskant; riskant in dem Sinne, als die mit den früheren Gesellschaftsformationen verbundenen Sicherheiten und Gewißheiten nun

---

83 Zur 'Zivilgesellschaft' als bis in die Gegenwart wirkende Begleitsemantik der Inklusion vgl. D. Richter 1995a.

nicht mehr gegeben sind. Die Lebensführung in der Zeit wird damit selbst zu einem Risiko, denn niemand weiß, was die Zukunft bringen wird. Insbesondere die Abhängigkeit vom zunehmend monetarisierten Wirtschaftssystem und allen seinen konjunkturabhängigen Folgen wird mit der Industrialisierung als Begleiterscheinung immer sichtbarer. Die mit der Vormoderne noch verbundene, einigermaßen sichergestellte Statuszuweisung (sei sie hoch oder niedrig gewesen) wird nun zum Problem. Aus dieser Perspektive müßte der von Ulrich Beck (1986) geprägte Begriff 'Risikogesellschaft' nicht erst für die Zeit nach dem Zweiten Weltkrieg seine Anwendung finden, sondern, wie man etwa an François Ewalds Studie über die Entstehung des Wohlfahrtsstaats ablesen kann, schon für die beginnende Moderne (vgl. Ewald 1993).

Wie dem auch sei, wenn man aus einer gesellschaftstheoretischen Perspektive argumentiert, die die Ausdifferenzierung in Teilsysteme in den Mittelpunkt stellt, kann nicht übersehen werden, daß der Anschluß einzelner an die Teilsysteme vom Beginn (wann immer man ihn datieren mag) der Moderne an zu *dem* zentralen Problem wird. Wie schon die Evolution der Begleitsemantiken zur Inklusion zeigt, richten sich die Erwartungen in der modernen Gesellschaft darauf, möglichst schnell und möglichst weit in die Teilsysteme hineinzukommen. Einjeder will möglichst viel Geld verdienen, möglichst weitreichende Einflüsse auf politische Entscheidungen nehmen, eine möglichst gute Bildung für seine Kinder erreichen, eine möglichst optimale Gesundheitsversorgung erhalten und in Rechtsstreitigkeiten möglichst immer Recht bekommen. In Differenz zur theoretischen Bestimmung der Inklusion in die Teilsysteme stellt sich der Anschluß *alltagsweltlich* allerdings anders dar. Während die theoretische Perspektive auf die *binäre Codierung* der Funktionssysteme verweist und sieht, ob man zahlen kann oder nicht, ob die eigene Partei Macht hat, ob man als krank oder gesund eingestuft wird oder ob man Recht bekommt bzw. Unrecht, wird dies alltagsweltlich *graduell* wahrgenommen. Man fühlt sich *im Vergleich zu anderen* mehr oder weniger gut politisch repräsentiert, man hat mehr oder weniger guten Anschluß an die allgemeine wirtschaftliche Entwicklung, man bekommt bessere oder schlechtere gesundheitsdienliche Leistungen, man ist von einem bestimmten Urteil mehr oder weniger betroffen. Es entsteht, wie man zu Beginn der achtziger Jahre diskutierte, eine "Anspruchsspirale" bzw. eine "Anspruchsinflation" auf Leistungen der Teilsysteme (vgl. Luhmann 1983b; ähnlich: Bell 1975, S. 147), die aufgrund der Funktionsweise der Systeme selbst kaum gestoppt werden kann.[84] In der Lebensperspektive einzelner Individuen drückt sich diese graduelle Wahrnehmung des Anschlusses an die Teilsysteme in einer *subjektiven Statuswahrnehmung* aus. Statuserwartungen, -bedrohungen, -enttäuschungen und -unsicherheiten spielen hier eine zentrale Rolle.

---

84 Die Diskussion um die Erschöpfung des Wohlfahrtsstaates wurde seinerzeit von vielen unter die von konservativer Seite propagierte "geistig-moralische Wende" gefaßt. Heute muß den Konservativen eine gewisse Weitsichtigkeit in diesem Zusammenhang zugestanden werden. In anderen Ländern wurde dies auch von der Linken konstatiert. Vgl. etwa den gewiß keiner konservativen Denkweise anhängenden Bryan S. Turner (1988, S. 50ff.), der von "inflatory demands" bestimmter Interessengruppen schreibt.

Die Entwicklung des Verhältnisses des Individuums zur Gesellschaft von "Inklusionsindividualität" in der stratifizierten Formation zur "Exklusionsindividualität" (Luhmann 1989c, S. 160) in der modernen, funktional differenzierten Gesellschaft stellt folglich auch für die Politik der Moderne die große Herausforderung dar. Will sie nämlich die Legitimation ihres Daseins erfüllen, also für das Gemeinwohl sorgen, dann hat sie sicherzustellen, daß der Anschluß an das Wirtschaftssystem (über die Bereitstellung von sicheren Arbeitsplätzen oder ggf. über den Ausbau des Wohlfahrtsstaats), an die Erziehungsanstalten und zu juristischen Entscheidungen etc. für ihr Publikum klappt. Das politische System muß die Statuswahrnehmungen seines Publikums sowie evtl. daraus resultierende Erwartungen an politische Entscheidungen beobachten, will es sich an der Macht halten.

Der Beobachtungsfokus der Politik und ihres jeweiligen Publikums richtet sich jedoch nicht nur nach innen, sieht also nicht nur, daß die Inklusion für die Bevölkerung des eigenen Landes zum Problem wird bzw. welche Unsicherheiten damit verbunden sind. Andererseits wird die mit der funktionalen Differenzierung korrespondierende Weltgesellschaft nicht außer acht gelassen. Man beobachtet dann beispielsweise, daß vom Gebiet des Nachbarn aus die eigene Region mit Gütern zu Dumpingpreisen überschwemmt wird, was für die Arbeitsplätze des eigenen Publikums natürlich potentiell gefährlich ist. Oder man sieht weiterhin, daß aus dem Nachbarland Ansprüche auf bestimmte Gebiete des eigenen Territoriums formuliert werden. Eine erste einfache und gleichzeitig die historisch wirkungsmächtige Antwort auf diese wahrgenommenen Herausforderungen kann in der Betonung der eigenen Grenzen liegen. Vom frühmodernen Merkantilismus der absolutistischen Regime bis hin zum gegenwärtigen Protektionismus westeuropäischer Staaten ist dies die gängige Praxis. Indem die Grenzen für Produkte geschlossen oder aber Truppen zur Grenzsicherung abgestellt werden, reagiert das politische System auf weltgesellschaftliche Ereignisse. Und spätestens bei der Betonung von Grenzen ist, wie inzwischen deutlich geworden sein sollte, die Gefahr groß, nationale Semantiken zu benutzen. An dieser Stelle deutet sich die Verbindung des Staates, also dem politischen System zur nationalen Semantik bereits an: Wenn das politische System durch äußere Ereignisse das Gemeinwohl gefährdet sieht, ist die 'Nation' in Gefahr.

Gleiches gilt im übrigen auch für das Publikum des politischen Systems. Dieses sieht seine Ansprüche an die Teilsysteme durch konkurrierende Wünsche gefährdet.[85] Da Statuswahrnehmungen immer in Relation zu anderen wahrgenommenen 'Gruppen' bzw. 'Nationen' erfolgen, sind hier potentielle Konflikte bereits angelegt. Statusfragen

---

85 In einer der wenigen Stellen, in denen sich Luhmann mit dem Problem kollektiver Identität in der Moderne beschäftigt, negiert er (gegen Habermas) die Möglichkeit einer solchen Identität in der Moderne; allein individuelle Leistungsansprüche seien hier noch wirksam: "Die Selbstidentifikation der Individuen kann nur noch über Ansprüche laufen und mit der Erfahrung vermittelt werden, daß diese Ansprüche erfüllt bzw. enttäuscht werden." (Luhmann 1983b, S. 35) Hier wird jedoch davon ausgegangen, daß gerade die durch die Enttäuschung generierten Konflikte zur Identitätsausbildung über Differenz benutzt werden.

und ethnisch-nationale Kategorien sind insofern eng aneinander gekoppelt, als mit askriptiven Merkmalen Ungleichheiten und Ungerechtigkeiten festgestellt und markiert werden können (vgl. Turner 1988, S. 57ff.; Björklund 1987). Das heißt, unabhängig von der Frage, ob die moderne Gesellschaft tatsächlich noch als geschichtet angesehen werden kann, nehmen in der alltagsweltlichen Wahrnehmung Schichtungskriterien anhand von askriptiven Merkmalen eine nicht zu vernachlässigende Rolle ein — und dies sowohl in der Weltgesellschaft als auch in den von politischen Systemen begrenzten 'Regionalgesellschaften'. Daniel Bell hat mit Bezug auf ethnische Konfliktmuster innerhalb des politischen Systems formuliert: "What takes place, then, is the wedding of status issues to political demands through the ethnic groups." (Bell 1975, S. 170f.) Die Tatsache, daß der Anschluß an die Teilsysteme ungleich und aus mancher Perspektive ungerecht verteilt ist, verleitet dazu, die Ungleichheiten als Konkurrenz mit bestimmten anderen 'Ethnien' oder 'Nationen' wahrzunehmen. Der zu verteilende Wohlstand wird als Nullsummenspiel perzipiert, und wenn es anderen besser geht als einem selbst, dann ist dies eben ungerecht, und die anderen haben etwas, was ihnen nicht zusteht bzw. was sie einem selbst 'weggenommen' haben. Paradigmatisch mag hier noch einmal der Mythos angeführt werden, der besagt, der Reichtum des Westens beruhe auf der Ausbeutung der sog. Dritten Welt.

Solchermaßen kann in der politischen Kommunikation die Idee einer auf eine bestimmte Merkmalsgruppe reduzierten "Kern-Solidarität" (Alexander 1990; vgl. D. Richter 1992) entstehen, die gegen konkurrierende Ansprüche zusammenhält und die eigenen Ansprüche auch aggressiv zu verteidigen sucht. Es sind dann immer die 'anderen', welche über die aufgezeigten Mechanismen der Attribution die Schuld an den eigenen Einschränkungen und den wahrgenommenen Ungerechtigkeiten tragen. Man sieht, alles was auch nur im entferntesten mit dem Gemeinwohl, mit Leistungsansprüchen und Statuswahrnehmungen zusammenhängt, ist potentiell anfällig für Konnotationen mit der Form 'Nation'. Durch die Ungleichheiten der Weltgesellschaft werden nationalistisch aufgeladene Konflikte gleichsam von selbst geschürt, da sich irgendjemand immer benachteiligt fühlt oder sich von konkurrierenden Ansprüchen bedroht sieht.[86] Was in der jeweiligen Region genauer erklärt werden muß, ist aber nicht nur, weshalb in einigen Regionen der Anschluß an die Teilsysteme, welche die Weltgesellschaft ausmachen, besser hergestellt wird, und in anderen Regionen im Vergleich erhebliche Defizite bestehen. Es muß auch erklärt werden — und dazu eignen sich nationale Feindbilder gleichermaßen —, weshalb es denn so ist, wie es ist, und weshalb es möglichst so bleiben sollte, daß nicht alle dorthin kommen, wo der Anschluß an die Teilsysteme einigermaßen geregelt ist. Nationalistische Semantiken

---

86   Mit einer anderen Akzentsetzung hat Reinhard Bendix einen ähnlichen Zusammenhang formuliert. Seine These lautet, "daß der Nationalismus eine universale Bedingung in der Welt geworden ist, weil das Gefühl der Rückständigkeit des eigenen Landes zu immer neuen Auseinandersetzungen mit dem 'fortgeschrittenen Modell' oder mit der Entwicklung eines anderen Landes führt." (Bendix 1980a, S. 17) Bendix' — nur rudimentär ausgearbeitete — Nationalismus-Theorie findet sich ausführlicher in Bendix 1979 und 1982.

eignen sich also zugleich im Kampf gegen wahrgenommene Ungerechtigkeiten wie auch in der Abwehr von als ungerecht angesehenen Ansprüchen gegen solche Anschlüsse.[87] Es geht bei der Verwendung nationalistischer Semantiken nicht nur um die Behebung von Ungleichheiten, also um Versuche, die auf verbesserte Inklusion in die Teilsysteme zielen, wie die *Rational Choice*-Theorien behaupten. Grenzziehung, Abwertung und Haß wird ebenfalls kommuniziert, damit der eigene, als relativ gehoben angesehene Status gesichert bleibt. Die Gemeinsamkeit beider Möglichkeiten zur Verwendung der Form 'Nation' besteht darin, daß die Relation der 'eigenen' zur 'anderen' Nation/Gruppe als *nicht-legitim* angesehen wird (vgl. auch Tajfel 1982, S. 115ff.). Als nicht-legitim wird jeder Versuch der anderen Seite gesehen, der eigenen Seite nicht den Status zukommen zu lassen, der ihr in der Selbst-Beobachtung eigentlich zukommen müßte.

Nach dieser skizzenhaften Beschreibung des Hintergrunds der Entstehung von Konflikten in der Weltgesellschaft kann nun wieder an die oben analysierten semantischen Feindbilder angeschlossen werden. Feindsemantiken dienen nicht permanent zur Orientierung; es gibt durchaus Zeiten, in denen solche Bilder kaum präsent sind oder nur in kleineren Kommunikationskreisen zirkulieren. Die Form 'Nation' und insbesondere ihr Sub-Programm Nationalismus mit den bekannten Feindsemantiken wird aber dann aktualisiert, wenn Krisen sich im *Beobachtungsmodus der Bedrohung* zeigen. Wenn der Zugang zu bestimmten Leistungen der Teilsysteme gefährdet scheint (etwa durch eine Rezession, drohende Arbeitslosigkeit oder Inflation), wenn man sich politisch nicht angemessen repräsentiert fühlt bzw. die eigene Position im überstaatlichen Rahmen als nur unzureichend berücksichtigt erscheint, und wenn diese Zustände als durch 'andere' verursacht beobachtet werden, dann werden Freund/Feind-Schemata zur Re-Orientierung herangezogen. Einfach ausgedrückt: *Nationalismus ist eine Krisensemantik.*

Nun wird auch deutlicher, weshalb sich nationale Semantiken an das politische System koppeln. Indem das politische System das Gemeinwohl zu verteidigen sucht, wird es zur *Schutzinstanz gegenüber den Statusbedrohungen des Publikums.* Drei Risiken sind es, gegen die der Staat gewissermaßen eine Versicherung anbietet: Erstens stellt das politische System über die Ausübung des Gewaltmonopols nach innen sicher, daß das alltägliche Leben im Sinne Norbert Elias' (1976a; 1976b) zivilisierter abläuft, das heißt, daß man eine gewisse Rechtssicherheit garantiert bekommt und gegenüber den ansonsten drohenden Gefahren für Leib und Leben relativ geschützt ist. Der zweite Punkt stellt schon die Verbindung zur weltgesellschaftlichen Ebene her. Die Politik versucht die Risiken des Wirtschaftssystems abzufedern, indem es einerseits die individuellen Abhängigkeiten durch den Aufbau wohlfahrtsstaatlicher

---

87 Und dies nicht erst seit den gegenwärtigen Versuchen, Nationalismus gegen Wirtschaftsmigranten einzusetzen. Schon Otto Bauer hatte zu Beginn dieses Jahrhunderts beobachtet, daß Migranten infolge ungleicher Entwicklungszustände in die florierenden Gegenden abwandern, wo ihnen als 'Lohndrücker' entsprechender Haß entgegenschlägt (vgl. Bauer 1924, S. 246ff.).

Maßnahmen zu kompensieren sucht und andererseits die weltwirtschaftlichen Einflüsse, so es vorteilhaft erscheint, durch wirtschaftlichen Protektionismus, Zoll- und Handelsschranken, abwehren will. Derartige Maßnahmen gehören im Anschluß an den Merkantilismus von Beginn an zum Arsenal des modernen Staates. Der Staat sei eine "Assecuranzanstalt", kann man schon im Jahre 1802 bei dem Theologen Franz von Baader nachlesen (zit. n. Rassem 1992, S. 630). Exemplarisch sei hier zudem Napoleons Kontinentalsperre erwähnt, welche die ökonomische Konsolidierung des Kontinents (v.a. Frankreichs) gegenüber der fortgeschrittenen britischen Konkurrenz absichern sollte. Und drittens, und sicherlich nicht zuletzt, übernimmt der Staat die militärische Verteidigung in einem Zeitalter, in dem massenbasierte Eroberungskriege an der Tagesordnung sind. Es ist kein Zufall, daß sich die europäischen Nationalismen, beispielsweise Deutschlands und Rußlands (vgl. Carter 1990, S. 15), in erheblichem Maße als Reaktion auf die Napoleonischen Eroberungszüge zu Beginn des 19. Jahrhunderts zurückführen lassen.

Das politische System in seiner Selbstbeschreibung als Staat wird auf diese Weise zu einem "local hero", wie Helmut Willke (1992, S. 362ff.), einen Filmtitel aufnehmend, treffend formuliert hat. Gegenüber den weltgesellschaftlichen Risiken wirtschaftlicher (Konkurrenz) und politischer Art (Fremdherrschaft) kommt dem politischen System in der Tat eine Heldenposition zu, die zur Identifizierung mit dem Staat geradezu einlädt. Der Nationalismus überführt aufgrund der Symbiose mit dem Staat die 'instinktive' moralische Überlegenheit des Patriotismus in eine *politische Superiorität*, was potentiell auf die Vernichtung der anderen Seite hinausläuft. Die Bereitschaft zur Vernichtung der anderen Seite macht deutlich, *daß der Nationalismus im Medium Macht operiert*. Seine diesbezügliche Unterscheidung lautet: Alle Macht für uns und keine Macht für die anderen.

Ohne Zweifel werden die genannten Risiken durch die jeweils eigenen Staaten mit verursacht. Vieles, das als Bedrohung beobachtet wird, stellt sich bei genauerem Hinsehen als Reaktion der anderen Seite auf eigene Handlungen heraus. Charles Tilly hat daher gemeint, die staatlichen Schutzmaßnahmen als Schutzgelderpressung beschreiben zu müssen.[88] Aus einer analytischen Perspektive hat diese schöne Metapher des "racketeering", also Schutz im Ausgleich gegen Steuern und Machtlegitimation, einiges für sich. Dennoch geht sie an der Beobachtung des Publikums wie auch des politischen Systems selbst vorbei. Es ist, sobald in Krisensituationen weltgesellschaftliche Bedrohungen beobachtet werden (wie real auch immer), in beider Interesse, das 'Gemeinwohl' gegen äußere Einflüsse zu schützen und zu verteidigen, wozu vielleicht

---

88 "Governments' provision of protection, by this standard, often qualifies as racketeering. To the extent that the threats against which a given government protects its citizens are imaginary or are consequences of its own activities, the government has organized a protection racket. Since governments themselves commonly simulate, stimulate, or even fabricate threats of external war and since repressive and extractive activities of governments often constitute the largest current threats to the livelihoods of their own citizens, many governments operate in essentially the same ways as racketeers." (Tilly 1985, S. 171)

auch Aggressionen nach außen gehören. Die mit der Form 'Nation' postulierte Einheit von politischem System und Publikum, von 'Staat' und 'Gesellschaft' vermag eine nach außen abgetrennte Solidarität zu suggerieren und unter modernen Bedingungen eine relative Gewißheit und Sicherheit zu vermitteln, die selbst konkurrenzlos ist. Zusammengefaßt: Die Heldenanbetung des Staates mit Hilfe der Form 'Nation' beruht auf der Tatsache, daß die moderne Gesellschaft als funktional differenzierte Gesellschaft von Beginn an eine "Weltrisikogesellschaft" ist; allerdings in dem hier aufgezeigten Sinn und somit anders, als Ulrich Beck (1986, S. 55) diesen Begriff konnotiert hat.

Krisensituationen sind anfällig für Grenzziehungen. Jeder Gebrauch von Semantiken wie 'Nation' im Sinne einer Gemeinschaft, selbst jeder Gebrauch der Einheitssemantik 'Gemeinschaft' kann als Anhaltspunkt für die Beobachtung einer Krise gesehen werden (vgl. Raulet 1993). Folglich besteht, wie deutlich geworden sein sollte, insbesondere in Krisensituationen die Gefahr, in eine zweiwertige Freund/ Feind-Beobachtung hineinzugleiten, die durch 'Nation'- oder 'Gemeinschaft'-Semantiken vorbereitet wurde. Kurt Imhof hat daher m.E. richtig festgestellt: "Die Attraktivität digitaler Ideologien, die die Komplexität des Sozialen auf einfache und stigmatisierende In-Group/Out-Group-Relationen reduzieren, stellen einen sensiblen *Krisenindikator* dar." (Imhof 1993, S. 340) Eine Verbindung von Krise und Bedrohung sowie die Reduktion auf ein zweiwertiges Beobachtungsschema stellt auch Michael Jeismann heraus: "Gerade in Krisenzeiten, wenn die Nation durch Krieg als politische Handlungseinheit unmittelbar betroffen und gefährdet ist, tritt das in Friedenszeiten oft sehr differenzierte nationale Selbstbild drastisch und vereinfacht zutage. 'Wofür' also soll der Soldat kämpfen und 'gegen wen'?" (Jeismann 1991, S. 92) Hat sich also die oben aufgezeigte Konstellation von Krise, Grenzziehung, Bedrohungsbeobachtung und -Feindattribution erst einmal entwickelt, dann ist ein aggressiver nationalistischer Konflikt nur noch schwer vermeidbar. Deutlich sollte auch sein, daß das, was hier als zweiwertige Relation beschrieben wird, faktisch die Absolutierung des einen Wertes der Innenseite der Form bedeutet.

Dabei ist es, um es erneut zu formulieren, vollkommen unerheblich, ob von der anderen Seite 'wirklich' eine Bedrohung intendiert worden ist. Wenn sich die Wahrnehmung der Welt auf eine binäre Codierung im Sinne von 'Freund/Feind' verengt hat, dann werden alle auflaufenden Informationen jeweils einer dieser Seiten zugeordnet. In der Konfliktforschung hat man in diesem Zusammenhang einfache Transformationsregeln für diesen Sachverhalt gefunden, welche den Verengungsprozeß der Beobachtung begleiten: "1. Der Freund meines Freundes ist auch mein Freund. 2. Der Feind meines Freundes ist auch mir gegenüber feindlich eingestellt. 3. Der Feind meines Feindes ist mein Freund. 4. Der Freund meines Feindes ist auch mein Feind." (Bühl 1976, S. 34) Die nationalistische Beobachtung wird solchermaßen, wie schon im Zusammenhang mit Carl Schmitt angedeutet wurde, eine *Totalkonstruktion*, die für sich Universalität beansprucht: "Alles, was in ihren Relevanzbereich fällt, wird dem einen oder dem anderen Wert zugeordnet unter Ausschluß dritter Möglichkeiten." (Luhmann 1986a, S. 79)

Wenn schon für jede 'normale' Beobachtung gilt, daß sie "in Bezug auf die *eigene Referenz unkritisch* vorgeht" (Luhmann 1990a, S. 85), daß sie also nicht sieht, wie sie sieht, dann gilt dies erst recht für eine derart strikte Beobachtungsweise, wie sie die nationalistische darstellt. Entweder man gehört zur präferierten Gruppe auf der eigenen Seite oder eben nicht; und wenn nicht, dann hat man die entsprechenden Konsequenzen zu tragen. Mögliche Kontingenzen und Differenzierungen werden, wie ebenfalls schon angedeutet wurde, mit Hilfe der Kontingenzformel 'Nation' derart eingeebnet, daß Unsicherheiten im Urteil nicht mehr bestehen können. Konflikthafte Situationen mit einer zweiwertigen Beobachtung überführen die Kontingenz der Welt in eine unanfechtbare Nicht-Kontingenz der Tatsachen. War vor dem Konflikt die eigene politische Lebensform nur eine unter vielen, wird sie durch den Konflikt zur einzig möglichen.

Und genau hier ist denn auch die *Irrationalität* nationalistischer Beobachtungen zu verorten, die gleichwohl nur eine beobachtete Irrationalität aus einer anderen Perspektive ist. Doch auch mit dieser Einschränkung bleibt festzuhalten, daß es *die gegen jeden Zweifel erhabene, werthafte Aufladung* der Innenseite der Form 'Nation' ist, die eine 'rationale' Behandlung des Problems von außen so schwierig macht.[89] Die Binarisierung der Weltsicht, das Entweder-Oder, entzieht 'besseren' oder 'moralischen' Argumenten den Grund, da auch diese Argumente in der Wahrnehmung wieder nur binär codiert werden. Sobald die Werte der eigenen Seite der Form dadurch in Gefahr zu geraten drohen, werden die Argumente als irrelevant bzw. als feindlich intendiert beobachtet. Ich kann mich daher der folgenden Einschätzung von Stephen Whitney und Daniel Katz zur zweiwertigen Handhabung der 'Nation' nur anschließen: "[V]alues tend to have boundary qualities like the crossing of a national border. National symbols, national honor, and values about the rightness and wrongness of policies or behaviors are sensitive reactors. Honor is untouched or abused. Sovereignty is unquestioned or threatened. A shot is fired or unfired. (...) Another aspect of values is that they tend to have emotional components considerably stronger than those associated with intellectual calculation and rational decision. The etiology of values as well as their either-or quality precipitates emotional decision that is inimical to rational consideration and negotiation." (Whitney/Katz 1965, S. 79) Die Zweiwertigkeit der Beobachtung — für uns oder gegen uns — macht, wie man weiter vermuten kann, alle Informationen derart 'passend', daß auch Beeinflussungsversuche von außen an der

---

89 Welch fatale Konsequenzen eine Unterschätzung dieser werthaften Aufladung haben kann, machte das diplomatische Verhalten der westlichen Demokratien gegenüber Hitler in den dreißiger Jahren deutlich. Wie Craig und George analysieren, lag der eigentliche Grund für die in der Appeasement-Politik sich ausdrückenden Unterschätzung Hitlers darin, daß man im Westen ein erheblich rationaleres Politik-Modell verfolgte, das die Kriegführung als Mittel der Politik mehr oder weniger ausschloß (vgl. Craig/George 1984, S. 102f.).

self-fulfilling prophecy der Wahrnehmung abprallen müssen.[90] Man sieht auf der anderen Seite ohnehin nur das, was man sowieso erwartet hatte.

Gewöhnlich korrespondiert mit einer derartigen beobachteten Bedrohungssituation die Neigung, sich gegen den perzipierten Feind aggressiv zu verteidigen. Die 'nationale Solidarität' wird angerufen, um dem Feind den Platz zu zeigen, der ihm bestimmt ist: ein Platz jenseits der selbstgezogenen Grenze. Es liegt somit nahe, daß dem schon für die semantische 'Wir-Gruppen'-Konstitution typischen Einschluß/Ausschluß-Muster nun unter Konflikt- und Bedrohungswahrnehmung ein aggressiver Versuch folgt, den Ausschluß über die Grenze hinweg auch faktisch zu vollziehen; und der Weg über die Grenze kann auch 'Tod' heißen. Die Geschichte der ethnischen Säuberungen, die nicht erst mit den jüngsten Konflikten Ex-Jugoslawiens begonnen hat, enthält hierfür viele Beispiele (vgl. Bell-Fialkoff 1993), ebenso diejenige des Genozids (vgl. Fein 1990), ganz zu schweigen von den *race riots* oder der fremdenfeindlichen Gewalt in Westeuropa, die ähnliches im kleineren Maßstab darstellen.

Theoretisch gesehen, stellt der hierauf logisch folgende Konflikt ein eigenständiges soziales System dar, in dem die Kommunikation immer nur auf die vorherige Bezug nimmt. Folgt die von der Innenseite der Form als Feind beschriebene Außenseite der zweiwertigen Beobachtung nach und konstituiert aufgrund der plausiblen Bedrohung nun ebenfalls ein Freund/Feind-Schema (was nicht notwendig passieren muß), dann etabliert sich das für Kommunikationssysteme charakteristische Muster der *doppelten Kontingenz* (hierzu allgemein: Luhmann 1984a, S. 153ff.). Man orientiert sich in der Folge nicht mehr nur daran, was man vom Feind als Handlung beobachtet, sondern auch daran, was man erwartet, das der Feind von einem selbst wiederum erwartet. Alles geschieht jedoch unter der Prämisse, den Feind zu schädigen; bis hin zu Massakern und Massenvergewaltigungen. Es besteht die Tendenz, "alles Handeln im Kontext einer Gegnerschaft unter diesen Gesichtspunkt der Gegnerschaft zu bringen." (Ebd., S. 532) Indem immer nur auf die beobachteten Handlungen der anderen Seite reagiert wird, entsteht ein sich selbst tragendes soziales System, von dem eher die Fortsetzung zu erwarten ist, denn die Beendigung (vgl. ebd., S. 537).[91] Wie den

---

90   "Rather, the initial stereotypic expectancies held by a perceiver tend to be confirmed by the target persons's subsequent behavior in a self-fulfilling prophecy." (Fisher 1990, S. 43) Dies ist übrigens keine neue Einsicht. Schon Schopenhauer führte die "Vorurtheile des Standes, des Gewerbes, der Nation, der Sekte, der Religion" auf den folgenden Umstand zurück: "Eine gefaßte Hypothese giebt uns Luchsaugen für alles sie bestätigende, und macht uns blind für alles ihr Widersprechende." (Schopenhauer 1991, II, S. 252 [1859])

91   Man kann den gleichen Sachverhalt auch spieltheoretisch ausdrücken: "In der *Runde 1* entsteht in Ethnie A eine nationalistische Vereinigung, die paranoid gegen Ethnie B argumentiert; dabei ist es unwesentlich, ob in Ethnie B eine wenn auch nur gemäßigte nationalistische Vereinigung existiert. In der *Runde 2* reagiert Ethnie B. Wenn sie schon eine nationalistische Vereinigung hatte, sieht diese ihre Warnung aus Runde 1 bestätigt. Die Bedrohung wird nun von immer weiteren Teilen der Ethnie B als reell angesehen, die Bewegung erhält Zulauf. Wenn noch keine solche Vereinigung existierte, formiert sich nun eine aufgrund der offensichtlichen Bedrohung. Diese Entwicklung bestätigt wiederum die A-Nationalisten, die also in der *3. Runde* weiteren Zulauf erhalten. In *Runde 4* (Ethnie B) geschieht nun dasselbe mit den B-Nationalisten, die schon

Berichten aus den globalen Konfliktregionen mit un-schöner Regelmäßigkeit zu entnehmen ist, hat immer nur die andere Seite den Waffenstillstand gebrochen, und man selbst hat nur auf die hinterlistigen Provokationen des Feindes reagiert. Vermutlich glauben beide Seiten noch an diese, jeweils die andere Seite anklagende Darstellung. Der grausamste Aspekt des hier zu behandelnden Themas unterliegt einer banalen Eigenlogik des Konflikts, die trotz (oder wegen?) ihrer Banalität kaum zu durchbrechen ist.[92] Eine solche Konfliktdynamik kann aus jedem noch so bagatellhaften Anlaß entstehen; für die Etablierung nationalistischer Konfliktmuster können jedoch die vorbereitenden Stereotype und Feindbilder, die mit der Form 'Nation' verbunden sind, nicht unterschätzt werden.

2.7 'Nationale' Identität und Einheit durch Differenz

Nach dieser Analyse zu den Auswirkungen und konflikthaften Entwicklungsmöglichkeiten der Beobachtung der Weltgesellschaft mittels nationaler Semantiken kehre ich nun zurück zur Form 'Nation' selbst. Es werden im folgenden Abschnitt zwei Topoi erörtert, die untrennbar mit nationalen Beschreibungsmustern verbunden sind: das Thema der kollektiven, d.h. hier: der 'nationalen Identität' sowie die Frage nach der 'nationalen Einheit'. Sowohl in der politischen wie auch in der wissenschaftlichen Diskussion tauchen die beiden genannten Themen immer wieder auf. In einer neueren geschichtswissenschaftlichen Abhandlung zum vorliegenden Thema etwa wird nationale Identität mit Nationalbewußtsein gleichgesetzt. Beim Nationalbewußtsein handelt es sich nach Otto Danns Ansicht um "den Prozeß einer kollektiven politischen Bewußtwerdung, in dem die Mitglieder eines Volkes bzw. die Bewohner eines Territoriums entdecken, daß sie gemeinsame Traditionen und Interessen haben, daß sie eine Solidargemeinschaft sind." (Dann 1993, S. 12) Das hiermit korrespondierende Spezifikum nationaler Identität, die mit anderen Identitäten wie Region und Religion konkurriere, sei "die Verbundenheit mit einem politischen Territorium, das als Vaterland

---

'immer' vor dem wachsenden Nationalismus der Ethnie A warnten. In *Runde 5* (Ethnie A) und in *Runde 6* (Ethnie B) registrieren die Opportunisten beider Ethnien den Zuwachs der nationalen Bewegungen und fangen an, sich in ihnen zu engagieren. So entstehen Rückkopplungskreisläufe." (Gosztonyi 1993, S. 636) Gosztonyi kolportiert zur Illustration ein Gerücht, das besagt, der Krieg in Sarajevo habe nach einer moslemischen Hochzeit begonnen, als jemand zufällig während der traditionellen Sitte, in die Luft zu schießen, getötet worden sei, was zur Folge gehabt hätte, daß binnen weniger Tage das ganze Gebiet in Schießereien involviert gewesen sei.

92 Es ist daher unverständlich, wie Wolfgang Huber in seiner Kritik am Luhmannschen Konfliktkonzept behauptet, eine derartige theoretische Fassung lasse die Suche nach den Möglichkeiten der Beendigung gar nicht erst zu (vgl. Huber 1990, S. 53ff.). Große Hoffnung auf Versöhnung, welche Huber jeglichem Konflikt entgegen zu halten versucht, kann aber, da ist ihm recht zu geben, aus einem derartigen Ansatz nicht geschöpft werden. Ob jedoch gerade Versöhnung der adäquate Ansatz sein kann, mit dem nationalistischen Konflikten beizukommen ist, möchte ich angesichts der Verhältnisse im Kaukasus und Ex-Jugoslawien stark bezweifeln. Wenn überhaupt etwas, dann vermag militärischer und diplomatischer Druck von außen weiter zu helfen.

verstanden wird." (Ebd.) Auf politischer Ebene wird das Problem thematisiert, indem beispielsweise gefragt wird, wie sich denn die nationale Identität der Deutschen nach dem Nationalsozialismus überhaupt ausbilden kann. Sei es, daß die Tabuisierung nationaler Identität nach der NS-Zeit für die fremdenfeindliche Gewalt in den letzten Jahren verantwortlich gemacht wird, da sich die Jugendlichen nicht mit einer 'normalen' Nation hätten identifizieren können, oder aber sei es, daß die "innere Einheit der Deutschen" nach der "äußeren Vereinigung" eingeklagt wird. Zumeist werden beide Topoi, 'Identität' und 'Einheit' unhinterfragt kommuniziert; und dies nicht nur in Deutschland, wie die Aufzählung suggerieren mag. Diese Selbstverständlichkeit der Rede von 'nationaler Identität' und 'nationaler Einheit' soll im folgenden näher untersucht werden.

In der soziologischen Tradition zum Begriff 'Identität' tauchen erstaunlicherweise solche Bestimmungen im Zusammenhang mit einer kollektiven Identität nur am Rande auf. Identitätsfragen beziehen sich in der Regel auf Probleme der individuellen Identität. Es geht zumeist um die Frage, wie sich das moderne Individuum überhaupt noch als besonderes in einer Massengesellschaft wahrnehmen kann. Die Herstellung von Ich-Identität wird als singuläre Aufgabe des Individuums beschrieben: "*Identität wird (...) als selbstreflexiver Prozeß eines Individuums verstanden.* Eine Person stellt Identität über sich her, indem sie ihr Wissen, ihre Erfahrungen über sich selbst verarbeitet." (H. Frey/Haußer 1987, S. 4; vgl. ähnlich Habermas 1981, S. 147ff.; zusammenfassend: Straub 1991, S. 55). Das, was als 'soziale Identität' beschrieben wird, bezieht sich im Anschluß an Mead und Goffman auf die Rollenerwartungen, die an das Individuum aus seiner direkten Umwelt herangetragen werden. Als Problem wird im Anschluß an diese Unterscheidung von 'personaler' und 'sozialer' Identität die Ausbalancierung der individuellen Ansprüche mit den Erwartungen der Umwelt angesehen, oder genauer mit Krappmanns Worten, "eine Identität aufzubauen, die scheinbar den sozialen Erwartungen voll entspricht, aber in dem Bewußtsein, in Wahrheit die Erwartungen doch nicht erfüllen zu können." (Krappmann 1988, S. 72; vgl. Reck 1981, S. 133ff.)

Eine Verbindung von sozialer mit kollektiver Identität findet sich hingegen in sozialpsychologischen Ansätzen. Demnach ist die soziale Identität derjenige Teil des Selbstkonzeptes, der sich auf das Wissen um die Mitgliedschaft in einer Gruppe bezieht (vgl. Tajfel 1982, S. 102). So scheint es ausreichend zu wissen, daß man in einer bestimmten Umgebung lebt, damit eine spezifische Identität ausgebildet werden kann.

Beide Konstrukte 'sozialer Identität' lassen sich mit der hier zugrunde gelegten Theorie-Perspektive kaum verbinden. Der mit Mead und Goffman argumentierende Ansatz übersieht, daß sowohl die Beobachtung der Autonomie der Person wie auch die Erwartungen, die aus der Umwelt herangetragen werden, nur selbstreferentielle Beobachtungen des psychischen Systems sind: "Das Bewußtsein bzw. eine Ich-Identität besteht nicht aus personalen neben sozialen Elementen. Bewußtsein operiert als *auto-poietisches* System per definitionem — gewiß in einer sozialen Umwelt zwar — nur qua Bewußtsein." (Nassehi 1993, S. 351; vgl. Luhmann 1984a, S. 360f.; S. 373). Der sozialpsychologische Ansatz hingegen, der soziale Identität als den Bezug zur Gruppe, in der man lebt, beschreibt, leidet wiederum unter der Hypostasierung der Gruppe. Zwar wird die Perzeption der Gruppe als Teil des personalen Selbstkonzeptes gesehen, die Gruppe bzw. das Kollektiv selbst werden aber unhinterfragt als Gegenstand verwendet und die Konstitutionsprozesse ausgeblendet. Kollektive Identität bezieht sich mit einer solchen Perspektive folglich "auf den bewußten sozialen Zusammenhang, den sie [die Individuen, D.R.] z.B. als ganze Gesellschaften, als Klassen 'an und für sich', als Geschlechts- oder Religionsgemeinschaft bilden, und der es erst erlaubt, von einem (Groß)*Kollektiv* zu reden." (Estel 1988, S. 176) Es ist nur konsequent, wenn der eben zitierte Autor die nur wenig ausgeprägte nationale Identität Nachkriegsdeutschlands als Mangel in der Sozialintegration bedauert. Wenn man das Kollektiv der 'Bundesdeutschen' als gegeben sieht und die Integration mit Hilfe der 'Nation' als normalen Standard betrachtet, dann muß gerade die Situation Deutschlands Anlaß zum Nachdenken geben. Vielleicht liegt es aber auch nur an der inadäquaten theoretischen Herangehensweise, die etwas zur Normalität erklärt, was selbst geklärt werden müßte.

An dieser Stelle kann es daher weder um das Aufzeigen von Mängeln noch um Bedauern (oder Begrüßen) gehen. Es bleibt vielmehr zur klären, wovon eigentlich die Rede ist, wenn die Begrifflichkeit der 'kollektiven nationalen Identität' gebraucht wird. Die Frage lautet: Was ist das Problem, wenn 'nationale Identität' als Antwort eingesetzt wird? Die hiermit angesprochene Funktionsbestimmung kollektiver Identität nimmt ihren Ausgang von der neueren personalen Identitätsforschung. In der Identitätsforschung kann es als *common sense* angesehen werden, daß personale Identität, das Eins-Sein mit sich selbst — Identität im allgemeinen: das Eins-Sein mit irgendetwas — in der Moderne zum *Problem* wird. Nicht nur die Literatur, auch die überlaufenen Psychotherapie-Praxen zeugen davon, daß ein Leben in Zufriedenheit mit sich selbst und anderen nicht einfach gegeben ist. Auf die Frage, was denn ein Identitäts-Problem sei, kann man schon einer älteren Abhandlung die folgende Antwort entnehmen: "At the simpliest level, it is any serious dissatisfaction with the kind of person one is (...). And this is almost associated with unsatisfactory 'feedback' from others." (Klapp 1969, S. 6) Die neuere Forschung radikalisiert, wie schon angedeutet wurde, den Zusammenhang von Person und Umwelt. Alles, was die Identität betrifft, wird auf das Bewußtsein bezogen und als Leistung des psychischen Systems begriffen. Identität kann demnach nur noch *biographisch* hergestellt werden.[93] *Biographische Identität übernimmt die Leistung, die Einheit der Person in zeitlicher Hinsicht zu beschreiben,* nämlich "sinnhafte Kontinuität in der Zeit zu erreichen." (Nassehi/Weber 1990b, S. 181) Mit anderen Worten: Nur die biographische Identität kann sicher-

---

93 Dieser Umstand wird mittlerweile von verschiedenen Theorierichtungen vertreten, etwa von Giddens: "Self-identity is not a distinctive trait, or even a collection of traits possessed by the individual. It is *the self as reflexively understood by the person in terms of her or his biography.*" (Giddens 1991, S. 53)

stellen, daß man heute der gleiche ist, der man gestern war. Und mehr noch: Nur eine sichere biographische Identität kann in der Gegenwart auch für zukünftige Ereignisse Kontituität bzw. das Erreichen selbstgesteckter Ziele in Aussicht stellen.

Alles zusammen, die Verortung eines Selbst in der Vergangenheit, in der Gegenwart und in der Zukunft, wird in der modernen Gesellschaft zum Problem. Es ist vor allem die schon an anderer Stelle angesprochene Kontingenzerfahrung der Moderne, die für das verantwortlich gemacht werden muß, was heute als Identitätskrise beschrieben wird. Anthony Giddens hat zu Recht in diesem Zusammenhang den Aspekt der Globalisierung in der Moderne betont, der dazu führt, daß soziale Beziehungen aus ihrem lokalen Kontext herausgelöst und auf anderem Niveau geknüpft werden müssen: "The dynamism of modernity derives from the *separation of time and space* and their recombination in forms which permit the precise time-space 'zoning' of social life; the *disembedding* of social systems (a phenomenon which connects closely with the factors involved in time-space separation); and the *reflexive ordering and reordering* of social relations in the light of continual inputs of knowledge affecting the actions of individuals and groups." (Giddens 1990, S. 16f.) Die ehedem räumlichen und zeitlichen Sicherheiten des Lebens gehen verloren, weil die relevanten Kontexte nicht mehr lokal bezogen sind, was erhebliche Rückwirkungen etwa auf Fragen des persönlichen Sicherheitsgefühls, des Vertrauens und somit der personalen Identität hat (vgl. auch Giddens 1991). Mit einem Rückgriff auf den oben erörterten Begriff der Inklusion kann man sagen, daß ebenso wie der Status in der Moderne auch die Identität durch die Ausdifferenzierung der Gesellschaft in Teilsysteme zum Problem wird. In der vormodernen, stratifizierten Gesellschaft waren Status und Identität an den jeweiligen Stand gebunden, in den man hineingeboren war und in dem man in der Regel zeitlebens blieb (vgl. Luhmann 1980, S. 30). Das heißt, die Identität der Person war prinzipiell mit dem Status verbunden und festgelegt, also nicht-kontingent. Da man sich den Status nicht aussuchen konnte, konnte auch die Identität nicht zum Problem werden. Dies sollte sich mit der Umstellung der Differenzierung von Stratifikation auf Funktion dramatisch ändern. Sowohl der Status als auch die Identität wurden nun selbst kontingent — und sind es bis in die Gegenwart geblieben. Moderne bedeutet in diesem Zusammenhang, "daß bei funktionaler Differenzierung die Einzelperson nicht mehr in einem und nur einem Subsystem der Gesellschaft angesiedelt sein kann, sondern *sozial ortlos* vorausgesetzt werden muß." (Luhmann 1982a, S. 16) Die Identität wird also in dem Moment zum Problem, in dem die vormals fraglose Verortung und die fraglose Orientierung qua religiöser Einheitsperspektive im Verschwinden begriffen ist, also auf dem Hintergrund anderer Möglichkeiten.

Mit der funktionalen Differenzierung kommt es nämlich gleichzeitig zu einer Perspektivenvervielfachung, die moderne Gesellschaft bedeutet *Multiperspektivität*. Dieser Umstand kann für den vorliegenden Zusammenhang nicht hoch genug eingeschätzt werden. Stellt man nämlich diese Vervielfältigung der Perspektiven in Rechnung, kann die Einheit der Gesellschaft allenfalls kontrafaktisch als Behauptung aufrechterhalten werden: "Society by no means exists as a unity in the weak form of counterfactual expectations that are maintained even when they are disappointed. It exists as the form that solves the paradox and complexity of a *unitas multiplex.*" (Luhmann 1990d, S. 423) Die Einheit der Gesellschaft kann im Anschluß an die strukturellen Veränderungen nur noch behauptet bzw. utopisch-romantisch ausgemalt werden, und diese Behauptungen und Utopien setzen sich selbst wiederum der Beobachtung aus und werden somit kontingent.

Die hiermit einhergehende Identitätskrise der einzelnen Person, die — wie gezeigt — eine Verortungs- und Orientierungskrise darstellt, *kann*, aber muß nicht, *mit ethnischen, nationalen und nationalistischen Semantiken kompensiert werden* (vgl. Stichweh 1988; Nassehi/Weber 1990a). Doch was die Einheits-Form 'Nation' in einer derartigen Situation so attraktiv macht, ist, daß man genau das zu finden scheint, was individuell durch die strukturellen Veränderungen verloren geht: Sicherheit gegenüber weltgesellschaftlichen Risiken über das politische System, Solidarität durch die Gemeinschaft eines Kollektivs, Verortung in der Geschichte, Orientierung an dem, was man nicht will und nicht darstellt, dem Feind. Und mit alldem wird auf eine scheinbar sichere 'Bank' für die Zukunft gesetzt. Wo die Identität der Person als Sinneinheit in der Zeitdimension in Frage steht, kann die Identität der 'Nation' darüber hinweg helfen.[94] Nationale Mythologien enthalten daher, neben anderem, sowohl einen zeitlichen wie auch einen räumlichen Ursprungsgedanken (vgl. A.D. Smith 1986, S. 192), mit dessen Hilfe man sich zeitlich wie örtlich fixieren kann.

Die 'Erfindung' von Traditionen, Denkmälern und einer nationalen Geschichte, die so charakteristisch für das 19. Jahrhundert ist, zeugt von diesem Bedarf, die Wurzeln eines 'Gemeinwesen' zu befragen. Wie Eric Hobsbawm dargelegt hat, darf man sich nicht von der scheinbar langen Geschichte moderner 'Nationen' täuschen lassen, sondern muß die 'nationale' Geschichte als gegenwärtige Funktion im Kontext anderer nationaler 'Erfindungen' sehen: "And just because so much of what subjectively makes up the modern 'nation' consists of such constructs and is associated with appropriate and, in general, fairly recent symbols or suitably tailored discourse (such as 'national history'), the national phenomenon cannot be adequately investigated without careful attention to the 'invention of tradition'." (Hobsbawm 1983, S. 14) Für Deutschland etwa kann der Einstieg in eine einheitliche nationale Geschichtsschreibung mit der im Jahre 1780 erschienen Schrift *Vorschlag zu einem Plan der deutschen Reichsgeschichte* von Justus Möser zeitlich verortet werden. Möser ist offenbar der erste Autor, der die Geschichte nicht mehr aus der Perspektive eines Fürstenstaates schreiben will, sondern die Einheitsperspektive in die Vergangenheit verlängern will (vgl. Gall/Blasius 1975, S. 124f.). Auf diese Weise können wenigstens einige Aspekte in einer sich ständig verändernden Moderne als zeitlich konstant angesehen werden.

---

94 Nachzulesen schon bei Schopenhauer: "Aber jeder erbärmliche Tropf, der nichts in der Welt hat, worauf er stolz seyn könnte, ergreift das letzte Mittel, auf die Nation, der er gerade angehört, stolz zu seyn: hieran erholt er sich und ist nun dankbarlich bereit, alle Fehler und Thorheiten, die ihr zu eigen sind, κυξ κα λαξ zu vertheidigen." (Schopenhauer 1991, IV, S. 358)

Und für die Zukunft können die aus der Geschichte gefilterten, distinkten Merkmale der Nation (Heldenhaftigkeit etc.) ebenfalls einen Grundstock bilden, von dem aus sich sicherer und besser leben läßt, als man dies anderen Nationen zutraut. Die besonderen Merkmale — beispielsweise die Selbstbeschreibung als Kulturnation oder die historische Mission des Kampfes gegen den Islam, wie im Falle des serbischen Nationalismus — können zur Aufgabe werden, wodurch die Nation sich selbst ihre Bestimmung zuweist.[95]

Die Form 'Nation' als Identitätssemantik erweitert darüber hinaus mit dem Kollektivbegriff die Einheit noch in die räumliche Dimension. Sie kann also nicht nur Vergangenheit, Gegenwart und Zukunft sichern helfen, sondern auch die Individualisierung in einem räumlichen Sinne semantisch auffangen. Mit Hilfe nationaler Semantiken steht man auf einmal, der strukturellen Desintegration und der Zurückverweisung des Identitätsproblems auf das eigene Selbst zum Trotz, nicht mehr alleine da. Aus multiplen individuellen Schicksalen wird eine Schicksalsgemeinschaft. Das Fehlen einer solchen Kollektividentität wird, wie Gerold Schmidt in einer linguistischen Untersuchung dargelegt hat, so kommuniziert, "daß den Mitgliedern der Gruppe der Zusammenhalt, die Begeisterung, also die geistig-seelische Beziehung zur Gemeinschaft fehlt und daß dies auf die Gruppe als selbständige Einheit zurückwirkt und sie prägt." (Schmidt 1976, S. 341f.) Der Begriff 'Gruppenidentität' sei, so Schmidt weiter, durch die Vorstellung eines spezifisch abgegrenzten Konsenses konnotiert (vgl. ebd., S. 342).

Und schließlich wird auch das Problem der Kontingenz der Identität durch die Form 'Nation' behoben. Nirgends kann man sich seiner Identität so sicher sein, wie im Falle von nationalistischen Konflikten, die wegen ihrer Zwei-Seiten-Form eine Entscheidung darüber verlangen, auf welcher Seite man steht. Wenn man auch in Krisenzeiten vieles nicht weiß, man weiß wenigstens, daß man gegen diesen oder jenen Feind anzukämpfen hat, weil man eben auf der Innenseite der Form steht. Die kontingente Identität wird durch den Konflikt faktisch nicht-kontingent. Im Grunde nämlich hat man keine Wahl zwischen den Seiten.

Identität in diesem Sinne, die über eine Semantik kommuniziert wird, ist, was festzuhalten bleibt, ebenfalls lediglich ein Thema der Kommunikation. In Analogie zu der von Alois Hahn formulierten Differenz von Biographie und Lebenslauf (vgl. Hahn 1988), welche die Biographie gegenüber den Ereignissen des Lebenslaufs als eben die Thematisierung desselben beschreibt, kann auch die Kommunikation kollektiver bzw. nationaler Identität als eine *Selbstbeschreibung* bzw. *Selbstthematisierung* gesehen werden. *Es handelt sich folglich um die Behauptung der Einheit eines Kollektivs, das*

---

95 Eine philosophische Erörterung des Zusammenhangs von 'Einheit', 'Ganzheit' und 'historischer Identität' unter Bezugnahme auf ein individuelles Subjekt findet sich bei Angehrn 1985, S. 284ff. Auch Angehrn sieht eine wesentliche Funktion historischer Identität in der Sinnstiftung, die bei ihm formuliert wird als "Idee der innern Vollendung und Erfüllung, der Selbstverwirklichung." (Ebd., S. 295)

— strukturell gesehen — nicht existiert. "Es *gibt* keine Gemeinschaft, sondern nur eine sozial fungierende Semantik, die bereitsteht und genutzt wird dazu, die Einheit der Gesellschaft (...) in (...) Kommunikationen zu repräsentieren (...)." (Fuchs 1992, S. 177) Und selbst für diejenigen, die kontrafaktisch an der nationalen Einheit bzw. Identität festhalten, stellt sich bei näherem Hinsehen immer wieder das Problem, diejenigen Kriterien zu beschreiben, welche die Identität, also Einheit und Gleichheit eines Kollektivs garantieren sollen. Die Suche nach 'nationaler Identität' spiegelt eben auch wider, daß sie im Grunde nicht hergestellt werden kann. Nationale Identität im Sinne des oben beschriebenen Konsenses kann es in der modernen Gesellschaft, bei der ihr eigentümlichen Multiperspektivität, nicht geben.[96] Was immer als nationaler Konsens oder Einheit oder Identität beschrieben wird, ist beobachtbar und damit negierbar. Aber: Mit diesem politisch-semantischen Kunstgriff der 'nationalen Identität' kann es zumindest zeitweilig gelingen, die Exklusion aus den Teilsystemen wieder aufzufangen. Kurz gesagt: Der strukturellen Exklusion folgt die semantische Inklusion in die 'Nation'.

Dies alles ist *im Ergebnis* nicht sonderlich neu und kann in anderen Terminologien bei Autoren wie Fuchs (1991; 1992), Giesen (1991a; 1993), Nassehi (1990) bzw. Nassehi und Weber (1990b) oder Stichweh (1988) nachgelesen werden, die sich der Thematik ebenfalls mit mehr oder minder explizitem systemtheoretischem Instrumentarium nähern; auch Andersons (1988) Metapher einer *imagined community* geht in die gleiche Richtung. Bei jedem der angegebenen Autoren geht es darum, daß die 'Nation' als Einheitssemantik und Identität die vormoderne Einheitsperspektive auf die Welt zu ersetzen sucht. Und in der Tat verweist die Verwendung der Vokabel 'Einheit' begriffsgeschichtlich in die gleiche Richtung; ihre explizit politische, in eine nationale Richtung weisende Verwendung ist seit dem 18. Jahrhundert nachweisbar (vgl. Gall/Blasius 1975, v.a. S. 123ff.). Bei allen derartigen Einheitssemantiken — die 'Nation' ist nur eine unter vielen — geht es darum, die scheinbaren Verluste, die mit der Moderne eingehandelt werden, in irgendeiner Form aufzufangen. Wie schon im Zusammenhang mit Werner Sombarts Werk deutlich wurde (Abschnitt 1.3), bekommt insbesondere die 'Nation' die Aufgabe, das Auseinanderdriften sozialer Sphären, die Zerrissenheitserfahrungen in der Moderne, kurz: die Folgen der funktionalen Differenzierung der Gesellschaft zu kompensieren.

Worauf hier mit der Fassung der 'Nation' als Form besonders hingewiesen werden kann und was theoretisch kaum erfaßt ist, ist, daß sowohl die Einheit als auch die Identität immer nur *Einheit und Identität qua Differenz* sind — und eben dies scheint mir bei den zitierten Vorgängern zu wenig beleuchtet worden zu sein. Um es theoretisch zu formulieren: Sowohl Einheit als auch Identität (als Repräsentation von

---

96 Auch Gerold Schmidt merkt in seiner sprachwissenschaftlichen Untersuchung an: "*Nationale Identität* muß (...) den modernen politischen Schlagworten zugerechnet werden, die intellektuell-rational einen nur geringen Sinn haben, dafür aber um so mehr mit unbestimmtem emotionalem Gehalt beladen sind." (Schmidt 1976, S. 343)

Einheit) sind ebenfalls als Form im Sinne Spencer Browns aufzufassen, die jeweils etwas ein- und etwas anderes ausschließt. Worum es also hier bei der Bestimmung von Identität gehen muß, ist nicht, wie die philosophische Tradition das Problem zu fassen suchte, die (dialektische) Einheit von Identität und Differenz,[97] sondern die *Differenz von Identität und Differenz*. Jede Identität, jede Behauptung von Einheit in der modernen Gesellschaft geschieht auf dem Hintergrund anderer Möglichkeiten. Luhmann hat daher die Differenz von Identität und Differenz mit der Differenz von Aktualität und Möglichkeit in Beziehung gesetzt: "Das Mögliche wird als Differenz verschiedener Möglichkeiten (einschließlich derjenigen, die gerade aktualisiert ist und auf die man zurückkommen kann) aufgefaßt und die zu aktualisierende Möglichkeit wird dann in ihrer Identität als dies-und-nichts-anderes bezeichnet." (Luhmann 1984a, S. 100f.) Man kann daraus folgern, daß jede Identität ihre andere Seite der Form braucht, um als Identität unterscheidbar zu sein. Selbstreferentielle Kommunikation *allein* genügt also nicht, damit Identität ausgebildet werden kann.

Hinzu kommt noch die Beobachtung von Fremdreferenz, also die Beobachtung, daß man selbst wiederum beobachtet wird. Diese Unterscheidung von Selbstreferenz und Fremdreferenz hatte die ältere Identitätstheorie als Unterscheidung von personaler und sozialer Identität zu fassen versucht. Erst der Zusammenhang, oder genauer: die Unterscheidung von Selbst- und Fremdreferenz kann Identität entstehen lassen, wie Luhmann im Zusammenhang mit der Identität psychischer Systeme angemerkt hat: "Identitäten lassen sich, wenn hinreichend distinkt, *kondensieren*, so daß sie bei Wiederholung als dieselben erkennbar werden." (Luhmann 1987d, S. 48) Ähnliches hat auch Jean-Marie Benoist aus einer strukturalistischen Perspektive formuliert: "Die Frage nach *dem Andern* tritt als konstitutiv für Identität in Erscheinung." (Benoist 1980, S. 15) Für die Identität gelten somit ähnliche Konstitutionsbedingungen wie für den Formbegriff Spencer Browns insgesamt: keine Identität ohne konstituierende Differenz.[98]

Überträgt man diese Beobachtung auf die gesellschaftstheoretische Ebene, so wird deutlich, daß auch *die Semantik nationaler Identität nur durch Differenz in der Weltgesellschaft möglich wird*. Die Suche nach Eigenständigkeit, Besonderheit, Tradition und Identität ist selbst Folge der Weltgesellschaft.[99] Dazu gehört nicht nur die

---

97 Vgl. den lexikalischen Überblick bei Schenk 1990 sowie die gründliche begriffsgeschichtliche Darstellung bei Beierwaltes 1980. Ansätze in die hier vertretene Richtung finden sich philosophischerseits bei Heidegger 1957.

98 Vorstellungen über Identitätsbildung, welche die konstituierende Differenz vernachlässigen, müssen daher folgenlos bleiben. Zu einer derartigen Theorie vgl. Habermas 1992a, S. 187ff., der ein emphatisches 'Wir'-Gefühl aus hermeneutischen Selbstvergewisserungsdiskursen als möglich erachtet. Kritisch hierzu: D. Richter 1994a.

99 Roland Robertson weist in diesem Zusammenhang zu Recht darauf hin, daß auch die weltweit sichtbare Suche nach Identität von globalen Vorgaben abhängt: "Identity, tradition and the demand for indigenization only make sense *contextually*. Moreover, uniqueness cannot be regarded simply as a thing-in-itself. It largely depends both upon the thematization and diffusion of 'universal' ideas concerning the appropriateness of being unique *in a context*, which is an

Veränderung lokaler Kontexte durch die Globalisierung, worauf Giddens (1990; 1991) zu Recht hinweist. Dazu gehört auch, daß erst die Weltgesellschaft den Rahmen schafft, in dem man gezwungen ist, sich zu vergleichen und als anders zu beobachten. Und erst in der Weltgesellschaft findet der einzelne lokale Kontext seinen Widerpart, über den er die eigene Suche nach Besonderheit betreiben kann.

Mit anderen Worten: Man weiß erst über eine Selbstbeschreibung als Nation, was und wie man ist, wenn man weiß, was und wie man nicht ist.[100] Nationale Identität beinhaltet nicht nur, wie Anderson formulierte, die Erfindung einer Nation. Sie beinhaltet mindestens ebenso deutlich die Erfindung der anderen Seite der Form — wenn möglich gar eines Feindes, durch den die nationale Identität auf die Nicht-Kontingenz zuläuft.[101] A.D. Smith hat jüngst ebenfalls auf diese Muster von Gleichheit/Identität durch Differenz hingewiesen: "The members of a particular group are alike in just those respects in which they differ from non-members outside the group. (...) This pattern of similarity-cum-dissimilarity is one meaning of national 'identity'." (A.D. Smith 1991, S. 75)

Paradigmatisch für eine derartige Gegen-Identität kann der russische Nationalismus angesehen werden. Folgt man der Darstellung von Greenfeld (1990), so wird deutlich, wie sehr die russische nationale Identität als Absetzbewegung vom Westen fungiert, der ehedem als Vorbild und Modell für eine funktionierende Modernisierung rezipiert worden war. Wie wichtig in diesem Zusammenhang die hier theoretisch formulierten Aspekte der Weltgesellschaft und der Attribution in der Weltgesellschaft sind, zeigt sich eben an diesem Beispiel. Denn: "The West was the France of the Enlightenment." (Ebd., S. 584) Es war also nicht so sehr das benachbarte Deutschland, das als Gegner beobachtet wurde, denn Deutschland galt selbst nur als schwacher Abklatsch Frankreichs. Wogegen sich der russische Nationalismus in erster Linie richtete, war das Frankreich, das mit Vernunft und allen ihren Implikationen in Verbindung gebracht wurde: "Reason had to do with calculation, reflection, predictability; the Russian nationalists opposed to spontaneity, the unexpectable, the unmeasurable. By their very nature these qualities were vague, undefined. *It was much clearer what they were not, than what they were.*" (Ebd., S. 585; meine Herv.) Ähnliches ließe sich natürlich auch für den deutschen Nationalismus darstellen, etwa entlang der Differenz von Zivilisation und Kultur. Auch dieser rieb sich nicht nur an den direkten Nachbarn im Westen und Osten, sondern in erheblichem Maße an der Beobachtung der Ver-

---

empirical matter, and the employment of criteria on the part of scholarly observers, which is an *analytical* issue." (Robertson 1992, S. 130)

100 Was übrigens schon bei Herder nachzulesen ist. Harold James hat dies folgendermaßen paraphrasiert: "Nationen (...) verglichen sich mit anderen und erkannten sich selbst, indem sie sahen, was sie nicht waren." (James 1991, S. 54)

101 Als ähnlich identitätsstiftend hat Orrin Klapp die moralisch-politisch-religiösen *crusades* in den USA beschrieben, die diverse Aspekte mit dem Nationalismus gemein haben, beispielsweise Militanz, die Vorstellung eines Bösen und die Unfähigkeit zum Kompromiß — alles Anzeichen für eine Beobachtung mit einer rigiden Zwei-Seiten-Form (vgl. Klapp 1969, S. 257ff.).

einigten Staaten. Amerika ist, so Dan Diners (1993) These, Deutschlands (und nicht nur Deutschlands) *alter ego* geworden.

Interessanterweise werden die oben angesprochenen nationalen Geschichten, Traditionen und Denkmäler vor allem dort relevant, wo sie frühere kriegerische Auseinandersetzungen thematisieren, also Differenz und Feindschaft beschreiben. Es sei, so hat A.D. Smith angemerkt, nicht in erster Linie die Angst vor der anderen Seite, die Einheit hervorbringe (damit stimme ich übrigens nicht überein), aber die Rolle der Erinnerung an frühere Schlachten und Auseinandersetzungen dürfe nicht unterschätzt werden: "[T]here is no denying the central role of warfare (...) as a mobilizer of ethnic sentiments and national consciousness, a centralizing force in the life of the community and a provider of myths and memories for future generations. It is perhaps this last function that enters most deeply into the constitution of ethnic identity." (A.D. Smith 1991, S. 27)

Mit anderen Worten: Nationale Mythen, Symbole und all das, woraus 'nationale Identität' gestrickt ist, kommen niemals aus 'sich selbst' allein, sondern können nur zusammengestellt werden in der Erinnerung an die Differenz und Besonderheit der Innenseite der Form 'Nation'. Ebenso wie die Form 'Nation' Stereotype und Feindbilder braucht, um die *notwendige* andere Seite zu beschreiben, und sich dadurch erst selbst definieren kann, braucht auch die nationale Identität die Differenz, um ihre besonderen Merkmale herauszufinden.

2.8 Fazit

Abschließend soll ein Blick auf die Frage geworfen werden, ob die in Teil 1 aufgeworfenen Defizite und Probleme der Nation-Forschung mit der hier vorgestellten Fassung der 'Nation' als Form und den daraus resultierenden Folgen zumindest ansatzweise geklärt werden konnten. Zur Erinnerung seien die zentralen Punkte, die in Abschnitt 1.6 herausgearbeitet wurden, noch einmal wiederholt: Erstes Defizit war das Aggressionspotential, das sich offensichtlich mit nationalen Semantiken verbindet; zum zweiten war der Irrationalität und Emotionalität zu wenig Beachtung geschenkt worden; drittens sollte der Konstruktcharakter des Nationalen betont werden; und viertens sollten auch andere gesellschaftsstrukturelle Bedingungen herangezogen werden als diejenigen der sozialen Ungleichheit.

Ad 1: Das Aggressionspotential des Nationalen entsteht durch drei Faktoren. Einerseits werden durch die Form 'Nation' Attributionspunkte in der Weltgesellschaft geschaffen, auf die bestimmte Kommunikationen und Entwicklungen zugerechnet werden können. Hat sich durch die Zurechnung, zweitens, eine Bedrohungsbeobachtung entwickelt, gegen die man sich verteidigen zu müssen scheint, so steht durch die gleichzeitige Verengung der Beobachtung der Form 'Nation' auf eine Zwei-Seiten-Form ('wir' oder die 'anderen') einer Vernichtung und größtmöglichen Schädigung der anderen Seite nichts mehr im Wege. Und drittens entstammt das Aggressionspotential der Verbindung von Form 'Nation' mit dem politischen System sowie den system-eigenen Möglichkeiten zur Macht- und Gewaltanwendung. Die Vorgaben, die ins-besondere von Max Weber ausgearbeitet wurden, kommen mit dem letztgenannten Punkt zu ihrem Recht.

Ad 2: Auch Irrationalität und Emotionalität entstehen durch die Beobachtung *qua* Zwei-Seiten-Form. Die werthaft aufgeladene eigene Seite muß sich demnach immer im Recht befinden und auf der anderen Seite werden *per se* nur solche Personen gesehen, die es nicht wert sind, daß man sich um ihr Schicksal kümmern müßte. Der Aufwer-tung der Innenseite steht unter Konfliktbeobachtung die Abwertung der Außenseite der Form 'Nation' gegenüber. Der Konfliktcharakter nationaler Semantiken ist die Resul-tante, die aus der Verbindung beider Punkte, nämlich Verteidigung durch Aggression sowie Irrationalität und Emotionalität und der konsequenten Zwei-Seiten-Form ent-steht. Auf diese Weise kommt es gewissermaßen zu einer Reformulierung der Simmel-schen Perpektive, die ebenfalls Konflikt und Gruppenkohäsion zusammenfügte.

Ad 3: Die Beschreibung des Konstruktcharakters des Nationalen ist durch die Anbindung der Form 'Nation' an das Semantik-Konzept Luhmanns geleistet worden. Dieses Konzept erwies sich als hinreichend flexibel, um der historischen Dimension nationaler Konstrukte gerecht zu werden. So wurde deutlich, wie die kommunikative Beobachtung der Umwelt von vorgängigen, aus regionalen Traditionen stammenden Semantiken in der Weise von Stereotypen und Feindbildern abhängig ist. Dies betrifft jedoch nicht nur die 'Vorstellung' der eigenen Nation; auf semantischen Konstrukten beruht auch die andere Seite der Form, die in der Regel nur durch simplifzierende Fiktionen beobachtet werden kann.

Ad 4: Die gesellschaftstheoretische Komponente jenseits sozialer Ungleichheit konnte durch das Konzept funktionaler Differenzierung und durch ihren spezifischen Charakter, den der Weltgesellschaft, beschrieben werden. Es wurde klar, daß nicht die Differenz von oben/unten die ausschlaggebende Unterscheidung zur Konstitution der Form 'Nation' ist, sondern vielmehr die Differenz von vertraut/ unvertraut, welche selbst Folge der kommunikativen Verdichtung im Globalisierungsprozeß ist. Dies bedeutet jedoch nicht, daß Ungleichheitskonstrukte nicht kommuniziert werden. Die Beobachtung sozialer Ungleichheit über Statusvergleiche sowie ihre Tendenz zu Abschaffung wie Aufrechterhaltung hängt sich zumeist sekundär an die Differenz von vertraut/unvertraut an.

3. Die Evolution der Form 'Nation':
Zur Entwicklung europäischer nationaler Semantiken in historisch-soziologischer Perspektive

Die Forderung, soziologische Theoriebildung solle sich historischer Erkenntnis stellen, ist nicht neu. Versuche zur Einlösung dieser Forderung sind schon von Klassikern wie Max Weber und Norbert Elias zur Grundlage ihrer Gesellschaftstheorien gemacht worden. Allgemeine Literatur zum Verhältnis von Soziologie und Geschichtswissenschaft füllt mittlerweile nicht nur Sammelbände (wie Wehler, Hrsg., 1984), sondern ganze Bibliotheksregale. Dennoch muß soziologische Theoriebildung, die sich spezieller Themen annimmt, immer wieder daran erinnert werden, nicht in zu vereinfachende Vorstellungen von der Realität vergangener Zeiten zu verfallen. Auch in der vorliegenden Untersuchung wurde in Teil 1 deutlich, daß ein großer Teil der unzutreffenden Annahmen über die Entwicklung und das Potential nationaler Semantiken auf die Ahistorizität der Theorien zurückzuführen war Es sei hier nur an die allzu simple Dichotomie von Tradition und Moderne innerhalb des Strukturfunktionalismus und der Modernisierungstheorien erinnert.

Nach dem in Teil 2 erfolgten Versuch eines rein theoretisch informierten Nation-Begriffs heißt es nun also: "Sociology, Meet History" (Ch. Tilly 1981). Dabei geht es mir nicht um eine Geschichte des Nation-Begriffs oder des Nationalismus. Eine derartige Aufgabe muß von der Geschichtswissenschaft erledigt werden; sie hat ein derartiges Unterfangen auch schon früh begonnen (vgl. z.B. Kohn 1950) und führt es, wie etwa der hervorragende Artikel des Lexikons *Geschichtliche Grundbegriffe* zeigt, bis in die Gegenwart überzeugend fort. Für Soziologen, die sich mit der Nation- und Nationalismus-Problematik beschäftigen, bieten diese und andere Materialien einen unerschöpflichen und für eine Einzelperson mittlerweile nicht mehr überschaubaren Fundus, an der die eigene Theorie geschärft werden kann. Und um nichts anderes als eine quasi 'empirische' Schärfung der Theorie soll es hier gehen.

Vorab sei deshalb betont: Wenn ich mich im folgenden geschichtswissenschaftlicher Forschungen 'bediene', dann postuliere ich damit in keiner Weise irgendeinen Primat soziologischer über historische Theoriebildung. Ich bin weit entfernt davon zu behaupten, die Geschichtswissenschaft sollte in aller Ruhe ihre Quellenforschung betreiben, und die Soziologie zeigt ihr dann, wie alles zusammengehört. So mag es aus historischer Perspektive durchaus sinnvoll sein, schon für das Mittelalter mit Begriffen wie 'Nation' und sogar 'Nationalismus' zu arbeiten.[1] Soziologisch gesehen sollten diese Begriffe hingegen erst mit Vorgängen in Zusammenhang gebracht werden, die den Übergang zur Moderne bzw. zur funktionalen Differenzierung der Gesellschaft beschreiben, weil die Semantik der 'Nation' zweifelsohne auf Ausdifferenzierungsprozesse reagiert. Damit sollte deutlich geworden sein, daß die Soziologie keine bessere, sondern lediglich eine andere Perspektive auf die gleichen Sachverhalte einnehmen kann, wie sie von der Geschichtswissenschaft erforscht werden. Die 'Vereinnahmung' historischer Forschung dient zu nichts anderem als zur soziologischen Erkenntnis und Theoriebildung; auf innergeschichtswissenschaftliche Diskussionen, von denen ich zu wenig verstehe, will ich mich nicht beziehen. Ich möchte statt dessen die aufschlußreichen historischen Forschungsergebnisse für die soziologische Nation- und Nationalismusforschung fruchtbar machen. Zu lange schon hat die Soziologie, allen generalisierenden Hochschätzungen der Historie zum Trotz, in diesem konkreten Punkt die geschichtswissenschaftliche Literatur vernachlässigt.

Als Grundlage dieses Teils der Untersuchung werde ich mich wiederum auf die systemtheoretische Gesellschafts- und Evolutionstheorie im Anschluß an Niklas Luhmann stützen. Es geht um die Frage, *in welcher Weise das Zusammenspiel von Gesellschaftsstruktur und Semantik die Entwicklung der Form 'Nation' beeinflußt und wiederum geformt hat.* Ein besonderer Schwerpunkt soll, meiner Theoriegrundlage gemäß, auf dem Funktionswandel von Nation und Nationalismus in der Moderne liegen.

Noch ein Wort zur Literatur und zum Gegenstandsfeld: Die Auswahl der historischen Forschungsliteratur geschah mehr oder weniger willkürlich. Ohnehin ist es innerhalb der geschichtswissenschaftlichen Literatur für Außenstehende nicht mehr möglich, die unüberschaubare Vielzahl der Untersuchungen zu überblicken. Mein Ziel war es, über jede historische Epoche einen möglichst jungen Forschungsstand zu erhalten. Auf ältere Literatur habe ich daher weitestgehend verzichtet, so daß ich auch auf entsprechende Forschungsdiskussionen nicht eingehen werde. Sicherlich werde ich nicht jeden Aspekt des in Teil 2 ausgearbeiteten theoretischen 'Nation'-Begriffs im folgenden belegen können. Will man theoretische Konzepte an der 'Empirie' prüfen, ergeben sich unvermeidliche Transformationsverluste.

Und noch eine weitere Einschränkung sei vorab benannt. Die Bearbeitung einer derartigen Thematik läßt sich sinnvoll nur regional beschränkt durchführen. Gegenstand der nachfolgenden Analysen ist daher die Entwicklung nationaler Semantiken in Europa. Die semantische Entwicklung innerhalb des deutschen Territoriums und weiterer großer und historisch gut erforschter Länder wie Großbritannien und Frankreich wird dabei sicherlich mehr Berücksichtigung finden als die anderer Regionen. Ich mich werde mich dennoch bemühen, meine Argumente geographisch breit zu illustrieren.

---

1   Siehe zum Mittelalterforschungsschwerpunkt 'Nationes', der die Herausbildung europäischer Nationen erforscht, den einführenden Sammelband von Beumann/Schröder 1978.

Allzu grobe Vereinfachungen bitte ich meiner soziologischen Argumentation zugute zu halten. Jeder Fachhistoriker wird ohne Zweifel für jede der hier angesprochenen Sozialformationen und Epochen Gegenbeispiele finden können. Doch damit muß die Soziologie leben können. Es sei daher zu Beginn dieses Teils betont, daß das, was hier (so hoffe ich) relativ klar und eindeutig präsentiert wird, natürlich auch eine Überzeichnung sein muß. Das Problem derartiger 'Gesamtschauen' ist, wie František Graus (1987, S. 29ff.) zu Recht angemerkt hat, daß man allzu leicht etwas als 'Einheit' darstellt, was sich bei genauerem historischem Hinsehen als Diversität entpuppt. Selbst in einem so zentralen Bereich wie der mittelalterlichen Religiösität wird man historisch keine Einheit feststellen können. Eine soziologische Rezeption historischer Forschung kann aber, so meine ich, auf gewisse Vergröberungen nicht verzichten, will sie sich nicht in Einzelheiten verlieren.

Die nun zu leistende Analyse widmet sich im einzelnen den folgenden Gesellschaftsformationen und Epochen: zunächst der segmentären Gesellschaft (3.1), dann zwei historischen Abschnitten der stratifizierten Gesellschaft, nämlich dem hohen und späten Mittelalter (3.2) sowie der frühen Neuzeit (3.3). Es folgt eine Beschreibung der 'Nation' als Modernisierungssemantik gegen die stratifizierte Gesellschaft (3.4). Die moderne, funktional differenzierte Sozialstruktur und die mit ihr korrelierende nationale Semantik wird in drei Schritten analysiert: der beginnenden Moderne von ca. 1750 bis 1870 (3.5) schließt sich der Zeitabschnitt bis 1945 (3.6) an. Den letzten Analyseschritt stellt die Gegenwartsgesellschaft in Osteuropa und Westeuropa dar (3.7). Ich schließe wie immer mit einem Fazit (3.8).

3.1 Segmentäre Gesellschaft. Identität durch absolute Differenz

Die Vorstellung, es habe 'immer schon', seit den ersten Äußerungen menschlichen Lebens, Angehörige dessen gegeben, was heutzutage als 'Nation' tituliert wird, ist mittlerweile obsolet geworden. Auch wenn es sich in der Soziologie noch nicht überall herumgesprochen hat,[2] diese Vorstellung war eine Fiktion nationalisierter Geschichtsschreibung vor allem des 19. Jahrhunderts. Doch damit ist das Problem nicht geklärt, wie in frühen und sehr frühen Sozialformationen ein 'Wir' konstituiert wurde, und wie von diesen Formationen die Umwelt beobachtet wurde.

Die einfachste, heute bekannte soziale Differenzierungsform stellt die *segmentäre Gesellschaft* dar (vgl. u.a. Luhmann 1983a, S. 145ff.; Giesen 1991a, S. 25ff.; Nassehi 1993, S. 260ff.).[3] Sie wird in der Literatur teilweise auch als archaische oder primitive

---

2 So hat Tilman Mayer (1986, S. 40) die ebenso starke wie historisch unzutreffende These vertreten, das deutsche Volk habe sich schon im 9. Jahrhundert politisch Geltung verschafft und sei so zur Nation geworden.

3 Unter dem Signum der 'segmentären Gesellschaft' werden hier auch nicht-seßhafte frühe Gesellschaftsformationen eingeordnet. Für eine andere Differenzierung, die zwischen Sammlern und

Vergesellschaftung beschrieben. Sozialstrukturell zeichnete die segmentäre Gesellschaft aus, daß sie in *gleiche* Teile gegliedert war, die untereinander und in sich wiederum nur wenig differenziert gewesen sind. Man versteht darunter Sozialsysteme, die sich aus mehreren gleichberechtigten Familien oder Dörfern zusammensetzten. Es mag sicherlich gewisse Rollenverteilungen gegeben haben, etwa geschlechtlicher Art, und auch Funktionsdifferenzierungen wurden vorgeprägt durch besondere Sakralrollen, doch die Hierarchie war nur gering ausgeprägt. Insgesamt kann daher von einer noch weitgehenden Gleichheit der einzelnen Segmente und der in sie eingebundenen Teilnehmer ausgegangen werden. Umfaßten die Sozialsysteme mehr als nur eine begrenzte Familie und bestanden sie schon eine gewisse Zeit, dann kann in der Regel von einer Abstammungsgemeinschaft gesprochen werden.

Über die Antwort auf die Frage, was denn die segmentären Gesellschaften zusammengehalten hat, existierte in der anthropologischen und ethnologischen Tradition eine nahezu komplette Übereinkunft. Die allgemeine Überzeugung war, daß diese Sozialformationen kohärente kulturelle Muster ausgebildet hätten, daß sie, mit anderen Worten, einer starken kulturellen Integration unterlegen gewesen seien. Gegen diese Idee der kulturellen Integration sprechen jedoch zahlreiche empirische Fakten. Vor allem steht die Vorstellung einer ausgeprägten kulturellen Integration einer Erklärung des Faktums von sozio-kulturellem Wandel und sozialer Evolution entgegen (vgl. Eickelpasch 1973). Die 'kulturelle Integration' ist, so scheint es, eine höchst moderne Erfindung, die etwa von Margret Archer auf Einflüsse des deutschen Historismus und der Romantik auf die Anthropologie zurückgeführt wird (vgl. Archer 1985; 1988, S. 1ff.). Ganz offensichtlich hat die Anthropologie denselben Fehler wie die Geschichtswissenschaft des 19. Jahrhunderts wiederholt und das, was man für die Moderne als empirisch gegeben ansah, in die Vergangenheit verlängert bzw. auf die außereuropäische Feldforschung übertragen. Der 'Mythos der kulturellen Integration' (Archer) als solcher ist nie ernsthaft bezweifelt worden; die Diskussionen drehten sich allenfalls um den Punkt, wie die kulturelle Integration hergestellt wurde.

Entscheidendes Charakteristikum segmentärer Gesellschaften war statt kultureller Integration vielmehr die mit der Gleichheit der Teile zusammenhängende *Alternativlosigkeit* bzw. die *Kontingenzlosigkeit* des Denkens und Handelns: "The crucial point here is that cultural coherence may not stem from the integration of the Cultural System but from the lack of alternatives to it (...)." (Archer 1988, S. 15) Kommunikation in segmentären Gesellschaften konnte nicht beliebig wählbare Ausprägungen annehmen, sie muß — wie in anderen Gesellschaftsformationen auch — immer auf dem Hintergrund der Sozialstruktur gesehen werden. Von elementarer Bedeutung in diesem Zusammenhang ist, daß jeder Teilnehmer den gleichen Situationsbedingungen unterlag. In segmentären Gesellschaften gab es — idealtypisch — keinerlei Perspektivendifferenz. Die unhinterfragte Sicherheit der Deutung des Lebens und der

---

Jägern sowie seßhaften segmentären Gesellschaften unterscheidet vgl. die rechtsethnologische Studie von Wesel 1985.

Welterklärung beruhte daneben vor allem auf der eindeutigen Mitgliedschaft, die zumeist über Verwandschaftsregeln hergestellt wurde, sowie auf der konkreten *Anwesenheit* des Gegenübers; nach außen existierten so gut wie keine sozialen Beziehungen. "Eng umgrenzt ist der Gesichtskreis zwischen Großfamilie und Stamm, ohne weiträumige Kenntnis von Nachbarn und Feinden, ohne Ehrgeiz und Missionsabsichten, in scheuer Abwehr alles Fremden. (...) [D]er eigene Stamm ist das Zentrum der Welt." (Borst 1957, S. 20) Die Kommunikation richtete sich nach der nur gering ausgeprägten Komplexität des Sozialsystems, sie mußte beispielsweise keine großen Entfernungen überwinden. Weil die Kommunikation sich auf Anwesende bezog, konnte — wiederum idealiter — die gleiche Situationsdefinition unterstellt werden, und diese Unterstellung wurde nur selten enttäuscht.

Das Handeln und die Kommunikation waren an der konkreten Situation orientiert, nicht notwendig jedoch an einer begrenzten Lokalität, wie Giesen (1991a, S. 26) meint. Um eindeutige Mitgliedschaftsregeln zu erstellen, mußten dennoch klare Grenzen gezogen werden, die zwischen Zugehörigkeit und Nicht-Zugehörigkeit unterschieden. Die für die segmentäre Gesellschaft unabdingbare Grenzziehung wurde, da zumeist keine klare Territorialität beherrscht wurde (vgl. Wesel 1985, S. 99ff.), über sozial-kulturelle Praktiken hergestellt, wie man der Literatur zur *Ethnogenese* entnehmen kann. So schlägt Wilhelm Mühlmann zur begrifflichen Fassung dieses Umstands den einleuchtenden Terminus der *limitischen Struktur* vor: "Die Grenze markiert sich durch Tätowiermuster, Körperbemalung, Körperdeformation, Schmuck, Tracht, Sprache, Küche, Lebenshaltung; in Summa: durch die 'Kultur' als Sachbesitz, Überlieferungen, Mythen usw." (Mühlmann 1985, S. 19) Auf diese Weise wird man dem Umstand gerecht, daß diverse segmentäre Gesellschaften lange Zeit unterwegs waren, also gewisse nomadische Merkmale angenommen hatten.

Da das Sozialsystem segmentärer Gesellschaften nur eine geringe Komplexität aufwies, war auch das Wissen an die konkrete Situation gebunden, es war "indexikal", wie Giesen (1991a, S. 26) im Anschluß an die Ethnomethodologie formuliert hat. Das heißt, es existierte keinerlei abstraktes Wissen, sei es über die Gruppe selbst, sei es über andere Dinge: "Indem Handlungen auf konkrete Handlungssettings angewiesen sind, fehlt einer solchen Gesellschaft zumeist ein semantischer Apparat, der gleichsam getrennt vom Bezeichneten existieren kann." (Nassehi 1993, S. 260f.) Zwischen 'Ding' und 'Name' konnte nicht differenziert werden, das Ding war, was es war. Dies hatte entscheidende Konsequenzen für die Selbstbeschreibung des Sozialsystems. Es konnte aufgrund der nicht erfahrbaren Alternativen der Existenz *per se* keine gleichberechtigten anderen Gruppen bzw. Kulturen geben. Der eigene Kosmos war die einzig gültige Kultur; man kannte nichts anderes: "Oft gilt nur die eigene Sprache als Menschensprache, alle anderen Sprachen sind nicht etwa *auch* Sprachen — solche Kasuistik liegt den Naturvölkern fern —, sondern tierische Laute oder einfach Mutismen. Dasselbe gilt für die Lebensweise, die Tracht und vor allem die Küche. Fremde Versionen von Mythen und anderen Überlieferungen sind nicht etwa Varianten (so nennen nur *wir* sie), sondern Lügen oder schlechte Kopien des Richtigen." (Mühlmann

1985, S. 11) Auf diesen Umstand ist auch zurückzuführen, daß die Selbstbeschreibung segmentärer Gesellschaften oftmals nicht mehr und nicht weniger als 'Mensch' bedeutete, wie verschiedentlich festgestellt worden ist (vgl. Borst 1957, S. 20; Wenskus 1977, S. 90; Mühlmann 1985, S. 11). Dies gilt beispielsweise für Selbstbezeichnungen wie 'Inuit', 'Bantu' oder 'Hottentotten'.

In der historischen Forschung, etwa zur Bildung der frühmittelalterlichen *gentes*, wird, zusätzlich zu dem gerade beschriebenen ausgeprägten 'negativen' Differenzbewußtsein zu anderen Sozialsystemen, ein 'positives' Wir-Bewußtsein als konstitutiv für die Entstehung von 'Stämmen', 'Völkern' oder 'Nationen' (alles synonyme Bezeichnungen) gesehen. Es ist vor allem "die Fiktion gemeinsamen Ursprungs" (Werner 1992, S. 177; vgl. Ehlers 1992a, Sp. 1036), die heute in der historischen Forschung für das Gemeinsamkeitsbewußtsein verantwortlich gemacht wird. 'Objektive' oder gar 'rassische' Elemente spielten demnach hier überhaupt keine Rolle. Die Bildung der *gentes* war, wie man dem Standardwerk zu diesem Thema entnehmen kann, primär ein Problem des Bewußtseins, genauer: *ein Problem des Glaubens an eine gemeinsame Vergangenheit*: "Sobald eine Gemeinschaft eigene historisch-ethnische Traditionen entwickelt hat (...), beginnt ihre ethnische Existenz. Die Traditionsbildung ist die Voraussetzung geschichtlicher Existenz." (Wenskus 1977, S. 54) Auch die jeweiligen Stammesführungen, die freilich nicht absolut herrschten, leiteten ihre Position aus den historischen Traditionen ab. Im Verbund mit göttlichen Abstammungsgenealogien, aus der die Stämme insgesamt ihre Existenz herleiteten, wurden den Führern besondere Fähigkeiten nachgesagt, die sie zur 'Herrschaft' befähigten. Wurde die Herrschaft von 'Fremden' usurpiert, dann wurde nach entsprechendem Erfolg genealogisch nachgewiesen, daß auch der neue Herrscher mit dem Stamm verwandt sein mußte (vgl. Bendix 1980a, S. 47). Durch diese ausgeprägten situationsabhängigen Deutungsmuster wurde die Kontinuität von Selbstbeschreibung und Führung sichergestellt.

Insgesamt wird deutlich, daß schon die segmentäre Gesellschaft, "die ein eindeutiges Einschließungs- und Ausschließungsverhältnis kennt" (Nassehi 1993, S. 261), ihre Selbstbeschreibung als Form im Sinne Spencer Browns vorgenommen hat. Die Unterscheidung und Bezeichnung des Sozialsystems galt auf dieser Evolutionsstufe mit einer nur geringen Komplexität *absolut*. Es gab faktisch zwar eine Differenz, aber im Prinzip nichts Ernstzunehmendes auf der anderen Seite. Die Beobachtung 1. Ordnung mußte sich keinen konkurrierenden Herausforderungen stellen, welche die eigene Perspektive hätten bedrohen können. Entscheidend im Vergleich zu 'weiter' entwickelten Sozialformationen ist hier die *unreflektierte Hypostasierung* der eigenen Gruppe. Alles, was auf der anderen Seite der Form aufschien, konnte im Vergleich mit der Lebensweise der eigenen Gruppe, wenn nicht als "tierisch", dann zumindest als "barbarisch" eingestuft werden. Die Beobachtung der anderen Seite führte auf keinen Fall dazu, von ihr zu lernen. Selbst wenn benachbarte Sozialsysteme für sich eine — im Vergleich aus neutraler Perspektive — weitaus 'höhere' Entwicklung erreicht hatten, galt der eigene Lebensstil als das *non plus ultra*: "So wunderte sich schon Tacitus darüber, daß die wildbeuterischen Fenni in Nordosteuropa ihre dürftig erscheinende Lebensweise für besser hielten als die ihrer ackerbauernden Nachbarn, eine Erfahrung, die in der Neuzeit in gleicher Weise etwa bei nordamerikanischen Indianern gemacht werden konnte. So erscheint die eigene Lebensweise als die einzig menschenwürdige (...)." (Wenskus 1977, S. 90) Die geringe Eigenkomplexität dieser Sozialsysteme sicherte zwar nicht gegen klimatische, seuchenartige und auch nicht gegen kriegerische Katastrophen, doch das Selbstbewußtsein unterlag kaum Angriffen, die es hätten wirksam unterminieren können. Was nicht als kontingent erfahren werden konnte, konnte auch nicht erschüttert werden.

3.2 Stratifizierte Gesellschaft I. Hohes und spätes Mittelalter: Die Erosion der christlichen Universalität

Die soziale Evolution von einem vorherrschenden Typus des Gesellschaftssystems zu einem anderen geschieht nicht von heute auf morgen. Sie ist stets als ein langwieriger Prozeß zu verstehen, der auf veränderte Problemkonstellationen reagiert. Neue Umweltanforderungen, beispielsweise Seßhaftigkeit statt Nomadentum, verlangen neue Lösungsversuche. Außerdem werden Problemkonstellationen nicht nur von 'außen' gesetzt. Auch 'innerhalb' des Sozialsystems kann es zu einem Komplexitätsdruck kommen, der sich vermutlich als Krise äußert und der es verlangt, andere Lösungsformen für Probleme zu 'erfinden'. In welche Richtung sich dieser Evolutionsdruck entwickelt, ist niemals vorhersehbar. Soziale Evolution ist nicht im Sinne einer universalhistorischen Entwicklung auf ein bestimmtes Telos hin zu verstehen. Vielmehr finden sich Problemlösungen eher zufällig (vgl. Luhmann 1981b, S. 184); zufällig in dem Sinne, daß bestimmte Entwicklungen vorher nicht erwartet worden sind. Nach Luhmann handelt es sich bei der sozio-kulturellen Evolution "um einen ohne Plan bewirkten Aufbau von hochunwahrscheinlicher Komplexität." (Luhmann 1984a, S. 590) Wie viele andere Phänomene, die in dieser Untersuchung bearbeitet werden, sind auch Evolutionssprünge nicht notwendig, sondern kontingent.

Aus der Sicht der soziologischen Evolutionstheorie, wie sie Luhmann in Ansätzen ausgearbeitet hat, unterscheiden sich die bislang bekannten dominanten Sozialformationen in erster Linie nach ihren Differenzierungsformen, nämlich "durch das für die Primärstrukturierung benutzte Differenzierungsprinzip und sodann durch die Komplexität gesellschaftsinterner und -externer Umwelten, die ermöglicht und mit Systembildungen kompatibel gemacht werden." (Luhmann 1981b, S. 187) Wichtig für den vorliegenden Zusammenhang ist der Begriff der *Primärstrukturierung* sozialer Systeme. Dieser Begriff erlaubt es, über verschiedene Zeiten und Räume hinweg Sozialsysteme auf gleiche und differente soziale Merkmale zu untersuchen. Dabei wird beispielsweise deutlich, daß die sogenannten Hochkulturen sich allesamt auf ausgeprägte Formen von Schichtung stützten. Dieses Muster der Stratifikation verbindet so unterschiedliche Zeiträume wie die griechische Antike und das europäische Mittelalter.

Die *stratifikatorische Differenzierung*, um die es hier im folgenden geht, ist ein evolutionäres Ergebnis, das sich aus segmentären Gesellschaftsformationen entwickelt hat. Welche Problemkonstellationen im einzelnen zur Evolution führten, kann an dieser Stelle nicht ausgeführt werden (vgl. hierzu Giesen 1991a, S. 29ff.; Nassehi 1993, S. 276ff.). Jedenfalls schob sich über die segmentären lokalen Gesellschaften eine Sozialstruktur, die im wesentlichen auf der *Ungleichheit des Ranges bzw. des Standes* beruhte. Die Rangdifferenz zwischen den einzelnen Schichten wurde zu *dem* zentralen Ordnungsprinzip. Ebenso wie die segmentären Gesellschaften sich über starke Grenzziehungen definierten, war dies auch in der stratifizierten Gesellschaft der Fall: Die Grenzen lagen nun *primär* zwischen den *strata*. Als Teilsysteme können hier die einzelnen Schichten angesehen werden, welche die Kommunikations- und Interaktionsmöglichkeiten der in sie eingebundenen Personen stark limitierten: "Stratifizierte Gesellschaften müssen die für den Einzelnen zulässige Rollenkombination unter Beschränkung setzen, weil gerade darin die Schichtzugehörigkeit des Einzelnen und die Erwartungen, die an seine Interaktionsteilnahme gestellt werden, zum Ausdruck kommen." (Luhmann 1985, S. 131) Dieses Prinzip hatte zur Folge, daß die Einzelperson idealtypisch einer Schicht exklusiv zugeordnet, genauer gesagt: in sie hineingeboren wurde und diese 'geburtsständische' Schicht zumeist auch nicht verlassen konnte. Es mutet aus moderner Sicht fast paradox an, daß die Gesellschaft über die stabile Ungleichheit ihre Einheit erkannte (vgl. Luhmann 1989d, S. 267). Eine derartige ständische Differenzierung wurde aber schon in der Antike und später im Mittelalter über die Schichtdifferenzen hinweg als "Harmonie durch Ungleichheit" begriffen und darf nicht ohne weiteres als 'Ideologie' der oberen Schichten abgetan werden (vgl. Oexle 1987, S. 82f.). An der Zentraldifferenz von *oben/unten* orientierten und identifizierten sich sowohl die oberen wie die unteren Schichten der Gesellschaft.[4]

Die Selbstbeschreibung der stratifizierten Gesellschaft wurde neben dem Schichtungsprinzip in erster Linie religiös vorgenommen. Daß etwa das europäische Mittelalter in tiefer Religiosität, Frömmigkeit und Starre verharrte, ist — nicht zuletzt durch die postmoderne Geschichtsaneignung dieses Zeitraums — mittlerweile ein Allgemeinplatz geworden, und in seiner Pauschalität ist dieses Urteil wohl um einiges übertrieben. Ebenso wie für die segmentäre Gesellschaft muß auch für die stratifizierte mittelalterliche Gesellschaft aus heutiger Sicht gelten, nicht vorschnell dem Mythos der kulturellen Totalintegration anzuhängen. Es herrschte im Mittelalter — wie noch zu zeigen sein wird — wesentlich mehr räumliche und auch soziale Mobilität, als man lange Zeit angenommen hatte. Zudem sitzt eine solche Vorstellung den seinerzeitigen Selbstbeschreibungen von theologischer Seite auf. Die Vorstellung einer statischen

---

4   Genauer gesagt, handelte es sich bei den ständischen Einteilungen um *trinäre* Differenzierungen, die erheblich stabiler sind, als dies binäre sein können. Das dominante soziale Deutungsschema um die erste nachchristliche Jahrtausendwende herum etwa beschrieb die "Funktionale Dreiteilung"; sie bestand aus "solchen, die beten, solchen, die Waffen führen, und solchen die arbeiten, aus *oratores, bellatores (pugnatores)* und *laboratores (agricultores).*" (Oexle 1987, S. 66) Zu diesen einflußreichen trinären Strukturen vgl. auch Giesen 1991a, S. 35.

Welt mit überwölbendem christlichem Denken entstammt neben der Romantik auch "den Versuchen damaliger Theologen, die sich rasch wandelnde Welt in knappe Formeln und übersichtliche Modelle zu fassen." (Boockmann 1987, S. 26) Mittelalterliche Reflexionen über die soziale Ordnung sind nämlich nicht nur deskriptiv zu lesen, sondern immer auch normativ (vgl. Oexle 1987, S. 80f.). Es ist sicherlich zutreffend, das Mittelalter so zu charakterisieren, daß die Religion das *konkurrenzfreie Deutungsmuster* war, welches die alltägliche und nicht-alltägliche Sinnauslegung präformierte. Insofern wurde gern auf religiöse Muster zurückgegriffen, um Nicht-vertrautes zu erklären und somit vertraut zu machen. Größtenteils ist die Religiosität des Mittelalters aber noch auf die mehr oder weniger kontingenzlosen Verhältnisse zurückzuführen. Zwischen Religion und Gesellschaft gab es bis weit ins Hohe Mittelalter hinein keine Differenz. Unhinterfragt galt eine zumindest vulgäre religiöse Bestimmung der Welt, des einzelnen Lebens sowie der sozialen Ordnung insgesamt. Auch die schon angesprochene ständische Differenzierung war letztlich eine Ordnung, die "ein von Gott in glücklicher Weise geordnetes Ganzes" (ebd., S. 79) darstellte und die nicht zuletzt deshalb kaum in Frage gestellt wurde.

So richtig es ist, die religiöse Sinndeutung zu betonen und die Oben/unten-Differenz als bestimmend zu beschreiben, so falsch wäre es dennoch, daraus den Schluß zu ziehen, als sei diese Weltsicht von 'oben' vorgegeben und, mit Hilfe welcher Machttechniken auch immer, den unteren Schichten aufoktroyiert worden. Eine derartige Interpretation würde die Kommunikationsverhältnisse, die im Mittelalter und bis weit in die Neuzeit hinein herrschten, grundlegend verkennen. Ein hierfür notwendiges ausdifferenziertes System, das Macht hätte durchdringend ausüben können, existierte noch lange nicht. Die verschiedenen Schichten haben als Teilsysteme nicht sämtlich miteinander kommuniziert (vgl. Boockmann 1987, S. 246). Daher ist nicht sicher, ob in den unteren Schichten die Frömmigkeit überhaupt eine so große Rolle spielte, wie man ihnen zugeschrieben hat. Allenfalls eine abgemilderte und vermutlich auch anderen traditionalen Einflüssen unterliegende Deutung der Welt kann unterstellt werden. Denn: "Der Horizont war meist lokal eng beschränkt, die Tradition mit Dünkel verschiedenster Art belastet, voll Eigennutz dabei auch vor Erfindungen und offenen Fälschungen nicht zurückweichend. Gewisse Grundvorstellungen des katholischen Glaubens waren, zumindest bei den Gebildeten, in Fleisch und Blut übergegangen, waren für sie 'selbstverständlich'." (Graus 1975, S. 243)

Es gab — strukturell gesehen — keine einheitliche Gesellschaft. Zu groß waren die zu überwindenden Entfernungen zwischen Zentrum und Peripherie, inbesondere zwischen Stadt und Land, als daß man eine 'Gesamtgesellschaft' sehen könnte. Dennoch imaginierte man sich als Einheit, nämlich als christliche *universitas*. Dabei wurde Christenheit und Menschheit als Identität betrachtet. Der Begriff 'Menschheit' war, bevor er zu einem Kollektivsingular wurde, zunächst ein rein theologischer Begriff (vgl. Bödeker 1982, S. 1067). Zwischen 'christlich' und 'menschlich' gab es keinerlei Unterschiede. In einem größerem Maßstab findet man also im Mittelalter noch eine Fortschreibung der Selbstbeschreibung segmentärer Gesellschaften: Zeichnete sich das Menschentum vormals durch eine kleinräumige gemeinsame Abstammung aus, so wurde diese semantische Figur auf die gesamte Christenheit übertragen. An der christlichen Legitimationsgrundlage orientierten sich auch die mittelalterlichen Herrscher.[5] Bis zum 12. Jahrhundert war der Bezugspunkt von Herrschaft das "Heilige Römische Reich". Der Zusatz "Deutscher Nation" blieb späteren Zeiten und veränderten sozialen Bedingungen vorbehalten. Dem hohen Mittelalter war die Verbindung von Macht und Volk noch fremd. Joachim Ehlers bemerkt im Hinblick auf einen vermeintlich fehlenden 'deutschen' Reichstitel und einen ebenso nicht vorhandenen 'deutschen' Königstitel zur Zeit nach der Jahrtausendwende: "Die maßgebliche politische Gesellschaft der Zeit wollte gerade das nicht, was in ihrem Nachlaß immer gesucht wurde: Ein ethnisch bestimmtes Reichs- und Politikverständnis, das sich von der fränkisch-karolingischen Prägung bewußt abgehoben hätte." (Ehlers 1992b, S. 268) Die ältere moderne historische Forschung, die eben dies nach eigener Anschauung gefunden hatte, übersah zweierlei: einmal die im Mittelalter handlungsmächtige Vorstellung der *Einheit von Welt- und Heilsgeschichte*, und zum zweiten die politisch-christlich motivierte Legitimationsgrundlage des Adels und (späteren) Kaisertums. Letzteres sah sich nicht nur in einer religiösen Tradition, sondern auch in der Nachfolge der antiken Imperatoren. Die Identität des Kaisertums Ottos des Großen, so faßt Ehlers zusammen, "stärkte und formierte sich aus der Überzeugung, daß dieses karolingisch tradierte und römisch-heilsgeschichtlich definierte Kaisertum als wertvollstes Gut christlicher Weltordnung zu Recht in den Händen des ostfränkischen Königs und seiner Aristokratie lag." (Ebd., S. 269)

Die kaum hinterfragte christliche Deutungsgrundlage des Mittelalters bestimmte nicht nur die Selbstwahrnehmung des Abendlandes nach 'innen', sondern ebenso die Beobachtung nach außen, wie sie vornehmlich von der Spitze der Gesellschaft aus geschah. Für die Menschen der unteren Schichten spielte der Horizont über den unmittelbaren Nahbereich hinaus so gut wie keine Rolle: "Meist überwog, auch im Spätmittelalter, noch ein rein lokal begrenztes Heimatgefühl, das auch den Nachbarn, der zwar die gleiche Sprache, aber in einem anderen oft beinahe unverständlichen Dialekt sprach, als völlig fremd erscheinen ließ und ihn genauso mit pejorativen Bezeichnungen und Spottnamen belegte, wie den völlig Fremden." (Graus 1975, S. 212) Der mittelalterliche Mensch war nicht nur fest in eine soziale Hierarchie eingeschlossen, sondern darüber hinaus mindestens ebenso fest topographisch gebunden. Dieser Umstand hing nicht zuletzt mit den kaum überwindbaren Problemen der Ortsveränderung zusammen: Man muß sich das mittelalterliche Europa als eine Fläche mit riesigen Wäldern und weitreichenden Sumpfgebieten vorstellen, worin die Siedlungen "von den Menschen bewohnte kleine Inseln" waren (Bojadjew 1993, S. 44).

---

5   Die folgende Darstellung stützt sich vornehmlich auf die ausgezeichnete deutschsprachige Forschung zur Entstehung mittelalterlicher Nationen, wie sie sich etwa in der Reihe 'Nationes' findet. Für eine Zusammenstellung älterer historischer Forschungspositionen vgl. den Sammelband von Tipton 1972.

Insbesondere der Spitze des Klerus kann man aber unterstellen, einen scharfen Blick über den jeweiligen Kirchturm hinaus geworfen zu haben (vgl. Fichtenau 1981, S. 232). Dies muß aus der Perspektive der Kirche umso notwendiger gewesen sein, als seit dem 8. Jahrhundert die 'ungläubigen' Muslime weite Teile Süd-Europas erobert hatten. Zudem war die Zeit um die Jahrtausendwende von apokalyptischen Visionen bestimmt, die davon ausgingen, daß der Endkampf zwischen Christ und Antichrist unmittelbar bevorstand. Das Christentum schaffte sich durch die Dichotomisierung von Christ/Antichrist einen Gegenpart, über den es in Verbindung mit bestimmten 'Völkern', die auf der den Christen gegenüberliegenden Seite plaziert wurden, seine Grenze bestimmte. Auch das Christentum war eine *Form* im Sinne Spencer Browns, die *per* Unterscheidung etwas bezeichnete, und Christen und Nicht-Christen voneinander trennte. Die Welt wurde mit klaren Einschluß- und Ausschlußregeln beobachtet. Die konstitutive andere Seite wurde immer präsent gehalten, und dies eben nicht nur in der Weise des Antichrist/Teufel/Satan, der als Differenz zum Gottesbegriff gebraucht wurde. Wirkungsgeschichtlich muß als mindestens ebenso wichtig das schon in der Bibel angelegte Dual Christen vs. Ungläubige bzw. Heiden betrachtet werden (vgl. Koselleck 1984a, S. 229ff.). Hier war das semantische Potential fixiert, das die Christen über Jahrhunderte hinweg mit Vorstellungen über andere 'Völker' informierte, wenngleich sie diese Völker selbst nie zu Gesicht bekommen sollten. Dieses semantische Potential darf deshalb nicht unterschätzt werden, weil die Heilige Schrift im Mittelalter "fast die einzige Basis für die Begriffswelt der Zeitgenossen" war (Schein 1991, S. 122). Nach den Untersuchungen über die Form kann davon ausgegangen werden, daß die immer präsente, kommunikativ fixierte Differenz entscheidend zur Identität des Christentums beigetragen hat.

Vor diesem Hintergrund müssen auch die christlichen Kreuzzüge in den Orient gesehen werden. Man war der Überzeugung, daß sich der Endkampf zwischen Christ und Antichrist in Jerusalem abspielen werde, wo aber die Christen seinerzeit nicht präsent waren. "Deshalb wurde ihre Anwesenheit in der Heiligen Stadt und selbst die Eroberung Jerusalems durch die Christen als eine notwendige Voraussetzung für den Beginn der endzeitlichen Ereignisse, der Ankunft des Antichrist in Jerusalem betrachtet." (Schein 1991, S. 126) Daher kann es nicht verwundern, daß man diejenigen, die auf der anderen Seite der Form 'Christentum' gesehen wurden, mit der alten Begrifflichkeit der "Barbaren" titulierte. Im Zuge des Kampfes zwischen Christ und Antichrist mußte es gar als "Christenpflicht" aufgefaßt werden, diese Barbaren auf der anderen Seite zu töten (vgl. Borst 1990, S. 25). Wie eine beliebte Legende aus dem 11. Jahrhundert zu prophezeien wußte, sollte der Antichrist aus den Juden und dem Teufel geboren werden, weshalb die Juden im Verein mit den Moslems als Gefolge des Antichrist gesehen wurden. Judenpogrome sind mit Recht als ein "integraler Bestandteil" der Kreuzzugsbewegung bezeichnet worden (vgl. Schein 1991, S. 121ff.) — aber dies ist nicht die einzig mögliche Lesart der mittelalterlichen Judenpogrome, wie an anderer Stelle noch deutlich wird. Dennoch: Die Attributionsautomatik, Phänomene auf bestimmte 'Völker' oder 'Gruppen' zuzurechnen, funktionierte schon hier, und sie war ganz entscheidend durch christliche Deutungsmuster gestaltet, die sich wiederum aus uralten fixierten Quellen speisten. An dieser Stelle wird eine eindeutige Differenz zur Beobachtung der anderen Seite der Form in segmentären Gesellschaften deutlich: Diejenigen, die man außerhalb der eigenen Grenzen sah, wurden nicht mehr unreflektiert abgewertet, sondern nunmehr begründet. Allgemein setzte sich ein theoretisches Nachdenken über die andere Seite durch.[6] Doch die Begründungen, die man für die Unterwerfung der anderen Seite fand, konnten kaum anders als religiös konnotiert sein. Die andere Seite wurde als mit einem Manko behaftet beobachtet. Das Manko bestand schlicht in der Nicht-Zugehörigkeit zum Christentum.

Mit dem exklusiv christlichen Modus der Selbst- und Fremdbeschreibung sollte es, da ist sich die historische Forschung einig, ca. ab dem 12. Jahrhundert vorbei sein (vgl. Borst 1959, passim; Schmugge 1982). Peter Moraw datiert ein *konsolidiertes* Nationalbewußtsein im seinerzeitigen Deutschland auf das Ende des Mittelalters, für Frankreich sei eine Konsolidierung sogar schon auf das 13. Jahrhundert zu beziehen (vgl. Moraw 1989, S. 100). František Graus notiert für das 14. und 15. Jahrhundert erste "sprachlich-nationale Antagonismen" zwischen Deutschen und Slawen (vgl. Graus 1980, S. 87). Auch wenn ich soziologischerseits, wie schon an anderer Stelle angedeutet, den Begriff der 'Nation' mit der stratifizierten Gesellschaft nicht in Verbindung bringen möchte,[7] so muß dennoch anerkannt werden, daß im Spätmittelalter einschneidende semantische Veränderungen festzustellen sind, die auf neue Beobachtungsperspektiven rückschließen lassen. Die Veränderung der Semantik drückte sich beispielsweise darin aus, sich nicht mehr auf antike und biblische Quellen zu stützen, die bislang zur Stereotypisierung herangezogen wurden, sondern von Erfahrungen zu berichten, die im mehr oder weniger direkten Kontakt mit Personen aus anderen Herkunftsregionen gemacht wurden (vgl. Schmugge 1982, S. 443ff.).

Was war geschehen, das es ermöglichte, den 'anderen' nunmehr selbst in Augenschein zu nehmen? Um eine Antwort auf diese Frage zu erhalten, seien zunächst die signifikanten gesellschaftsstrukturellen Veränderungen betrachtet, die das späte mittelalterliche Europa erfaßten. Diese Strukturveränderungen stehen — so meine Hypothese — zentral mit den 'nationalen' Antagonismen und dem sich überall bemerkbar machenden partikularen Gemeinsamkeitsglauben im Zusammenhang. Beginnend im 11., sich rasant im 12. und 13. Jahrhundert ausbreitend, wurde ganz Europa von einer bis dahin nicht gekannten 'Modernisierung' überrollt, die den Kontinent aus seinen

---

6   Natürlich begann das theoretische Nachdenken über die andere Seite nicht erst im Mittelalter. Schon in der Antike wurde mittels des Barbaren-Begriffs darüber reflektiert (vgl. Koselleck 1984a, S. 218ff.; Borst 1990, S. 20f.). Dieses "Denken zweiter Ordnung", das "Nachdenken über das Denken", wie Elkana (1986, S. 344ff.) mit Bezug auf die Antike formuliert hat, ist theoretisch auf den ähnlichen, auf Schichtung beruhenden Gesellschaftsbau in Antike und Mittelalter zurückzuführen.

7   Auch von Mittelalter-Historikern wird der Begriff Nation nicht leichtfertig auf die vormodernen Verhältnisse übertragen. Ihr Problem: "Es fehlt ein zeitgenössischer Oberbegriff für Elemente, deren konstruktives Wirken deutlich nachzuweisen ist." (Ehlers 1989, S. 22)

christlichen Grundfesten herauslösen sollte. Was diesen Modernisierungsprozeß im einzelnen vorangetrieben, ausgelöst oder gar verursacht hat, ist unter Historikern umstritten (vgl. zum folgenden Braudel 1986a, S. 100). Die zu verzeichnende Bevölkerungsexplosion dieser Zeit[8] hing sicherlich zentral mit neuen landwirtschaftlichen Techniken wie der Verbesserung des Pflugs und der Einführung der Drei-Felder-Wirtschaft zusammen. Auch haben die Kontakte zum Orient und die ansatzweise Übernahme von Geld in den südeuropäischen Raum die Kommunikations- und Handelsmöglichkeiten ausgeweitet. Schon Norbert Elias hat auf die immense Bedeutung der Einführung von Geld für den strukturellen Wandel dieser Zeit hingewiesen. Erst Geld ermöglichte Kommunikation über größere Distanzen hinweg, es war andererseits nur auf dem Hintergrund eines bestimmten Komplexitätsdrucks erforderlich: "Man braucht es [das Geld, D.R.] erst, wenn sich innerhalb einer Austauschgesellschaft längere Ketten bilden, also bei einer bestimmten Bevölkerungsdichte, einer größeren, gesellschaftlichen Verflechtung und Differenzierung." (Elias 1976b, S. 61) Es kann aber an dieser Stelle nicht das Ziel sein, diese fachhistorische Diskussion zu erweitern. Ich gehe davon aus, daß die mit dem Modernisierungsprozeß erfolgte soziale Evolution auf — wie auch immer zustandegekommene — Lösungen für lange bestehende Problemlagen zurückzuführen ist.

Wichtig für die hier zu bearbeitende Thematik ist aber auch nicht die Suche nach den Ursachen für den Modernisierungsschub, sondern vielmehr die Beschreibung der Effekte, die ausgelöst wurden. Damit meine ich in erster Linie die, im Vergleich zu früheren Jahrhunderten, erheblich zunehmende soziale und räumliche Mobilität sowie die damit einhergehende Horizonterweiterung von Teilen der Bevölkerung. Wie vielfach in der Literatur beschrieben worden ist, kennzeichnete das späte Mittelalter der Ausbruch aus den "Inseln" inmitten der Wildnis, welche die menschlichen Siedlungen bislang waren. Es kam zu großflächigen Rodungen von Wäldern, zu Trockenlegungen von Sümpfen, zu Eindeichungsarbeiten, die gefährdete Gebiete vor Naturkatastrophen schützten. Neulandgewinnung im großen Stil wurde durchgeführt, was wiederum Rückwirkungen auf die landwirtschaftlichen Erträge hatte und die wachsende Bevölkerung, wie es scheint, zu großen Teilen mehr als nur ernähren konnte. Offenbar ist eine gewisse Überproduktion landwirtschaftlicher Güter in einem (kausalen?) Zusammenhang mit dem Aufblühen des Handels im späten Mittelalter zu sehen.

Die eminente, kaum zu überschätzende Bedeutung der Städte in diesem Modernisierungsprozeß ist schon von Max Weber ausführlich gewürdigt worden (vgl. M. Weber 1972, S. 727ff.). An den Schnittpunkten der sich entwickelnden Verkehrswege kam es zu einer Belebung bzw. Neugründung unzähliger Orte, deren Relevanz nicht nur in der Ausbildung des für die Gesellschaftsstruktur so folgenreichen 'Stadtbürgertums' lag. Darüber hinaus waren die Orte, deren Bevölkerungsstärke oftmals nur wenige Hundert Bewohner umfaßte, entscheidende Knotenpunkte in dem sich ganz

---

8   Man nimmt heute an, daß sich die europäische Bevölkerung von der Jahrtausendwende bis zur Pestkatastrophe in der Mitte des 14. Jahrhunderts verdoppelt hatte (vgl. Wehler 1989a, S. 69).

allmählich verdichtenden Kommunikationsgeflecht Europas. Auf den noch schwer begeh- und befahrbaren Straßen war schon einiges los. Die soziale Dynamik, so hat der bulgarische Historiker Bojadjew kürzlich angemerkt, "schleudert einen beträchtlichen Teil der mittelalterlichen Gesellschaft hinaus auf die Straßen: Armeen von Kreuzfahrern, Massen von Pilgern, Kaufleuten, Bauern, Kolonisatoren neuer Länder." (Bojadjew 1993, S. 45) Natürlich waren es, die überlokale Kommunikation betreffend, vornehmlich wirtschaftliche Themen, die hier, in den "Relaisstädten" (Braudel) verhandelt wurden. Daß politische und, damit untrennbar verbunden, religiöse Ereignisse auch beobachtet wurden, davon kann ausgegangen werden; doch die Politik selbst wurde anderswo gestaltet, und man darf die nach wie vor bestehenden großen Kommunikationsprobleme natürlich nicht unterschätzen. In jedem Fall waren Städte diejenigen Orte, in denen vielerlei Information über entferntere Regionen gesammelt wurde. "Die Städte", so faßt Fernand Braudel (1986a, S. 98) die Situation im Spätmittelalter zusammen, "lösen sich von ihrer ländlichen Umgebung, schauen von nun an über ihren eigenen Horizont hinaus, und dieser ungeheure Bruch stellt den ersten Schritt zur Herausbildung der europäischen Gesellschaft dar, gibt den Anstoß zu ihren Erfolgen."

Der gesamte Prozeß vom 11. Jahrhundert an wird von Braudel, dem ich hier in der Sache folge, als die "erste Weltwirtschaft Europas" beschrieben (ebd., S. 96). Ich halte den Begriff 'Weltwirtschaft' allenfalls insofern für berechtigt, als damit die europäische Perspektive gemeint ist, die Europa nach wie vor für die Welt hält. Man darf aber nicht verkennen, daß von diesem Modernisierungsprozeß und den hier aufgezeigten Konsequenzen nur ein geringer Teil der Bevölkerung erfaßt wurde. Allenfalls 15 % der Bevölkerung des seinerzeitigen Frankreichs, Deutschlands oder Großbritanniens seien über den Bauernstand hinaus aufgestiegen, meint Eric L. Jones (1991, S. 4), LeRoy Ladurie zitierend; und diese Zahl läßt kaum Rückschlüsse auf das Ausmaß eines beginnenden Perspektivenwandels zu. Dennoch zeigt der Begriff der 'europäischen Weltwirtschaft' in die Richtung meiner Argumentation: Er deutet die zunehmende kommunikative Verflechtung des Kontinents an, die Folge und Motor des angesprochenen Modernisierungsschubs ist.

Schriftlich fixierte Quellen aus der wirtschaftlichen Kommunikation dieser Zeit können naturgemäß kaum vorliegen. Dagegen gibt es viele Angaben aus anderen Bereichen, in denen Menschen verschiedener Herkunft zu dieser Zeit auf dem Hintergrund der zunehmenden Mobilität zusammenkamen. Die veränderte semantische Beobachtungs- und Beschreibungsszenerie der historischen Quellen ist beispielsweise an Ereignissen abzulesen, die eigentlich eher das Gegenteil zum Ausdruck bringen sollten, nämlich an den Kreuzzügen, die ein vereintes christliches Abendland im Kampf mit den 'Ungläubigen' zeigen sollten. Doch, wie ich an anderer Stelle schon theoretisch vorgearbeitet habe (vgl. Abschnitt 2.5), der Kontakt zwischen unterschiedlichen Lebensstilen, die natürlich auch in den Kreuzzugsheeren zusammenkamen, war, so ist der Literatur unzweifelhaft zu entnehmen, eher dazu angetan, die Fremdheit zwischen den verschiedenen Teilnehmern zu fördern, und dies anscheinend selbst dann, wenn man gemeinsam unterwegs war, den Untergang des christlichen Abendlandes abzuwehren. Während der Kreuzzüge lernte man, so Arno Borst, "daß das Abendland nicht die ganze Welt [war], und sah zugleich, daß es faktisch keine Einheit war." (Borst 1959, S. 618) Mehr noch: Die Differenzen innerhalb der Kreuzheere, die sich in erster Linie an den unterschiedlichen Gruppenzugehörigkeiten festmachten, sind als einschneidend für die spätere Entwicklung Europas zu betrachten. Nach der Einschätzung von Ludwig Schmugge etwa haben die Kreuzzüge, deren Mißerfolge sich die teilnehmen-den 'Gruppen' gern gegenseitig anlasteten, erheblich mehr zur Trennung zwischen Ost- und Westeuropa beigetragen als das Kirchenschisma des Jahres 1054. Und auch im Westen forderte die Zusammenarbeit von Menschen aus unterschiedlichen Her-kunftsgebieten ihren Tribut: "[E]s bildeten sich negative Charakteristiken heraus, die den einzelnen Völkern angehängt wurden, wenn die Deutschen als tumbe Haudegen, die Engländer als perfide[9] und trunksüchtig, die Franzosen als stolz und hochmütig bezeichnet wurden." (Schmugge 1982, S. 448)

Ähnlich verhielt es sich bei anderen Gelegenheiten, die Menschen aus ver-schiedenen Herkunftsregionen zusammenbrachten, etwa bei Pilgerfahrten, auf den kirchlichen Konzilen oder innerhalb der neu errichteten Universitäten. Die Konzile und insbesondere die Universitäten waren regelrechte "Brutstätten" (Schmugge) in denen sich die Feindschaften und Stereotype durch das Zusammenleben entwickeln konnten (vgl. Schmugge 1982, S. 454). Beispielhaft können hier die Auseinandersetzungen an der, in erster Linie von Klerikern besuchten, Prager Universität gegen Ende des 14. Jahrhunderts angeführt werden (vgl. zum folgenden Graus 1980, S. 102ff.). Hatten sich insbesondere nach der 'deutschen' Ostkolonisation, welche die neuen Kolonisa-toren ohne Zweifel in einen Modernisierungsvorsprung gegenüber den Alt-eingesessenen gebracht hatte, schon verschiedentlich Konflikte ausgebildet, die sich an der 'ethnischen' Zugehörigkeit festmachten, so wurde die Prager Universität zum Zentrum der Auseinandersetzungen zwischen Böhmen und Deutschen. Diese Konflikte gipfelten schließlich in der sprachlich-religiös-'ethnischen' Gemengelage, die das Hussitentum hervorbrachte, welches nicht mehr auf den universitären Bereich begrenzt blieb.

Letztendlich mußte die Sprache als zentrales askriptives Differenz-Kriterium herhalten, um die feindlich gegenüberstehenden Lager identifizieren zu können: "Wer tschechisch sprach, war für die Katholiken ein Böhme und damit ein Ketzer und Feind, den man bekämpfen, sogar ausrotten mußte. (...) Auch auf böhmischer Seite bahnte sich eine ähnliche Entwicklung an, obzwar die Prediger nicht müde wurden zu wie-derholen, daß die Erkenntnis der göttlichen Wahrheit entscheidend sei, nicht die Sprache, und Deutsche genauso im Lager der Hussiten zu finden waren wie Böhmen im katholischen Lager." (Ebd., S. 106) Schließlich sprach man schon zu Beginn des

---

9   Das 'perfide Albion', das noch die Nationalsozialisten zur Denunziation der Briten benutzt haben, ist ein mittelalterliches Stereotyp!

15. Jahrhunderts, also lange vor der Reformation, von einem 'böhmischen' und einem 'deutschen' Glauben.

In den letztgenannten zwei Institutionen wurde auch erstmals die Differenzierung der verschiedenen Teilnehmer nach der Region mit dem Begriff der 'Nation' belegt.[10] "Es handelt sich um einen Sprachgebrauch, durch den seit dem 13./14. Jahrhundert die aus 'aller Herren (Fürsten!) Länder' zu den Universitäten eilenden Studenten, dann auch die aus dem ganzen Abendland zusammen kommenden Konzilsväter nach 'Nationen' geordnet waren." (Werner 1992, S. 231f.) Vorher, in früheren Jahrhunderten des Mittelalters, war *natio* eine geburtsständische Formel, die einzelne Personen einer Region, einer Stadt oder einem Stand zuordnete (vgl. ebd., S. 215f.) und somit einen direkten Bezug zur stratifizierten Gesellschaftsstruktur aufwies. Den Bezug zur ständischen Differenzierung sollte die *natio* auch behalten, denn ohne Zweifel kamen die Vertreter der verschiedenen Regionen auf den Konzilen und in den Universitäten aus der Spitze der Gesellschaftshierarchie. Im Unterschied zu früher wurden nun aber größere Personen-Gruppen zusammengefaßt. Jedoch war mit der Einteilung in *nationes* nicht intendiert, so etwas wie stabile nationale Identitäten zuzuschreiben. Vielmehr ging es um rein praktische Einteilungen von Sprachfamilien: Je größer die Universität, desto differenzierter die Aufteilung, je kleiner die Hochschule, desto umfassender wurden die 'Nationen' eingeteilt. Es gehört zur Ironie der Geschichte, daß, wie Karl F. Werner (ebd., S. 233) angemerkt hat, aus einer schlichten pragmatischen Einteilung von Personen nach Sprachen sich die später vornehmlich in Deutschland theoretisch formulierte Vorstellung einer 'Sprachnation' entwickeln konnte.

Das Differenz- und Gemeinsamkeitsbewußtsein in ganz Europa erhielt seine Unterstützung aber auch noch durch einen anderen Prozeß, der unzweifelhaft ebenfalls mit der Modernisierung des Spätmittelalters zusammengebracht werden muß: die Herausbildung von Staatsapparaten. Die Beschreibung dieses Prozesses im Werk von Norbert Elias gehört mittlerweile zum klassischen Kanon soziologischer Theorie und muß daher selbst hier nicht eigens erörtert werden (vgl. Elias 1976b, S. 123ff.). Es kann jedenfalls als Effekt der beginnenden Ausdifferenzierung des politischen Systems betrachtet werden, daß sich in den jeweiligen Herrscherhäusern und den dazugehörigen Aristokratien ein Bewußtsein formierte, das sich mit dem Königtum als positivem Bezugspunkt identifizierte. Sowohl in Frankreich als auch in Deutschland kann die jeweilige Dynastie als "die unentbehrliche Mitte des verfaßten politischen Lebens und des Grundkonsenses" betrachtet werden (Moraw 1989, S. 104). Für die Evolution der Form 'Nation' ist der Bezug zum Königtum von entscheidender Bedeutung. Wie sich nämlich in der einschlägigen Forschung herausgestellt hat, wirkte nicht nur der König als solcher als Identifikationsfigur, sondern das Gemeinsamkeitsbewußtsein folgte auch aus der Territorialisierung seiner Herrschaft. Faßt man die 'Ethnogenese' in erster Linie mit dem Umstand der Gemeinsamkeitsfiktion, so wird deutlich, *daß der Glaube*

---

10   Zur *natio* in den mittelalterlichen Universitäten vgl. den Lexikonartikel von Verger 1992.

der gemeinsamen Abstammung sich nachträglich auf dem bestehenden Territorium des Herrschers entwickelt hat: "Früh setzte neben einer gentilizischen und dynastischen Bewußtseinsbildung eine gewisse Territorialisierung dieses Bewußtseins ein, zunächst eine Identifikation mit der näheren Umgebung; dann zog sie weitere Kreise und deckte sich allmählich mit größeren *Herrschaftsbereichen, die zunehmend als Realitäten zu Stützpfeilern der Bewußtseinsbildung wurden.*" (Graus 1980, S. 37; meine Herv.) Zwar darf man Nationenbildung nicht mit Staatenbildung verwechseln, so linear lief der historische Prozeß nicht. Aber immerhin kann gesagt werden, daß die Herrschaft über ein, wie vage auch immer abgegrenztes Territorium, das Gemeinsamkeitsbewußtsein in gewisser Weise präformierte. Joachim Ehlers (1989, S. 37) spricht sogar von einer Priorität des Politischen bei der mittelalterlichen Nationswerdung.

Auf den ersten Blick sieht es so aus, als gebe dieser Prozeß der Identifizierung mit Dynastie und Territorium dem modernisierungstheoretischen *Nation-building-*Ansatz recht, als liege hier ein säkularer, politisch orientierter Gemeinsamkeitsglaube vor, der mit Fug und Recht als patriotisch bezeichnet werden könne. Doch darf man bei der langsamen Entwicklung dieser Identität zweierlei nicht vergessen. Zum einen ist auch dieses Bewußtsein innerhalb der herrschenden *strata* ein Differenzbewußtsein. Hierzu trugen nicht zuletzt die fast unvermeidlichen Konflikte zwischen den Dynastien sowie zwischen den Dynastien und der römischen Kurie bei; diesen Konkurrenzkämpfen hat schon Elias bekanntermaßen eine Schlüsselstellung bei der Herausbildung von Staaten zugewiesen.[11] Selbst für die beginnende Evolution der Form 'Nation' gilt also das Konstituens der Differenz; ohne die andere Seite, die Folie, an der man sich als anders wahrnehmen konnte, konnte keinerlei Gemeinsamkeit semantisch ausgebildet werden. Beispielhaft für die den Gemeinsamkeitsglauben generierende Kraft derartiger Konflikte im Spätmittelalter kann der Hundertjährige Krieg betrachtet werden. Die Auseinandersetzungen begannen rein dynastisch, als der englische König Edward III. die Thronfolge der französischen Kapetinger für sich beanspruchte. Es war, mit anderen Worten, nichts anderes als ein seinerzeit nicht unüblicher Konflikt zwischen der englischen und der französischen Krone um Erbansprüche. Doch je länger die Auseinandersetzungen anhielten und je mehr Personen in den Konflikt involviert waren,[12] desto offensichtlicher wurde *auf beiden Seiten* die Gemeinsamkeit *qua*

---

11 Auch Charles Tilly hat immer wieder die zentrale Bedeutung der zwischenstaatlichen Beziehungen und hier vor allem die Konkurrenzen und Kriege für die Herausbildung des Staates betont: "In the nature of the case, national states always appear in competition with each other, and gain their identities by contrast with rival states; they belong to *systems* of states." (Ch. Tilly 1990, S. 23)

12 Die Anzahl der in die Konflikte einbezogenen Personen darf man sich nicht zu groß vorstellen. Am Ende des Mittelalters umfaßten die Heere selbst bei größeren Kriegen nicht mehr als 10.000 bis 40.000 Mann. Allerdings waren auch andere Bevölkerungsgruppen durch Steuern, Dienstleistungen oder direkte Kriegseinwirkungen in den Gebieten betroffen. Diese Angaben stammen von Luard 1987, S. 25.

Differenz. Für England hat etwa G.R. Elton festgestellt: "As for the specifically English consciousness of national identity, this achieved consolidation in the Hundred Years' War with France. (...) As so often, fighting an enemy did not necessarily mean breaking all cultural ties, but it did mean fighting as conscious Englishmen. No doubt, the long struggle with France started as a family dispute over an inheritance, but, as is the habit with such quarrels among relatives if only they last long enough, it set up a confrontation between two resolutely hostile parties (in this case nations), a confrontation filled with distrust and dislike that still have life in them to the present day." (Elton 1986, S. 74; für Frankreich vgl. etwa Borst 1960, S. 987 oder Graus 1986, S. 44f.) Alles in allem kann ich Peter Moraws mit Bezug auf die Konflikte dieser Zeit aufgestellte These in der Sache zustimmen, "daß gerade große Konflikte (...) dynastisch beginnen und national enden können." (Moraw 1989, S. 108)

Der zweite zu beachtende Gesichtspunkt betrifft die religiöse Unterfütterung des entstehenden Gemeinsamkeitsglaubens. Die Differenzierung von politischem System und Religionssystem steckte noch in ihren Anfängen. Im Spätmittelalter und noch bis lange in die Neuzeit hinein war es nicht denkbar, Äußerungen des öffentlichen Lebens zu tun, die nicht religiös abgefedert waren. Die Religion als vorherrschendes Deutungsmuster der stratifizierten Gesellschaft forderte auch hier ihren Tribut, oder genauer gesagt: Es war keine Reminiszenz an 'herrschende Ideologien', wenn selbst hier religiöse Semantiken zum Einsatz kamen. Diese Semantiken waren etwa in dem ursprünglich alttestamentarischen Motiv des 'von Gott auserwählten Volks' zu finden, das bis in die Moderne von kaum einer nationalistischen Bewegung ignoriert werden sollte. Sehr beliebt waren die Genealogien, die im Mittelalter verfaßt wurden, welche den Ursprung eines distinkten Volks biblisch begründeten. So war es in England seit dem 12. Jahrhundert unbestritten, daß man Nachfahren des Noah-Sohnes Sem sei. Und obwohl die Juden im Jahre 1290 aus England vertrieben wurden, sah man diese 'semitische' Genealogie kaum als Widerspruch hierzu an. Noch bis ins 20. Jahrhundert imaginierte man sich in Großbritannien als "Kinder Israels" (vgl. die ausführliche Darstellung bei Poliakov 1993, S. 54ff.).

An der Vertreibung der Juden aus England, ebenso wie wenig später aus Frankreich, Spanien und Portugal macht sich erneut die religiös-politisch-'ethnische' Gemengelage dieser Zeit deutlich, die schon im Zusammenhang mit den slawisch-deutschen Antagonismen angesprochen wurde. Oben hatte ich bereits eine andere Lesart geliefert, welche die Judenverfolgungen des Mittelalters beschrieb, nämlich sie als Teil der universal-christlichen Kreuzzugsbewegung zu sehen. Diese Lesart ist nach wie vor korrekt, denn auch die sich langsam ausdifferenzierenden Partikularmonarchien verstanden sich als Teil dieser Bewegung. Andererseits kann nicht übersehen werden, wie gerade diese Verfolgungen auch zur Festigung der Dynastien selbst führten. Imanuel Geiss spricht daher mit gutem Recht davon, daß die Austreibungen der Juden aus den großen europäischen Ländern "zu den Anfängen der neuen Nationalmonarchien" gezählt werden müssen (Geiss 1988, S. 107). Diese andere Lesart deutet zugleich die sich abzeichnende Perspektiven-Verschiebung der

Beobachtung des Judentums an: von religiös gestütztem Antijudaismus hin zu politisch motiviertem Antisemitismus. Als Hintergrund der Judenverfolgungen ist, darauf hat Graus (1988) in einer eindrucksvollen Studie hingewiesen, die Krise der mittelalterlichen Gesellschaft zu sehen, die sich nicht nur anhand von großen Naturkatastrophen bemerkbar machte, sondern auch in der Erosion des Deutungsmonopols der offiziellen Kirche. Es machte sich komplementär zu diesem Prozeß — der ohne Zweifel Folge des Modernisierungsprozesses war — eine allgemein verbreitete Orientierungskrise bemerkbar: "Die Welt, der Lauf der Dinge, wurde immer unverständlicher, die den 'Ständen' traditionell zugeteilten Rollen gerieten ins Wanken (am auffälligsten beim Klerus), die Katastrophen wirkten wie ein Menetekel." (Graus 1988, S. 152) Alles suchte nach Erklärungen für den beobachteten Verfall von Kirche und Gesellschaft. Das Judentum, seit Jahrhunderten auf der anderen Seite der Form 'Christentum' plaziert, bot sich geradezu an. Aus der Antike stammende Fabeln über Verschwörungen des Judentums, das zur Vernichtung der Christenheit angetreten sei, machten die Runde. Die Pestepidemie in der Mitte des 14. Jahrhunderts konnte, so glaubte der aufgeklärte Zeitgenosse, durch nichts anderes als durch jüdische Brunnenvergifter verursacht sein.[13]

Das Judentum auf der anderen Seite der Relevanz zu plazieren, gehörte also von Beginn an zur Evolution der Form 'Nation' dazu. Es sollte in diesem Zusammenhang nicht unerwähnt bleiben, daß die ursprünglich theologisch begründeten Genealogien in Spanien dazu führten, die Juden aus quasi-rassischen Motiven im Rahmen der Inquisition zu verfolgen und zu töten. Um ein guter Spanier zu werden, reichte es nicht mehr aus, vom Judentum zum Christentum zu konvertieren; die 'Blutreinheit' (*limpieza de sangre*) mußte schon am Ende des 15. Jahrhunderts über mehrere Generationen nachgewiesen werden (vgl. Geiss 1988, S. 116ff.; Poliakov 1993, S. 27ff.). Die Form 'Rasse' entstand in einem engen semantischen Zusammenspiel mit der Form 'Nation'.

Man könnte an dieser Stelle eine Fülle weiterer historischer Beobachtungen anführen, doch damit droht die soziologische Argumentation verdeckt zu werden — ich hoffe, sie ist es bislang noch nicht. Als zentralen Aspekt der Modernisierung im Mittelalter sehe ich die beginnende Ausdifferenzierung eines allmählich sich auf Geld stützenden Wirtschaftssystems, eines allmählich sich ausbildenden, auf dynastischen Hierarchien aufbauenden politischen Systems, sowie die Ausdifferenzierung des Religionssystems, das seine unhinterfragte politische Relevanz in dem Sinne einbüßen mußte, daß im Spätmittelalter auch erklärtermaßen Politik gegen Rom gemacht werden konnte. Es war meine Intention zu zeigen, wie dieser Modernisierungsschub nach der ersten Jahrtausendwende unserer Zeitrechnung zu einer kommunikativen Verdichtung in Europa geführt hat, und wie die Intensivierung der Kommunikation dazu führte, stabile Selbst-

---

13 Die im Zusammenhang mit der Pestepidemie auftretenden Judenpogrome des Spätmittelalters nimmt auch René Girard zum Ausgangspunkt seiner anthropologischen Sündenbock-Theorie (vgl. Girard 1992).

und Fremdwahrnehmungen auszubilden, die sich langsam, aber sicher von der ehedem alles beherrschenden religiösen Semantik zu lösen begannen. Die Verdichtung der Kommunikation machte deutlich, daß die verschiedenen Regionen Europas keineswegs von einer einheitlich christlichen Perspektive zusammengehalten wurden. Vielmehr führte gerade der Modernisierungsschub die Multiperspektivität innerhalb der auf Europa begrenzten Gesellschaft vor Augen. Die christliche Einheit war nichts mehr als eine Semantik, eine Semantik deren Kontrafaktizität umso deutlicher wurde, je weiter sich die Kommunikation verdichtete. Anstelle der universal-christlichen Einheit zeitigten die sich intensivierenden Kontakte Differenzen, die partikulare Identitäten vorbereiteten. Kurz: Die Evolution der Form 'Nation' wurde durch die Inklusion in die spätmittelalterliche *europäische* Gesellschaft angestoßen.

Doch vorerst konnten durch die beginnende funktionale Differenzierung nur einige wenige, in die beschriebene Richtung führende Anstöße gegeben werden. Strukturell baute sich die mittelalterliche Gesellschaft nach wie vor primär über Schichten auf. Der stratifizierten Struktur der Gesellschaft entsprechend, konnten die neuen Deutungsmuster daher nur von kleinen Teilen der Bevölkerung, in erster Linie an der Spitze der Hierarchie ausgebildet werden. Von reinen Fremdheits-beobachtungen einmal abgesehen, welche auch von unteren Schichten gemacht werden konnten, konnte sich das Bewußtsein von Gemeinsamkeit durch Differenz nur in einem sehr eng gehaltenen Rahmen entwickeln: "Als Träger des mittelalterlichen deutschen Nationsbewußtseins dürfen wir König, Hof und königsnahen Adel ansehen, Teile der Geistlichkeit, Juristen im Hofdienst (...)." (Ehlers 1989, S. 57) Nicht anders war es in anderen Teilen Europas, etwa in Ostmitteleuropa, wo dieses Gemeinsamkeitsgefühl wohl in erster Linie im Adel verbreitet war. Und genau gegen diese ständische Begrenzung der 'Nation' sollten die unteren Schichten im Verlauf der nächsten Jahrhunderte Sturm laufen. Doch ich greife vor.

3.3 Stratifizierte Gesellschaft II. Neuzeit: Konfession und Territorium

Periodisierungen der Geschichte sind immer willkürlich und deshalb angreifbar — eine Binsenweisheit. Die Unterscheidung von Mittelalter und Neuzeit ist ebenso willkürlich und doch begründet. Sie folgt nicht nur dem gegenwärtigen Usus in der Geschichtswissenschaft (vgl. Lutz 1982, S. 120f.), sie ist darüber hinaus auch soziologisch zu fundieren. Diese soziologische Begründung kann sich natürlich nicht an Jahreszahlen festmachen. Es hat sich zu Beginn des 16. Jahrhunderts, wo die Historiker, sich an der Reformation orientierend, die frühe Neuzeit beginnen lassen, kaum etwas verändert, und auf gar keinen Fall hat man eine 'Epochenschwelle' seinerzeit beobachtet. Die Hybris, Veränderungen in der Gegenwart als Epochenschwelle zu beschreiben, wie es in Jahren 1989ff. der Fall ist, ist eine höchst moderne Erfindung, und ob sie Bestand haben wird, mag dahingestellt sein. Mit soziologischer Brille sieht man aber, daß sich trotzdem sehr viel in den Zeiten um den Wechsel vom 15. zum 16. Jahrhundert getan hat, das den periodischen Eingriff rechtfertigt. Ich meine damit zuallererst die Kommunikationsrevolution dieser Zeit, die sich vor dem Hintergrund der nach wie vor beherrschenden stratifizierten Gesellschaftsstruktur abspielte. Diese Revolution umfaßte nicht nur den Buchdruck, doch auch technische Innovationen trugen mit dazu bei. Wesentlich für den sich abzeichnenden Bruch war darüber hinaus die Stabilisierung sowie die Expansion der Funktionssysteme. Sowohl das Wirtschaftssystem, das politische System als auch das Religionssystem hatten sich derart ausdifferenziert, daß sie nicht mehr auf dem europäischen Kontinent zu halten waren. Die Ausrichtung wurde global, die kommende Weltgesellschaft zeichnete sich in ihren Grundrissen ab.[14]

Es sollte an dieser Stelle festgehalten werden, daß die europäische Expansion und ihre Konsequenzen (Kolonialisierung, Missionierung etc.) nicht das Machwerk irgendwelcher 'böser' Christen oder sonstiger Personen darstellte, sondern allein aus der Funktionslogik der sich ausdifferenzierenden Teilsysteme erfolgt ist. Stellen Funktionssysteme Anschlußfähiges in ihrer Umwelt fest, dann gibt es keinerlei internen Mechanismen, die Expansion zu verhindern. Funktionssysteme haben keine inneren Stop-Regeln, die hierzu dienen könnten: Macht-Vakuen *müssen* gefüllt werden; wirtschaftliche Kommunikation *muß* monetarisiert werden; Heiden *müssen* missioniert werden. Die binäre Totalkonstruktion der Umweltbeobachtung durch die Teilsysteme erlaubt nichts anderes.

Die Ausdifferenzierung der Teilsysteme hatte aber nicht nur Konsequenzen für den außereuropäischen Raum. Auch innerhalb des Kontinents mußten noch einige Jahrhunderte vergehen, bis die Funktionssysteme den letzten Winkel erreicht und die kommunikative Einbindung (Inklusion) aller Personen ermöglicht hatten. Dieser Prozeß sollte, wie noch zu zeigen sein wird, erst zu Beginn des 20. Jahrhunderts abgeschlossen sein. Neben der Globalisierung muß also die *Territorialisierung*, d.h. die Ausweitung der Teilsysteme nach innen im folgenden beobachtet werden (vgl. hierzu: Stichweh 1991, S. 193ff.). Für die semantischen Muster der Selbst- und Fremdbeschreibung in der frühen Neuzeit haben die Europa-internen Prozesse weitaus gravierendere Konsequenzen gehabt als es die Beobachtung der außereuropäischen Umwelt vermochte. Letztere sollte erst später ihre Wirkung entfalten.

Auf gesellschaftsstruktureller Seite stechen aus heutiger Perspektive in erster Linie die gegenseitigen Segnungen der Teilsysteme füreinander ins Auge. Ohne daß, wie es in der marxistischen Tradition üblich war, dieser Prozeß auf kausale Faktoren zugunsten eines Systems reduziert werden kann (etwa: Politik als Marionette der Wirtschaft), fällt doch auf, wie sehr die Funktionssysteme voneinander profitiert und sich gegenseitig gefördert haben. Da ist zunächst der Schutzbedarf des *Wirt-*

---

14 Ich folge hier der Periodisierung des Globalisierungsprozesses von Roland Robertson, der die Keim-Phase der Weltgesellschaft vom 15. bis zur Mitte des 18. Jahrhunderts datiert (vgl. Robertson 1992, S. 58f.). Auch Immanuel Wallerstein sieht die Grundlagen des Weltsystems in der Ausbildung der europäischen Weltwirtschaft nach 1450 (vgl. Wallerstein 1986, S. 100). So richtig dies mit Bezug auf die Globalisierung auch ist, die Europa-interne Verflechtung hatte schon viel früher begonnen, wie oben gezeigt wurde.

schaftssystems zu nennen, der von der Politik (und vom nachfolgenden Rechtssystem) geleistet wurde. Das Wirtschaftssystem hatte ein elementares Interesse, für seine Vertragsabschlüsse Rechtssicherheiten zu erhalten. Darüber hinaus brauchte es vor allem die Befreiung von willkürlichen Eingriffen seitens der Obrigkeit, die im Mittelalter gang und gäbe waren. Wenn man die Funktion der Wirtschaft in erster Linie als eine Verknüpfung von "zukunftsstabile[r] Vorsorge mit je gegenwärtigen Verteilungen" sieht (Luhmann 1988a, S. 64), dann kann eben die Sicherheit, auch morgen noch das zu besitzen, was heute erwirtschaftet wird, nicht hoch genug eingeschätzt werden. Aus diesem Grund wird auch in der wirtschaftshistorischen Literatur die zunehmende Zurückhaltung der Politik, die — wie gleich zu zeigen sein wird — im Eigeninteresse des politischen Systems lag, als einer der zentralen Faktoren betrachtet, der langfristig den wirtschaftlichen Aufstieg Europas befördert hat. Eric Jones etwa hat vermerkt: "Politische Unsicherheit und die Starrheit der Institutionen im Feudalismus hielten die produktive Kapitalanlage offensichtlich so sehr hintan, daß die Geschichte ihres Abbaus praktisch schon der Geschichte der wirtschaftlichen Entwicklung gleichkommt." (Jones 1991, S. 108) Nicht zuletzt dieser Umstand führte zu einem erneuten Schub der überlokalen Ausweitung des Handels an der Wende zur Neuzeit.

Sicherlich kann für die frühe Neuzeit noch keine Rede davon sein, daß das Kommunikationsmedium Geld seine Möglichkeiten der Monetarisierung wirtschaftlicher Kontakte schon ausgeschöpft hatte — im Gegenteil. Bis weit ins 19. Jahrhundert hinein konnten sich — vor allem in abgelegenen ländlichen Regionen — lokale Märkte halten, die vom Geld so gut wie nicht beeinflußt wurden. So konstatiert Charles Tilly für das beginnende 16. Jahrhundert ähnliche Umstände wie sie oben noch für das späte Mittelalter festgestellt wurden: "Despite the great international web of trade, the economic and social lives of most Europeans were highly localized, market production was not very extensive, internal communications were slow." (Ch. Tilly 1975, S. 19) Andererseits kann davon ausgegangen werden, daß vor allem in städtischen Verhältnissen und ihren unmittelbaren ländlichen Peripherien eine mehr oder weniger direkte Abhängigkeit vom Medium Geld und somit eine Inklusion in das europäische Wirtschaftssystem gegeben war. Diese Abhängigkeit äußerte sich beispielsweise in dem Umstand, Getreidevorräte für Notfälle anzulegen, damit man sich auch in Krisenzeiten zu Normalpreisen versorgen konnte. Natürlich war diese Vorsorgemaßnahme eine Praxis privilegierter städtischer Schichten (vgl. Fröhlich 1976, S. 59 mit Belegen aus Zünften des 16. Jahrhunderts). Neben den hier angesprochenen neuen Organisationsformen der Städte entstand im Gegenzug eine Unterschicht, die zum einen aus den traditionalen Versorgungsverbänden ausgestiegen war, andererseits aber nicht in die Praktiken der oberen Schichten eingebunden wurde: "Im Spätmittelalter und im 16. Jahrhundert stieg mit den großen Bevölkerungsverschiebungen, der Landflucht, verstärkter Arbeitsteilung und dem Verfall der Reallöhne die Zahl der Menschen, die etwa als Tagelöhner, Heimarbeiter oder Söldner nicht mehr in die überkommenen naturalwirtschaftlichen Familien-, Gemeinde- und grundherrlichen Verbände oder die Zünfte eingegliedert waren und keine Rücklagen für Zeiten der Not und Arbeitslosigkeit machen konnten." (Ritter 1991, S. 33) In den unteren städtischen Schichten, die über keine den Zünften entsprechenden Zusammenschlüsse und Praktiken verfügten, waren im Spätmittelalter ca. 10 bis 20% der Personen auf Almosen und obrigkeitliche Unterstützungen angewiesen (vgl. ebd., S. 31). Die schon für diese Zeit belegbaren Konjunkturzyklen waren allerdings noch an äußere Gegebenheiten wie Naturkatastrophen und jahreszeitliche Schwankungen gebunden (vgl. Braudel 1986a, S. 73ff.). Ähnlich wie für die Politik muß auch die Entwicklung des Wirtschaftssystems nach wie vor unter der wichtigen Differenz von Zentrum und Peripherie, Stadt und Land beobachtet werden.

So waren es anfangs bekanntermaßen große, an Schiffahrtsrouten gelegene Städte wie Antwerpen, Amsterdam im Norden oder Venedig, Genua im Süden, von denen aus sich die Globalisierung des Wirtschaftssystems organisierte. Diese Konzentration einzelner starker Wirtschaftsgebiete führte schließlich zu einer Dominanz ganzer Regionen über den Handel. Von hier aus, etwa von Amsterdam in Richtung Südostasien, wurde auch die *wirtschaftliche* Kolonialisierung vorangetrieben, die im Endeffekt zur globalen Vernetzung der Welt geführt hat. Diese wenigen Andeutungen über die Kolonialisierung müssen an dieser Stelle genügen; alles weitere würde den Rahmen der Untersuchung sprengen (vgl. zur Thematik unter vielen Braudel 1986a, S. 223ff., 429ff.; Wallerstein 1986). Festzuhalten bleibt, daß sich bis zur Mitte des 18. Jahrhunderts ein Kommunikationsnetz über die Erde ausgebreitet hat, das primär den Funktionen der in Europa wurzelnden Teilsysteme folgte. Ohne Zweifel spielte das Wirtschaftssystem die Vorreiterrolle innerhalb dieser Expansion, doch das globale politische System folgte ihm relativ schnell nach.

Betrachtet man die Verflechtung von Politik und Wirtschaft aus der *Perspektive des politischen Systems*, so ist zunächst der intensive Kapitalbedarf zu nennen, den die neuzeitlichen Staaten befriedigen mußten, waren sie nun absolutistisch regiert oder nicht. Nicht zuletzt aufgrund der periodisch wiederkehrenden, zunächst dynastisch, später vornehmlich konfessionell bedingten Konflikte und Kriege, in die die frühneuzeitlichen Staaten involviert waren, sahen sich die Staatsapparate gezwungen, zunehmend ihre Steuereinnahmen zu erhöhen, indem sie kluge Zurückhaltung übten, um schließlich auch die wirtschaftliche Aktivität selbst voranzutreiben: "Herrscher, deren Ruhmgier sie bewog, für den Krieg zu rüsten, begannen damit durch aktive Verbesserung der wirtschaftlichen Basis." (Jones 1991, S. 157) Ähnliches hat Marc Raeff in seiner Untersuchung über den Staatsaufbau in Deutschland und Rußland festgestellt: "The necessities of warfare, of maintaining a large and luxurious court, of colonial expansion, and the like, led governments to seek greater tax returns and also to involve themselves directly in developing new sources of revenue and economic activities from which they hoped to profit." (Raeff 1983, S. 19; vgl. Ch. Tilly 1975, S. 72; Elias 1976b, S. 279ff.) Wie in diesem Zitat deutlich wird, gab es über die Kriegsführung hinaus eine Fülle von Notwendigkeiten, die es erforderlich machten, daß der Apparat ausgeweitet wurde, und sei es, um eine Steuer- und Finanzverwaltung zu installieren. Es waren also nicht nur wirtschaftliche Erwartungen an die Politik, die den Ausbau des politischen Systems forcierten. Der Ausbau des politischen Systems erfolgte schon hier selbstreferentiell gesetzten Zwecken: Damit der Apparat ausgeweitet werden konnte, mußte der Apparat ausgeweitet werden.

Um dieser Zwecksetzung genüge zu tun und sich selbst an der Macht zu halten, war der frühneuzeitliche Staat gezwungen, konkurrierende Ansprüche im Inneren wie im Äußeren zu durchbrechen. Im Inneren wurden die ständischen und adligen Rechte zunehmend beschnitten. Den (absoluten) Staaten ging es im Laufe der Zeit darum, in allen Bereichen die Monopolisierung ihres Potentials durchzusetzen: im Steuerwesen, in der Erziehung, in der Ausübung körperlicher Gewalt, im Glauben an eine distinkte Konfession. Dies ging, wie man sich denken kann, nicht ohne Widerstände vor sich. Die etablierten Institutionen wie Stände und Kirchen versuchten natürlich ihre Pfründe und ihre Einflußmöglichkeiten zu erhalten und womöglich gar gegenüber dem Staat auszubauen. Im Äußeren waren die Konflikte vornehmlich durch die Konfessionsspaltung geprägt. Während im vorkonfessionellen Zeitalter die Auseinandersetzungen aufgrund der rein dynastischen Zwecksetzungen auf relativ kleiner Flamme liefen, führten die antagonistisch exklusiven Konfessionen zu einer erheblichen Intensivierung und Ausweitung der Kriege; und dies hatte wiederum direkte Rückwirkungen auf die Kosten und die daraus resultierenden Folgen: "The wars of this age (...) had a character of their own. Fuelled by the fire of religious controversy, they were frequent and very costly." (Luard 1987, S. 44) Hinzu kam, daß die konfessionellen Kriege nicht als Privatangelegenheiten einzelner Staaten betrachtet wurden. Jeder in die konfessionellen Auseinandersetzungen verstrickte Staat sah sich hingegen — insbesondere im 16. und im 17. Jahrhundert — als Teil einer universalen, also überstaatlichen Bewegung. Man war deshalb verpflichtet, bedrohten Glaubensbrüdern im Kampf gegen den "Antichrist in Rom" bzw. gegen die "lutherischen Ketzer" beizustehen. Dieser Umstand führte zu einer 'Internationalisierung' der Konflikte (vgl. Kennedy 1989, S. 70ff.), die schließlich im Dreißigjährigen Krieg gipfelten.

Mit dem Ende des Dreißigjährigen Krieges sollten die Konfessions-Kriege an ihr Ende gekommen sein, wenngleich die Konfession als zentrale Legitimationsgrundlage der *Anciens Régimes* weiter fungierte. Doch nun übernahmen die politisch-strategischen Zwecke die Oberhand über die religiösen. Beispielhaft kann dieser Prozeß an den englisch-niederländischen Beziehungen des 17. Jahrhunderts studiert werden. Während man in England die eigene Revolution in den 1640er Jahren noch als Teil der großen internationalen Bewegung des Protestantismus verstand und sogar mit den niederländischen Generalstaaten über eine Fusion verhandelte, konnte die wirtschaftliche Konkurrenz beider Länder wenig später, der protestantischen Brüderschaft zum Trotz, nicht mehr übersehen werden (vgl. Hill 1958, S. 139ff.). Seekriege zwischen England und den Niederlanden in den 1650er Jahren waren die Konsequenz. Die funktionale Differenzierung und ihre Folgen forderten ihren Tribut dahingehend, daß selbst solch partikulare Einheitssemantiken wie die Konfession ihre Integrationskraft einbüßen mußten. Die Beobachtung der Welt partikularisierte sich zusehends mit fortschreitender Differenzierung der Gesellschaft.

Im Zusammenhang mit der partikularstaatlichen Beobachtung des Wirtschaftssystems ist auch die Ausweitung des europäischen politischen Systems auf die gesamte
Welt zu sehen. Das politische System folgte gewissermaßen dem Wirtschaftssystem in
der globalen Dimension nach. Innereuropäische Auseinandersetzungen konnten nicht
mehr auf den Kontinent begrenzt bleiben. Wie die Kriege in Nord-Amerika und Indien
im 18. Jahrhundert zeigten, wurde der Globus immer mehr zum politischen Spielball
der europäischen Mächte.

Die Darstellung der Entwicklung der Funktionssysteme zeugt von einem erneuten
immensen Modernisierungschub, der sich zu Beginn der Neuzeit abspielte. Mechanismen funktionaler Differenzierung schoben sich über die stratifizierte Gesellschaftsordnung, die gleichwohl noch über Jahrhunderte hinweg Bestand haben sollte. Dennoch
wird augenfällig, wie die Etablierung der Funktionssysteme die ständische Ordnung
mehr und mehr destabilisierte und unterminierte. Das Wirtschaftssystem bot einerseits
Anschluß- sowie Aufstiegsmöglichkeiten für Bevölkerungsschichten, die vormals *qua*
geburtsständischer Ordnung ausgeschlossen waren. Andererseits wurde ohne Zweifel
die Ungleichheit beibehalten bzw. neu strukturiert durch die monetären Mechanismen.
Das politische System zerschlug die ständischen Einflußmöglichkeiten zugunsten der
Zentralisierung von Macht. Kehrseite dieses Prozesses war die Beschneidung vor-
demokratischer Partizipationsmöglichkeiten lokaler Repräsentationsorgane an politischen Entscheidungen.

Gegenüber diesen strukturellen Veränderungen darf nicht übersehen werden, was
verschiedentlich schon angeklungen ist, daß nämlich die semantischen Deutungsmuster
nach wie vor religiöser Art waren. So hat Bernd Roeck die frühe Neuzeit als eine
Epoche beschrieben, "deren geistige Grundhaltung darin besteht, alles und jedes
metaphysisch zu deuten, in den Dingen der Welt Zeichen Gottes zu erkennen und in
den Widersprüchen der Wirklichkeit einen nur religiös zu erfassenden Antagonismus
zwischen Gut und Böse, Gott und Teufel zu sehen." (Roeck 1993, S. 9) Es ist daher
nicht verwunderlich, daß sich Dissens in dieser Zeit religiöser Semantiken bediente,
um sich zu artikulieren.

Vor diesem Hintergrund muß auch die Reformation gesehen werden. Schon für
das späte Mittelalter wurde oben festgestellt, daß die christliche Einheitsvorstellung
sich nicht mehr mit den verschiedenen Perspektiven auf dem Kontinent vertrug. Die
Behauptung der Einheit der europäischen Christen wurde beobachtbar und als eine
distinkte Perspektive zurechenbar — zurechenbar der kirchlichen Organisation und
dem Katholizismus, der sich als religiöses System langsam aus der Einheitswelt
auszudifferenzieren begann. Sowohl innerhalb als auch außerhalb der Kirche bildeten
sich während des gesamten hohen und späten Mittelalters hindurch religiöse Reform-
und Aussteigerbewegungen, welche die Zentralautorität der römischen Kurie bezwei-
felten bzw. diese auf anderen Grundlagen neu stärken wollten. Daß diese Bewegungen, wenn sie von der Kirche überhaupt wahrgenommen wurden, größtenteils als
Häretiker und Ketzer verfolgt werden mußten, versteht sich aus dem Blickwinkel der

zentralen kirchlichen Organisation fast wie von selbst, stellten sie doch das Deutungsmonopol der Kirche in Frage.

Auch die lutherische Reformation war eine Folge dieser mit funktionaler Differenzierung einhergehenden Multiperspektivität, die im Verlauf des Mittelalters unübersehbar wurde.[15] Sie unterschied sich nicht prinzipiell von den mittelalterlichen Versuchen, das Christentum und/oder die Kirche neu zu begründen. So schloß die Reformation auch semantisch an ihre häretischen und ketzerischen Vorgänger an. Die Reformation lag, wie Alister McGrath formuliert hat, im Trend der religiösen Pluralisierung des Spätmittelalters: "It was the methodological and doctrinal pluralism of the later Middle Ages which gave birth to both the German and Swiss Reformations, in that the distinctive ideas associated with the Reformation in its various manifestations arose within the vortex of late medieval religious thought." (McGrath 1993, S. 31) Wie der Begriff 'Reformation' andeutet, wollten Luther und seine Mitstreiter zu Beginn ihres Unternehmens nicht die Kirche als solche stürzen; die Kirche sollte im Sinne der Opponenten reformiert werden, sie hatte zu ihren christlichen Wurzeln zurückzukehren und die weltlichen Verstrickungen abzubauen. Diese weltlichen Verstrickungen waren es denn auch, die den Anlaß boten, den Protest zu formulieren: Die Monetarisierung hatte Folgen bis weit in die kirchlich-theologische Praxis hinein (Ablaßhandel). Das Papsttum sah sich den gleichen Zwängen ausgesetzt wie die weltlichen Herrscher. Wollte es seine Position halten und etwa *in puncto* Repräsentation mit den weltlichen Herrschern mithalten, mußten zum Ausbau der Organisation immense finanzielle Mittel aufgebracht werden. Zu diesem Zweck "entstand ein umfassendes fiskalisches System, das kirchenrechtlich begründbar erschien, aber vor allem in jenen Ländern, die nicht konkordatär gegen die Eingriffe der römischen Kurie abgeschirmt waren, starke bis stärkste antirömische Affekte erzeugte." (Lutz 1982, S. 14f.)

Die Reformation stellte in der Folge den katholischen Einheitsbehauptungen eine eigene Perspektive, eine eigene Einheitssemantik entgegen — nicht ohne gleichzeitig die konstituierende Differenz zu formulieren. Stärke und zeitweiliger Vorteil des Protestantismus war die feste Fixierung auf einen Gegner, der im Laufe der Zeit zum Feind wurde: Der Papst und diejenigen, die man mit ihm verbündet sah, wurden für den Zustand der Welt verantwortlich erklärt. Semantisch folgte man — wie schon angedeutet — theologischen Argumentationsmustern. Der Papst war nicht einfach nur eine Figur, die an der Spitze der Organisation stand, er war der Anti-Christ persönlich, der das Christentum insgesamt ins Verderben zu führen schien — schließlich beherrschten die Endzeitprophetien noch zu Luthers Zeiten die Zukunftserwartungen. So

---

15 Ähnlich, allerding mit einer anderen theoretischen Akzentuierung, hat Wolfgang Schluchter in Anschluß am Max Weber die Reformation zu fassen versucht. Mit der Reformation sei deutlich geworden, daß die "symbolische Klammer" des Okzidents zerbrochen sei, unter der sich im Mittelalter die institutionellen Teilordnungen ausdifferenziert hätten (vgl. Schluchter 1979, S. 252f.).

wußte sich der Protestantismus über die Definition der Feindschaft zu stabilisieren: *Heraus kam die Form 'Konfession', die klaren Einschluß- und Ausschlußkriterien folgte.*[16] Die politisch-religiöse Beobachtung verengte sich auf eine Zwei-Seiten-Form. Man wußte, wer zur eigenen und wer zur anderen Seite gehörte. Von theologischer Semantik unterstützt, wurde die andere Seite klar vor Augen geführt: "Der Teufel, jetzt zum Äußersten gereizt und herausgefordert, entfacht die letzte, die endzeitliche Offensive durch seine Römer, Ketzer, Türken und Juden." (Oberman 1981, S. 138) Luther (und nicht nur er) war, was ihn mit seinen späteren antisemitischen und nationalprotestantischen Rezipienten verbindet, ein glühender Antijudaist.

Die Konfessionsspaltung ist für den vorliegenden Zusammenhang vor allem insofern von Bedeutung, als sie sich mit dem gleichzeitigen Aus- und Aufbau territorialer Staaten zu verbinden wußte. Ich schließe mich hier der These Rudolf Stichwehs an, der "die fortschreitende Territorialisierung der Politik als die eigentliche Ursache der Reformation" betrachtet (Stichweh 1991, S. 38). Es war unter den zersplitterten politisch-territorialen Bedingungen im Reich in der Tat nur eine Frage der Zeit, wann theologischer Dissens politische Unterstützung finden würde. Ebenso wie sich das politische System und das Wirtschaftssystem gegenseitig zu fördern wußten, ist es auch im Verhältnis von Konfession und Politik der Fall gewesen. Die Konfession brauchte die — notfalls Gewalt ausübende — Protektion gegenüber anderen Bekenntnissen. Faktisch bedeutete dies die Unterordnung ihrer Ansprüche unter das politische System; und dieser Vorgang besiegelte letztendlich die Ausdifferenzierung von politischem und Religionssystem. Und die Politik konnte ihren Ausbau auf eine neue und zugleich alte Legitimationsgrundlage stellen. Für die neuzeitlichen territorialen Herrscher bedeutete die Konfessionalisierung daher eine ungeheure Chance. Schon ihre mittelalterlichen Vorgänger hatten für das allgemeine Wohlergehen ihrer Untertanen zu sorgen, was das geistige und geistliche Wohl mit einschloß. Das Verhältnis von Politik und Religion wurde aber im Unterschied zu den mittelalterlichen Verhältnissen zusehends kontingenter. Im Idealfall konnte nun sowohl zwischen den Konfessionen gewählt als auch in Vertretung einer Konfession über die Tolerierung oder Bekämpfung anderer Bekenntnisse bestimmt werden. Daß eine echte Wahl realiter nur schwer zu praktizieren war, steht auf einem anderen Blatt. Immerhin werden durch den Lebensweg des französischen Königs Henri IV., der — um König werden zu können — als Protestant zum Katholizismus konvertierte und anschließend im Edikt von Nantes dem Hugenottentum eine beschränkte Glaubensfreiheit gewährte, die Möglichkeiten (und Zwänge) seinerzeitiger Politik angedeutet. Mit der Sicherung des Gemeinwohls konnte sowohl die exklusive konfessionelle Homogenisierung wie auch die Tolerierung begründet werden. Es lag nun an der Staatsräson, zu entscheiden, wie mit konfessionellem Dissens umgegangen werden sollte (vgl. Scheuner 1975, v.a. S. 364ff.). Zumeist wurde die Kontingenz der religiösen Verhältnisse aber in die notwendige Ver-

---

16   Zur Konfession als 'Inklusionscode' vgl. auch Giesen 1991a, S. 194ff.

teidigung einer distinkten Konfession überführt. Die Teilung des Christentums erlaubte den frühneuzeitlichen Staaten, die Politik auf eine eindeutige Feindschaft zu fixieren, was jeglicher politischer Handlung eine zusätzliche Rechtfertigung gab: Alles geschah, um dem Bösen auf der anderen Seite zu begegnen und um das Seelenheil der Untertanen im eigenen Territorium zu retten.

Die vorstehenden Überlegungen zum Verhältnis von Konfession und Politik sind natürlich analytischer Art. Die frühneuzeitliche Semantik kannte eine derartige Differenzierung in eine religiöse und in eine politische Beobachtungsperspektive nicht. Man operierte nach wie vor mit religiöser Einheitssemantik, allerdings mit einer an die Feindschaft gekoppelten Einheitssemantik. Der alte Leitsatz *Religio vinculum societatis* (modern ausgedrückt: die Religion integriert die Gesellschaft) galt nunmehr für die konfessionsgebundenen Territorien (vgl. Schilling 1988, S. 33). Im Unterschied zu früheren Zeiten konnte diese Selbstbeschreibung als herrschaftlicher Auftrag nach aktiver Regelung des geistlichen Gemeinwohls erstmals wirkungsmächtig durchgesetzt werden. Nun erst hatten die Teilsysteme eine Dynamik erreicht, die es ermöglichte, über einzelne Stände hinaus, ja fast (regional)gesellschaftsweit zu kommunizieren.[17] Die Territorialstaaten innerhalb des Reiches wie in ganz Europa nutzten die einzigartige politisch-konfessionelle Konstellation für einen Versuch, die Untertanenschaft auf ein partikulares Weltanschauungsbild mit universalem Anspruch zu verpflichten und in gewisser Weise zu disziplinieren.[18] Man könnte es als Ironie der Geschichte sehen, daß erst in dem Moment, in dem sich der Rückzug der Religion aus der Welt bereits abzeichnete, die Möglichkeiten gegeben waren, den seit alters her bestehenden universalen Ansprüchen gerecht zu werden — und wenn auch nur in partikularen Umgebungen.

Derartige Versuche findet man auf allen Seiten des Konfessionskonflikts. Zwar sind insgesamt auch Unterschiede im Erfolg der politisch propagierten und durchgesetzten Konfessionalisierung zu konstatieren,[19] doch wird in der histori-

---

17 Marc Raeff, der die "Polizeiordnungen" der deutschen Lande untersucht hat, fand eine prominente Stellung des konfessionellen Anliegens im neuzeitlichen Staat: "As the secular authorities stepped in to fill the gap created by the rejection of traditional ecclesiastical institutions, they issued laws and ordinances intended to help organize the new Protestant church establishment and, in the case of Catholic lands, to counteract the neglect of traditional religious practices." (Raeff 1983, S. 56)

18 Soziologisch ist der Aspekt der Konfessionalisierung bislang eher unterbelichtet geblieben. Große Theorien, die den Aufbau moderner Staatlichkeit thematisieren, wie die Disziplinargesellschaft Michel Foucaults oder der Zivilisationsprozeß Norbert Elias' betonen allein die strukturelle Macht, die ihrer Ansicht nach ausgereicht hat, um zu disziplinieren. Demgegenüber wird in neueren historischen Forschungen gerade die religiöse bzw. konfessionelle Begleitung des Machtaufbaus betont, ohne die, wie es scheint, die Machttechniken semantisch gar nicht vermittelbar gewesen wären. Vgl. zu diesem Sachverhalt, dessen gesellschaftstheoretische Würdigung noch aussteht: Schilling (1991); Winkelbauer (1992); Roeck (1993); Gorski (1993).

19 So hat der deutsche Calvinismus in der Fläche wohl erheblich mehr Probleme gehabt, nach einer Konversion des Fürsten die Bevölkerung 'von oben' zu gewinnen, als dies bei den anderen Konfessionen der Fall war (vgl. W. Ziegler 1990, S. 73f). Man kann vermuten, daß dieser Umstand

schen Forschung der Akzent bewußt auf die funktionale Gleichheit gelegt, und die modalen und lokalen Differenzen werden als nachrangig betrachtet (vgl. Schilling 1988, S. 30). Jede Konfession lebte zuallererst von der Feindschaft zu den anderen Bekenntnissen. Das Aufeinanderprallen universalistischer und gleichzeitig exklusiver Formen (im Sinne Spencer Browns) konnte auf den jeweiligen Seiten kaum zu etwas anderem führen als zu unversöhnlichem Haß nach außen und zu einer Rigidisierung und "Radikalisierung theologischer Ansprüche" (Hahn 1987, S. 89ff.) nach innen. Es galt schließlich zu beweisen, daß die eigene konfessionelle Lebensform nicht eine unter vielen, sondern die einzig wahre war. Heinz Schilling, der den Prozeß der Konfessionalisierung in Europa gründlich untersucht hat (vgl. Schilling 1988; 1989; 1991), konnte zeigen, wie sehr die eigentliche Verhärtung des Konflikts ab den 1570er Jahren auf die für den Protestantismus bedrohlichen Nachrichten aus Frankreich (Bartholomäusnacht) und aus den Niederlanden (Alvas Blutrat) zurückzuführen ist, als die katholischen Herrscher blutig gegen die andere Seite vorgingen. Nachdem die protestantischen Flüchtlinge aus diesen Gebieten in die deutschen Lande gekommen waren, wurden auch hier die Reihen fester geschlossen (vgl. Schilling 1988, S. 19ff.). Vor allem die Calvinisten glaubten sich anschließend in einem eschatologischen Endkampf zu befinden. Die Form 'Konfession' schloß sich umso fester nach außen ab, je mehr sie sich bedroht fühlte.

Schilling, dem ich hier folge, beschreibt diesen gesamteuropäischen Vorgang prägnant als "eine Verkopplung von realhistorischer *Partikularisierung* im Zuge neuzeitlicher Staats- und Nationswerdung einerseits und weltanschaulich-ideologischer *Universalisierung* sowie gesellschaftlich-politischem *Totalitätspostulat* der konfessionellen Systeme andererseits (...)." (Schilling 1991, S. 206) In allen europäischen Ländern wurde der bereits im Mittelalter spürbare Partikularisierungs- und Identifizierungstrend mit dem Territorium, auf dem man lebte, durch die Konfessionalisierung vorangetrieben. Die ständigen konfessionellen Auseinandersetzungen nötigten dazu, Stellung zu beziehen, was aufgrund der Bedrohung durch die Konfession von außen relativ leicht zugunsten der herrschenden Konfession geschah. Selbst mit dem Abklingen der konfessionellen Kriege und überterritorialen Allianzen nach 1648 blieb die Konfession innerhalb der Territorien die zentrale Legitimationssemantik (vgl. Duchhardt 1989, S. 78ff.). Konfessionelle Geschlossenheit und Homogenität herzustellen, war noch das Bemühen Ludwigs XIV., der bekanntlich den Jansenismus und das Hugenottentum verfolgte und kurz vor seinem Tod im Jahre 1715 dekretierte, alle französischen Protestanten seien als Katholiken anzusehen (vgl. Ravitch 1990, S. 1 und 30ff.).

---

auf die weitaus rigideren Ansprüche an die Lebensführung zurückzuführen ist. Zudem haftete dem Calvinismus lange der Makel einer offiziell nicht anerkannten Konfession an. In anderen Gebieten, etwa in den Niederlanden, konnte der Calvinismus hingegen seine ganze Kraft entfalten (vgl. Lademacher 1983, S. 42ff.).

Welche Auswirkungen hat nun der frühneuzeitliche Konfessionalisierungsprozeß in Europa für die Ausbildung der Form 'Nation'? Für die Entwicklung einer — bislang im Kern europäischen — Weltgesellschaft und insbesondere für die Beobachtung der Weltgesellschaft konnte die Ausweitung der konfessionellen Konflikte auf dem gesamten Kontinent nicht ohne Rückwirkung bleiben. Vor allem für die frühe Neuzeit kann man geradezu von einer kriegerischen Vernetzung Europas sprechen (vgl. Ch. Tilly 1990, S. 176f.), die im Endeffekt kaum eine Region unberührt ließ. Das heißt nicht, daß ganz Europa von den katastrophalen Auswirkungen der Kriege ebenso betroffen war, wie die deutschen Gebiete im Dreißigjährigen Krieg. Jedoch hatte sich durch die politisch-religiöse Penetration der Territorien, vor allem aber durch die Druckkunst, die sich in Europa schnell verbreitete, in vielen europäischen Regionen eine Art 'Öffentlichkeit' herausgebildet; ein Faktum, das in der soziologischen sowie in der nationalismustheoretischen Diskussion meines Wissens bislang noch unbeachtet blieb (vgl. für England: Hill 1991; für Deutschland: W. Schulze 1978, S. 22ff.; Schilling 1988, S. 28).[20] In den Pamphleten, Flugschriften und "Neuen Zeitungen" des 16. und 17. Jahrhunderts wurde nicht nur über die konfessionellen bzw. staatlichen Angelegenheiten diskutiert, sondern auch die 'internationale' Szenerie beobachtet, die in erster Linie dann interessant war, wenn über potentielle Bedrohungen des eigenen Landes berichtet wurde. So hat Elton für England beschrieben, im 16. Jahrhundert seien die Horizonte der meisten Leute sicher noch sehr beschränkt gewesen, und dennoch habe es großes Interesse an überlokalen Informationen gegeben, "especially if such events seemed to threaten the whole kingdom." (Elton 1986, S. 76) Derartige Ereignisse seien etwa Gerüchte über Landungen der spanischen oder französischen Flotte gewesen.

Meine These in diesem Zusammenhang lautet, *daß durch die kommunikative und konflikthafte Vernetzung Europas einerseits und die Herausbildung von diskursiven, regional begrenzten Öffentlichkeiten andererseits neue, auf aktuelle Situationen bezogene quasi-'nationale' Feindbilder entstanden, die ihre Wurzeln gleichwohl in der religiösen bzw. konfessionellen Semantik hatten.* Diese These möchte ich im folgenden an zwei Beispielen demonstrieren, nämlich im Zusammenhang mit der deutschen sowie der englischen Reformation.

Gemeinsamer Bezugspunkt der Reformationsbewegungen auf dem Kontinent und in England war die Feindschaft zum Papsttum. Das Papsttum repräsentierte vor allem auf dem Kontinent — wie schon angedeutet wurde — den Verfall sowie die nachlassende Bindekraft des Einheits-Christentums seit dem Mittelalter. Regional-partikularistische Perspektiven wie der deutsche Humanismus machten schon im 15. Jahrhundert die Kurie für den Zustand des deutschen Teils des römischen Reiches verantwortlich. Zur Kennzeichnung des partikularen Bezugs wurde der bereits in Konzilen und Uni-

---

20 In der Soziologie wird nach wie vor der "Strukturwandel der Öffentlichkeit" (Habermas 1990a [1962]) in der zweiten Hälfte des 18. Jahrhunderts als erste Grundlage für 'nationale' Kommunikation betrachtet (vgl. etwa Giesen/Junge 1991 oder Fuchs 1991).

versitäten verbreitete Begriff 'Nation' während der Auseinandersetzungen um Reichs-
und Kirchenreform als "antiuniversalistischer Kampfbegriff gegen Kaiser und Papst"
eingesetzt (Schönemann 1992, S. 282; vgl. Münkler 1989, S. 73). Auch wurde die
deutsche Sprache im Humanismus gezielt als Kampfmittel gegen den lateinischen Universalismus verwendet. Die gleichen Tatbestände sind in der lutherischen Reformation
zu finden, allerdings mit einer überaus starken religiösen Konnotation. Der Reformation ging es nicht um eine "theologische Qualifizierung von Volk, Nation und Vaterland", sondern um "die Wiederaufrichtung des Wort Gottes" (Jacobs 1970, S. 57).
Und vornehmlich zu diesem Zweck wurde auch vom Begriff der 'Nation' Gebrauch
gemacht. Das berühmte Traktat Luthers "An den christlichen Adel deutscher Nation"
aus dem Jahre 1520 war, an die Semantik der 'Konzilsnation' anschließend, in erster
Linie an die fürstlichen und bischöflichen Landesherren adressiert (vgl. H. Thomas
1985, v.a. S. 448ff.). Im Gegensatz zum Humanismus, der etwa Tacitus' *Germania* in
einem nationalen Sinne rezipierte, spielten in der Reformation Versuche zur Historisie-
rung des Deutschtums keine Rolle. Ähnlich verhielt es sich mit der Favorisierung der
deutschen Sprache durch Luther; sie wurde gegenüber den klassischen Sprachen allein
deshalb präferiert, "weil sie den deutschen Beter näher zu Gott führt als alle Fremd-
sprachen." (Borst 1960, S. 1067)

Dennoch: Es kann nicht übersehen werden, wie sich im Laufe der Zeit die
antipapale Rhetorik des Protestantismus mit 'nationalen' Beiklängen vermischte, die
sich gegen die 'Nationen' und 'Völker' richteten, welche auf katholischer Seite
verblieben. Die Abgrenzung gegen die "Welschen" (Franzosen, Italiener) ist deutlich.
In der konfessionsgebundenen Literatur des 17. Jahrhunderts findet sich eine simple
Dichotomisierung: "hie deutsch, lutherisch, patriotisch und treu, dort welsch, katho-
lisch, weltgewandt, aber unredlich" (Riemenschneider 1993, S. 38). Auch Heinrich
Lutz hat resümiert: "In das breite Bett des deutschen Antikurialismus flossen alle
antiitalienischen Ressentiments mit ein." (Lutz 1983, S. 93) So kann man sagen, daß
es durchaus 'nationale' Elemente in der deutschen Reformation gab, die auch ihre
Differenz anzugeben wußten, daß aber die Konfessionalisierung als solche die nationale Semantik überdeckte.

Es ist daher vornehmlich der Konfessionalisierung der Semantik zuzuschreiben,
daß man im Deutschen Reich in der frühen Neuzeit nicht ähnlich wirksame national-
konfessionelle Einheitsgedanken zustandebrachte, wie es in den Nachbarländern der
Fall war. Zeitweilige Ausnahmen sind trotzdem zu finden, und zwar in den wenigen
Fällen, wo man die deutschen Lande insgesamt von außen bedroht sah. Winfried
Schulze (1978) hat in einer eindrucksvollen Studie die 'Türkengefahr' und ihre
Folgewirkungen im Reich untersucht. Demnach konnte die Bedrohung durch die 'ungläubigen' Muslime selbst im konflikthaften 16. Jahrhundert zumindest partiell den
Wunsch nach überkonfessioneller, d.h. christlicher Einheit im Reiche wieder aufleben
lassen. Schulze interpretiert den Wunsch nach Einheit, den er in den Medien der oben
angesprochenen 'Öffentlichkeit' vorfindet, plausibel vor dem Hintergrund des von
konfessioneller Differenz und anderen Krisen geprägten Zeitalters. Er stellt fest, "daß

die Einheitsvorstellung, die sich hier offenbarte, als ein durch die Türkengefahr provozierter Reflex auf die innere Lage des Reiches zu bestimmen ist." (W. Schulze 1978, S. 63) Diese Interpretation ist im Rahmen der in Teil 2 versuchten Theorie vor allem deshalb einleuchtend, da mit der Einheit ein fest umrissenes Feindbild korrelierte, das 'den Türken schlechthin' beschrieb. Schulze faßt dies so zusammen: "Dieses Gesamtbild lief hinaus auf die Formel vom 'Erbfeind', d.h. dem geborenen Feind, bei dem es keines aktuellen feindseligen Aktes bedurfte, um ihn zum Feind zu erklären. Türke zu sein genügte, um Feind der Christenheit zu sein. Seine ideologische Überhöhung fand der 'Erbfeind' im Bild des 'Anti-Christ' in der katholischen wie in der lutherischen Auffassung." (Ebd., S. 55) Deutlich wird, wie sich in der frühen Neuzeit auch die 'nationalen' Aspekte vor dem Hintergrund der christlichen Semantik ausgebildet haben. 'Der Türke' war nicht Feind der Deutschen, sondern Feind der Christen.

Ansonsten konnte sich auf das Reich bezogenes 'Nationalbewußtsein', etwa in Form eines konfessionell unterfütterten Patriotismus, vorerst in der öffentlichen Publizistik nur kaum und auch später nur schwach ausbilden. Allenfalls die habsburgischen Siege über die Türken und Ludwig XIV. an der Wende vom 17. zum 18. Jahrhundert ließen so etwas wie einen überkonfessionellen Reichspatriotismus und einen Bezug auf das Kaisertum in Wien verspüren (vgl. Aretin 1989). Gemeinsamkeitssemantiken blieben noch bis an das Ende des 18. Jahrhunderts territorial eng begrenzt. So schreibt Bernd Roeck (1993, S. 81), der Begriff Ausländer habe sich im 16./17. Jahrhundert noch auf den Nachbarn aus der nächsten Stadt bezogen. Und ebenso verhält es sich mit dem Begriff des Vaterlands: "Heimat, 'vatterland', wie es in den Quellen dann manchmal heißt, das war für die Zeitgenossen des 16. und 17. Jahrhunderts oft ihre engste Umwelt, beispielsweise eben ihre Stadt oder ihr Dorf mit seinen Fluren und wenig mehr darum." (Ebd.) Insgesamt blieb die Verbindung von Konfession und Nation im Deutschland der frühen Neuzeit eher schwach ausgeprägt. Dies sollte sich, wie man im Vorgriff schon sagen kann, spätestens mit der Romantik ändern.

Das lokal begrenzte Heimatbewußtsein, von dem gerade die Rede war, galt für die Masse der Bevölkerung nicht nur in den deutschen Landen. Sozialstrukturell waren die Teilsysteme und ihre Infrastruktur in ganz Europa noch nicht so weit verbreitet, daß eine semantische Inklusion in die 'Nation' auf breiter Basis hätte kommunikativ erfolgen können. Andererseits kann nicht übersehen werden, daß in der öffentlichen Publizistik anderer Länder derartige semantische Figuren nicht nur vorbereitet, sondern schon ausgebildet waren. Betrachtet man beispielsweise die britische Insel, so wird deutlich, wie dort die konfessionell angelegten Deutungsmuster nach und nach in die Form 'Nation' übergegangen sind. Auch hier stand am Anfang der Reformation ein Konflikt mit dem Papst. Bekanntermaßen hat Heinrich VIII. die Suprematsakte über die englische Kirche ausgesprochen, weil er sich mit dem Papst nicht über die Modalitäten seiner Scheidung von Katharina von Aragon einigen konnte (vgl. die Darstellung bei Rex 1993). Damit war die anglikanische Kirche vom Katholizismus abgekehrt, obwohl dies nicht einmal das intendierte Ziel Heinrichs war. Die neue Konfession konnte sich indes durch die öffentliche Publizistik schnell verbreiten und ließ sich selbst durch das kurze katholische Interregnum Mary Tudors nicht mehr unterdrücken. Die Form 'Konfession' stabilisierte sich auch auf der Insel, indem sie die andere Seite klar definierte und ausgrenzte: "Bereits John Foxe hat in *The Book of Martyrs* (1563) — ein Buch, das in jeder Pfarrkirche vorhanden war — England, der von Gott erwählten Nation, die Aufgabe zugewiesen, den heilsgeschichtlichen entscheidenden Kampf gegen den Antichrist zu führen. Der Antichrist war aber kein anderer als der Papst in Rom mitsamt den ihm verbündeten Mächten." (Münkler 1989, S. 85) Die mit dem Papst verbündeten Mächte kristallisierten sich in der Folge recht schnell heraus. Es war die überlokale Konstellation, die den Anstoß dazu lieferte, daß sich die Wandlung der Form Konfession zur Form 'Nation' bereits andeutete. Im Zusammenspiel mit der Ausweitung des Konfessionskonflikts auf ganz Europa in der zweiten Hälfte des 16. Jahrhunderts nämlich war, so Reinhard Bendix prägnant, "für viele protestantische Engländer die politische Situation gekennzeichnet durch die Opposition gegen Spanien und gegen die katholische Gefahr. *Spanien repräsentierte für sie die katholische Kirche.*" (Bendix 1980b, S. 71; meine Herv.)

Protestantismus und Patriotismus fielen in England zusammen; sie bildeten zwei gleichwertige Aspekte der Innenseite der Form. Als mindestens ebenso wichtig aber stellte sich die Beobachtung der Außenseite dieser ersten "religiös definierte[n] Nation" (A. Assmann 1989, S. 430) dar: *Protestantismus und England auf der Innenseite standen Katholizismus und Spanien auf der Außenseite gegenüber.* Wie Aleida Assmann dargelegt hat, entwickelte sich eine politisch-kulturelle Konkurrenzsituation zwischen England und Spanien, welche die Besonderheit der jeweiligen Seite verdeutlichte: "In der gegenseitigen Beobachtung, im mutuellen Distinktionszwang, wächst das Bewußtsein der nationalen Eigenart." (Ebd., S. 441) Was folgte, war nichts anderes als die Verteidigung der eigenen Lebensweise, die durch die Konfession geheiligt war: "In der direkten Polarisierung, wo das Fremde als das schlechthin Feindliche wahrgenommen wird, entsteht ein Selbstbild, das die eigene Kultur als alternativenlosen Heilsweg der Menschheit bewertet. Wo die Grenzen dagegen durchlässiger sind, weil die Wahrnehmung des Fremden nicht als eine unmittelbare Bedrohung des Eigenen erfahren wird, kann sich so etwas wie ein kultureller Relativismus einspielen, innerhalb dessen das Eigene als Variante im Spektrum anderer Möglichkeiten erscheint." (Ebd., S.450) Hinzu kam, daß erst in der frühen Neuzeit die kommunikativen Voraussetzungen gegeben waren, die dazu zwangen, sich mit anderen "Bezugsgesellschaften" (Bendix) wie Spanien zu vergleichen. Damit sind die schon oben angesprochenen Entwicklungen der kommunikativen Vernetzung sowie der Herausbildung regionaler Öffentlichkeiten gemeint.

Was hier paradigmatisch am englischen Fall demonstriert wurde, könnte in mehr oder weniger starker Ausprägung für fast sämtliche europäischen Staaten gezeigt werden. Von Skandinavien bis zur iberischen Halbinsel bildeten sich vom 16. bis zum 18. Jahrhundert semantische Einheitsformen heraus, welche die erst ansatzweise ausgeprägte

Differenzierung von Politik und Religion widerspiegelt. Überall band sich die religiös-konfessionelle Semantik an das Territorium und schaffte Vorformen 'nationaler Identität': "Es gilt allgemein, daß konfessionelle und territoriale Identität nahezu deckungsgleich waren." (Schilling 1991, S. 243) Die Ausbildung der frühneuzeitlichen Staaten basierte semantisch im wesentlichen auf der Konfessionalisierung. Dieser Umstand galt mit einer gewissen zeitlichen Verspätung im übrigen auch für Rußland, das von den konfessionellen Konflikten kaum betroffen war. Ähnlich dem Part, der in Westeuropa von der Konfession übernommen wurde, bereitete hier die exklusive Orthodoxie eine nationale Differenz-Identität vor (vgl. Carter 1990, S. 13; Kappeler 1986).[21]

Insgesamt zeigt sich, so meine ich, wie zunehmende europaweite kommunikative Vernetzung, Ausdifferenzierung und Modernisierung auf sozialstruktureller Seite mit einer ebenfalls zunehmenden Partikularisierung der Einheitssemantik einhergingen. Wenngleich universalistische Ansprüche diesen Einheitssemantiken inhärent waren, ja aufgrund ihrer religiösen Konnotationen sein mußten, konnten die Einheitspostulate nurmehr distinkten, einander bekämpfenden Perspektiven zugerechnet werden. Die Verbindung gegenseitiger Exklusivität der Konfessionen mit politisch definierten Territorien bildete die Form, an die die nationalen Semantiken anschließen konnten. Perspektivisch könnte man diesen Umstand folgendermaßen ausdrücken: *Die Form 'Konfession' arbeitete der Form 'Nation' vor, indem sie ihr den spezifisch partikularen und gleichzeitig universalistisch-exklusiven Boden bereitete.*

3.4 Transformation zur modernen Gesellschaft. Die Form 'Nation' als Inklusionssemantik gegen die stratifikatorische Differenzierung

Die Umstellung des schichtmäßigen Aufbaus zur modernen Gesellschaftsstruktur nahm einen großen Zeitraum in Anspruch. Von der ersten Jahrtausendwende bis ins 19. Jahrhundert hinein vollzog sich dieser Modernisierungsprozeß, und er war damit noch nicht beendet. Auf dem Weg zur Moderne mußten die vielfältigen ständischen Beschränkungen in einem mehrere Jahrhunderte lang andauernden Prozeß beseitigt werden. Im nachhinein sieht man, wie die Versuche der frühneuzeitlichen Staaten, ständische Einflußmöglichkeiten zugunsten zentraler Apparate zu beschneiden, einen Großteil dieses Modernisierungsprozesses ausgemacht haben. Es lag aber paradoxerweise gerade nicht in den Intentionen vormoderner Herrscher, die Gesellschaftsordnung insgesamt zu stürzen. Sie wollten vielmehr die Macht rationalisieren,

---

21 Den historischen Hintergrund hat Andreas Kappeler beschrieben: "Der Mongolensturm und die gleichzeitige Bedrohung von Westen her führten zu einer gewissen geistigen Abkapselung der nordöstlichen Rus', es entstand ein Isolationismus, eine Abwehrhaltung gegenüber den ungläubigen Tataren im Osten und Lateinern im Westen. Diese stark religiös bestimmte Xenophobie erhielt zusätzliche Nahrung, als Moskau (...) in der Mitte des 15. Jahrhunderts zum einzigen Hort der Orthodoxie wurde, nun von lauter irrgläubigen Nachbarn umgeben war." (Kappeler 1986, S. 86)

ohne die Modernisierungskonsequenzen tragen zu müssen. Grundsätzlich sollte alles in den gewohnten Bahnen ohne die Partizipation des 'Volks' oder 'Pöbels' weiter laufen.

Zum Modernisierungsprozeß gehört aber auch die andere Seite, die gegen die ständischen Privilegien und gegen den Verfall der Lebensverhältnisse der unteren Schichten Sturm lief: die unzähligen Revolten, Aufstände und schließlich die Revolutionen. Im Kontext der hier gewählten Theorieanlage einer systemtheoretischen Gesellschaftstheorie können Revolutionen kaum anders gefaßt werden denn als *politische* Bemühungen, die auf Inklusion in die sich langsam ausdifferenzierenden Teilsysteme zielten.[22] Wie in Abschnitt 2.6 ausführlicher dargestellt wurde, ist der Topos Inklusion aus soziologischer Sicht der hervorstechende Punkt, an dem die neuen Problemkonstellationen sichtbar werden, die den Modernisierungsprozeß begleiten. Es ging den an den Revolutionen Beteiligten primär um Zugang zur Macht, um daran anschließend Zugang zu wirtschaftlichen Ressourcen, Zugang zur Bildung, Zugang zu Rechten und Zugang zu einer adäquaten Gesundheitsversorgung erlangen. Der eigene Status wurde von den Revoltierenden jeweils als defizient gegenüber anderen 'Gruppen' wahrgenommen, und diese Defizienz galt es zu überwinden. Daß Semantiken aus dem Umkreis der 'Nation' — neben anderen wie 'bürgerliche Gesellschaft' oder 'Zivilgesellschaft', 'Menschenrechte' etc. — diese Entwicklung begleiteten, wurde ebenfalls oben schon angedeutet (allgemein hierzu: Stichweh 1988). Diesen Punkt gilt es im folgenden am historischen Material zu präzisieren.

Spielte die 'Nation' als Zwei-Seiten-Form eine Rolle in diesem Zusammenhang, dann müßten sich historische Konstellationen aufzeigen lassen, in denen *Herrschaft als Fremdherrschaft* beobachtet und dies als Anlaß genommen wurde, die Herrschaft zu überwinden. Die Beobachtung von Herrschaft als Fremdherrschaft gehört nicht zum Idealtypus der stratifizierten Gesellschaftsordnung. Zwei Gründe sind hierfür anzuführen: Wie oben, im Zusammenhang mit der mittelalterlichen Sozialstruktur deutlich wurde, haben zum ersten die verschiedenen *strata* nur wenig miteinander kommuniziert; es gab keine gesellschaftsweite Kommunikation, welche die Schichten miteinander verbunden hätte. Erst im Verlauf der frühneuzeitlichen Ausweitung kommunikativer Möglichkeiten, die das politische System mit vorher ungekannten Möglichkeiten ausstattete, war ein Potential gegeben, von 'oben' nach 'unten' kommunizieren. In den früheren Verhältnissen dürfte es für die Masse der Untertanen vollkommen belanglos gewesen sein, aus welcher Region beispielsweise ein Fürst stammte. Man wird ohnehin kaum etwas von ihm gehört haben, denn die Kommunikation mußte mühselig über zwischengeschaltete Stände weitergegeben werden, und diese Stände spielten ihr eigenes Spiel und besaßen wiederum eigene Rechte: "Der Einfluß der Zentrale litt an der konstitutiven Schwäche, daß das Verhältnis des Fürsten zu den Bewohnern seines Territoriums durch starke intermediäre Gewalten einge-

---

22 Die Bedeutung des politischen Systems für die Revolutionen betont auch Theda Skocpol 1979. Dort findet sich zudem ein Überblick über die soziologische Revolutionsforschung (ebd., S. 3ff.).

schränkt und auf Dauer mediatisiert wurde." (Wehler 1989a, S. 38) Zum zweiten war es in der stratifizierten Gesellschaft üblich, daß die Herrscher der Territorien ohne große Folgen für die Untertanenschaft wechselten. Man denke etwa an die Möglichkeiten der nicht unüblichen Eroberung, des Kaufs von Gebieten oder aber an die dynastische Heiratspolitik. Auf diese Weise konnten einem Herrscher diverse, weit auseinander liegende Regionen zufallen. Für die Legitimation von Herrschaft wurden die genannten Umstände so lange nicht zum Problem, wie die Kommunikation zwischen oben und unten nicht allzu intensiv und die überlokalen 'Verstrickungen' der oberen Schichten aufgrund der nicht vorhandenen 'nationalen' Kategorien nicht negativ auffielen. Beides sollte sich mit der Ausweitung der Kommunikationsmöglichkeiten innerhalb und außerhalb des jeweiligen Gebietes sowie mit der beginnenden funktionalen Differenzierung ändern.

Derartige, aus der Beobachtung von Herrschaft als Fremdherrschaft resultierende Spannungen machten sich beispielsweise schon im Mittelalter bemerkbar, als die überall in Europa verbreiteten normannischen Herrscher versuchten, eine einheitliche Sprache mittels politischer Macht gegenüber ihren Untertanen durchzusetzen (vgl. Borst 1959, S. 681f.). Offensichtlich erforderten die neuen Kommunikationsmöglichkeiten eine Standardisierung der Sprache. Vorher wäre ein Herrscher niemals auf eine solche Idee gekommen; das klassische Latein der oberen Schichten mußte nicht mit den Landessprachen und Dialekten der unteren Schichten vermittelt werden. Da aber die Untertanen nicht ohne weiteres zur Assimilation an die von oben verordnete Sprachregelung bereit waren, kam es im 13./14. Jahrhundert zu ersten Auseinandersetzungen mit sprachlich-antagonistischem Hintergrund, etwa in Brügge oder in Palermo, die beide unter französisch-normannischer Herrschaft standen. Arno Borst hat den Sachverhalt so zusammengefaßt: "Der ausschließliche Anspruch der Nationalsprache, der bald alle universalen Sprachtraditionen überspielen sollte, machte sich zum ersten Mal unverhüllt geltend; die modernen Zeiten des Sprachenkampfes begannen." (Ebd., S. 787)

Ein ähnlich gelagerter Konflikt wurde oben schon angesprochen: die Auseinandersetzungen zwischen Deutschen und Böhmen in der zweiten Hälfte des 14. Jahrhunderts, die schließlich das Hussitentum hervorbrachten. Neben den schon beschriebenen sprachlichen und religiösen Aspekten dieses — letztlich kriegerisch ausgetragenen — Konflikts interessiert an dieser Stelle der Umstand, daß die Deutschen von seiten der Böhmen als Personen beobachtet wurden, die vom Herrscher der eigenen Bevölkerung gegenüber bevorzugt würden (vgl. Graus 1980, S. 103). Hier drückten sich meines Wissens erstmalig Statusfragen im Zusammenhang mit 'nationalen' Semantiken aus. Hintergrund dieser Beobachtungen war die deutsche Ostkolonisation, welche die neu besiedelten Städte und insbesondere das deutschstämmige Stadtbürgertum gegenüber dem ansässigen Adel in eine privilegierte Position rückte (vgl. ebd., S. 87).

Die Identifizierung der oberen Schichten als fremd oder fremd beeinflußt bzw. die Beobachtung von Herrschaft als Fremdherrschaft findet sich über die gesamte

Neuzeit hinweg bis in die Zeiten der Französischen Revolution. Im folgenden werden einige Beispiele beschrieben, die als Illustration dieses Sachverhaltes dienen. Es soll *gezeigt werden, daß die Entwicklung der Form 'Nation' durch die Agitation gegen als fremd beobachtete Herrschaft einen Evolutionsschub erhielt, der letztendlich zur Ausbildung der revolutionären 'Nation' und zur Vorstellung von Volkssouveränität führte, die sich gegen jegliche Fremdherrschaft richtete.*

Erstes Beispiel ist das sog. *Alamodewesen*, gegen das die deutschen 'Sprachpatrioten' des 17. Jahrhundert agitierten (vgl. zum folgenden Schönemann 1992, S. 298ff.; Riemenschneider 1993). Die Sprachpatrioten wie Opitz, Gryphius, Moscherosch oder Grimmelshausen wurden von der Furcht kultureller Überfremdung angetrieben, die sie in der Adaptation französischer Stil- und Sprachelemente an den deutschen Höfen beobachteten. Nicht nur wurde seinerzeit der französische Absolutismus als Vorbild auch an deutschen Höfen geachtet, es wurde darüber hinaus die barocke französische Lebensart imitiert und vornehmlich die französische Sprache gesprochen, die zur Konvention des Adels in weiten Teilen Europas gehörte — man war im Adel eben "A la mode".

Im 17. Jahrhundert wurde somit das Erbfeind-Syndrom, das vormals die Feindschaft gegen die Türken auszeichnete, auf das "Welsche" übertragen und hier insbesondere den Franzosen angehängt. Die Frankophilie im Lebensstil des deutschen Adels machte für die 'Patrioten' mehr als deutlich, daß die deutsche Reichsnation, deren Vertreter der Adel zu sein vorgab, nicht die eigentliche Nation sein konnte; es bildete sich allmählich die deutsche *Kulturnation* heraus, die von Anfang an von antifranzösischen Ressentiments begleitet war. Aufgrund des kulturellen Schwerpunkts dieses Patriotismus blieb der politische Anspruch auf Überwindung der ständischen Ordnung mittels nationaler Semantik eher gering ausgeprägt. Die Aspirationen konnten sich nicht auf das zersplitterte und vom Adel beherrschte Reich richten, "sondern auf eine meist nicht näher definierte Gemeinschaft der Deutschen, deren politische Konsistenz es gewissermaßen über den Umweg von Sprache und Kultur zu stärken galt." (Schönemann 1992, S. 306f.)[23] Erst als Deutschland eine echte Fremdherrschaft erlebte, nämlich die napoleonische, konnten die kulturellen Anliegen auch in politische überführt werden.

Politische Aspirationen werden dagegen im zweiten Beispiel umso deutlicher artikuliert. Es handelt sich um die semantische Figur des *Norman Yoke*, des normannischen Jochs, unter dem sich Teile des politischen Englands noch im 17. Jahrhundert, also

---

23 Eine Variante dieses Themas 'fremder Herrschaft' findet sich ebenfalls in der russischen Geschichte. Die von weiten Teilen der Bevölkerung abgelehnten Modernisierungsversuche Peters des Großen zu Beginn des 17. Jahrhunderts riefen entsprechende Legenden hervor: "Die Legenden vom — in seiner Kindheit oder auf einer Auslandsreise — gegen einen Ausländer ausgetauschten Zaren schließen den Herrscher aus der Gemeinschaft des 'Heiligen Rußland' aus; ein ausländischer ungläubiger Herrscher ist kein Herrscher mehr." (Kappeler 1986, S. 90)

mehrere Jahrhunderte nach der Machtausübung französischer Herrscher wähnten (zum folgenden: Hill 1958, S. 50-122; Hill 1967, S. 176ff.; Hill 1991). Die Theorie des normannischen Jochs behauptete, vor der Invasion Williams des Eroberers im Jahre 1066 habe in England ein 'Goldenes Zeitalter' geherrscht, in dem sich die Angelsachsen mittels repräsentativer Organe selbst regiert hätten. Auch wenn diese Annahme eines *Golden Age* vor der normannischen Eroberung keinerlei historische Evidenzen hat, zeitigte der Mythos eine durchschlagende Wirkung. Sämtliche Parteien des englischen Bürgerkriegs des 17. Jahrhunderts, Royalisten, Parlamentaristen und Leveller argumentierten damit, daß sie sich auf die alten angelsächsischen Rechtspraktiken bezogen, genauer: daß die jeweilige Partei doch das wahre Angelsachsentum verkörperte. Man unterschied sich allerdings in der Frage, ob das normannische Joch schon überwunden sei und ob nicht die alten Rechte wieder hergestellt werden müßten. Während der Revolution wurden auch schon einmal die Fronten gewechselt, und je nachdem, wer sich gerade in aussichtsreicher Position sah, argumentierte auch mit Theorien, die vorher der politische 'Feind' vertreten hatte (vgl. Hill 1958, S. 60ff.; Hill 1991, S. 119).

Insgesamt aber hat die Theorie des normannischen Jochs, so Christopher Hill, die folgende Funktion eingenommen: "It united the Third Estate against Crown, Church, and landlords, branding them as *hereditary enemies of the people*. It suggested that *the ruling class is alien to the interests of the majority of the population*. Even if they no longer speak French, whether or not they are of Norman descent, the upper classes are isolated from the life of the working population, to whose interests theirs are opposed. The people could conduct its own affairs better without its Norman rulers, whose wealth and privileges are an obstacle to equality. *The nation is the people.*" (Hill 1958, S. 57f.; meine Herv.) Die seinerzeitige Herrschaft wurde unabhängig von der 'offiziellen Nationalität' als fremd beobachtet. Folglich wurde die Abschaffung einer privilegierten Herrschaft als Voraussetzung der Partizipation an den modernen Teilsystemen mit nationalen Semantiken gesehen; die Funktion der 'Nation' als Inklusionssemantik sticht hier klar hervor. Zusammen mit der oben schon angesprochenen konfessionellen Komponente stärkte die Theorie des normannischen Jochs die Form der englischen 'Nation'.

Das letzte Beispiel führt dann schon in die Moderne hinein. Es handelt sich um die Rolle der 'Nation' in der französischen Revolution. Die Erwähnung der französischen Revolution in diesem Zusammenhang mag sicherlich überraschend sein. Im allgemeinen nämlich wird der Gebrauch nationaler Semantiken während der Revolution im Hinblick auf die Konstitution einer patriotisch-staatsbürgerlichen Identität gesehen. Von dieser nationalen Identität wird angenommen, daß sie keinerlei ethnisch-völkische Anleihen genommen hätte, sondern allein zur Erlangung der politischen Rechte der vormals ausgeschlossenen Schichten fungiert hätte. Elisabeth Fehrenbach etwa, um eine prominente Historikerin zu zitieren, hat den revolutionären Nation-Begriff so definiert: "Die politische Definition der 'Nation' gilt als typisch französisch. Es fehlt die Mystik der Sprache, des Volkes, der gemeinsamen Abstammung, die den deutschen Nationsbegriff charakterisiert. Nicht die Sprach- und Abstammungsgemeinschaft, nicht das Volk im ethnischen Sinn, sondern der gemeinsame Staat und die Rechte der Bürger prägen die Einheit der 'Nation'." (Fehrenbach 1986, S. 76) Der französische Nation-Begriff wird hier quasi differenzlos gesehen, differenzlos in dem Sinne, als er nicht gegen andere 'Nationen' gerichtet war, sondern lediglich gegen die herrschenden Schichten.[24]

Diese Lesart gehört auch zum soziologischen *common sense*. Jürgen Habermas hat beispielsweise formuliert: "Eine genuine Hervorbringung der Französischen Revolution ist hingegen jener Nationalstaat, der dem Patriotismus seiner Bürger die allgemeine Wehrpflicht zumuten konnte. Mit dem neuen Nationalbewußtsein hat sich eine neue Form der sozialen Integration für die aus ständisch-korporativen Bindungen freigesetzten Staatsbürger gebildet." (Habermas 1990c, S. 182) Habermas zieht gerade den vermeintlich rein politischen Nation-Begriff der Französischen Revolution gern zur Begründung der von ihm propagierten staatsbürgerlichen und postnationalen Identität heran.

Jedoch: Diese Lesart ist unzureichend, sie bedarf der Ergänzung. Ohne Zweifel war der revolutionäre Nation-Begriff politisch-patriotisch aufgeladen und verwies, beispielsweise im Zusammenhang mit der universalistisch konnotierten Menschenrechtssemantik, auf einen aufgeklärten Kosmopolitismus. Aber: Die 'Nation' der Französischen Revolution hatte ihre andere Seite, und auf der anderen Seiten standen nicht nur das *politisch* verhaßte *Ancien Régime* und seine Kostgänger. Auch schon vor den Koalitionskriegen der Jahre 1792ff., die gemeinhin als Umschlagpunkt zu einem aggressiven Nationalismus gewertet werden,[25] war die französische 'Nation' eine Form, die ihre andere Seite — wenn man so will — völkisch beschrieb. Es ist der gängigen Lesart insofern recht zu geben, als die andere Seite der revolutionären Form 'Nation' sich nicht auf Personen außerhalb der französischen Staatsgrenzen, sondern auf die oberen Schichten des *Ancien Régime* bezogen hat. Allerdings: Die Angehörigen der herrschenden Schichten waren keine Franzosen. Sie gehörten, wie in der zeitgenössischen Literatur zu lesen war, einer anderen '*race*' an, nämlich den aus Germanien stammenden Franken. Und diese Franken waren es, die seit der frühmittelalterli-

---

24 Elisabeth Fehrenbach steht mit dieser Definition nicht allein. Vgl. u.a. Peter Alter: "Die politische und soziale Gemeinschaft rechtsgleicher Bürger wollte sich selbst bestimmen, Subjekt, nicht länger Objekt des politischen Willens sein. 'Nation' war der Kampfbegriff, den die Revolutionäre der ständischen Gesellschaft entgegenhielten. Der traditionellen Legitimierung von Herrschaft war damit der Boden entzogen worden. Im revolutionären Verständnis war die Nation die Gemeinschaft aller politisch bewußten Staatsbürger, die nun Staat und Herrschaftsausübung legitimierte." (Alter 1985, S. 61)

25 So die These etwa von Hans Kohn, der den massenintegrierenden Nationalismus auf die Kriege zurückführt: "In this war France, threatened by disintegration as result of the fall of the uniting symbol of monarchy, found a new authority and a new stability in the nation-state... (...) Victory on the battlefield converted France from loyal monarchism to republican nationalism." (Kohn 1976, S. 47) Ausführlich dazu auch Jeismann 1992, S. 103ff.; ähnliches bei Alter 1985, S. 62.

chen Völkerwanderung die Gallier, das 'Urvolk' Frankreichs, unterdrückten. Rasse und Nation waren noch nicht terminologisch differenziert. Die Französische Revolution war, so Léon Poliakov, bei dem die Nachweise nachzulesen sind, pointiert, ein "Streit der zwei Rassen" (Poliakov 1993, S. 33ff.).[26]

Die Autoren, auf die Poliakov seine These vom Rassen-Streit stützt, waren mitnichten Randfiguren der Revolution, wie man vermuten könnte. Man findet Anklagen gegen die oberen Stände, die auf die angebliche germanische Herkunft des Adels verweisen, beispielsweise in dem berühmten Traktat *Qu'est-ce que le Tiers État* des Abbé Sieyès aus dem Jahre 1789, der wohl auflagenstärksten und einflußreichsten Flugschrift der Revolution. Dort heißt es an prominenter Stelle, zu Beginn des zweiten Kapitels: "Warum sollte er [der Dritte Stand, D.R.] nicht alle diese Familien in die fränkischen Wälder zurückschicken, die den tollköpfigen Anspruch weiterpflegen, sie seien dem Stamm der Eroberer entsprossen und hätten *Eroberungsrechte* geerbt? Wenn die Nation auf diese Weise gereinigt [sic!] ist, wird sie sich, glaube ich, darüber trösten, daß sie sich nur noch als eine Zusammensetzung von Nachkommen der Gallier und Römer zu betrachten hat. Wahrhaftig, wenn man daran festhalten will, Abkunft und Herkunft zu unterscheiden, könnte man unseren armen Mitbürgern nicht den Umstand entschleiern, daß die Abkunft von Galliern und Römern mindestens ebenso viel wert ist wie die von Sigambrern, Welschen und anderen Wilden, die aus den Wäldern und Sümpfen des alten Germaniens hervorgekommen sind?" (Sieyès 1975 [1789], S. 126) Offensichtlich legte Sieyès großen Wert auf eine genealogisch 'saubere' französische Nation. Es gehört zur List der Theorie-Geschichte, in einem Pamphlet, das gemeinhin als Kern eines rein politischen Nation-Begriffs gilt, quasi-rassistische Formulierungen zu finden: Von der Reinigung der Nation zur rassischen Ausmerzung ist es semantisch nicht mehr weit.[27]

Die drei Beispiele verdeutlichen m.E. sehr plastisch, was mit der Bestimmung der Form 'Nation' als Inklusionssemantik intendiert worden war. Nationale Topoi spielten sicherlich nicht *die* entscheidende Rolle bei der semantischen Begleitung von Inklusionsdesideraten im Übergang zur modernen Gesellschaft. Andererseits kann nicht übersehen werden, daß die Form 'Nation' mit Hilfe des Kunstgriffs der Attribuierung von Herrschaft als Fremdherrschaft einen mindestens ebenso bedeutenden Beitrag hierzu geleistet hat wie die Begrifflichkeiten der 'Menschen- und Bürgerrechte'

---

26 Der französische 'Rassen-Streit' ist kein singuläres Thema der Revolution. Er ist eingebettet in eine Diskussion, welche die französische Historikerzunft lange vor und nach der Revolution beschäftigte (vgl. hierzu ebenfalls Poliakov 1993, S. 33ff.) Weitere Belege finden sich bei Borst 1961, S. 1606 (Bezug auf Sieyès); Conze/Sommer 1984, S. 156f. (Bezug auf die Historikerdiskussion mit Autoren wie den Gebrüdern Thierry, Giuzot und Michelet); Conze 1985, S. 192. Es ist erstaunlich, daß diese Historikerdiskussion in der jüngeren historischen Forschung so gut wie gar nicht thematisiert worden ist.

27 Nach Girard 1992, S. 34 mußte auch Marie Antoinette nicht nur deshalb sterben, weil sie Repräsentantin des *Ancien Régime* war, es wurde ihr zudem zum Verhängnis, daß sie österreichischer Herkunft und mithin Ausländerin war.

oder der 'bürgerlichen' bzw. 'zivilen Gesellschaft'.[28] Ein entscheidender Vorteil nationaler Semantiken in diesem Zusammenhang ist es, genau angeben zu können, für wen die Zugangsrechte zu den Teilsystemen erlangt werden sollen und wer diese Rechte gleichzeitig nicht genießen sollte. Die 'Nation' beschreibt mittels eindeutiger Einschluß-/Ausschlußkriterien feste Kollektive, während die 'Menschenrechte' aufgrund ihrer semantischen Merkmale hier versagen müssen. Aus der Perspektive des politischen Systems, das sich in segmentäre, d.h. partikulare Staaten differenziert, bietet die 'Nation' eine erheblich bessere Handhabbarkeit und praktischen Nutzen. Mit der 'Nation' können nämlich Statusfragen distinkter partikularer 'Gruppen' angesprochen werden, mittels derer die politische Mobilisierung gegen Fremdes möglich wird.

Mit diesem Abschnitt sowie dem vorherigen (3.3) kann zudem demonstriert werden, wie nationale Semantiken mit explizitem Bezug auf Fremdes/Feindliches nach und nach in die politische Kommunikation einfließen und dort programmatischen Charakter annehmen. Man hat die als ungerecht empfundene ständische Ordnung auch mit anderen als 'nationalen' Semantiken bekämpft. Theoretisch gesehen wird also die 'Nation' *ein* Thema der Politik neben vielen anderen. Faktisch jedoch hat sie die Politik der beginnenden Moderne beherrscht wie kein anderer Topos. Neben ihr verblaßte selbst die 'soziale Frage'; es sei denn, sie wurde als 'nationale' Frage behandelt. Diese Verbindung von sozialem Status und Nation wird auch das Thema der folgenden Abschnitte sein.

3.5 Funktional differenzierte Gesellschaft I. 1750 bis 1870: Nation, Inklusion und Status[29]

Zu Beginn der Abschnitte über Nation und Nationalismus in der modernen Gesellschaft sei zunächst die gesellschaftsstrukturelle und die semantische Ausgangslage kurz skizziert. Strukturell gesehen war die Gesellschaft seit ungefähr der Mitte des 18. Jahrhunderts eine in Teilsysteme ausdifferenzierte Weltgesellschaft. Das Wirtschaftssystem hatte sich im Gefolge des Kolonialismus nicht nur global ausgebreitet; es hatte zudem gerade in der zweiten Hälfte des 18. Jahrhunderts eine Eigendynamik entwickelt, die dazu führte, daß wirtschaftliche Konjunkturzyklen sich unabhängig von jahreszeitlichen und anderen externen Einflüssen fortsetzten (vgl. Braudel 1986a, S. 294). Allein interne Mechanismen, d.h. systeminterne Erfordernisse beherrschten von nun an die 'kapitalistische' Geldwirtschaft. Es waren Fragen des Profits, der Liquidität

---

28   Seit der Französischen Revolution hat die Formel "Fremdherrschaft ist illegitime Herrschaft" weite Kreise gezogen und sämtliche Unabhängigkeitsbewegungen der Welt angespornt (vgl. Connor 1977).

29   Diese Jahreszahlen sollen eine ungefähre Orientierung geben; sie gelten nicht absolut in dem Sinne, daß etwa ab 1750 vollkommen neue Semantiken kommuniziert worden wären.

oder der Investitionschancen in denen sich die vollständige Abkopplung von externen Mechanismen (aber nicht von Umweltbeobachtung) semantisch-programmatisch niederschlug.[30]

Ähnlich verhielt es sich im politischen System. Ebenfalls im Gefolge der Kolonialisierung hatte sich ein auf Macht beruhendes Funktionssystem global erstreckt, das sich langsam auch außerhalb Europas — z.B. in Nordamerika — in segmentäre Staaten aufteilte und sich von der Dominanz des Zentrums zu emanzipieren begann. Auch hier waren allein systeminterne Mechanismen dominant. Als Begleiterscheinung der notwendig gewordenen Staatsapparate und Bürokratien formierten sich überall Formen 'rationaler Herrschaft' in Sinne Max Webers, die primär durch (politisch) gesatzte Rechtsordnungen legitimiert wurden (vgl. Breuer 1991, S. 191ff.). Programmatisch zeigte sich die vollständige Umstellung auf die Eigendynamik des Systems in der von nun ab wirksamen 'Ideologisierung' der politischen Semantik. Es sollte aber nicht vergessen werden, daß sich parallel zu diesen Entwicklungen auch das Wissenschafts-, das Rechts- und das Familiensystem in jeweils unterschiedlichen Ausprägungen ausdifferenzierten und Richtung Weltgesellschaft strebten. Komplementär hierzu war die Religion endgültig — in einem gemeinhin als Säkularisierung beschriebenen Prozeß — auf ein Funktionssystem unter vielen geschrumpft, und die Religionsausübung wurde mehr und mehr dem privaten Gebrauch anheimgestellt.

Das Faktum der ausdifferenzierten Teilsysteme ist nicht gleichbedeutend mit der Inklusion der Gesamtbevölkerung in dieselben. Es ist aber ein zentrales Signum der beginnenden Moderne, die Inklusion in die bereits ausdifferenzierten Teilsysteme zu ermöglichen. Im Mittelpunkt des allgemeinen Interesses stand zunächst das politische System, also die Überwindung der ständischen Ordnung; wirtschaftliche Probleme sollten erst später massenwirksam werden. In vorherigen Abschnitt wurde schon beschrieben mit welchen semantischen Mitteln die politische Inklusion vorangetrieben wurde. Der Prozeß sollte die beginnende Moderne weiter begleiten. Hinter den Revolutionen und Reformen gegen Ende des 18. und in der ersten Hälfte des 19. Jahrhunderts steckte — wie schon angedeutet — nichts anderes als der Versuch, den Anschluß der Masse der Bevölkerung an das politische System sicherzustellen, indem gegen die Überreste der *Anciens Régimes* revoltiert wurde. Die Jahreszahlen 1789, 1830 und 1848 stehen in der späteren Historiographie für derartige Umsturzversuche.

Die nun vollzogene Umstellung auf den neuen Differenzierungstypus, der die stratifizierte Ordnung ablöste, wurde in der politischen Semantik hauptsächlich durch zwei miteinander korrespondierende Phänomene begleitet. Zum einen wurde die neue Gesellschaftsordnung als Verlust von Orientierung und Sinn beobachtet — ein soziologischer Gemeinplatz, den man empirisch nicht nur in der Romantik nachprüfen kann. Die Religion insgesamt, aber auch die religiös-konfessionell legitimierten Herrscher fielen als für alle Teile der Bevölkerung gleichermaßen bedeutsame 'Sinnspender' nun-

---

30   Zur Anwendung des systemtheoretischen 'Programm'-Begriffs auf das Wirtschaftssystem siehe Luhmann 1988a, S. 249ff. Vgl. dazu meine generalisiertere Darstellung im Abschnitt 2.2.

mehr aus. Die sinnstiftende Einheitsperspektive war der Fragmentierung der Gesellschaft in funktionale Teilsysteme zum Opfer gefallen. Unhintergehbar hatte sich die Multiperspektivität in die Welt eingeschlichen.

Doch dabei blieb es nicht, jedenfalls nicht semantisch. Der Verlust der sinnstiftenden Einheit — das ist der zweite Punkt — wurde ausgeglichen durch neue, nun säkulare Einheitsbegriffe. Das *Individuum*, der *Mensch*, die *Humanität* wurden den alten, teilweise noch immer dominanten Mächten der ständischen Ordnung entgegengehalten. Diese Semantiken sollten die neue Gesellschaftsordnung begründen. Nicht mehr aus 'äußeren' Anlehnungen wie 'Gott' sollte die soziale Ordnung legitimiert werden, das aufgeklärte und perfektible Individuum vermochte mit Hilfe der ihm eigenen *Vernunft* zu zeigen, daß *Gleichheit* unter den Menschen herrschen sollte, daß der Mensch von Natur aus zur *Freiheit* bestimmt war und nicht zur Sklaverei unter ständischen Herren. Die angeborenen *Menschenrechte* sollten den Weg in die vom *Fortschritt* gekennzeichnete *Geschichte* der *Menschheit* insgesamt weisen.

Die *Nation*, deren semantische Entwicklung im folgenden sowohl für die französischen als auch für die deutschen Verhältnisse beschrieben werden soll, gehörte ebenfalls zu diesen aufklärerischen Einheitssemantiken.[31] Wenn die 'Nation' mit aufklärerischem Impetus bemüht wurde, war sie die säkularisierte Nachfolge dessen, was oben als territoriale Konfessions-Identität beschrieben wurde. Zunächst gingen die 'Nation' und die anderen aufklärerischen Einheitssemantiken allesamt mit den hier aufgezeigten Strukturmerkmalen des politischen Systems, nämlich der Weltgesellschaft und der segmentären Differenzierung in Staaten, konform. Wie ich oben (vgl. Abschnitt 2.6) schon andeutete, wurde dies nicht als Widerspruch beobachtet, es bestand vielmehr im Rahmen des frühmodernen Patriotismus semantisch ein komplementäres Bedingungsverhältnis zwischen der eigenen Nation und der nun erreichbaren Menschheit. Der aufgeklärte europäische Kosmopolitismus, der im 18. Jahrhundert seinen Höhepunkt erreichte, war sich seiner Sache sicher: "Eine kosmopolitische Welt erschien nicht mehr als ein schöner Traum, sondern als reale Möglichkeit. Die Geschichte schien gradlinig auf immer größere Gruppen und schließlich auf die Einheit der Menschheit hin zu schreiten." (Coulmas 1990, S. 389) Die gleichzeitig vor sich gehende Aufteilung der Menschheit in Staaten und 'Nationen' war vorerst keine Bedrohung der sich abzeichnenden Einheit aller Menschen, sie war vielmehr eine "qualifizierende Ergänzung" derselben (ebd., S. 390; vgl. hierzu auch: Vierhaus 1980; Prignitz 1981; aus soziologischer Perspektive: Fuchs 1991; Giesen/Junge 1991). Ein 'gesunder' Patriotismus wurde geradezu als Voraussetzung eines 'Völkerfrühlings' betrachtet, und dieser würde sich schon von allein einstellen, wenn erst die *Anciens Régimes* überwunden seien.[32]

---

31 Die Entwicklung des deutschen Nation-Begriffs während der Transformation zur Moderne ist historisch-soziologisch gut erforscht (vgl. Fuchs 1991 und 1992, S. 44ff.; Giesen/Junge 1991; Giesen 1993).

32 Quellentexte zum Patriotismus des 18. Jahrhunderts finden sich u.a. abgedruckt bei Batscha/

Wie alle der oben aufgezählten Einheitsbegrifflichkeiten war die aufklärerische patriotische 'Nation' eine kontrafaktische Einheitsbehauptung; weder gab es, noch bestand irgendwann eine realistische Chance auf eine einheitliche regionale Gesellschaft, ganz zu schweigen von einer einheitlichen Menschheit. Die Karriere der 'Nation' begann paradoxerweise gerade in dem Moment, in dem die Einheit der Gesellschaft, genauer gesagt: die ehedem religiös und später konfessionell gestützte Zentralperspektive auf die Welt und auf die Gesellschaft, verloren war. Eine der wesentlichen Funktionen der 'Nation' lag darin, die mit der Ausdifferenzierung der Teilsysteme korrelierende Multiperspektivität handhabbar zu machen. Mit anderen Worten: Die 'Nation' behauptete gegen alle Evidenzen die Einheit einer regional begrenzten Gesellschaft. Peter Fuchs hat darüber hinaus festgestellt, daß für alle Einheitssemantiken und insbesondere für die 'Nation' gilt, daß sie den singularen Perspektiven der Funktionssysteme zum Trotz die "Kompossibilität", das Zusammenwirken der Funktionssysteme als Einheit behaupten (vgl. Fuchs 1992, S. 89ff.).

Der kosmopolitische Patriotismus der Aufklärung nahm somit zweierlei ins Visier: die Einheit der Welt und die Einheit der Nation. Grundlage dieser Bemühungen war in Deutschland eine pietistisch vorgeprägte Tugendlehre, die mittels des vernunftgeprägten Verhaltens der Bürger das einzelne Wohl mit dem Gesamtwohl aller verbinden sollte. Das absolutistische Gemeinwohlprinzip, das in der fürsorglichen Belagerung und Disziplinierung des konfessionellen Zeitalters bestand, wurde gewissermaßen kollektiviert. Es war von nun an nicht mehr nur die Pflicht des Herrschers, das Gemeinwohl sicherzustellen, es war die Pflicht eines jeden einzelnen, für alle anderen zu sorgen, indem die eigenen Angelegenheiten in Ordnung gebracht wurden: "Der Bürger ist gerade dann guter Patriot, wenn er seinen Eigennutz verfolgt und dadurch das Gemeinwohl fördert; umgekehrt sind Staat und Regierung gerade dann vernünftig, wenn sie dem Gemeinwohl dienen und dem Bürger und den Bürgern irdische Glückseligkeit ermöglichen. Um dies zu erreichen, muß jeder Bürger seine Pflicht tun." (Giesen 1993, S. 125) In diesem Prinzip der Kollektivierung des Gemeinwohls drückten sich die aufklärerischen Gleichheitsvorstellungen aus, die zwischen Regierung und Bürgern nicht mehr derart prinzipiell unterschieden, wie dies mit dem vormodernen Dual Herrscher/ Untertan der Fall war. Die 'Nation' des aufgeklärten Patriotismus war ein explizit politischer Begriff; er richtete sich auf Inklusion ins politische System.

Jedoch: Es blieb nicht bei diesem einen patriotisch-politischen Nation-Begriff, der vordringlich auf Partizipation am politischen System zielte; nicht in Frankreich und nicht in Deutschland.[33] Die Multiperspektivität der modernen Gesellschaft brachte es mit sich, daß jedwede Begrifflichkeit insofern ihren exklusiven Anspruch verlieren

---

Garber, Hrsg., 1981, S. 246ff.

33   Die folgende Darstellung stützt sich in erster Linie auf die hervorragende historische Studie zur Entwicklung nationaler Feindbilder in Deutschland und Frankreich von Michael Jeismann 1992.

mußte, als sie beobachtbar und damit negierbar wurde (vgl. Fuchs 1992, S. 58). Mit der Zeit, vor allem im letzten Jahrzehnt des 18. Jahrhunderts konkurrierten mit dem aufgeklärten Patriotismus weitere 'Nation'-Begriffe. In Deutschland war es das Nation-Konzept der Romantik, dessen Karriere so folgenreich für den europäischen Kontinent (und darüber hinaus) sein sollte. Aber auch in Frankreich spielten sich unter dem Eindruck der Koalitionskriege einschneidende Veränderungen in der Bestimmung der revolutionären 'Nation' ab, die den politisch-revolutionären Patriotismus in einen exklusiven Nationalismus überführen sollten (vgl. Kohn 1976, S. 40ff.; Fehrenbach 1986, S. 100ff.; Jeismann 1992, S. 103ff.). Für beide Entwicklungen, sowohl für Frankreich als auch für Deutschland gilt, daß die angedeuteten Veränderungen sich auf *Bedrohungssituationen* zurückführen lassen. Interessant ist: Aus der prinzipiell ähnlichen Ausgangslage der Nation-Begriffe, die diesseits und jenseits des Rheins eher kosmopolitisch und politisch-inklusiv angelegt waren, entwickelten sich durch die Bedrohungslagen mit der Zeit gleichermaßen exklusive Nationalismen, aber vollkommen differente nationale Semantiken, die schließlich in die 'Erbfeindschaft' mündeten. Dieser Prozeß soll hier kurz nachgezeichnet werden, da er Folgewirkungen für die semantische Entwicklung der 'Nation' in der gesamten Moderne zeitigte.

In Frankreich sah man durch die ausländische Dynastien-Koalition die Erfolge der Revolution in Gefahr. Die Feind-Definition der Revolution richtete sich daher zunächst nicht auf die Völker der Nachbarn: "Der 'Feind' war in der Auffassung der Revolutionäre weder das österreichische noch das preußische Volk, sondern seine Herrscher, die 'Tyrannen', mitsamt Klerus und Aristokratie." (Jeismann 1992, S. 105) Zum *casus belli* wurde die Emigranten-Frage erklärt. Viele Angehörige der oberen Schichten waren während der Revolution aus Frankreich emigriert und arbeiteten nun mit den feindlichen Dynastien zusammen. Da man sich auf diesen Komplex der Konspiration der Emigranten mit den nachbarlichen Monarchien als 'Feinde' beschränkte, war man guten Glaubens, daß die Völker, die nach revolutionärer Auffassung unter den jeweiligen Tyranneien leiden mußten, einem französischen Befreiungsversuch durchaus positiv gegenüber ständen; es ging schließlich um das große Unternehmen der Erlösung der Menschheit vom absolutistischen Joch. Doch die Akzeptanz der Revolution war allen universalistischen Intentionen zum Trotz nicht gegeben. Als semantische Konsequenz dieser Verweigerung wurden die nicht zur Revolution überlaufenden Soldaten der anderen Seite zu 'Barbaren' erklärt. Letztendlich führte diese semantische Umdeutung zu einer ehedem nicht in dieser Ausprägung spürbaren Ethnisierung der französischen 'Nation'. Diejenigen, die sich der französischen Revolution verweigerten, wurden aus der Zivilisation, ja sogar aus der Menschheit insgesamt ausgeschlossen: "Wenn die eigenen Werte mit denen der Menschheit gleichgesetzt werden, ist der Feind nicht nur der Angehörige einer anderen Religion, einer anderen Nation oder der Gegner der Revolution, er wird, konsequent gedacht, aus der Menschheit ausgeschlossen." (Ebd., S. 127) So war man bei allen universalistischen Intentionen um eine Feinddefinition nicht verlegen. Das zeigt: Selbst eine so universalistisch angelegte Semantik wie 'Menschheit' wurde zur Form im Sinne Spencer Browns, als man sie werthaft auflud; sie produzierte von innen heraus ihre andere Seite, um anschließend 'Unmenschen' und 'Barbaren' dort zu imaginieren.[34] Die Parallelen der mittelalterlichen Kreuzzugsemantik drängen sich unmittelbar auf: Wurden vorher mit Hilfe der Identität von Christentum und Menschheit die auf der anderen Seite der Form beobachteten Feinde der Vernichtung preisgegeben, geschah nun das gleiche durch die semantische Identität von Nation und Menschheit.

Auf der deutschen Seite war die Sachlage in vielem anders. Der politisch-inklusive Patriotismus hatte es hier viel schwerer als in Frankreich; er war, so scheint es, von Anfang an zum Scheitern verurteilt. Zunächst fehlte hier die staatliche, d.h. explizit politische Einheit, die man hätte 'national' aufladen können. Noch zu Beginn des 19. Jahrhunderts bestand 'Deutschland' im Grunde nicht. Es gab vielmehr ungefähr 1800 Herrschaftseinheiten, die miteinander konkurrierten und einen großen Teil des Patriotismus absorbierten (vgl. Wehler 1989a, S. 47). Wollte man die 'Nation' bemühen, so war man gezwungen, in der Semantik stattdessen auf Kultur und Sprache auszuweichen, ein Umstand, der einer späteren Politisierung aber nicht im Wege stand. Das oben zitierte Beispiel des deutschen Sprachpatriotismus des 17. Jahrhunderts hat bereits gezeigt, daß man auch ohne direkten politischen Bezug die andere Seite der Form 'Nation' denken konnte, eben indem man auf einen fremdverursachten, französisch induzierten Sprach- und Kulturverfall verwies. Ferner ist zu bedenken, daß die Ausformung eines eigenständigen 'Nation'-Begriffs in der romantischen Tradition von Herder, Fichte und Schleiermacher nicht ohne die Beobachtungen der Revolution und der ihr nachfolgenden Ereignisse jenseits des Rheins zustande kam. Der deutsche Nationalismus erwuchs "aus der idealistischen Bewertung der Revolution, ja in Reaktion gegen sie." (Jacobs 1970, S. 100) Es kam zu einer wechselseitigen Verschränkung von "Selbstdeutung und Fremdwahrnehmung" (Schönemann 1989, S. 285), deren Ergebnisse nicht ohne die französische Expansion nach Westen zu denken sind. Erst im Lichte der französischen Revolution und ihrer — für die deutschen Lande bedrohlichen — Folgen gewann die deutsche Eigenständigkeit Kontur. Die Besonderheit und Andersartigkeit der deutschen Seite bestand darin, die Konnotationen der französischen 'Nation'-Semantik abzulehnen: Anstelle der Verbindung von 'Nation' und 'Menschheit' wurde hier zwar die Menschheit nicht abgelehnt, aber die Eigenständigkeit der einzelnen Völker innerhalb des "großen Garten(s), in dem Völker wie Gewächse erwuchsen" (Herder, zit. n. Schönemann 1992, S. 317) unterstrichen. In der Konsequenz wurde schließlich eine ganze Lebensform durch die deutsche Romantik verabschiedet. Vorstellungen von differierenden 'Nationalcharakteren' erhielten zu dieser Zeit ihre entscheidende, theoretisch und empirisch scheinbar gesättigte Prägung: "Dem seichten Materialismus und Nützlichkeitsdenken und dem substanzlosen, entmenschlichten Schattenspiel der Welt der französischen Philosophie stellten sie die Tiefe der deutschen Tradition gegenüber, mit ihrem Vermögen einer schwankenden,

---

34 Zur 'Menschheit' und weiteren Konnotationen wie 'Übermensch' oder 'Untermensch' siehe Koselleck 1984a, S. 244ff.

aber authentischen Einsicht in die unausschöpfliche und unausdrückbare Vielfalt des deutschen Geistes." (Berlin 1990, S. 62) Die Differenz des 'Deutschen' gegen den 'Westen' Europas, die schon durch Renaissance-Humanismus und protestantische Reformation vorgeformt war, wurde nun endgültig festgeklopft.[35] Zusammengefaßt: Erst die Beobachtung weltgesellschaftlicher Ereignisse und die Wahrnehmung dieser Ereignisse als Bedrohung forcierte die reflektierte Differenz zur französischen Form 'Nation' und prägte die bewußt anders konzipierte deutsche 'Nation'.

Die reflektierte Absetzung vom mit Frankreich in Verbindung gebrachten kosmopolitischen Nation-Begriff führte den deutschen Nationalismus wieder in das Fahrwasser älterer semantischer Anknüpfungspunkte zurück. Das deutsche Nation-Konzept wußte sich erneut mit der Konfession zu verbinden, und zwar mit dem protestantischen Bekenntnis. Allerdings konnte nun nicht mehr von einem Primat der Konfession gesprochen werden, wie dies noch in der frühen Neuzeit der Fall war. Das 'nationale' Moment spielte sicherlich die entscheidendere Rolle. Dennoch ist Wolfgang Altgeld zuzustimmen, wenn er betont: "Herder, Schleiermacher, Arndt gehören genauso zur neueren Geschichte des deutschen Protestantismus wie zu der des deutschen Nationalismus." (Altgeld 1992, S. 66) Dieses nationalreligiöse Element des deutschen Nationalismus sollte ein wichtiges semantisches Bindeglied zu späteren Zeiten darstellen, das — wie im nachhinein zu sehen ist — die Tradition des protestantischen Antijudaismus in einen deutsch-nationalen Antisemitismus überführte. Im Laufe der Zeit kommt es nämlich in der Publizistik des 19. Jahrhunderts zu einer Differenzsetzung von 'Deutschtum' und 'Judentum', das, wie Altgeld betont hat, undenkbar ohne den protestantischen Antijudaismus gewesen ist (vgl. ebd., S. 47). Altgeld weiter: "Jene ideologisch postulierte Äquivalenz von Deutschtum und Judentum war Voraussetzung dafür, Stereotypen eines zu Großem berufenen 'deutschen Wesens' im kontinuierlichen Widerspiel mit den Stereotypisierungen des 'jüdischen Wesens' zu entwickeln. (...) Die negative Identifikation *des* Juden konnte so zu einem zentralen Element *deutscher* nationaler Selbstidentifikation werden: Hier deutsche 'Treue, Biederkeit, Ehre, Einfalt' (Fichte) und deutscher Idealismus, dort der in allem genau entgegen*gesetzte*, darum dem wahren, innerlichen Deutschtum so verderbliche 'materialistische' jüdische Nationalcharakter." (Ebd., S 57) Auf der anderen Seite der deutschen Form 'Nation' wurde ab dem 19. Jahrhundert alles eingeordnet, das scheinbar nicht mit der deutschen Innerlichkeit und dem deutschen Sonderweg zur Errettung der Welt konform ging, sei es Frankreich, das Judentum oder England und die Vereinigten Staaten, wie sich im Verlauf der Darstellung noch zeigen wird.

Es sollte zum Abschluß dieser Thematik aber nicht unerwähnt bleiben, daß auch der französische Nation-Begriff im 19. Jahrhundert nicht mehr ausschließlich derjenige der Revolution blieb. Das revolutionäre nationale Selbstverständnis konnte sich zwar noch eine Zeit lang mit der Ablehnung der Restauration nach 1815 verbinden (vgl. H.-

---

35 Auch die Idee eines deutschen Sonderweges, der im 19. Jahrhundert *positiv* bewertet wurde, verdankt sich dieser Antithese gegen die westliche Kultur (vgl. Niethammer 1992, S. 26ff.).

G. Haupt 1974), doch blieb es auf Dauer nicht die einzige Form 'Nation' auf französischem Boden. Allgemein verbindend wirkte sicherlich die 'Erbfeindschaft' gegenüber Deutschland, die nach zwischenzeitlicher Preußen- und Deutschenbegeisterung wieder aufgenommen wurde (vgl. Leiner 1989). Doch am Ende lief eine wesentliche Ausprägung der französischen Form 'Nation' ebenso wie in Deutschland in das konfessionelle Fahrwasser zurück. Während sich in Deutschland Nation und Protestantismus im beiderseitigen Antisemitismus und Antikatholizismus trafen, war es in Frankreich die Verbindung von Katholizismus und Nation, die ebenfalls nicht vor Verschwörungstheorien über Protestanten und Juden zurückschreckte (vgl. Ravitch 1990, S. 90). Die Dreyfus-Affäre am Ende des letzten Jahrhunderts, die in ihren Auswirkungen zugunsten eines republikanischen Nation-Begriffs offensichtlich lange Zeit überschätzt worden ist, zeugt von dieser Verbindung.[36]

Die vorstehende Analyse hat gezeigt, wie unter Konflikt- und Bedrohungsbedingungen in der Moderne erstmals primär nationale 'Formen' im Sinne der in Teil 2 dieser Untersuchung angestellten theoretischen Betrachtung entstanden sind. Es waren aber nicht nur die Beobachtung von politischen Ereignissen, wie die Emigrantenfrage in Frankreich oder die Terrorherrschaft und der Expansionismus der Französischen Revolution und Napoleons in Deutschland, die zu Beginn des 19. Jahrhunderts die 'Nation' zu einem "Leitbegriff von gesamteuropäischer Geltung" (Langewiesche 1989, S. 38) werden ließen. National aufgeladen wurden nun auch allmählich die aus ökonomischen Bedingungen entstehenden Konflikte. Diese Konflikte standen unter den vormodernen Politikbedingungen noch ganz im Zeichen des Merkantilismus. Zur Sicherung des Gemeinwohls, faktisch also zur Bereitstellung genügender finanzieller Ressourcen des frühmodernen Staates, wurde mit wechselndem Erfolg in ganz Europa versucht, Einflüsse von außen auf die Produktion und den Handel im eigenen Territorium fernzuhalten. Es war die zentrale Annahme des Merkantilismus, daß die Ökonomie den Staat zu bereichern habe und nicht die Wohlfahrt der Bevölkerung (vgl. Pollard 1981, S. 20).[37]

Auch in dieser Hinsicht hatte die Transformation zur modernen Gesellschaft einschneidende Konsequenzen. Langsam, aber sicher, konnten die europäischen *Régimes*, die sich nach 1815 noch einmal gegenseitig zu stabilisieren wußten, nicht mehr darauf verzichten, die Lebensbedingungen ihrer 'Untertanen' zu beachten. Die Transformationsphase bis zur fast vollständigen Inklusion der Massen in die weltgesellschaftlichen Teilsysteme sollte bis ins letzte Drittel des 19. Jahrhunderts andauern. Es ist vornehmlich der noch nicht existenten Einbindung der Bevölkerung in das politische System

---

36   Selbst 100 Jahre nach der Verurteilung Dreyfus' wird diese Affäre im heutigen Frankreich noch kontrovers und quasi aus den alten Positionen heraus diskutiert. Katholizismus und Antisemitismus stehen wiederum Republikanismus und Sozialismus gegenüber; vgl. Der Spiegel, Heft 7/1994, S. 182f.

37   Zum europäischen Merkantilismus vgl. Braudel 1986b, S. 600ff. sowie Hinrichs 1986.

zugute zu halten, daß 'nationale' Faktoren die zwischenstaatliche Politik der *Régimes* nicht bestimmten. Die Politik der ersten Hälfte des 19. Jahrhunderts konnte sich noch relativ unabhängig von der öffentlichen Meinung und den Einflußnahmen von Interessengruppen entfalten, und was die Wahrung der Macht anging, gab es kaum 'ideologische' Differenzen zwischen den Regierungen (vgl. Craig/George 1984, S. 48f.).

So waren die 'Massen' zwar nicht in das politische System *qua* Wahlen inkludiert, aber die Erhaltung der wirtschaftlichen Leistungsfähigkeit der Bevölkerung, die durch die Industrialisierung zugleich geschaffen und bedroht wurde, blieb das zentrale Ziel der Regierungen. Durch Industrialisierung und Urbanisierung wurden erhebliche Teile der europäischen Bevölkerung aus alten, ländlich-ständisch geprägten Sicherheiten herausgelöst und den Risiken der Moderne preisgegeben. Es war aber nicht nur die Abhängigkeit vom Arbeitsplatz, welche die Einbindung in das monetarisierte Wirtschaftssystem riskant werden ließ. Es waren auch die Arbeits-, Lebens- und Hygienebedingungen als solche, die die europäischen Staaten mit unterschiedlicher Intensität im Laufe des 19. Jahrhunderts auf den Plan riefen.

Das Gemeinwohl wurde, wie es ähnlich schon im Zusammenhang mit dem aufklärerischen Patriotismus deutlich geworden ist, in dem Sinne semantisch ausgeweitet, als von der Politik erwartet wurde, aktiv zur Verbesserung der Lebensbedingungen beizutragen. Komplementär hierzu erkannte die Politik zunehmend an, daß sie von den Leistungen der Bürger und damit vom einzelnen Individuum selbst bzw. von den gemeinsam erbrachten Beiträgen abhängig war. Semantisch wurde die zunehmende Abhängigkeit der Politik als 'Kollektivierung' bzw. als Bildung eines 'Gemeinwesens' beobachtet, die, wie Abram de Swaan formuliert hat, auch mit 'nationalen' Termini umschrieben wurde: "[A]n awareness of the generalization of interdependence which links all members within a national collectivity, coupled with an abstract sense of responsibility which does not impel to personal action, but requires the needy in general to be taken care of by the state and out of public tax funds." (de Swaan 1990, S. 10)

Im Zeichen des hier skizzierten Prozesses müssen die Bemühungen gesehen werden, die heute als Ursprünge des modernen Wohlfahrtsstaats und der modernen Sozialversicherung gelten. Am Anfang des modernen Sozialstaats standen keine, wie man heute sagen würde, "Leistungsgesetze" zugunsten benachteiligter Personen. Man knüpfte allgemein an zwei semantische Entwicklungen an: Schon lange vor den Sozialversicherungsgesetzen des Wilhelminischen Deutschland wurde versucht, einzelne Risiken des modernen Arbeitslebens zu versichern. Am Anfang der Bemühungen um einen Sozialstaat stand die Unfallversicherung, deren Notwendigkeit beispielsweise in Frankreich ab den 1830er Jahren diskutiert wurde (vgl. Ewald 1993, S. 128ff.). Daß ein derartiges Unternehmen nicht als Staatsintervention durchgeführt wurde, ist der seinerzeit vorherrschenden politischen Semantik, nämlich dem Liberalismus zuzuschreiben. Insbesondere innerhalb der westeuropäischen Staaten war die erste Hälfte des 19. Jahrhunderts stark vom Liberalismus geprägt. Der Liberalismus war eine Reaktion auf die — letztendlich gescheiterte — interventionistische Politik des Absolutismus. Das Gemeinwohl sollte nicht mehr von 'oben' verordnet und durchgesetzt werden, vielmehr waren den einzelnen Individuen Anreize zu geben, durch die sie das Gemeinwohl stärken, aber auch sich selbst versichern sollten.

Das zweite Merkmal zur Förderung des Wohlstands war eine mehr oder weniger aktive Industriepolitik. Und hier kam aufgrund der mittlerweile ausgeprägten globalen Vernetzung des Wirtschaftssystems die 'Nation' ins Spiel. Eine wirksame Wirtschaftspolitik konnte nicht mehr darauf verzichten, die globalen Gegebenheiten zu mißachten. Bekanntlich war Europa seit dem 17. Jahrhundert durch ein erhebliches West-Ost-Gefälle hinsichtlich der ökonomischen Potenz geprägt. An der Wende vom 18. zum 19. Jahrhundert wurde der europäische Markt fast nach Belieben vom britischen Handel beherrscht, der sich im Vergleich zum Kontinent aufgrund der frühzeitig angelaufenen Industriellen Revolution auf der Insel auf eine erheblich modernere und kostengünstigere Produktion stützte. Sollte die Industrie im jeweils eigenen Territorium gefördert werden, so die allgemeine Meinung auf dem Kontinent, mußte sie gegen die ausländischen, d.h. gegen die britischen Waren geschützt werden.

Die politische Beobachtung des Wirtschaftssystems ist schon zu Beginn des 19. Jahrhunderts durch 'nationale' Semantiken gekennzeichnet. So rechnete man im Napoleonischen Frankreich den rückständigen Status der eigenen Produktion der britischen Politik zu. Der Innenminister Bonapartes, Chaptal, bemerkte etwa: "Die ungeheure Macht Englands beruht auf der Prosperität seines Handels; sie wird jedoch an dem Tage ein rasches Ende finden, an dem der allgemeine Friede der Völker dazu aufrufen wird, mit ihr in Konkurrenz zu treten (...). Die britische Regierung führt weniger gegen unsere Verfassung Krieg als gegen unseren Handel; um ihn schon im Keim zu ersticken, überzieht es das übrige Europa mit Gold und Blut." (zit. n. Ewald 1993, S. 135) Der Status der eigenen Produktionsstätten wird mit dem 'nationalen' Status Frankreichs identifiziert: "Bislang haben die Franzosen lediglich den zweiten Platz unter den gewerblich produzierenden Völkern Europas inne; unsere geographische Lage, die Reichtümer unserer Länder, unser Nationalcharakter erscheinen uns indessen dazu ausersehen, den ersten Platz einzunehmen (...)." (Chaptal, zit. n. ebd.)

Unter dieser nationalistischen Prämisse stand auch die Napoleonische Kontinentalsperre der Jahre 1803ff., die nichts anderes war als eine überdimensionierte Zollschranke, welche vornehmlich die französische Produktion vor den moderneren und billigeren britischen Waren schützen sollte.[38] Das gesamte 'Kontinentalsystem' war, Hans-Ulrich Wehler zufolge, eine "am Sacro Egoismo Frankreichs ausgerichtete Wirtschaftspolitik, die der Kaiser nicht nur der direkt kontrollierten Einflußsphäre, sondern auch den Alliierten und Neutralen aufzwang." (Wehler 1989a, S. 489) Sidney Pollard hat den Sachverhalt zusammenfassend so charakterisiert: "The rest of Europe, in as much as it entered into the picture at all, was to become a dependency, to be

---

38 Während der formal ab 1806 geltenden Kontinentalsperre war es allen englischen Schiffen verboten, den seinerzeit bekanntlich großen französischen Herrschaftsraum anzulaufen; Handel mit britischen Waren wurde als Komplizentum bestraft.

flooded by the protected and pampered industries of France while the manufacturers produced there were excluded from the metropolitan market. The french vision was that of an exclusive nationalism." (Pollard 1981, S. 24; ähnlich: Ziebura 1979, S. 90) Das französische Kontinentalsystem und der eben zitierte Minister Bonapartes, Chaptal, sollten in Deutschland eine starke Rezeption erfahren. Friedrich List, der erste deutsche Wirtschaftstheoretiker von Rang, nahm sich die Kontinentalsperre zum Vorbild, um eine wirtschaftspolitisch motivierte deutsche Einheit gegen die britische Position zu propagieren. Es war, das sollte ausdrücklich betont werden, kein exklusiver Nationalismus, den List beispielsweise in seinem Werk *Das nationale System der Politischen Ökonomie* (List 1959 [1844]) vertrat. List ging es in erster Linie darum, der wirtschaftlichen Entwicklung des Kontinents und insbesondere Deutschlands, die als 'rückständig' betrachtet wurde, mit einer eigenständigen Theorie zu begegnen, die sich zugleich gegen die klassische ökonomische Theorie à la Adam Smith richtete. Der zentrale Vorwurf gegen Smith lautete, daß dieser die unterschiedlichen Bedingungen der einzelnen Länder übersehe und eine "Nullifizierung der Nationalität und der Staatsgewalt" (ebd., S. 301; vgl. R.H. Tilly 1968) vertrete. Politisch gesehen war List ein Kosmopolit und Liberalist alter aufklärerischer Schule. So reiste er im Jahre 1846 sogar nach London, um mit dortigen Regierungsvertretern (erfolglos) über eine deutsch-britische Allianz zu verhandeln (vgl. Wendler 1989, S. 213ff.). Innerhalb der Wirtschaftstheorie jedoch wandte er sich entschieden sowohl gegen den Kosmopolitismus wie gegen den von ihm beobachteten Materialismus der ökonomischen Klassik. In seiner ökonomischen Theorie wirkten romantische Ideen der Herderschen Tradition weiter. Die Schaffung eines individuellen und allgemeinen Wohlstandes verlange, so List, die Berücksichtigung der "*Nation*, mit ihrer besonderen Sprache und Literatur, mit ihrer eigentümlichen Abstammung und Geschichte, mit ihren besonderen Sitten und Gewohnheiten, Gesetzen und Institutionen, mit ihren Ansprüchen auf Existenz, Selbständigkeit, Vervollkommung, ewige Fortdauer und mit ihrem abgesonderten Territorium; eine Gesellschaft, die, durch tausend Bande des Geistes der Interessen zu einem für sich bestehenden Ganzen vereinigt, das Rechtsgesetz unter sich anerkennt und als Ganzes andern Gesellschaften ähnlicher Art zur Zeit noch in ihrer natürlichen Art gegenübersteht, folglich unter den bestehenden Verhältnissen nur durch eigene Kräfte und Mittel Selbständigkeit und Unabhängigkeit zu behaupten vermag." (List 1959, S. 174f.) Die von List angestrebte Gleichberechtigung der 'Nationen' hinsichtlich ihrer wirtschaftlichen Potenz sollte für die deutschen Bedingungen durch eine protektionistische Politik nach außen und eine Zollunion nach innen erreicht werden.[39]

---

39   Realhistorisch hat die protektionistische Politik, wie sie etwa im Deutschen Zollverein der 1830er Jahre ausgeübt wurde, wohl nicht die erwartet positiven Effekte auf die deutsche Industrie gehabt; allenfalls die Schaffung eines Binnenmarktes hat positive Auswirkungen gezeigt. Nach dem Stand der Stand der historischen Forschung hat — selbst wenn man die Kriterien von wirtschaftlicher Dominanz akzeptiert — wohl niemals eine echte britische Überlegenheit existiert (vgl. Wehler 1989b, S. 134ff.; R.H. Tilly 1968).

Zu der Zeit, als List seine Theorie verfaßte, wurden derartige Ideen in den deutschen Landen von den Regierenden als umstürzlerisch betrachtet — was List für längere Zeit in die Emigration zwang. Die Betonung nationaler Besonderheiten und die Forderung nach staatlicher Einheit Deutschlands war immer noch eine liberale Oppositions- und Inklusionssemantik, die sich gegen die Überreste des ständestaatlichen Partikularismus wandte.[40] Daneben müssen die großen wirtschaftlichen und politischen Krisenerscheinungen dieser Zeit (Pauperismus) mitbedacht werden, welche die 'Nation' zu einem neuen Hoffnungträger werden ließen; dies ist etwa ablesbar an der Revolution von 1848/49 (vgl. Dann 1978, S. 85ff.). Theoretisch stellt sich das Szenario der Mitte des 19. Jahrhunderts noch in gleicher Weise dar, wie es schon im Zusammenhang mit den revolutionären Ereignissen ein halbes Jahrhundert vorher der Fall war: Die modernen, funktional ausgerichteten Teilsysteme waren etabliert, allerdings mangelte es noch an der breiten und zufriedenstellenden kommunikativen Einbindung der Massen. Der Großteil der Bevölkerung verband weder mit dem seinerzeitigen politischen System noch mit dem krisenerzeugenden Wirtschaftssystem die Verheißung einer besseren Zukunft. Weder war man politisch angemessen repräsentiert, noch wirtschaftlich so ausgestattet, daß es sich relativ sorgenfrei leben ließ. Hans-Ulrich Wehlers Urteil über den Nationalismus in dieser Zeit ist daher auch soziologisch zuzustimmen: Demnach "war der Nationalismus weiterhin eine Reaktion auf die Modernisierungskrisen der deutschen Staaten geblieben — nur daß er jetzt von ungleich breiterer Basis aus und mit gesteigertem Selbstbewußtsein auf die Verwirklichung seiner Lösungsstrategie hindrängte." (Wehler 1989b, S. 412)

Andererseits ist aber das Faktum nicht zu übersehen, daß selbst die eben angesprochene liberale Fassung der 'Nation' der ersten Hälfte des 19. Jahrhunderts die andere Seite der Form wohl zu bestimmen wußte. Wenn es um politische Macht ging, durch die man sich bedroht sah, dann richtete man das Augenmerk nach wie vor auf Frankreich, das nach der sogenannten Rheinkrise des Jahres 1840 langsam zum Erbfeind aufgebaut wurde — im übrigen komplementär zur Beobachtung der Deutschen in Frankreich (vgl. Jeismann 1992, S. 161ff.).[41] Das Wirtschaftssystem wurde, wie gezeigt, primär über die englische 'Stärke' beobachtet. Wenn die regionale Brille des Kontinents aufgesetzt wurde, blieb die 'nationale' Attribution des Zustands der Wirtschaft nicht aus. Friedrich List meinte, daß dieser Beobachtungsmodus bei seinen

---

40   Eine historisch wohl kaum bestrittene Tatsache: "Auch der deutsche Nationalismus stellte in seiner zweiten Entwicklungsphase noch eine eindeutig liberale, progressive Oppositionsideologie in scharfem Gegensatz zum autoritären fürstenstaatlichen Partikularismus dar." (Wehler 1989a, S. 130). Ähnlich der Standpunkt von Dieter Langewiesche: "Für eine unitarische Nation sprach sich nur aus, wer die Einzelstaaten für reformunfähig hielt. Das taten die entschiedenen Demokraten und vor allem die Republikaner." (Langewiesche 1992, S. 350)

41   Im Jahre 1840 wurden in den deutschen Landen französische Annexionsbestrebungen auf das linke Rheinufer bekannt. Den Grund, weshalb gerade zu dieser Zeit der französische Nationalismus ausuferte, erklärt Michael Jeismann mit einer allgemeinen Unzufriedenheit und Krisenstimmungen.

Zeitgenossen nicht genügend Aufmerksamkeit finden würde; statt sich auf die Franzosen zu fixieren, solle man sich lieber mit den Briten beschäftigen: "Ihr aber, die ihr gegen die Wiederkehr gallischer Herrschaft eifert, solltet ihr erträglicher oder ruhmvoller finden, daß eure Ströme und Häfen, eure Ufer und Meere fortan unter dem Einfluß der britischen stehen?" (List 1959, S. 29)

Diese wenigen Beispiele haben gezeigt, wie sich die Transformation zur modernen, funktional differenzierten Gesellschaft auf die Verwendung nationaler Semantiken ausgewirkt hat. Es ist festzustellen, daß sich die 'Nation' von religiös-konfessionellen Konnotationen zu lösen begann, daß sie zu einem eigenständigen Modus der Beobachtung der nun ausdifferenzierten Weltgesellschaft geworden war. Sowohl politische Ereignisse wie auch wirtschaftliche Entwicklungen werden dadurch erklärt, daß sie mit 'nationalen' Attributionen versehen werden. Wer sich der menschheitsbeglückenden französischen Revolution verweigert, wird zum 'Barbaren', zum Feind der französischen 'Nation'; wer Freihandel predigt, der wird automatisch zum Gegner der Interessen der deutschen 'Nation' erklärt. Deutlich ist auch: Bei den hier aufgezeigten Semantiken geht es immer um Statusfragen. Es geht darum, wer wen regiert (im 'Innern' wie im 'Äußeren') bzw. wer von wem ökonomisch 'abhängig' ist; letzteres wird ebenfalls als Modus von Macht beobachtet. Ganz zentral ist, daß 'Fremdherrschaft' und 'ökonomische Abhängigkeit' als illegitim betrachtet werden. Die Form 'Nation' hat sich als explizit politische Semantik spätestens im 19. Jahrhundert in Auseinandersetzung mit der Weltgesellschaft etabliert.

3.6 Funktional differenzierte Gesellschaft II. 1870 bis 1945: Nationale Exklusivität in der Weltgesellschaft

Die Entwicklung des letzten Drittels des 19. Jahrhunderts rechtfertigt eine ebensolche analytische Zäsur für die hier zu bearbeitende Thematik wie die endgültige Transformation zur modernen Gesellschaft nach 1750. Sowohl gesellschaftsstrukturell wie auch semantisch sollten sich nach 1870 in ganz Europa — und von nun an darüber hinaus — einschneidende Veränderungen abspielen.[42] Man kann, soviel sei vorweggenommen, von einer endgültigen Funktions-Stabilisierung der Form 'Nation' sprechen, die sich schon seit dem Ende des 18. Jahrhunderts andeutete: Die ideengeschichtlich der Aufklärung entstammende liberal-kosmopolitische Variante verlor ihre Relevanz im politischen Tagesgeschäft; sie zog sich in gewandelter Form in marxistisch-sozialdemokratische Subkulturen zurück, wo sie weiterhin als Oppositionssemantik eingesetzt wurde. Der gesellschaftsstrukturelle Hintergrund und einzelne ausgeprägte semantische Veränderungen dieser Epoche sollen im folgenden dargestellt werden.

---

42   Paul Kennedy bezeichnet das Jahr 1870 als eine bedeutende "Wasserscheide in der europäischen Geschichte" (Kennedy 1989, S. 293).

Den Anfang macht wie immer die strukturelle Komponente. Charakteristisch für den nun zu beschreibenden Zeitraum ist die mehr oder weniger komplette Durchsetzung der funktionalen Teilsysteme im europäischen Raum. Der Inklusionsprozeß findet in Europa insofern seinen Abschluß, als die Teilsysteme nunmehr überall erreichbar sind. Für Frankreich etwa ist belegt, daß das Geldmedium erst nach 1870 in die letzten ländlichen Winkel des Staatsgebietes vordringen konnte. Landarbeiter wurden vorher (und auch nachher noch in Krisenzeiten) in Naturalien entlohnt. Entlegene Gegenden wie Korsika sollten erst nach 1914 überhaupt in die Geldwirtschaft eingebunden werden (vgl. H.-G. Haupt 1989, S. 54). Das Faktum der universalen Ausbreitung des Geldmediums in diesem Zeitraum sollte in seinen Konsequenzen nicht unterschätzt werden. Es bedeutete nicht den Anschluß an 'nationale' Märkte, wie man modernisierungstheoretisch vermuten könnte, es bedeutete vielmehr nach dem kommunikativen Anschluß aller Regionen gleichzeitig und unvermittelt die Abhängigkeit vom Weltmarkt und seinen konjunkturellen Schwankungen. Diese schlagartige Modernisierung sollte insbesondere im Zusammenhang mit der hier zu bearbeitenden Thematik gravierende Folgen zeitigen.

Ähnlich expansiv breitete sich das politische System in Form partikularer Staaten aus. Bis hierher galt noch: "Dörfer und Flecken Frankreichs vor 1880 könnten als Räume analysiert werden, die ihre Probleme selber regelten und ein inneres Gleichgewicht herstellten." (H.-G. Haupt 1989, S. 160) Damit war es nun vorbei. Die Beobachtung innerstaatlicher oder weltgesellschaftlicher Ereignisse sollte in diesen Bereichen aufgrund mangelnder überlokaler Kommunikationsmöglichkeiten im letzten Drittel des Jahrhunderts beginnen: "In these areas evolution toward modernity, that is, to an awareness of and concern with issues of a *national or international plane*, seems to begin after the 1870's." (E. Weber 1977, S. 241, meine Herv.) Auch hier führte die Ausweitung des Staates gleichzeitig in den Sog globaler Prozesse hinein. Umfaßte der Horizont vorher nur wenige Kilometer Radius, so wurde er schlagartig auf die ganze Welt ausgeweitet.

Die mit der Penetration der Teilsysteme in den Raum sich vollziehende Modernisierung brauchte eine besondere Infrastruktur, doch diese war an technische Voraussetzungen gebunden, die vorerst nur die großen Städte miteinander verband. Die für die Vormoderne so signifikante Differenz von Zentrum und Peripherie wirkte bis ins letzte Drittel des 19. Jahrhunderts fort. Das ländliche Frankreich etwa wurde in der öffentlichen Meinung der Städter noch zur Mitte des Jahrhunderts als "Land der Wilden" beobachtet (vgl. ebd., S. 3). Nur langsam konnten sich die Modernisierungsagenturen wie Straßen und Bahnlinien, der Militärdienst, die staatlichen Schulen, aber auch die Kirchen von den Zentren in die Peripherie ausbreiten. Deutlich sichtbar wird die kommunikative Einbindung in die Teilsysteme an einzelnen, sich erst in dieser Zeit signifikant verändernden Faktoren. So wurde beispielsweise die Standardisierung der Landessprache selbst im sprachbewußten Frankreich nun erst durchgesetzt (vgl. de Swaan 1990, S. 93). Ähnlich verhielt es sich mit den Fertilitätsraten, die, bei gleichzeitiger Beseitung regionaler Unterschiede, in ganz Europa nach 1870 zurückgingen. Diese Entwicklung wird auf die kommunikative Verbreitung neuer Verhütungsmethoden zurückgeführt (vgl. Watkins 1991).

Für das politische System brachte diese Epoche neben der Penetration des Raumes noch eine weitere, qualitative Neuerung. Gemeint ist die Inklusion der (meistens vorerst männlichen) Bevölkerung durch die Ausweitung des Wahlrechts. In ganz Europa begann nach 1870 der *take off* zur Massendemokratie (vgl. Flora et al. 1983, S. 89ff.). Die Staaten mußten registrieren, daß ihre Position in der globalen Dimension ganz entscheidend von den Leistungen der Bürger abhing, sei es das Steueraufkommen oder die Mitwirkung beim Aufbau der Armeen betreffend. Die Einbindung in die jeweilige partikularstaatliche Politik trug wesentlich mit dazu bei, die Massen der Bevölkerung auch semantisch an die 'Nation' binden zu können. Zur Sicherung des Gemeinwohls war die 'Kollektivierung' der Aufgaben und die obrigkeitliche Anerkennung der Leistung aller Bürger unumgänglich. Zudem läßt sich Herrschaft in der modernen Gesellschaft wohl nur ausreichend legitimieren, wenn die Partizipation der Bürger an politischen Entscheidungen zumindest rudimentär gesichert ist. Man könnte den Sachverhalt auf die folgende Kurzformel bringen: Inklusion schafft Legitimation.[43]

Für die Entwicklung und die schon angedeuteten Funktionsstabilisierung 'nationaler' Semantiken muß ferner das Zusammenspiel ökonomischer und politischer Faktoren betrachtet werden. Es geht, genauer gesagt, um die politische Beobachtung weltwirtschaftlicher Tendenzen. Beherrschendes, über mehrere Jahre anhaltendes Phänomen dieser Zeit ist die Modernisierungskrise, die sich in der sogenannten Großen Depression nach 1873 niederschlug. Die Große Depression war, so kann man zumindest heute konstatieren, die erste große Wirtschaftskrise, die in der Tat globale Auswirkungen hatte. Folge der Großen Depression war ein *gleichzeitiger* Wachstumsschwund in Europa und den Vereinigten Staaten: "Trotz ungeheurer nationaler, regionaler, lokaler wie sektoraler Unterschiede in den ökonomischen Struktur- und Marktverhältnissen und Verhaltensweisen zeigte die Wirtschaftsepoche von 1873 bis 1896 in ihrem konjunkturellen Grundcharakter, aber auch in manchem ihrer Besonderheiten einen bemerkenswerten Grad von Einheitlichkeit in den mit weltwirtschaftlichen Bewegungsvorgängen eng verflochtenen Volkswirtschaften." (Rosenberg 1967, S. 27)[44]

---

43 Den Zusammenhang von Identifikation und Demokratisierungsprozessen hat auch Norbert Elias betont: "Es ist ein Merkmal von Demokratisierungsprozessen, das vielleicht noch nicht die Aufmerksamkeit gefunden hat, die es verdient, daß Menschen im Zuge dieser Prozesse, ob sie auf einen Mehrparteien- oder Einparteienstaat, eine parlamentarische oder diktatorische Regierungsform hinauslaufen, solche numinosen Qualitäten und die entsprechenden Emotionen an die Gesellschaft heften, die sie selbst miteinander bilden." (Elias 1989, S. 189f.)

44 Auch nach Fernand Braudel war die Große Depression nichts anderes als ein zyklische ökonomische Abwärtsbewegung, also ein 'normaler' Konjunkturabschwung (vgl. Braudel 1986a, S. 684f.), ähnlich der Rezession, die die Weltwirtschaft seit dem Ende der 1980er Jahre durchgemacht hat.

Dem stetigen wirtschaftlichen Aufwärtstrend, der sich seit ca. 20 Jahren vor 1870 abgespielt hatte, wurde mit einem Mal ein jähes Ende bereitet (vgl. auch Pollard 1981, S. 42f.). Die Revolutionierung des Transportwesens durch Dampfschiffahrt und Eisenbahn hatte die ehedem lokalen Märkte einem globalen Wettbewerb preisgegeben, der umso mehr Platz hatte, als die Jahrzehnte nach 1850 durch einen internationalen Freihandel gekennzeichnet waren. Getreideexporte aus Übersee führten in Europa zu akuten agrarischen Absatzeinbrüchen, die von dramatischen Spekulationskrisen und Börsenkrächen begleitet waren. Nicht mehr das 'natürliche' Wechselspiel von Angebot und Nachfrage lokal begrenzter Märkte regelte den Preis, sondern nunmehr der Weltmarkt (vgl. Rosenberg 1967, S. 72).

Die plötzlich einsetzende Wirtschaftskrise war weder vorhergesehen worden, noch wurde sie adäquat in ihren weltwirtschaftlichen und konjunkturzyklischen Bedingungen begriffen. Inbesondere im Deutschland der 'Gründerzeit' hatte noch zu Beginn der 1870er Jahre eine "grenzenlose Wachstumszuversicht" geherrscht (Craig 1981, S. 83), die sicherlich durch die Reichseinigung und den Sieg im deutsch-französischen Krieg mit angeheizt wurde. Umso vehementer fiel der Kater aus, als man überall beobachten mußte, daß die Gleichzeitigkeit von schneller Modernisierung und Einbindung in die Weltgesellschaft nicht nur positive Konsequenzen mit sich führte. Hatte die Industrialisierung als solche schon zu unzumutbaren Arbeits- und Lebensbedingungen breiter Massen geführt, so drohte die 'soziale Frage' nun die 'Nationen' in politisch-soziale Klassen zu spalten. Weite Teile der Bevölkerung waren von einer — aus heutiger Sicht zumeist nicht berechtigten — Statusangst befallen. Der Großen Depression, die im Vergleich zu späteren Wirtschaftskrisen gar nicht so groß war, folgte in ganz Europa ein kulturpessimistischer Stimmungswandel, der in die *Fin-de-siècle*-Semantik übergehen sollte. Nicht von ungefähr wurden gerade in dieser Zeit Werke wie das oben (1.1) angesprochene, im Jahre 1887 von Tönnies veröffentlichte *Gemeinschaft und Gesellschaft* geschrieben, das auf die Modernisierungsfolgen reflektierte und den Verlust traditionaler Lebenswelten beklagte. Auch Durkheims, zehn Jahre später im *Selbstmord* formuliertes Anomie-Theorem kann wissenssoziologisch als Zeitdiagnose gelesen werden, das dem beobachteten, mit der Modernisierung zusammenhängenden Orientierungsverlust dieser Epoche nachgeht.

Die beginnende Soziologie, aber auch die veröffentlichte Meinung dieser Zeit, war auf der Suche nach neuen Deutungsmustern, die die Krise als solche thematisieren und gleichzeitig Auswege aufzeigen konnten. Sozialromantik à la Tönnies, die Suche nach vergangenen Vergesellschaftungsmustern war nur ein derartiger Versuch, der Krise zu begegnen, aber sicherlich nicht der dominante. Gleiches gilt für klassentheoretische Ansätze, die zwar eine zutreffende Zeitdiagnose darstellten, aber in ihren postulierten politischen Konsequenzen so radikal mit der Vorstellungswelt der Zeitgenossen brachen, daß sie sich um eine effektive Anschlußfähigkeit brachten. Gesucht wurde ein Deutungsmuster, das sowohl anschlußfähig an tradierte Vorstellungen war, Verfall und Lösung thematisieren konnte und zudem die globale Dimension der sozialen Verhältnisse reflektierte. Dieses Deutungsmuster fand sich in Form des *Sozialdar-*

winismus, der in Politik und Publizistik der gesamten westlichen Welt einschließlich der Vereinigten Staaten zur dominanten Semantik wurde (vgl. H.W. Koch 1973).

Anschlußfähig war der Sozialdarwinismus zu dieser Zeit in vielen Punkten: Zum einen transformierte er die aufklärerische Fortschrittssemantik, die allen philosophisch-theoretischen Strömungen des 19. Jahrhunderts innewohnte (Idealismus, Utilitarismus, Positivismus, Pragmatismus, Marxismus) in eine "biologisch beweisbare Evolutionstheorie" (H.W. Koch 1973, S. 19). Damit zusammenhängend stellte der Sozialdarwinismus zweitens in einer Epoche nahezu unbegrenzter Wissenschafts- und Technologiegläubigkeit die Deutung sozialer Probleme auf neue, scheinbar szientifisch gesicherte Grundlagen. Die Übertragung der Darwinschen Theorie auf gesellschaftliche Verhältnisse entwickelte sich, so Weingart, Kroll und Bayertz in ihrer Geschichte der Eugenik in Deutschland, zu einer "Theorie mit Weltbildcharakter" (Weingart/Kroll/Bayertz 1988, S. 31). Der Grund: Die Theorie "erlaubt eine neuartige Deutung einer Reihe von bedrückenden gesellschaftlichen Problemen bzw. führt auch zur Formulierung neuer Probleme, und sie eröffnet damit bis dahin unbekannte Handlungsspielräume. Anders gesagt: Die Theorie Darwins bedeutet eine grundlegende Veränderung der Wahrnehmung der Realität, und zwar in den Kategorien eines wissenschaftlichen biologischen Naturgesetzes." (Ebd.) Drittens, die neuen Handlungsspielräume wurden im Zitat bereits angesprochen, erlaubte der Sozialdarwinismus dem kulturellen 'Verfall', der 'Dekadenz', die beide als biologische 'Degeneration' interpretiert wurden, eine Handlungsoption entgegenzusetzen, die sowohl sozialpolitisch nach 'innen' als auch weltpolitisch nach 'außen' eingesetzt wurde: Der 'Kampf ums Dasein', das *survival of the fittest*, mußte aktiv und vom gesamten 'Kollektiv' aufgenommen werden. "Im internationalen Daseinskampf", so war nicht nur der deutsche Naturwissenschaftler Alfred Kirchhoff im Jahre 1884 überzeugt, "siegt stets das physisch und sittlich tüchtigere Volk." (Zit. n. Conze/Sommer 1984, S. 165) Durch die starke globale Konkurrenz sah man sich gezwungen, frühzeitig die jeweils eigene Position stark zu behaupten; anderenfalls drohte man, 'zu spät' zu kommen.[45] Die Gleichzeitigkeit von Zukunftsangst und Fortschrittsglaube fand im Sozialdarwinismus ihre adäquate politisch-soziale Semantik (vgl. auch Schmuhl 1987, S. 59ff.).

Begriffsgeschichtlich ist interessant, wie im Gefolge des Sozialdarwinismus 'Sprache', 'Volk', 'Nation' und 'Rasse' zu einem semantischen Konglomerat verschwammen, das eine biologisch unterfütterte Deutung der Zeitläufte nahelegte (vgl. Conze/Sommer 1984, S. 168ff.).[46] Sollte das Gemeinwohl, oder biologisch ausge-

---

45   Die starke Motivation durch die globale Konkurrenzangst hat für das Deutsche Reich Klaus Bade rekonstruiert: "Die Vorstellung, daß das Reich bei dieser letzten Chance, in Übersee 'das Versäumnis von Jahrhunderten gutzumachen', unter historischem Zeitdruck stehe, und die damit verbundene Sorge, bei dieser vermeintlich letzten welthistorischen Mächtekonkurrenz abermals 'zu spät' zu kommen, ließen die Forderungen nach deutscher Kolonialexpansion immer schriller werden." (Bade 1989, S. 187f.)

46   Wie weit dieses Konglomerat aus 'Nation' und 'Rasse' verbreitet war, kann an dem französischen Religionswissenschaftler und Orientalisten Ernest Renan gezeigt werden. In der Nationalismus-

drückt: die Lebensfähigkeit der jeweils eigenen britischen, deutschen, französischen oder auch der slawischen 'Nation' bzw. 'Rasse' im globalen Überlebenskampf gesichert werden, so mußte alles getan werden, um den 'Volkskörper' gesund zu erhalten. Die Form 'Nation' konnte ihre Potenz nur erhalten, wenn ihre Organe fit genug waren. Das bedeutete aber auch, die 'soziale Frage' in den Rang einer 'nationalen Frage' zu erheben. Es ist daher nicht verwunderlich, daß konservative Politiker wie Benjamin Disraeli oder Max Weber Imperialismus nach außen mit Sozialreform und Wahlrechtserweiterung nach innen zu verbinden wußten. Die britische *Fabian Society* etwa, zu deren prominenten Vertretern H.G. Wells und G.B. Shaw zählten, propagierte wohlfahrtsstaatliche Anstrengungen mit der Begründung, "einer weiteren Verschlechterung der Rassensubstanz, ja dem Selbstmord der Rasse" (zit. n. H.W. Koch 1973, S. 134) vorbeugen zu wollen. Ähnliches findet man im Umkreis des *Vereins für Socialpolitik*, dem im seinerzeitigen Deutschland die führenden Nationalökonomen und Soziologen wie Gustav von Schmoller und Max Weber angehörten. Zielrichtung des Vereins war in Modifikation der Vorstellungen Friedrich Lists eine Abwehr des schon seinerzeit so genannten 'Manchester-Kapitalismus', ohne jedoch den Sozialismus zu unterstützen. Statt dessen wurde eine starke Staatsgewalt gefordert, die "über den egoistischen Klasseninteressen stehend, die Gesetze gebe, mit gerechter Hand die Verwaltung leite, die Schwachen schütze." (v. Schmoller, zit. n. Winkel 1977, S. 165) Für Max Weber waren Sozialpolitik und Weltpolitik nicht voneinander zu trennen. In seiner oben (vgl. Abschnitt 1.3) schon zitierten Freiburger Antrittsvorlesung des Jahres 1895, in der von einer rassischen Unterlegenheit der Slawen die Rede ist, begründete Weber den Zusammenhang folgendermaßen: "Nicht Weltbeglückung ist der Zweck unserer sozialpolitischen Arbeit, sondern die *soziale Einigung* der Nation, welche die moderne ökonomische Entwicklung sprengte, für die schweren Kämpfe der Zukunft." (M. Weber 1988a, S. 23) Max Webers Ansichten können wohl als prototypisch für die seinerzeitige Grundstimmung im politischen und wirtschaftlichen Establishment sowie in der Öffentlichkeit gelten (vgl. Nipperdey 1992, S. 629). Imperialistischer Expansionismus wurde aber nicht nur in Deutschland als Vorbedingung für die Erhaltung und Verbesserung der Lebensgrundlagen der einzelnen Länder betrachtet; ohne Kolonialbesitz und Behauptung einer Weltmachtposition schien dem jeweils eigenen Land keine glückliche Zukunft zu leuchten. Mit anderen Worten: Die Sicherung des Gemeinwohls *per* Sozialreform, oder soziologisch ausgedrückt: die poli-

---

Forschung wird Renan gewöhnlich als ein Vertreter eines voluntaristischen Nation-Begriffs gehandelt, was an seiner Rede *Was ist eine Nation?* aus dem Jahre 1882 festgemacht wird (vgl. Renan 1993). Nur wenige Jahre zuvor aber hatte Renan einen, von dem Rassentheoretiker Gobineau übernommenen, ausgeprägten Rassenbegriff auch politisch vertreten und beispielsweise die französische Niederlage bei Sedan im Jahre 1870 als Beweis für die Überlegenheit der deutschen Rasse gewertet (vgl. Poliakov 1993, S. 52). Renans späterer Nation-Begriff ist offensichtlich auf eine reflektierte Differenz zu Deutschland nach dem Krieg zurückzuführen. Zu Renans wechselhaften theoretischen Vorstellungen vgl. Finkielkraut 1989, S. 34ff.; Leiner 1989, S. 133ff.; Poliakov 1993, S. 234ff.; sowie zum Hintergrund Jeismann 1992, S. 207ff.

tisch sichergestellte Inklusion der Massen ins politische System und ins Wirtschafts-system wurde benötigt, um nicht dem 'nationalen' oder 'rassischen' Verfall im imperialistischen Zeitalter anheimzufallen.

Ohne Zweifel basierte die seit den 1880er Jahren intensiv betriebene Ausweitung wohlfahrtsstaatlicher Programme und Sozialversicherungsarrangements in ganz West-Europa und den Vereinigten Staaten zu großen Teilen auch auf der globalen Konkur-renz-Situation. Die jeweiligen Staaten mußten ihre Bürger an sich binden, um in dieser Weltsituation bestehen zu können. Sozialdarwinistische Einflüsse, etwa auf die Bismarcksche Sozialgesetzgebung, sind kaum zu übersehen: "Auch sie [die Sozial-gesetzgebung, D.R.] argumentierte bereits mit der Notwendigkeit einer Sanierung nach innen, um im Wettbewerb der Nationen nach außen besser bestehen zu können. Sozialgesetze wurden ein Stück Bewährung im politischen 'Kampf ums Dasein' nach innen (gegen den Sozialismus) und nach außen." (Geiss 1988, S. 172) Es war nicht nur die Komplettierung des *Nation-building*, also die Einbindung in 'nationale' Gemeinschaften zur Abwehr sozialistischer 'Gefahren', die hierzu den Anstoß gab. Eine derartige Position, wie sie insbesondere von der modernisierungstheoretischen Wohlfahrtsstaatsforschung im Anschluß an Parsons und Rokkan vertreten wird, vernachlässigt die Einbindung in den Globalisierungsprozeß und unterschlägt meines Erachtens eine gewichtige Komponente in diesem Zusammenhang.[47]

Die 'nationalen' Semantiken dieser Zeit, ganz gleich ob sie in Deutschland, Frankreich oder England formuliert wurden, sind, jedenfalls was die publizistische Präsenz betrifft, rassisch konnotiert und allesamt exklusiv geprägt. Anders hätten sie die weltgesellschaftlichen Konflikte, die sich schon im letzten Drittel des 19. Jahr-hunderts anbahnten, auch kaum reflektieren können. Die Form 'Nation', das zeigt sich wohl zu keiner Zeit bis hierher deutlicher, ist der dominante Modus zur Beobachtung der Weltgesellschaft. Von einem deutschen Sonderweg zu dieser Zeit kann also keine Rede sein. "Staatsmänner in Frankreich und Rußland, Großbritannien und Japan, den Vereinigten Staaten und Italien verkündeten zu dieser Zeit ebenfalls, daß es *ihrem* Land vom Schicksal bestimmt sei, sich auszudehnen, wenn auch vielleicht in einem weniger deterministischen und hektischen Tonfall." (Kennedy 1989, S. 325) Vertreter einer jeden Großmacht imaginierten die eigene 'Nation' oder 'Rasse' als zur Weltherr-schaft bestimmt. Die veröffentlichte außenpolitische Semantik war überall geprägt von einem "Kult des Krieges" (H.W. Koch 1973, S. 100ff.), die jeweilige Armee wurde zur 'Schule der Nation' erklärt.[48] Wirtschaftspolitisches Korrelat der exklusiven Selbst-beschreibungen war die Abwendung vom Freihandel und die Einführung protektioni-

---

47 Zur modernisierungstheoretischen Forschung über die Entwicklung des europäischen Wohlfahrts-staates vgl. u.a. Flora/Alber/Kohl 1977; Flora 1986; Alber 1987. Auch Abram de Swaan kommt aus einer anderen theoretischen Perspektive zu ähnlichen Schlüssen wie Flora und Mitarbeiter (vgl. de Swaan 1990, S. 152ff.).

48 Siehe auch die Analyse der britischen und der deutschen öffentlichen Meinung vor dem Weltkrieg bei Kennedy 1980, S. 361ff.

stischer Maßnahmen. Dem wirtschaftlichen Niedergang versuchte man durch die Betonung von Grenzen, sprich: durch Schutzzölle zugunsten der eigenen Industrie und Landwirtschaft, zu begegnen.

Insgesamt hatte sich in den Jahren nach 1870 in ganz Europa der Inklusionsfokus der jeweiligen Form 'Nation' verändert. Zielten die 'nationalen' Semantiken vorher primär auf innenpolitische Faktoren wie Wahlrechtserweiterung etc., so dominierten von nun an ausschließlich die nach 'innen' (Antisemitismus) und 'außen' gleichermaßen exklusiven Ziele. Der Liberalismus wurde beiseite geschoben, er wurde zur Angriffsfläche des Nationalismus. Diese Wende vom 'linken' zum 'rechten' Nationalismus ist historisch vielfach belegt worden (vgl. für Deutschland: Winkler 1979; für Großbritannien: Cunningham 1989, S. 70ff.). Vom linken politischen Spektrum einmal abgesehen, spielten in der Wahrnehmung der Zeitgenossen die 'inneren' Ziele offensichtlich nicht mehr die entscheidende Rolle; schließlich war die Inklusion ins politische System und die wohlfahrtsstaatliche Einbindung ins Wirtschaftssystem mehr oder weniger auf dem Weg. Statt dessen konzentrierte man sich auf die globalen Bedrohungen, die man in Form der Imperialismen der anderen 'Nationen' wahrnahm.

Auch der europaweite, ubiquitäre Antisemitismus dieser Zeit kann nur auf dem Hintergrund der rassisch konnotierten Form 'Nation' gesehen werden. Überall, von Frankreich (die Dreyfus-Affäre wurde oben schon angesprochen), Österreich-Ungarn, über das Deutsche Reich bis nach Rußland wurde das Judentum jeweils auf der anderen Seite der 'Nation' plaziert. Das Judentum bot sich zu diesem Zweck nicht nur deshalb an, weil es die religiöse Feindschaft aller Konfessionen, des Protestantismus, des Katholizismus und der Orthodoxie zu irgendeinem Zeitpunkt der Geschichte schon auf sich gezogen hatte. Das neue rassische Deutungsmuster — die Differenzierung zwischen 'Ariern' und 'Semiten' war seit Mitte des 19. Jahrhunderts intellektuelles Gemeingut — schaltete sich von nun an unterstützend ein und transformierte die religiöse Differenz in eine vermeintlich wissenschaftlich gestützte, 'national'-politische Unterscheidung.

Zudem bot sich das Judentum vor allem deshalb als politische Zielscheibe an, da mit ihm all das identifiziert wurde, was man im Zusammenhang mit der Modernisierungskrise und dem beobachteten 'Verfall des Abendlandes' kritisierte. Insbesondere die persönliche Verbindung vieler Juden zum Kapital und zur Börse wurde zum Anlaß genommen, ihnen als Gruppe ursächlich die Modernisierungskrise zuzurechnen. So meinte Heinrich von Treitschke in einem Artikel aus dem Jahre 1879, die Juden trügen "eine schwere Mitschuld an jenem schnöden Materialismus unserer Tage, der jede Arbeit nur noch als Geschäft betrachtet und die alte gemütliche Arbeitsfreudigkeit unseres Volkes zu ersticken droht (...)."[49] Hinzu kam die Vielzahl jüdischer Intellektueller, die wie Sigmund Freud, Franz Kafka und Georg Simmel in ihren Werken, wenn auch nicht in jedem Fall persönlich, Distanz zu 'nationalen' Semantiken hielten und

---

49   Treitschke, Unsere Aussichten, in: Preußische Jahrbücher 44 (1879), 572ff.; zit n. Rosenberg 1967, S. 109.

sich dem Assimilationsdruck verweigerten (vgl. Bauman 1992a, S. 199ff.); auch dies wurde als Zurechnungsgrund benutzt.

"Modernitätsnähe einer Minderheit" — auf diese treffende Kurzformel hat Thomas Nipperdey (Nipperdey 1992, S. 293) den Hintergrund des politischen Antisemitismus gebracht, der sich nun in ganz Europa zu organisieren begann. In der Negation des Judentums trafen sich alle, die mittels 'nationaler' Semantiken die Modernisierungsfolgen ablehnten und eine Rückkehr zu früheren, teils romantisch verklärten sozialen Verhältnissen anstrebten. Die Krise mußte eine attributionsfähige Ursache haben, und sie wurde gefunden. Modernisierung wurde identifiziert mit Liberalismus, Kapitalismus und Kosmopolitismus. Alles zusammen schien für die Degeneration der jeweils eigenen 'Nation' vor der Jahrhundertwende verantwortlich zu sein. Und: Alles schien ebenfalls mit dem Judentum verbunden zu sein.[50] Die Nähe zum politischen Liberalismus eines Großteils des Judentums ist unzweifelhaft. Mit anderen politischen Semantiken wäre die Emanzipation aus dem rechtlosen Status, den die Juden in vielen Teilen Europas bis weit ins 19. Jahrhundert hinein innehatten, kaum errungen worden. Und in der traditionellen Verbindung vieler Juden zum Kapitalmarkt schien die *Personifizierung des Weltkapitals* offenbar zu werden.

Dies alles zusammen reichte, um dem Judentum die andere Seite der jeweiligen 'Nationen' zuweisen zu können. Die Verbindung 'nationaler' Semantiken mit dem Antisemitismus ist im letzten Drittel des vergangenen Jahrhunderts überdeutlich. Politischer Antisemitismus als zum Teil implizite, zum Teil explizite Begleitsemantik des Nationalismus war "ein kultureller Code, ein Zeichen der Zugehörigkeit" geworden, wie Shulamit Volkov formuliert hat (Volkov 1990, S. 69). Vor dem Hintergrund einer die Lebensgrundlagen scheinbar zersetzenden Moderne versprach der *Antisemitismus als Differenz* wenigstens eine Heimat: die 'Nation'. Statusängste konnten sich gegen eine 'Gruppe' artikulieren, die aufgrund ihres Bildungshintergrundes scheinbar 'besser' für die moderne Gesellschaft geeignet war. So ist es kein Zufall, daß Antisemitismus im Deutschen Reich vor allem in solchen Kreisen verbreitet war, die für sich nur unzureichende berufliche und soziale Zukunftschancen ausmachten, etwa bei Studenten (vgl. Kampe 1988, v.a. S. 71ff.). Die Ausbildung einer antisemitischen "akademischen Trägerschicht" (Kampe) vor der Jahrhundertwende sollte Jahrzehnte später ihre tragischen Folgen zeigen.

Dort, wo die Modernisierung noch rascher vorankam, weil die traditionalen Lebensgrundlagen noch so gut wie gar nicht in den Modernisierungsprozeß einbezogen waren, in Rußland nämlich, kam es um die Jahrhundertwende zu ersten, groß angelegten Pogromen gegen Juden. Hier, ebenso wie im Westen, wurde das Judentum "zum Inbegriff der entwurzelnden und entwurzelten Moderne" (Löwe 1978, S. 11). Es verband sich mit der Ablehnung des Judentums eine, von den Slawophilen aufgenom-

---

50 Es ist kein Zufall, daß die Idee einer jüdischen Weltverschwörung, wie sie anhand der 'Protokolle der Weisen von Zion' weltweit verbreitet wurde, gerade zu dieser Zeit in massenwirksamen Publikationen auftauchte (vgl. Cohn 1969).

mene Vision, das ländliche Rußland könne der Moderne und insbesondere dem Kapitalismus widerstehen. Ähnlich wie im Westen wurde die religiöse Feindschaft in den politischen Antisemitismus transformiert. Nationalismus, Antisemitismus und Antikapitalismus sind noch heute in Rußland aneinander gekoppelt.

Es kann an dieser Stelle nicht darum gehen, die Entwicklung nationalistisch-imperialistischer Konflikte bis hin zum Ersten Weltkrieg zu beschreiben, geschweige denn, die "Kriegsschuldfrage" zu klären. Jedoch spricht vieles dafür, die Eskalation der Gewalt zu einem erheblichen Teil den gegenseitig exklusiven Nationalismen der europäischen Mächte zuzuschreiben. Das Faktum, daß jede Seite sich von der anderen jeweils bedroht sah, legte die kriegerische Austragung der Konflikte nahe. Ohnehin wurde in der öffentlichen Meinung die Überzeugung vertreten, ein Krieg — etwa zwischen Großbritannien und dem Deutschen Reich — sei unvermeidbar (vgl. Kennedy 1980, S. 309). Es scheint in der Tat eine Art "Drift zum Kriege" gegeben zu haben, wie Paul Kennedy die Vorgeschichte des Weltkriegs charakterisiert hat (Kennedy 1989, S. 378ff.). Das Beispiel des britisch-deutschen 'Flottenwettlaufs' zeigt, wie jede Seite meinte, immer nur auf die andere Seite zu reagieren. Es hatte sich ein selbstreferentielles Konfliktsystem ausgebildet, dessen Eigendynamik den Krieg erwartbar machte. Zum Auslösen des Krieges brauchte es nur einen kleinen Funken, der sich im Attentat von Sarajevo fand. Da man in den verschiedenen Ländern jeweils von der Innenseite der Form 'Nation' die Welt beobachtete, kam nirgendwo großer Zweifel auf, daß es der eigenen 'Nation' bestimmt war, aus diesem "Völkerringen", wie man seinerzeit euphemistisch die bis dato größte Krise der Moderne nannte, siegreich hervorzugehen. Jede Seite verteidigte schließlich alles, wofür sie lebte: Frankreich die Zivilisation und Deutschland die Kultur (vgl. Jeismann 1992). Die nationalistischen Gewißheiten eines Werner Sombart und anderer Soziologen dieser Zeit sind oben (vgl. Abschnitt 1.3) schon angesprochen worden. Doch es war nicht ein Privileg akademischer Führungsschichten, in einer fast 'blindlings' zu nennenden Art und Weise der eigenen Perspektive zu vertrauen. Die allgemeine Kriegsbegeisterung nach dem August 1914 erfaßte fast das gesamte Land, und nicht wenige vertrauten darauf, Weihnachten schon wieder zu Hause zu sein; nach dem glanzvollsten Sieg aller Zeiten natürlich. Die Beobachtung der Welt über die mit der Form 'Nation' konstitutiv verbundene Asymmetrie erlaubte offensichtlich keine Zweifel an der Unterlegenheit der anderen.

Jedoch: Je höher die Erwartungen, desto tiefer der Fall in die Niederungen der Nachkriegs-Realität. Es gab wohl kaum eine Zeit, die in ganz Europa stärker von Niedergangs- und Depressionsszenarien geprägt war, als die zwanziger und dreißiger Jahre dieses Jahrhunderts. Nicht einmal die 'Sieger'-Länder des Ersten Weltkriegs blieben davon verschont. Umso schlimmer traf es das Nachkriegs-Deutschland, dessen einstmals imperialistisch erträumter "Platz an der Sonne" (so der Reichskanzler von Bülow im Jahre 1897) sich wenige Jahrzehnte später ins Gegenteil zu verkehren schien. Die Geschichte der Weimarer Republik ist oft erzählt worden, und man wird von einem Soziologen nichts Neues erwarten dürfen. Es soll im folgenden lediglich darum gehen, den Vorgaben der hier gewählten Thematik, also dem Zusammenhang weltgesellschaftlicher Ereignisse und 'nationaler' Semantiken gerecht zu werden.

In den Jahren nach 1918 sollte sich die langsam anlaufende Konjunktur 'nationaler' Semantiken noch erheblich verschärfen. Durch die Auflösung der letzten dynastischen Großreiche, des österreich-ungarischen, des ottomanischen und des zaristischen Reichs entstanden vor allem in Mittel- und Osteuropa nationalistische Bewegungen, deren 'nationale' Differenz sich in erster Linie anti-imperial bestimmte, um anschließend in der ethnisch-nationalen Gemengelage dieses Teils Europas auch die jeweiligen Nachbarn zu attackieren. Leider kann diese Entwicklung hier nicht weiterverfolgt werden, so reizvoll sie analytisch auch ist.[51] Ich beschränke mich in diesem Teil der Untersuchung auf die Entwicklung Deutschlands, um der Thematik des Nationalsozialismus einigermaßen gerecht werden zu können; alles andere würde den knappen Raum sprengen.

Die weltwirtschaftlichen Verflechtungen waren schon lange vor dem Ersten Weltkrieg so eng, daß sich keine westeuropäische Region ihnen hätte entziehen können. Auch das Deutsche Reich war wirtschaftlich über den Außenhandel in die Weltgesellschaft eingebunden. Schon vor dem Krieg nahm der Außenhandel eine große Bedeutung für die gesamte Volkswirtschaft an. Nach England hatte das Deutsche Reich in dieser Sparte den zweitgrößten Handelsanteil der Industrieländer vor dem Krieg (vgl. Petzina 1977, S. 64). Hinzu kam ein erheblicher Anteil am Kapitalmarkt, dessen Stabilität bis zum Krieg durch die Anbindung der verschiedenen Währungen an den Goldstandard gesichert war und in dessen Zentrum noch Großbritannien stand. Eine ökonomische Abhängigkeit vom Weltmarkt kann als gegeben angesehen werden. Bis 1914 war diese Abhängigkeit auch kein Problem, wenn man von der Großen Depression einmal absieht, die aber in ihren Dimensionen nicht einmal annähernd an die Krisen der zwanziger und dreißiger Jahre heranreichte. Im großen und ganzen funktionierte die Weltwirtschaft und brachte vor allem nach 1895 erhebliche Wachstums- und Steigerungsraten hervor (vgl. Bessel 1992, S. 157). Aus der Perspektive der zwanziger Jahre mußten den Zeitgenossen die Jahrzehnte vor dem Krieg als ausgeprochen stabil erscheinen.

Der Erste Weltkrieg war nicht nur in militärisch-politischer Hinsicht, sondern auch in ökonomischer eine einschneidende Zäsur. Die Finanzierung des Krieges stellte alle Staaten vor immens große Probleme. Staatliche Eingriffe in die Wirtschaft zur Regulierung kriegswichtiger Ressourcen standen auf der Tagesordung. Überall mußten staatliche Kredite aufgenommen werden, um den extremen Bedingungen der Kriegssituation gerecht zu werden. Die Folge: "Many of the world's leading industrial economies emerged from the war economically exhausted, plagued by massive debts, inflation, run-down plant and machinery and, in the case of France and Russia, by the

---

51 Eine noch immer lesenswerte Analyse der Entwicklung Ost-Mitteleuropas der Zwischenkriegszeit stellt die kurz nach dem Zweiten Weltkrieg geschriebene *Misere der osteuropäischen Kleinstaaterei* des Ungarn István Bibó dar (vgl. Bibó 1992).

physical destruction of a significant proportion of their economic assets." (Ebd., S. 157f.) Diese Feststellung gilt insbesondere für Deutschland. Noch die Inflation des Jahres 1923, die größte bis dato vorgekommene Inflation überhaupt, war zum Teil auf die Finanzierung der deutschen Kriegsanstrengungen zurückzuführen. Sie stand zudem im Zusammenhang mit einem konjunkturbedingten Abschwung, der sich seit 1914 bemerkbar machte, als solcher aber nicht erkannt wurde. So erstaunlich dies auch aus heutiger Sicht anmuten mag, den Zeitgenossen und auch den Ökonomen war das Phänomen Inflation vor 1914 nicht vertraut gewesen (vgl. Peukert 1987, S. 71f.). Umso heftiger fiel die Reaktion darauf aus: Die Ursachen wurden in der öffentlichen Meinung weder der Konjunktur noch den Wilhelminischen Kriegsanleihen zugeschrieben, sondern vielmehr der jungen parlamentarischen Demokratie.

Was die Reaktion auf die erneute Krise betrifft, so können die 1920er Jahre durchaus als Steigerung dessen angesehen werden, was oben schon für die Große Depression angedeutet wurde: Es handelte sich wiederum um eine Modernisierungskrise. Die nach wie vor "ungewollte Moderne" (Grunenberg 1993, S. 33ff.) zog die Feindschaft von links und rechts auf sich. Unterscheidet man zwischen einer gesellschaftsstrukturellen und einer kulturellen Moderne, so läßt sich der Zusammenhang auf die folgende Formel bringen: Nicht zuletzt die Inklusionsprobleme in struktureller Hinsicht führten — wie übrigens schon vierzig Jahre zuvor — zu einer Ablehnung der kulturellen Moderne und ihrer Begleiterscheinungen. Exemplarisch sei hier nur auf die verbreitete Zivilisations- und Großstadtkritik der zwanziger Jahre verwiesen. Als Vermittler zwischen Struktur und Semantik kann sicherlich der Umstand der Krisenbeobachtung gelten.

In struktureller Hinsicht zeigte vor allem das Wirtschaftssystem Konsequenzen, die in ihrer Entstehung überhaupt nicht verstanden wurden. Der Anschluß an das Wirtschaftssystem war das zentrale Hintergrundproblem der zwanziger Jahre. Auf breiter Front setzten sich infolge von Inflation und Wirtschaftskrise Statusunsicherheiten und Statusbedrohungen durch. In der seinerzeitigen Öffentlichkeit wurden genaue Ursachen für die Krise gesucht — und gefunden: Der Kapitalismus und diejenigen, die man mit ihm im Bunde sah. Harold James hat in seiner Untersuchung der Auswirkungen der Weltwirtschaftskrise in Deutschland beschrieben, wie beispielsweise die sich rapide verschlechternde Situation in der Landwirtschaft dazu führte, die Ursachen hierfür dem Judentum zuzuschreiben, da der agrarische Zwischenhandel in Teilen des Landes von Juden betrieben wurde. Eine Entwicklung, die "nichts weiter als das Ergebnis rationaler Marktprozesse" war (James 1988, S. 247), wurde zum Anlaß genommen, antisemitische Tendenzen freizusetzen. Gegen die 'Goldene Internationale' der jüdischen Finanzwelt — und gegen die 'Rote Internationale' der Arbeiterbewegung, die man mit dem Weimarer 'System' identifizierte — wurde mit Erfolg auf die 'Nation' gesetzt. Die Regierung wurde als "volksfremd" gebrandmarkt, sie habe den Bauern eine "Zwangswirtschaft" auferlegt (Zitate nach James 1988, S. 248). Was schon verschiedentlich in dieser Untersuchung angesprochen wurde, nämlich die Attribution von Herrschaft als 'Fremdherrschaft', wiederholte sich also auch in der Weimarer

Zeit: Das demokratische 'System' wurde als von 'außen', als von den Siegermächten aufoktroyiert betrachtet. "Der Weimarer Staat, das war (...) ein 'Erfüllungs'-Staat, ein Geschöpf des Versailler Friedens, der auf die Helotisierung Deutschlands zielte; er war das Instrument eines *internationalen* Systems und damit ein Fremdkörper, den es so rasch wie möglich auszumerzen galt." (Breuer 1993, S. 53f.)[52] Der Westen und das Judentum wurden als diejenigen Drahtzieher beobachtet, die ein vermeintlich gänzlich anders geartetes 'Volk' ins Verderben zu stürzen trachteten. Sombarts oben (vgl. Abschnitt 1.3) beschriebene Dichotomie von Händler und Helden kann als nach wie vor paradigmatisch für die Beobachtungsperspektive der Konservativen und Rechten der Weimarer Zeit gelten.

Die etablierten Parteien der Republik versuchten durchaus, das Inklusionsproblem in den Griff zu bekommen. Sie konnten anschließen an die Ausweitung der wohlfahrtsstaatlichen Programme während des Krieges. Unter dem Druck des Krieges waren die ursprünglich nur im Keim vorhandenen Ansätze staatlicher Sozialpolitik systematisch ausgebaut und eine Reihe noch heute gültiger sozialpolitischer Regelungen (Tarifvertragswesen etc.) durchgesetzt worden (vgl. Sachße/ Tennstedt 1988, S. 46ff.). Nach dem Krieg stiegen die staatlichen Sozialausgaben noch einmal auf vorher ungekannte Höhen. Durch das politische System wurde der Ausbau des Sozialstaats gezielt zur Stabilisierung der Verhältnisse eingesetzt: "Der Kostenanstieg bei den Sozialausgaben war bis 1928 vor allem Ausdruck der Entschlossenheit, die politische Ordnung der Weimarer Republik durch die Schaffung eines leistungsfähigen Systems staatlicher Daseinsfürsorge zu stabilisieren." (James 1988, S. 62; vgl. Sachße/Tennstedt 1988, S. 77) Angesichts der weltwirtschaftlichen Situation in den folgenden Jahren jedoch mußte auch jede noch so gezielte Sozialpolitik vor dem schieren Ausmaß von Armut und Arbeitslosigkeit kapitulieren.

Im Ganzen gesehen war die etablierte Politik nicht in der Lage, ihrem Publikum adäquate und erfolgversprechende Problemlösungen in den diversen Krisen anzubieten. Wo immer auch die Gründe für diesen Umstand zu suchen sind, bei den weiterwirkenden obrigkeitsstaatlichen Traditionen in der Politik, bei den Wirren der Revolution oder in der weltwirtschaftlichen Lage, fest steht, daß das politische System selbst so viel Unsicherheit produzierte, daß weder innerhalb des Systems noch in der Beobachtung von außen Vertrauen in die Stabilität gesetzt wurde. Die Weimarer Republik ist an der unzureichenden Inklusion in die Leistungen der Teilsysteme und in erster Linie an der mangelnden Einbindung der gesamten Bevölkerung ins Wirtschaftssystem gescheitert; und dies wurde als Fehler auf das politische System attribuiert. Schon Franz Neumann hatte in den vierziger Jahren resümiert, "daß politische Demo-

---

52 Ähnlich der Schluß von Lepsius: "Plötzlich, im Zeichen einer Krise, verbanden sich alle diese offenen Deutungserlebnisse: das Kriegserlebnis projizierte sich auf die Volksgemeinschaft, die Kriegsschuld auf das historische Sonderschicksal Deutschlands, die inneren Konflikte auf die außenpolitische Abhängigkeit, die Ressentiments gegen die Sieger auf demokratischen Institutionen." (Lepsius 1966, S. 40).

kratie allein (...), d.h. ohne die Beseitigung der Arbeitslosigkeit und ohne eine Verbesserung des Lebensstandards, nur eine leere Hülse blieb." (Neumann 1977 [1944], S. 60) Unter den halbdemokratischen Verhältnissen des Wilhelminischen Reichs schien der Lebensstandard gesicherter gewesen zu sein.

Hinzu kam noch ein weiterer Punkt, an dem die Republik notwendig gegenüber der Kaiserzeit abfiel. Das Kaisertum war ein Phänomen gewesen, das etwas ausstrahlte, was in der modernen Gesellschaft eher rar ist: nämlich Charisma.[53] Die Folgen sollten nicht unterschätzt werden. Das "eklatante Repräsentationsdefizit" der Weimarer Republik (Kettenacker 1981, S. 115) nämlich wurde von den radikalen Parteien links und rechts aufgefüllt. "Allzu bereitwillig wurde das politische Showbusiness, Fahnen und Uniformen, Aufmärsche mit Pauken und Trompeten, den staatsfeindlichen Parteien der Rechten und Linken übertragen." (Ebd.) Wozu also Vertrauen in ein politisches System investieren, das weder Probleme lösen noch Orientierung und Identifikation anbieten konnte?

Und dieses Mißtrauen in die Problemlösekapazität sowie in die Orientierungslosigkeit des politischen Systems wußte die radikale Opposition als ihr zentrales semantisches Kapital zu nutzen. Es gehört mittlerweile zum *common sense*, daß die Weimarer Demokratie nicht am aufkommenden Nationalsozialismus allein gescheitert ist, sondern zwischen den sich radikalisierenden Semantiken von rechts *und* links zerrieben wurde. Bei allen Differenzen ihrer Lösungsvorschläge waren sich die politische Rechte und die Linke in ihren Feindbildern weitgehend einig: Beide agierten gegen parlamentarische Demokratie, Marktwirtschaft und liberales 'Bürgertum'. Beide Seiten propagierten einen 'starken Staat' gegen die 'schwache Republik', um aus der Krise herauszukommen. Ein weiteres, die beiden Lager verbindendes Element war die anti-westliche 'nationale' Semantik; links und rechts wurde der Westen mit den 'inneren' Feindbildern identifiziert. Der amerikanische Präsident Woodrow Wilson wurde, je nach Lesart, mal mit dem 'Schmachfrieden' in Verbindung gebracht, mal stand er aber auch "für die Macht des Geldes, für Zins, Börse und Zirkulation" bzw. für den "Dollar-Imperialismus" (Diner 1993, S. 71 u. 74). Anti-amerikanische Rhetorik wurde von beiden radikalen Seiten und mit fast deckungsgleichen Argumenten vertreten.[54] So ist es kein Wunder, daß gerade in den zwanziger Jahren Ideen wie der 'Nationalbolschewismus' Konjunktur hatten. Auch die KPD bekannte sich zeitweilig als "geschworene Gegnerin des Versailler Friedens, der das deutsche Volk beraubt und versklavt" habe. Ebenso wie die Nationalsozialisten riefen die Kommunisten zum Kampf gegen den "Versailler Versklavungsfrieden" und sogar gegen die "jüdischen Kapitalisten"

---

53   Nach Max Weber ist eine charismatisch legitimierte Herrschaft in der modernen Gesellschaft eher selten, aber nicht unmöglich. Allerdings muß das für die charismatische Herrschaft idealtypische Moment des 'Außeralltäglichen' in der Moderne in den Modus der "Veralltäglichung" transformiert werden (vgl. M. Weber 1972, S. 140ff.).

54   Zum Amerikanismus als "Chiffre für vorbehaltlose und bedingungslose Modernität", der während der zwanziger Jahre nicht nur bekämpft, sondern auch positiv vertreten wurde, vgl. Peukert 1987, S. 178ff. (Zit. S. 179).

sowie die sozialdemokratischen "Novemberverbrecher" auf (Zitate nach Wippermann 1989, S. 15).[55]

Wie neuere wahlsoziologische Forschungen von Jürgen Falter und anderen über die Weimarer Republik gezeigt haben, kann die zunehmende Unterstützung für den politischen Kurs der Nationalsozialisten nicht auf bestimmte sozioökonomische Merkmale der NSDAP-Wähler zurückgeführt werden (grundlegend: Falter 1991; vgl. u.a. Falter et al. 1983; Falter 1992; Falter/Kater 1993; Kuechler 1992). Die NSDAP rekrutierte ihre Wähler nicht nur aus dem Mittelstand oder dem 'Kleinbürgertum', wie man lange Zeit in ökonomisch-deterministischer Manier angenommen hatte. Die gängigen schichtungs- und klassentheoretischen Erklärungsmodelle können diesbezüglich keine befriedigende Analyse des Wahlverhaltens bieten. Auch läßt sich nach den Untersuchungen Falters *kein direkter Zusammenhang* zwischen der Zunahme der Arbeitslosigkeit und dem Aufstieg der Nationalsozialisten feststellen. Von der Arbeitslosigkeit 'profitierte' die KPD in weitaus größerem Maße. Falters, auch von anderen Untersuchungen gestütztes Fazit lautet: Die NSDAP sei eine "Volkspartei des Protests" gewesen (Falter 1991, S. 364ff.), deren Aufstieg zu einem Großteil dem "allgemeinen Klima der Angst und Hoffnungslosigkeit" zuzuschreiben sei, "von dem auch die Wähler in Regionen erfaßt worden sind, die von der Geißel der Arbeitslosigkeit (wenn auch nicht unbedingt von den Folgen der allgemeinen Wirtschaftskrise) eher verschont blieben." (Ebd., S. 314) So war es nicht der direkte *Statusverlust*, der die Wähler in die Arme des Nationalsozialismus trieb, sondern eher die *Statusangst* und die *Statusbedrohung*. Dieser Umstand verweist auf den Beitrag von Kommunikation, vor allem auf Beobachtung der Krise durch die publizistische Öffentlichkeit. Daß ein 'rechtes' Presseklima einen wesentlichen Effekt für die Unterstützung Hitlers darstellte, ist seit langem vermutet worden. Nach Falters Untersuchungen gibt es nun sogar statistisch nachweisbare Zusammenhänge in dieser Richtung (vgl. ebd., S. 325ff.). Die NSDAP war überall dort besonders erfolgreich, wo lokale und regionale rechte Traditionen stark ausgeprägt waren.

Gerade dieser letzte Punkt gewinnt auch vor dem Hintergrund dieser Untersuchung an Plausibilität. Es ist von mir schon verschiedentlich auf die Kopplung des deutschen Nationalismus an den Protestantismus hingewiesen worden. Die wahlsoziologischen Ergebnisse Falters, die eine *relative* Resistenz des Katholizismus gegenüber Hitler andeuten (vgl. ebd., S. 169ff.), legen die Vermutung nahe, daß der konfessionelle Anteil am deutschen Nationalismus mindestens bis zum Nationalsozialismus nicht vollkommen verloren ging, wenn auch die politisch-säkulare Dimension mit Sicherheit

---

55 Die Parallelen zwischen Faschismus und Bolschewismus im Gebrauch 'gemeinschaftlicher' Semantiken hatte schon Helmuth Plessner im Jahre 1924 betont: "Marschiert heute die Diktatur, in Rußland den Privatbesitz enteignend, in Italien und Spanien ihn schützend, so wagt sie es doch nur aus dem Gemeinschaftsethos heraus, das ihr, ob bolschewistisch oder faschistisch, als Unterstützung ihrer Macht immer willkommen ist." (Plessner 1981, S. 43) Zum Zusammenhang von Orientierungslosigkeit und Nationalismus in der Weimarer Republik vgl. auch meine Diskussion der Position Carl Schmitts in Abschnitt 2.6.

überwog. Offenbar wirkten die alten semantischen Traditionen weiter, die noch wenige Jahrzehnte zuvor durch den Wilhelminischen 'Kulturkampf' gegen den katholischen 'Ultramontanismus' erneute Unterstützung bekommen hatten. In dieser Hinsicht muß die soziologische Nationalismusforschung, die die Moderne und einen restlos säkularen Nation-Begriff identisch setzt, in einigen Gewißheiten sicherlich revidiert werden.[56]

Am Ende stellte auch der zunehmend schwächer werdende politische Katholizismus keine tragfähige Basis für die Demokratie mehr dar; die politischen Alternativen waren verschlissen (vgl. zum folgenden Peukert 1987, S. 252ff.). Der *Destabilisierung* folgte die *Delegitimierung* der Demokratie. Die Regierungsübernahme Hitlers war keine 'Machtergreifung', sondern die Konsequenz eines in der politischen Kommunikation niemals etablierten Vertrauens in die Republik. Wie weit der Vertrauensverlust in die Republik verbreitet war, zeigen Äußerungen des oben (vgl. Abschnitt 1.3) schon ausführlich zitierten Heinz Otto Ziegler vom Beginn der dreißiger Jahre. So sieht Ziegler, der gewiß keiner Nazi-Sympathien verdächtig war und der im Zweiten Weltkrieg als Fliegeroffizier der *Royal Air Force* im Kampf gegen Nazi-Deutschland fallen sollte, gegen Ende seiner Nation-Analyse im italienischen Faschismus durchaus Ansätze einer positiven, nach-demokratischen Möglichkeit, aus der Schwäche der Demokratie herauszukommen (vgl. H.O. Ziegler 1931, S. 299ff.). Die "Krise der klassischen Moderne" (Peukert), davon waren die meisten Zeitgenossen überzeugt, ließ sich nicht durch "Schwatzbuden" lösen, wie die Parlamente abfällig genannt wurden.

So kann man nach dieser kurzen — den damaligen komplexen Verhältnissen sicherlich nicht gerecht werdenden — Darstellung sagen, daß die Inklusions-Krise der Weimarer Republik den zentralen Hintergrund darstellte für das Aufkommen radikaler Semantiken wie 'Nation', 'Volksgemeinschaft' und auch 'Arbeiterklasse'. Ihnen allen war etwas gemein, das die Krise der Gesellschaft vermeintlich beheben konnte: Einheit. Die schon angesprochenen Phänomene wie Zivilisationskritik und Orientierungslosigkeit lassen auf Konsequenzen eines Modernisierungsprozesses schließen, der nur noch differente Beobachtungsperspektiven generierte. Entsprechend der Dominanz ökonomischer Fragen, drückte sich die Perspektivdifferenz vornehmlich in 'Klassen'-Semantiken aus. Die Spaltung in Klassen wurde als Folge des Modernisierungsprozesses beobachtet; in diesem Sinne sind die politischen Bestrebungen der radikalen Parteien und insbesondere diejenigen der Nationalsozialisten als (kulturell) anti-modern zu beschreiben. Lösung versprachen daher in erster Linie solche Losungen, die 'gemeinsame' Kraftanstrengungen zur Überwindung der 'Spal-

---

56 Ähnliches ließe sich vermutlich auch für das Verhältnis des französischen Nationalismus und seine Verbindung zum Katholizismus nachweisen. Die von Charles Maurras geführte, zutiefst antisemitische *Action Française* erhielt über lange Jahre Unterstützung vom Vatikan. Ein zwischenzeitlicher Bann des Vatikan gegenüber der AF wurde 1939 (!) wieder aufgehoben. Zu diesem Komplex vgl. die Darstellung bei Ravitch 1990, S. 104ff.

tung' forderten. Und dies waren eben 'nationale', auf die Einheit der 'Volksgemeinschaft' setzende Semantiken. Entsprechend dieser Zielvorgabe versuchten die Nationalsozialisten ihre Basis möglichst breit zu rekrutieren und niemanden von vornherein abzuschrecken. Nach Wolfgang Schieder bestand das Erfolgsgeheimnis der NSDAP gerade darin, "daß sie als einzige der Weimarer Parteien nicht auf die soziale Abgrenzung und Bewahrung ihres politischen Umfeldes bedacht war, sondern es vielmehr darauf angelegt hatte, ihren sozialen Aktionsradius ständig zu erweitern." (W. Schieder 1993, S. 150) Die konkurrierende Semantik des Kommunismus verbaute sich ihre Anschlußfähigkeit, indem sie — zwar den 'Klassenantagonismus' zugunsten einer Einheitsutopie überwinden wollend — letztlich auf eine distinkte Klassenbasis setzte.

Daß alle radikalen Einheitssemantiken, gerade weil sie nur Formen im Sinne Spencer Browns sein können, immer auch ihre 'andere' Seite kommunizierten, versteht sich fast von selbst. Die radikale Linke lebte von ihrer Differenz zum 'Kapital', zum 'Bürgertum', zur Demokratie und zum Westen. Alles zusammen wurde mitunter dem etwas verwirrenden Begriff 'Anti-Faschismus' zugeordnet. Der Anti-Faschismus der radikalen Linken zielte nicht vornehmlich auf die Nationalsozialisten. Zwar war auch die Überwindung des Faschismus intendiert, eine Rückkehr zur als 'bürgerlich' und 'latent faschistisch' diffamierten Demokratie schien aber ausgeschlossen. Wie Antonia Grunenberg in einem klugen Essay zum Mythos des Antifaschismus festgestellt hat, "sollte eine Form gefunden werden, die die Demokratie künftig ebenso unmöglich machen sollte wie den Faschismus/Nationalsozialismus." (Grunenberg 1993, S. 25)

Die radikale Rechte stand ihrem linken Pendant — wie schon angedeutet wurde — in vielem nahe. Auch sie profitierte in erheblichem Maße von ihrer antikapitalistischen, antibürgerlichen, antiliberalistischen und antidemokratischen Rhetorik, die mit Antisemitismus sowie antiwestlicher Zivilisationsfeindlichkeit gepaart war. Darüber hinaus verfügte sie mit dem Bolschewismus noch über einen weiteren Feind. Die andere Seite der jeweiligen Form, die Differenz bestimmte das Ziel der jeweiligen politischen Aktivität. Ging es den Kommunisten darum, der Republik zeitgleich mit dem Kapitalismus den Garaus zu machen, um einen Sozialismus sowjetischen Typs durchzusetzen, verband die Rechte ihren Kampf gegen die Demokratie mit der Auseinandersetzung spezifischer Feinde im In- und Ausland. Stefan Breuer hat das Feindbild des national-konservativen Lagers so zusammengefaßt: "Der Feind (...) war also ein äußerer Feind — derselbe wie der, gegen den man im Weltkrieg gekämpft hatte: die Entente, die Siegermächte von Versailles und die von ihnen oktroyierte Nachkriegsordnung. Dieser äußere Feind war aber auch im Inneren präsent, in Gestalt des Liberalismus, der gleichsam den Transmissionsriemen von der nationalen auf die internationale Ebene bildete." (Breuer 1993, S. 58)[57]

---

57 Natürlich gab es während der zwanziger Jahre nicht nur links- und rechtsradikale Semantiken. Für einen anschaulichen Überblick über die Weimarer Zeit vgl. Sloterdijk 1983, S. 704ff.

Über die politische Dominanz von 'Klassen'- und 'Nation'-Semantiken in der Öffentlichkeit der zwanziger Jahre scheint der noch im Kaiserreich so erfolgreiche 'Rasse'-Diskurs ein wenig in den Hintergrund geraten zu sein.[58] In der Tat spielten rassen- und volksbiologische Semantiken in erster Linie im Wissenschaftssystem (Anthropologie, Eugenik) und in der Medizin eine Rolle. Hier allerdings waren sie offenbar zum Gemeingut geworden: "Die Diffusion des rassenhygienischen Paradigmas in die Theoriebildung der Medizin, besonders der Psychiatrie und Sozialhygiene, war zu Beginn des 'Dritten Reiches' weitgehend abgeschlossen (...)." (Schmuhl 1987, S. 138) Erst nach der großen Wirtschaftskrise zu Beginn der dreißiger Jahre ging der Faktor 'Rasse' langsam in die Sozialpolitik ein. Die Sozialpolitik vermengte sich dabei mit den anderen Bereichen zu einem folgenschweren Konglomerat in den kommenden Jahren. Zunächst jedoch ist nur ein Paradigmenwechsel im Bereich der Wohlfahrtspolitik zu konstatieren (vgl. Peukert 1987, S. 148; Weingart/Kroll/-Bayertz 1988, S. 265). Unter dem Eindruck der Krise der öffentlichen Haushalte rückte das 'Einspar-Potential' durch rassenhygienische Maßnahmen schon vor Hitlers Regierungsantritt zu einem bedeutsamen, allerdings noch nicht zu einem in politische Praxis umsetzbaren Faktor auf. Dies sollte sich bekanntlich auf grausame Weise nach 1933 ändern.

Innerhalb der nationalsozialistischen Semantik spielte im Gegensatz zum Haupttrend der Weimarer Republik die 'Rasse' die entscheidendere Rolle gegenüber der 'Nation'. Der Schlüsselbegriff zur Analyse des Nationalsozialismus ist eindeutig 'Rasse' und nicht 'Nation' (vgl. Graml 1992, S. 446).[59] Offenbar versprachen die biologischen Konnotationen eine noch 'festere' Basis zur Bestimmung der Differenz zur anderen Seite, als dies mit der 'Nation' geschehen konnte. Rassenunterschiede waren in der Perspektive der Nationalsozialisten unumstößlich, weil im Erbgut verankert; nationale Differenzen hingegen lassen noch ein wenig mehr Spielraum, eine gewisse Ähnlichkeit zwischen den 'Nationen' zu behaupten. Mit Hilfe der Form 'Rasse' konnte die 'natürliche' Dominanz sowie der dazu komplementäre Zwang zur Unterordnung der 'niederen' Rasse zweifelsfrei behauptet werden. Die Asymmetrie der Form steht außer Frage. Jeder Rassismus leugnet daher jegliche Kontingenz in der Beziehung zwischen 'Gruppen'. Differenz, Über- und Unterordnung sind gewiß, weil wissenschaftlich 'bewiesen'. "Der Mensch *ist*, bevor er *handelt*, keine seiner Taten beeinflußt dieses Sein (...)." So hat Zygmunt Bauman (1992b, S. 75) die Essenz des Rassismus treffend beschrieben. Deshalb half den Juden auch keine Anbiederung, keine Assimilation und, wie in den vergangenen Jahrhunderten oft genug geschehen, auch keine

---

58 Auch innerhalb der intellektuellen Rechten hatte die 'Nation' einen relativ größeren Stellenwert als die 'Rasse' (vgl. Breuer 1993, S. 95).

59 Siehe dazu schon Franz Neumann: "Was verstehen die deutschen Nationalsozialisten unter Volkstum und Rasse, und warum bestehen sie auf ihrer Oberhoheit? Warum vermeiden sie so ostentativ den Gebrauch des gängigen Begriffes 'Nation'?" (Neumann 1977, S. 131) Neumanns Antwort: Die 'Rasse' sei präferiert worden, weil die 'Nation' einen zu politischen Bezug habe und sich im deutschen Sprachgebrauch in diesem Sinne nie habe durchsetzen können.

Konversion. Rassismus ist die extremste Antwortmöglichkeit, die im Rahmen der "Suche nach endgültigen Lösungen" (Peukert 1989, S. 119) in einer von Kontingenzen überschwemmten Moderne denkbar ist.

Nun könnte man fragen, ob denn der nazistische Rassismus überhaupt noch in eine Abhandlung über den 'Nation'-Begriff hineingehört, ob nicht mit den Implikationen der Vernichtung und des Holocaust das 'Nationale', das zwar sicherlich ausgrenzend sei, endgültig verlassen worden ist. Meiner Ansicht nach gehört der Rassismus sehr wohl in einen solchen Zusammenhang. Die Form 'Rasse' ist letztlich nur eine semantische Verschärfung des gleichen Sachverhalts, mit anderen Worten: ein Äquivalent der Form 'Nation'. Wie schon im Zusammenhang mit dem Sozialdarwinismus des letzten Drittels des 19. Jahrhunderts deutlich wurde, entstammt die 'Rasse' einer diffusen semantischen Mischung, zu der auch die 'Nation' das Ihre beitrug. Die Äquivalenz des Rassismus zum Nationalismus läßt sich ferner gerade am Beispiel des Nationalsozialismus demonstrieren. Ich meine damit in erster Linie den engen Konnex, der im 'Dritten Reich' zwischen dem politischen System und der 'Rasse'-Semantik bestand. Wie verschiedentlich festgestellt worden ist, wurde der Rassismus "in den Rang einer Staatsdoktrin erhoben." (Schmuhl 1992, S. 184) Nazi-Deutschland war — auch wenn dies in der Forschung nicht immer die adäquate Würdigung bekommen hat[60] — ein "Racial State" (Burleigh/ Wippermann 1991). Damit ist klar: 'Rasse' ist ebenso eine politische Semantik, wie es die 'Nation' ist, auch wenn mit der 'Rasse' auf andere, vordringlich biologische Begründungen abgehoben wird und der Rassismus der Nazi-Zeit dem Holocaust vorgearbeitet hat. Beide Diskurse, die 'Rasse' wie die 'Nation' arbeiten mit prinzipiell ähnlichen Ein- und Ausschlußkriterien.[61] Allerdings ist nicht zu verkennen, daß der nationalsozialistische Rassismus diesbezüglich eine merkwürdige Ambivalenz aufwies; so ist nicht immer klar geworden, auf welche Populationen außerhalb Deutschlands sich der germanische Rassenanspruch bezog. Gewisse transnationale Bestrebungen sind nicht zu übersehen.

Von Adolf Hitler ist bekannt, daß seine Rassen-Theorie an die kruden Sozialdarwinismen und eugenischen Rassenhygiene-Vorstellungen der Vorkriegszeit anschlossen (vgl. etwa Burleigh/Wippermann 1991, S. 37ff.). Seine beispielsweise in *Mein Kampf* formulierten Ideen waren weder neu, noch originell, noch spezifisch deutsch. Auch die von ihm dort beschriebene Verschwörungstheorie des Judentums gegenüber 'den Deutschen' ist in dieser Untersuchung schon verschiedentlich aufge-

---

60 "Es besteht auch kein Zweifel, daß viele marxistische Faschismustheoretiker die Bedeutung der antisemitischen Ideologie und der Judenpolitik im Dritten Reich unter- und damit falsch eingeschätzt haben, weil sie eben die prokapitalistische Funktion 'des' Faschismus für wichtiger hielten und im Antisemitismus nur eine systemstabilisierende 'Verschleierungsideologie', nur 'falsches Bewußtsein' sehen wollten." (Wippermann 1989, S. 102)

61 Einen ähnlichen Zusammenhang zwischen 'Rasse' und 'Ethnie' sieht Floya Anthias. Ihre These lautet, "that all those exclusionary practices that are formulated on the basis of the categorization of individuals into groups, whereby ethnic or 'racial' origin are criteria of access or selection, are endemically racist." (Anthias 1992, S. 433)

taucht. So abstrus diese Vorstellungen auch anmuten mögen, man muß sich der Tatsache stellen, daß dies die Perspektive der nationalsozialistischen Bewegung war. Hitler und seine Mitstreiter waren "aufrichtig davon überzeugt, daß die Juden in Deutschland und in aller Welt — das 'Weltjudentum' — Tag und Nacht an der Versklavung, ja am Untergang der deutschen Nation arbeiteten, was wiederum die Deutschen bzw. die 'Arier' zu unerbittlicher Gegenwehr zwinge." (Graml 1992, S. 447) Der Nazi-Antisemitismus resultierte aus einer ins Extrem gesteigerten, manichäisch anmutenden Bedrohungsvorstellung: Entweder das 'Böse' wurde so schnell wie möglich aus dem 'germanischen Lebensraum' entfernt, oder aber man war dem Untergang geweiht. Ähnlich verhielt es sich im übrigen mit einem zweiten Schlüsselbegriff des Nationalsozialismus, der 'Expansion' (vgl. ebd., S. 442). Wollte das deutsche Volk überleben, dann, davon war man in nationalsozialistischen Kreisen überzeugt, mußte 'neuer Lebensraum' im Osten erobert werden. Anderenfalls sei der Sieg des — ebenso wie der Westen vom Judentum beherrschten — russischen Bolschewismus absehbar.[62] Zur Ausgangslage des Nationalsozialismus gehörte also eine durch Bedrohungsszenarien generierte, perfekte und gegen jegliche Anfeindungen gefeite Zwei-Seiten-Form. Mit der Semantik des 'Lebensraums' und der 'Rasse' sind zugleich die Kontingenzformeln der Nazi-Politik aufgezeigt. Den damit verbundenen Zielen, Expansion und 'Reinhaltung' bzw. 'Erneuerung', wurde alles andere untergeordnet.

Zur Verwirklichung der selbstgesetzten Ziele bedurfte es nicht viel; alles was gebraucht wurde, war vorhanden: ein modernes politisches System. Ebenso wie der Leninismus und vor allem der Stalinismus stand die nationalsozialistische Politik — das sollte nicht vergessen werden — noch ganz in der Tradition des 19. Jahrhunderts. Sie war noch nicht getrübt durch irgendwelche Zweifel ob der Umsetzbarkeit und Steuerbarkeit sozialer Prozesse. Technologischer Machbarkeitswahn war, abgesehen von Sozialromantizismen, die aber nicht an der prinzipiellen Durchführbarkeit zweifelten, noch nicht als 'Wahn' betrachtet worden. Die Kontingenzformeln 'Rasse'/'Lebensraum' verhießen (ebenso wie der 'Kommunismus') im Falle der Beseitigung erkannter Störungen niemals endendes Glück ("Tausendjähriges Reich"). Es brauchte lediglich, wie man heute sagen würde, der *Genpool* durch eine mittels politischer Macht gestützte Auslese perfektioniert zu werden. Germanisches Erbgut mußte von 'fremden', es 'schädigenden' Einflüssen freigehalten, gegen die Degeneration durch Kreuzungen mit 'jüdisch-minderwertigem' Material verteidigt werden. Rassismus und der ihm folgende Genozid waren, wie Zygmunt Bauman zutreffend formuliert hat, nichts weiter als modernes *social engineering* (vgl. Bauman 1992b, S. 81f.).[63]

---

62 "Das Zentrum der jüdischen Gefahr erblickte man im jüdischen Bolschewismus, der, mit der westlichen Plutokratie durch die Juden verbunden, die Existenz des deutschen Volkes und damit des wahren, d.h. arischen Menschentums bedrohe." (Y. Bauer 1990, S. 147)

63 Nur nebenbei sei angemerkt, daß im politischen Systen auch auf sozialwissenschaftlichen Sachverstand in diesem Zusammenhang gesetzt wurde (vgl. Rammstedt 1986, S. 151ff.). Dem SD und dem Reichssicherheitshauptamt gehörten mehrere Soziologen und Ökonomen an. Otto Ohlendorf, vormals wissenschaftlicher Assistent am Kieler "Institut für angewandte Wirtschafts-

Zu den Punkten, die der biologischen Kontingenzformel, der Betrachtung des Gemeinwohls in Erbgutkategorien, untergeordnet waren, gehörte mit Sicherheit die Sozialpolitik.[64] Die nationalsozialistische Politik war sich ohne Zweifel des Problems der Sicherstellung des Lebensstandards, oder soziologisch: des Inklusionsproblems, durchaus bewußt. Sie versuchte, Zwangsmaßnahmen eingeschlossen, alles, um insbesondere die Arbeiterschaft für die Produktion und den Staat zu mobilisieren, sei es durch Arbeitsbeschaffungsmaßnahmen, durch Urlaubsorganisationen ("Kraft durch Freude") oder durch eine gezielte Familienpolitik (Ausbau des Mutterschutzes etc.). Dennoch kann nicht übersehen werden, daß solche Maßnahmen weder Selbstzweck noch allein Stabilisierungsversuche des Regimes waren. Die Sozialpolitik diente, ebenso wie die Wirtschaftspolitik, dazu, den rassistisch-biologischen Zielen zuzuarbeiten. Einen erheblichen, kaum überschätzbaren Anteil an der langsamen, aber stetigen Steigerung des Lebensstandards hatte die Rüstungsproduktion, in der ein großer Teil der vormals arbeitslosen Bevölkerung beschäftigt war (vgl. Mason 1977, S. 156; Kranig 1992, S. 144). Den Expansionismus verlor das Regime niemals aus den Augen. Gleiches gilt beispielsweise für die Familienpolitik. Sie diente vordringlich dem Zweck, die Geburtenrate zu erhöhen und 'erbgesunden' Nachwuchs zu erzeugen. Daher kann die 'Wertschätzung' der Frau in der NS-Zeit nicht als 'modernisierender' Effekt gesehen werden, die den Status des weiblichen Geschlechts heben sollte. Das wird sofort deutlich, wenn man bedenkt, daß auf die Abtreibung eines vermeintlich 'erbgesunden' Fötus während des Zweiten Weltkriegs die Todesstrafe stand, während gleichzeitig 'erbkranker' Nachwuchs durch erzwungene Abtreibungen, Massen-Sterilisationen (etwa an psychisch kranken Frauen) und Ermordung verhindert wurde (vgl. Burleigh/ Wippermann 1991, S. 250ff.).

Man kann die Behandlung der 'sozialen Frage' im 'Dritten Reich' durchaus als, wenn auch extreme, Fortführung des Sozialimperialismus der Wilhelminischen Zeit sehen. In beiden Fällen ging es darum, sozialen, das hieß in der NS-Zeit auch: biologischen Sprengstoff zu vermeiden, um für die kommenden geopolitischen Auseinandersetzungen 'fit' zu sein. Die Sicherstellung der Einheit der 'Volksgemeinschaft' durch Überwindung dessen, was in der Weimarer Zeit als 'Klassenspaltung' aufgefaßt wurde, zielte ebenfalls in diese Richtung: "Ideologisch wurden die sozialpolitischen Zielvorstellungen des Nationalsozialismus mit Schlagworten wie 'völkische Gemeinschaft', 'lebensgesetzliche Ordnung des deutschen Volkes' oder 'deutscher Sozialismus' überhöht; damit setzte sich der Nationalsozialismus sowohl vom Kapitalismus als auch vor allem vom Sozialismus ab und faßte das deutsche Volk über die im Arbeitsleben angelegten Interessengegensätze zu einer Einheit zusammen, die sich im Kampf

---

wissenschaften", leitete während des Krieges eine jener berüchtigten 'Einsatzgruppen', die mit Massenexekutionen in Osteuropa den Genozid vorbereiteten. Zu Ohlendorfs Mitwirkung daran vgl. die erschütternden Berichte bei Shirer 1961, S. 875ff.

64   Zur nationalsozialistischen Sozialpolitik vgl. grundlegend: Mason 1977 sowie Kranig 1992; Frerich/M. Frey 1993, S. 245ff.

mit den inneren und äußeren Feinden zu bewähren hatte." (Kranig 1992, S. 139; vgl. Frerich/M. Frey 1993, S. 248)

Die Propagierung dieser Einheitssemantik wurde im Publikum des politischen Systems offenbar positiv beobachtet; die Resultate wurden auf den 'Führer' attribuiert. Obwohl die vom politischen System propagierte 'Volksgemeinschaft' unzweideutig auf rassischen Elementen aufbaute, spielte in der Perspektive des Publikums die rassische bzw. die geopolitische Komponente wohl nicht die große Rolle. Es gibt keinerlei Anhaltspunkte, daß etwa der Antisemitismus in Deutschland verbreiteter gewesen ist als in anderen vergleichbaren Ländern dieser Zeit (vgl. Bauman 1992b, S. 45). Dagegen schätzte man die mit dem Stichwort 'Volksgemeinschaft' scheinbar verbundenen Konsequenzen, vor allem die 'Herstellung der Ordnung'. Unter dem Eindruck, daß 'der Führer' die Ordnung nach den Wirren der zwanziger Jahre wieder zurückgebracht habe, scheint die Zustimmung zum NS-Regime weitaus größer gewesen zu sein, als man lange Zeit annahm.[65] Wie stark gerade die Metapher der durch den 'Führer' gestifteten 'Ordnung' gewirkt hat, zeigt sich übrigens daran, daß dieser Mythos sich bis weit in die Zeit nach dem Zweiten Weltkrieg nachdrücklich halten konnte. Detlev Peukert hat diesen Umstand, m.E. zu Recht, als zentralen Anhaltspunkt für die Zustimmung zum Regime gewertet. Was der Führermythos angesprochen habe, sei "die Sehnsucht einer krisengeschüttelten und in ihren sozialen Orientierungsmustern erschütterten Bevölkerung nach Normalität." (Peukert 1982, S. 89) Hinzu kamen die außenpolitischen 'Erfolge' Hitlers, die im Publikum den Eindruck aufkommen ließen: "Der Führer wird's schon richten." Auch kann vermutet werden, daß inbesondere der Krieg die Differenz-Identität und den Eindruck des 'Zusammenhaltens' noch erheblich verstärkt hat. In der zeitgeschichtlichen Forschung ist die Unterstützung des Regimes mittlerweile klar bestätigt worden (vgl. Kershaw 1994, S. 240). Bis zum Ende des Krieges erfreute sich das NS-Regime einer so großen Zustimmung und Popularität, daß selbst in britischen Kriegsgefangenenlagern die Wachmannschaften Morde an Regimekritikern nicht verhindern konnten. Die rassistischen Ausgrenzungs- und Vernichtungstendenzen des Nationalsozialismus waren der — teils wissend und billigend in Kauf genommene, in seinen Genozid-Dimensionen aber nicht allgemein bekannte — Preis, den die deutschen 'Volksgenossen' für die Wiederherstellung der Ordnung zu zahlen bereit waren. Fazit: "Racism replaced the Weimar Republic's imperfect experiment in political pluralism." (Burleigh/Wippermann 1991, S. 305)

---

65 Die Semantik der 'Volksgemeinschaft' war nicht allein Propaganda des Regimes, sondern offenbar weitestgehend anschlußfähig im Publikum: "In der reduzierten politischen und gesellschaftlichen Bandbreite, die nach der Ausschaltung von Juden und Linken aus dem öffentlichen Leben und ihrer teilweisen Emigration verblieben war, hatte sich bis ungefähr 1938 durchaus so etwas wie eine neue volksgemeinschaftliche Identität entwickelt und verfestigt. Davon und vom Nimbus des 'Führers' zehrte das Regime bis weit in die zweite Hälfte des Krieges hinein." (Frei 1990, S. 291) Zum Zusammenhang von Führermythos, 'Volksgemeinschaft' und die Erinnerung an die Zeit vor dem Ersten Weltkrieg vgl. auch Kettenacker 1981, S. 111.

Während im Publikum eher das ordnungsstiftende Element der 'Volksgemein-schaft' geschätzt wurde, war im politischen System der mit diesem Begriff verbundene *exklusive* Aspekt beherrschend.[66] In der Perspektive des politischen Systems war es geradezu notwendig, nach rassischen Kriterien zu katalogisieren und zu kategorisieren. Die Reduktion aller Faktoren auf das Erbgut, die "Biologisierung des Sozialen" (Weingart/Kroll/Bayertz 1988, S. 528) machte es — wie oben schon angedeutet — erst möglich, genau zu definieren, wer als nicht-zugehörig zur 'Volksgemeinschaft' betrachtet wurde. Die Definition des nicht-gesunden 'Erbguts', die darauf folgende Aussonderung war die *notwendige* andere Seite des rassisch begründeten 'Volkskör-pers': "The regime's 'national community' was based upon the exclusion and ex-termination of all those deemed to be 'alien', 'hereditarily ill', or 'asocial'." (Burleigh/ Wippermann 1991, S. 305f.) So sicher dieser Satz für alle Phasen der NS-Herrschaft gilt, so muß aber ebenso berücksichtigt werden, daß der Genozid nicht von Beginn an damit verbunden war. Die Frage, welcher Weg vom Antisemitismus Hitlers zum Holocaust führte, hat die zeithistorische Forschung intensiv beschäftigt. Der Streit zwischen 'Intentionalisten', die den Genozid ursächlich Hitlers Judenfeindschaft zuschrieben, und 'Funktionalisten', die die Ermordung von Millionen Menschen einer allmählichen Entwicklung innerhalb des bürokratischen Apparats anlasteten, scheint nun fürs erste innerhalb der historischen *scientific community* gelöst.[67] Ian Kershaw hat in seiner Übersicht über die divergierenden geschichtswissenschaftlichen Forschungs-ansätze zum NS-Staat die gegenwärtige Forschungslage zu einer Synthese beider Richtungen zusammengefaßt (vgl. Kershaw 1994, S. 148). Die Intentionen Hitlers hätten ein entsprechendes "Klima" erzeugt, "in dem die entfesselte Dynamik diese Absichten dann zu einer sich selbst bewahrheitenden Prophezeiung werden ließen." (Ebd.) Eine soziologische Perspektive, wie sie dieser Untersuchung zugrunde liegt, legt nahe, die 'Intentionen' Hitlers als Attribution zu sehen. Löst man sich somit von der historischen Diskussion, dann kann man nicht umhin, den Genozid als Konsequenz eines sich selbst reproduzierenden politischen Systems, also 'funktionalistisch' zu analysieren (vgl. ähnlich: Bauman 1992b, S. 29). Dies würde im übrigen auch dann gelten, wenn Hitler sich realhistorisch erheblich weitreichender in die genaue Ent-scheidungsfindung eingeschaltet hätte, als dies vermutlich der Fall war. Wie dem auch sei, die Vernichtung wurde im politischen System erst ins Auge gefaßt, als andere Möglichkeiten, die Juden über die Grenze Deutschlands zu entfernen (z.B. Deporta-tion) während des Krieges nicht mehr realisierbar schienen. Offenbar spielten mi-litärische Probleme während des Überfalls auf die Sowjetunion eine entscheidende

---

66 Den Unterschied zwischen dem Publikum und dem politischen System hat in anderen Worten auch Yehuda Bauer betont: "Das Gros der deutschen Bevölkerung verharrte in nicht-mörderischer Judenfeindschaft. Bei der Elite, den *true believers*, also den Hitler am nächsten Stehenden (aber auch nicht bei allen von ihnen im selben Maße), war die Überzeugung von der jüdischen Weltge-fahr tief verwurzelt, und der Krieg wurde als ideologischer Vernichtungskrieg in erster Linie gegen das Weltjudentum aufgefaßt." (Y. Bauer 1990, S. 159)

67 Die Begrifflichkeiten Intentionalismus vs. Funktionalismus stammen von Mason 1981.

Rolle (vgl. Kershaw 1994, S. 180f.). Dies soll nichts, rein gar nichts entschuldigen, es zeigt allerdings, zu welchen Maßnahmen das moderne politische System fähig ist, wenn es mit einer rigiden Zwei-Seiten-Form die Welt beobachtet, wenn es sich anderer Mittel beraubt sieht, und wenn ihm keine internen oder externen Korrekturmöglichkeiten eingebaut sind.

Der Holocaust war letztlich aus der Perspektive des politischen Systems nur ein technisches Problem, ein — um Baumans Diktum zu wiederholen — Akt des *social engineering* durch moderne Verwaltung. Er wurde, wenn auch nicht gezielt, vorbereitet durch einen *Akt der Grenzziehung*, durch ein umfassendes Lagersystem, das als Kernstück der rassistischen Herrschaft gelten kann (vgl. Schwarz 1990; Sofsky 1993). Mit der Einrichtung von Ghettos, Internierungs- und Konzentrationslagern für Personen, die von den Entscheidern aus politischen und rassischen Gründen als nicht zur 'Volksgemeinschaft' gehörig betrachtet wurden, war wohl der entscheidende Schritt getan. Die Zusammenfassung der Menschen auf engem Raum, die 'Konzentration', erlaubte es dem System, mit den Häftlingen nach Belieben zu verfahren. Ausgeschlossen von der Beobachtung durch die Öffentlichkeit waren die Lagerinsassen jeder Chance beraubt, menschenwürdig behandelt zu werden. "Die geschlossene Grenze ist unabdingbar für die Entgrenzung absoluter Macht." (Sofsky 1993, S. 70) Man kommt nicht umhin, die physische Vernichtung mehrerer Millionen Menschen als Folge der räumlichen Grenzziehung und diese als Folge der semantischen Grenzziehung mittels der durch die Form 'Nation' vorbereiteten Form 'Rasse' in ihrer Funktion als Beobachtungsmodus des politischen Systems aufzufassen.

Betrachtet man den gesamten Zeitraum dieses Abschnitts im Überblick, so wird deutlich, wie im "Zeitalter des Hypernationalismus" (Craig 1981, S. 286) die weltgesellschaftliche Dimension die Ausformung der 'Nation' mehr und mehr geprägt hat. Die Welt(gesellschaft) wurde nahezu ausschließlich unter Gesichtspunkten wie Bedrohung, Konkurrenz und Vernichtung beobachtet. Imperialismus aus Gründen der Selbsterhaltung schien das Gebot der Zeit zu sein. Das bis weit ins 20. Jahrhundert herrschende sozialdarwinistische Interpretationsparadigma zwang geradezu zur aggressiven semantischen Grenzziehung, sollte nicht die jeweils eigene 'Nation' dem Untergang verfallen. In ihrer semantischen Überhöhung durch die Form 'Rasse', die man, wie im Falle des deutschen Nationalsozialismus, zur Verteidigung gegen eine vermeintlich drohende 'jüdische Weltherrschaft' anrief, wurde das globale Bedrohungsszenarium mit fürchterlichen Konsequenzen fortgesetzt. Doch für die Form 'Nation' sollte ihre rassistische Überhöhung gleichzeitig, zumindest in Europa, einen vorläufigen Konjunkturabschwung bedeuten. Die 'Nation' war, wie gleich zu zeigen sein wird, unter den Nachkriegsverhältnissen zunächst nicht anschlußfähig, sie wurde durch eine andere Differenz abgelöst, um Jahrzehnte später wieder auf der Bildfläche zu erscheinen.

3.7 Funktional differenzierte Gesellschaft III. Europäischer Nationalismus in der Gegenwart

Die kommunikative Verflechtung der in funktionale Teilsysteme ausdifferenzierten Weltgesellschaft erhielt nach dem Zweiten Weltkrieg nochmals einen neuerlichen Schub; das Faktum der globalen Vergesellschaftung ließ sich nun endgültig nicht mehr ignorieren. Nach 1945 setzte daher auch erstmals eine ernsthafte politische und wissenschaftliche Behandlung der globalen Vernetzung ein. Wollte man beispielsweise der atomaren Vernichtung entgehen, dann war man gezwungen, sich mit dem Umstand auseinanderzusetzen, daß Ereignisse in anderen Teilen der Welt fatale Folgen für die jeweils eigene Region haben könnten. Der weltwirtschaftlichen Verflechtung folgte der mehr oder weniger erfolgreiche Versuch, auch das in segmentäre Staaten aufgeteilte Welt-Politik-System zu koordinieren und zu integrieren. Nicht nur auf der Ebene der Vereinten Nationen, sondern auch auf einer niedrigeren Ebene großer Regionen (Ost- und Westeuropa, Afrika, islamische und blockfreie Staaten) setzte sich die Erkenntnis durch, daß einzelne Staaten in Isolation nur noch begrenzte Überlebenschancen hatten.

Die alles beherrschende *politische* Differenz der Zeit nach dem Zweiten Weltkrieg war dennoch ohne Zweifel die schon angedeutete Unterscheidung von 'Ost vs. West'. Schon während des Krieges waren die Gemeinsamkeiten der Alliierten aufgebraucht, nur die Gegnerschaft gegenüber Nazi-Deutschland, Japan und Italien ermöglichte eine rudimentäre Koordination der Handlungen. Unter dem Kalten Krieg wurde bis in die frühen 1980er Jahre hinein der Globus in zwei Machtsphären aufgeteilt, und nur wenige Regionen konnten sich den jeweiligen Einflußbereichen entziehen. So heterogen die Weltgesellschaft auch war, die *politische Beobachtung* verengte sich nahezu ausschließlich auf den Ost-West-Gegensatz. Außenpolitik außerhalb der Blöcke war so gut wie nicht möglich, eine militärische Souveränität der einzelnen Staaten existierte nur noch begrenzt. Hinzu kam die gegenseitige Versicherung der atomaren Zerstörung, die das Ihre zur Fixierung der Blöcke beitrug. Letztlich wirkte die Differenz derart strukturbildend, daß man sich die Welt kaum noch anders vorstellen konnte.[68] An der politischen Kommunikation der Nachkriegszeit ist ablesbar, daß man vom 'Feind' auf der anderen Seite nichts anderes erwartete als Versuche, die jeweils eigene Seite zu schädigen. Unter geopolitischen Gesichtspunkten schienen Veränderungen kaum möglich. Die Ost-West-Differenz wurde, insbesondere in der europäischen Öffentlichkeit und im politischen System, faktisch als *nicht-kontingent*

---

[68] Am Rande des Ost-West-Konflikts kam es allerdings schon seit den sechziger Jahren zu Erosionserscheinungen, festzumachen etwa am sowjetisch-chinesischen Konflikt oder an den Selbständigkeitsbestrebungen der "Dritten Welt". Paul Kennedy nennt diesen Vorgang "Das Zersplittern der bipolaren Welt" (Kennedy 1989, S. 587); Roland Robertson spricht von einer "Uncertainty Phase" (Robertson 1992, S. 59). Gleichwohl war es bis weit in die achtziger Jahre hinein undenkbar, daß einer der beiden großen Blöcke in sich zusammenfallen würde. Insofern, auf der Ebene politischer Kommunikation, stimmt die Aussage über den strukturbildenden Ost-West-Gegensatz.

behandelt[69] — auch wenn heute in der bundesdeutschen Politik von konservativer Seite die gegenteilige Behauptung aufgestellt wird, man habe die Teilung Deutschlands und Europas nie akzeptiert.

Sicherlich stand der westliche Block niemals unter dem gleichen militärischen Druck, mit dem die sowjetische Politik ihren Machtbereich zusammenzuhalten versuchte. Der atomare Schutzschild war jedoch auch im Westen nicht ohne einen gewissen Preis der Souveränitätsabgabe an suprastaatliche Gremien zu haben.[70] Im ehemaligen Ostblock dagegen hatte die Führung der UdSSR zu verschiedenen Gelegenheiten (1956 in Ungarn, 1968 in der Tschechoslowakei, evtl. auch 1980 in Polen) demonstriert, was sie unter 'brüderlicher Hilfe' verstand. Begrenzte Alleingänge waren nur dann möglich, wenn sie, wie im Fall des rumänischen Ceauşescu-Regimes, nicht unmittelbar mit den sowjetischen Sicherheitsinteressen in Konflikt gerieten. Der gesamte Ostblock und insbesondere die Sowjetunion stellten ein Imperium *par excellence* dar.

Unter diesen Bedingungen spielten andere Differenzen, etwa ethnischer, religiöser oder auch 'nationaler' Art, nur eine untergeordnete Rolle. Solche Semantiken wurden zumeist kaum wahrgenommen. Nationalismen hatten in der Nachkriegszeit nur dann eine ernsthafte Chance, mit politischer Macht in Verbindung gebracht zu werden, wenn sie im Rahmen der globalen Zweiteilung einer der beiden Seiten hilfreich erschienen. So sind etwa diverse nationalistische Bewegungen in den früher als "Dritte Welt" betitelten Regionen der Erde militärisch und finanziell unterstützt sowie politisch beraten worden. Auch diese Nationalismen kommunizierten eindeutig Differenzen, nämlich zuerst anti-koloniale, später wurden dann die Nachbarn ins Visier genommen (vgl. Nagel 1993, S. 108f.).

Es ist daher — das wurde schon verschiedentlich in der Forschung festgestellt — nicht nur eine zufällige zeitliche Koinzidenz, daß die 'Wiederkehr' ethnisch-nationaler Semantiken in Europa und die erneute Konjunktur der Nationalismen in der restlichen Welt mit der Implosion der Ost-West-Differenz und ihrer globalen Auswirkungen zusammenfallen (vgl. Jalali/Lipset 1992; Dickstein 1993; Nagel 1993). Der Zusammenbruch des großen Gegensatzes der Nachkriegspolitik beraubte die politische Kommunikation (nicht nur in Europa) ihres zentralen Beobachtungsmusters. Globale Entwicklungen können nun nicht mehr ohne weiteres den Blöcken zugerechnet werden. Es braucht neue geopolitische Orientierungen, da die alten Wahrnehmungsmuster

---

69 Zu diesem Punkt siehe die Position von Nijman und van der Wusten: "This implies that at a time of geopolitical order, *structure prevails over contingency*. Deviation from the rules by the agencies involved is limited and/or ineffective in creating change. Thus, a geopolitical order consists of a set of more or less established and compatible geopolitical codes adhered to by individual states that prescribe norms, rules, and expectations that guide mutual behaviours." (Nijman/van der Wusten 1993, S. 17)

70 Man denke etwa an jene ominöse Geheimorganisation 'Gladio', die offenbar verhindern sollte, daß der italienische Staat nach einem Wahlsieg der Kommunisten das westliche Lager verlassen würde.

nicht mehr tragen. An anderen Stellen dieser Untersuchung (vgl. die Abschnitte 2.2 und 2.5) habe ich schon beschrieben, welchen Part die 'kulturelle Fragmentierung' der Weltgesellschaft in dieser Situation übernimmt.

Wie allenthalben und unerwartet sichtbar wird, füllt auch die Form 'Nation' diese Beobachtungs-Lücke zu einem großen Teil aus, das heißt, die Welt wird im Vergleich zu früheren Zeiten signifikant deutlicher über 'nationale' Deutungsmuster betrachtet. In Europa sind dies derzeit sicherlich die dominanten außenpolitischen Semantiken, und auch innenpolitisch vermögen Nationalismen und Rechtsradikalismen erheblichen Wirbel zu veranstalten. Auf den ersten Blick sieht es also aus, als habe man es in Osteuropa mit denselben Entwicklungen zu tun wie sie sich auch in Westeuropa bemerkbar machen. Das ist, so meine These, nur insofern richtig, wie die Nationalismen auf die veränderte weltgesellschaftliche Situation zeitgleich reagieren. In Ost- wie in Westeuropa kommt der Form 'Nation' die Funktion zu, die im Vergleich zu früheren Zuständen zweifellos unübersichtlicher gewordene geopolitische Situation neu zu strukturieren und politisch handhabbar zu machen. Bei näherem Hinsehen werden jedoch erhebliche Unterschiede in den Nationalismen Ost- und Westeuropas deutlich, die im folgenden dargestellt werden.

So gerne auch die etablierte Politik des Westens für sich in Anspruch nimmt, den Osten 'besiegt' bzw. 'totgerüstet' zu haben, so wenig trifft dies tatsächlich zu. Die 'sozialistischen' Staaten sind gescheitert, weil sie die Funktionsweise moderner Gesellschaft, die Differenzierung in Teilsysteme, sträflich mißachtet haben.[71] Das Scheitern des sozialistischen Jahrhundertexperiments ist auf den Versuch zurückzuführen, den Differenzierungsdruck, der sich — wie in der modernen Gesellschaft insgesamt — natürlich auch im Osten bemerkbar machte, *politisch* zu kontrollieren und zu konterkarieren (vgl. Pollack 1990; V. Haupt 1990). Indem die Fiktion, die Politik könne alle Prozesse einer regional begrenzten Gesellschaft steuern, gegen alle Evidenzen weiter betrieben wurde, wurde der Ineffizienz der einzelnen Teilsysteme Vorschub geleistet. Im Endeffekt konnte weder das politische System die von ihm propagierten Steuerungserwartungen erfüllen, noch war das durch politische Vorgaben behinderte Wirtschaftssystem in der Lage, eine adäquate Versorgung der Bevölkerung sicherzustellen.

Das semantische Korrelat dieser Steuerungsfiktion war eine politische Einheitsideologie, die ernsthafte Abweichungen, welche naturgemäß jeder modernen Gesellschaft zu eigen sind, nicht dulden konnte. Mit Hilfe der verschiedenen Einheitssemantiken wie 'Partei', 'Sozialismus' oder 'Arbeiterklasse', die letztlich auf dasselbe hinausliefen, wurde der Versuch unternommen, die Bevölkerung politisch eindimensional auszurichten. Konsequenz dieses Unterfangens war eine ubiquitäre Politisierung aller sozialen Bereiche — eine 'etatistische' Gesellschaft (vgl. Tatur 1991). Öffentliche

---

71 Vgl. zum folgenden auch meine Darstellung in D. Richter 1995a, Abschnitt II.

Äußerungen sollten nur möglich sein, wenn sie offiziell zuvor abgesegnet waren. Doch auch vor der Privatsphäre konnte der Staat nicht Halt machen; es war schließlich möglich, daß dort 'Konspiratives' und 'Konterrevolutionäres' kommuniziert wurde. Die Politik der solchermaßen entstandenen "Organisationsgesellschaften" (Pollack) setzte ihre Einheitssemantiken als Formen (im Sinne Spencer Browns) ein; der Sozialismus arbeitete mit scharfen Einschluß- und Ausschlußmechanismen.[72] Wer sich den Spielregeln widersetzte, also außerhalb der Form gesehen wurde, mußte die andere Variante politischer Lagerhaltung dieses Jahrhunderts kennenlernen, was der Lebenserhaltung zu bestimmten Zeiten nicht weniger abträglich war als in den Nazi-Lagern.

Im Laufe der letzten Jahrzehnte des Sozialismus wurde immer deutlicher, daß eine Modernisierung dringend vonnöten war. Ohne Repression war die Unfähigkeit der Politik nicht mehr zu bemänteln. Die verschiedenen, schließlich niedergeschlagenen Reformbewegungen sind — nachträglich — als Indikatoren zu lesen, welche die Insuffizienz des sozialistischen Modells schon früh angezeigt haben.[73] Der real existierende Sozialismus war eine einzige Modernisierungskrise, und zwar in einem solchen Ausmaß, daß die Frage, ob der Sozialismus überhaupt modern gewesen sei (vgl. Srubar 1991), sicherlich ihre Berechtigung hat. Der vergebliche Versuch Gorbatschows und der *Perestroika*-Fraktion, eine Reform 'von oben' durchzusetzen und in den anderen Staaten anzuregen, bedeutete schließlich nur das letzte Aufbäumen gegen einen unaufhaltsamen Verfall politischer Macht. Dieser Machtverfall vollzog sich gleichsam hinter dem Rücken der Beteiligten im Rahmen globaler Kommunikation. Es waren nicht allein die diversen Souveränitätsbestrebungen gegen das Sowjetimperium, die ihren Beitrag dazu leisteten. Zum Machtverfall trug wesentlich der in der Tat global zu nennende und innerhalb weniger Jahre wirksame Legitimitätsverlust sozialistischer und kommunistischer Semantiken bei. Von Mittelamerika, wo sich die sozialistischen Guerilleros zu stattlichen demokratischen Parteien gewandelt haben, über die durch die *exit*-Option der DDR-Botschaftsflüchtlinge ausgelöste 'sanfte Revolution'[74] bis nach Südostasien vollzog sich der Machtverfall innerhalb weniger - Jahre. Am Ende blieben nur wenige Staaten übrig, die sich dem Strom mit mehr oder weniger starker Verzweiflung entgegenstemmen.

Einen wesentlichen Beitrag zum Verfall dieser imperialen Macht leisteten schon ab den späten achtziger Jahren 'nationale' Bewegungen. Vor allem im während der vierziger Jahre von der UdSSR okkupierten Baltikum, aber auch in der Ukraine, in Georgien und im Kaukasus formierten sich oppositionelle 'Volksfronten' unter dem

---

72 "Der politische Gegner, ohne den keine Politik existiert, wurde nach außen verlegt, als Feind oder Verräter ausgegrenzt, als Widersacher des Sozialismus im allgemeinen. Wer autonom politisch handelte oder bloß dachte, fand sich unter solchen Umständen per definitionem im Feindeskreis wieder." (Bayer 1991, S. 158)

73 Zur polnischen Gewerkschaft 'Solidarität' als "Modernisierungsbewegung" siehe die Studie von Melanie Tatur 1989.

74 Siehe die auf aktuelle Entwicklungen transformierte *exit-voice*-Theorie von Albert O. Hirschman 1993.

Signum ihrer jeweiligen 'Nation'. Sie wiederholten damit das, was oben mit der 'Nation' als Inklusionssemantik beschrieben wurde, nämlich die Beobachtung von Herrschaft als Fremdherrschaft.[75] Die Form 'Nation', die in diesem Zusammenhang formuliert wurde, bestimmte ihre andere Seite im wesentlichen durch die prominente Plazierung des Moskauer Zentrums. Mit ähnlichen semantischen Ausschlußregeln, wie sie die sozialistische Politik praktiziert hatte, wenngleich nicht mit denselben praktischen Folgen, wurde nun gegen die verordnete 'Einheit' gearbeitet. Zweifelsohne leisteten in Teilen der genannten Gebiete 'nationale' Bewegungen der Demokratisierung Vorschub. Mit der Abwendung von der Herrschaft Moskaus war vielerorts eine Hinwendung zu Westeuropa intendiert, die den Demokratisierungsprozeß begleitete. Lange Zeit sah es so aus, als könne der neue osteuropäische Nationalismus unter primär demokratisierenden Aspekten betrachtet werden (so etwa K. Koch 1991a; 1991b).

Doch diese Hoffnung erwies sich nur in wenigen Fällen, etwa im Baltikum, in der ehemaligen Tschechoslowakei oder in Slowenien als berechtigt. Übersehen wurde, daß semantische Exklusivität im Sinne der Form 'Nation' zu Reaktionen führen kann, die ebenfalls ausschließende, potentiell konflikteskalierende Folgen annehmen. Wird der Ausschluß bestimmter Personen, die zur jeweils eigenen 'Nation' gerechnet werden, beobachtet, so entsteht nahezu zwangsläufig der Wunsch, diesen Personen zur Seite zu stehen. Gerade die ethnische Gemengelage Osteuropas bietet einen Hintergrund, in dem Nationalismen erwartbar zu massivsten Konflikten führen. Im Grunde nämlich hat der sozialistische Internationalismus niemals funktioniert; nicht einmal in der Sowjetunion. Was an einem guten Indikator hierfür ablesbar ist, nämlich an der Quote der Mischehen, die etwa im Jahre 1979 kaum 15 Prozent erreichte (vgl. Gitelman 1992, S. 229), zeigte sich offenbar auch im Alltagsleben, das von semantischen Stereotypen und Feindbildern, wie es scheint, durchsetzt war. "Keiner liebte keinen. Am deutlichsten wurde das in den Regionen, wo viele Nationalitäten zusammenlebten, wo man buchstäblich auf Schritt und Tritt auf Feindschaft zwischen den Nationalitäten stieß." So hat der russische Sozialpsychologe Leonid Gosman den Sachverhalt beschrieben (Gosman 1993, S. 62). Die Vorstellung "von der Freundschaft der Völker, die angeblich in einer 'einzigen großen Familie' zusammenlebten und deren gegenseitige Ansprüche der dunklen vorsozialistischen Vergangenheit angehörten", sei einer "der verlogensten Mythen des Systems" gewesen (ebd., S. 61). Diesem, durch die marxistische Evolutionstheorie vorgebenen Mythos (vgl. Abschnitt 1.2) scheinen aber sowohl das politische System wie auch die beobachtende Wissenschaft über lange Zeit aufgesessen zu sein.

---

75 Eine Variante dieses Themas findet sich an prominenter Stelle selbst im russischen Nationalismus, bei Alexander Solschenizyn. In seiner sozialromantischen Theorie, die eine 'Rückkehr' zu den 'spirituellen Wurzeln' Rußlands verfolgt, wird der Westen nicht nur für alle modernen Verwerfungen verantwortlich gemacht, darüber hinaus wird auch der Kommunismus als eine im Westen erfundene Ideologie gesehen, die Rußland 'fremd' sei und gegen den Willen des Volkes importiert wurde. Zu Solschenizyn vgl. Confino 1992; Laqueur 1993, S. 136ff.

Ein weiteres Mythologem war offenbar das 'Sowjet-Volk' bzw. die 'Sowjet-Nation', die durch einen gemeinsamen Staat gleichberechtigt regiert würde. Aus russischer Perspektive nämlich "the Soviet state was effectively perceived to be the natural extension of the Russian nation." (Bremmer 1993, S. 19) Das politische System leistete dieser Perspektive über Jahrzehnte hinweg Vorschub, indem es eine aktive Russifizierungspolitik in den verschiedenen nicht-russischen Regionen betrieb und zentrale Positionen in Moskau in der Regel für Russen bzw. Slawen reservierte (vgl. Halbach 1992, S. 32ff.; Dostál 1993, S. 94).[76] Das große Problem aus russischer Perspektive ist nun gegenwärtig, daß die anti-imperialen und nationalistischen Tendenzen dieser Regionen als anti-russisch beobachtet werden. Als Folge kommt es in Rußland, wie Gerard Holden formuliert hat, zu einer Mixtur aus alten imperialen mit neuen ethnischen Mustern, die eine gefährliche, konfliktgenerierende Ausgangslage produzieren.[77] Man kann also die in der Sowjetologie üblicherweise als Zentrum/Peripherie-Differenz apostrophierten Unterschiede beobachtungstheoretisch als Perspektiven-Differenz reformulieren. Die mit unterschiedlichen 'nationalen' Differenzen ausgestatteten Formen machen sich die Beobachtungsperspektiven zunutze, um jeweils den eigenen Status zu erhöhen oder aber den Status gegen 'periphere' Anfeindungen zu erhalten. Doch damit nicht genug: Das gleiche Muster wiederholt sich noch einmal innerhalb der sogenannten 'Titular-Nationen', die heute zumeist als souveräne Staaten der Gemeinschaft Unabhängiger Staaten existieren. 'Nationale' Exklusivität der Titular-Nationen gegenüber Moskau wird von den innerhalb dieser Staaten lebenden kleineren 'Nationen' und 'Ethnien' auch als Aggressionsakt ihnen gegenüber beobachtet. Für solche 'Gruppen', von deren Existenz man im Westen bislang kaum eine Ahnung hatte (Abchasen, Süd-Ossetier etc.), war das imperiale politische System immer auch eine Art Schutzmechanismus gegen 'nationalistische' Aspirationen der Titular-Nationen (vgl. Dostál 1993, S. 91). So kommt es, zumal in solchen Regionen wie dem Kaukasus, zu einer kaum noch überschaubaren Gemengelage, die, zusammen mit zusätzlichen, innerhalb einer 'Nation' ausgetragenen Bürgerkriegen à la Georgien ihren Ausdruck in mehr oder weniger eskalierenden Kriegen findet.

Ähnliches hat sich im übrigen in einem kleineren Maßstab, aber mit vergleichsweise erheblich mehr Menschenopfern im ehemaligen Jugoslawien abgespielt. In erstaunlicher Parallelität zu den Vorgängen in der Sowjetunion kann auch hier ein quasi-imperiales politisches System identifiziert werden, dessen Organisation ebenfalls mit einer ethnischen Majorität, den Serben, durchsetzt war. Auch wenn es momentan (Frühjahr 1994) so aussieht, als sei im serbischen Nationalismus *der* aggressive Faktor

---

76   Daß auch in anderen Teilen Osteuropas schon vor dem Zerfall des Sozialismus semantische Verbindungen von Nationalismus und Kommunismus nicht unüblich waren, zeigt die detaillierte kulturanthropologische Studie über Rumänien unter Ceauşescu von Katherine Verdery 1991.

77   "Imperial and ethnic ways of thinking are therefore coming together in an alarming way, and producing dangerously exaggerated charges of 'apartheid' and 'genocide' being perpetrated against the Russians, which bear little relation to what is actually going on and certainly offer no way out of the impasse." (Holden 1994, S. 182)

für den Krieg auf dem Balkan zu sehen, muß bei der Rekonstruktion der Konflikteskalation berücksichtigt werden, welch defensiver Charakter der serbischen Form 'Nation' zu eigen ist. Folgt man den vielfältigen Analysen zur Entstehung des Krieges in Jugoslawien, dann ist nicht zu übersehen, daß der Ausgangspunkt offensichtlich schon in den frühen achtziger Jahren festzusetzen ist (vgl. u.a. Sundhaussen 1992, S. 28; Janigro 1992, S. 213ff.; Križan 1992, S. 122ff.; Irvine 1993, S. 272ff.). Statusfragen spielten offenbar eine ganz entscheidende Rolle. Ebenso wie im übrigen Osteuropa konnte das spezifisch jugoslawische Modell der Selbstverwaltung die Inklusion in die Teilsysteme nur noch rudimentär sicherstellen. Während der gesamten achtziger Jahre war ein stetiger wirtschaftlicher Niedergang zu verzeichnen, der am Ende des Jahrzehnts zu immensen Inflationsraten und einer hohen Arbeitslosigkeit führte (vgl. Roggemann 1993, S. 130ff.). Das zweifelsohne bestehende Industrialisierungs- und Wirtschaftsgefälle zwischen dem jugoslawischen Norden und dem Süden, zwischen dem 'reichen' Slowenien über Serbien bis hin zu den 'armen' Regionen Montenegro und Kosovo, wurde ab Mitte der 1980er Jahre von serbischer Seite auf die anderen 'Nationen' dahingehend attribuiert, daß die wirtschaftliche und politische Ordnung des Landes allein Slowenen und Kroaten zugute käme.[78] Hinzu kam die schon länger andauernde Sezessionsbewegung im vornehmlich von Muslimen bewohnten Kosovo, das formell zum serbischen Territorium gehörte, aber seit Mitte der siebziger Jahre eine größere Autonomie zugesprochen bekam. Überdies waren die Beziehungen zwischen Serben und den anderen 'Nationen' in historischer Hinsicht derart verminnt,[79] daß serbische Nationalisten sich am Ende von allen Seiten eingekreist und dem Untergang preisgegeben sahen. Ein von führenden serbischen Intellektuellen formuliertes 'Memorandum' aus dem Jahre 1986 enthielt, so Mojmir Križan, "eine verlängerte Liste von 'Feinden' Serbiens, die Formulierung einer klassischen Verschwörungstheorie und die erste öffentliche Aufwertung des Krieges als eines legitimen Mittels zur Durchsetzung der nationalen Interessen des 'serbischen Volkes'." (Križan 1992, S. 129) Am Anfang des Krieges in Jugoslawien stand somit das klassi-

---

78 "Bei nahezu allen innenpolitischen Konflikten Jugoslawiens — ob in der Zwischenkriegszeit, in den 60er und 70er Jahren oder in der Gegenwart — spielte der wirtschaftliche Verteilungskampf eine ausschlaggebende Rolle. Der rasante ökonomische Verfall Jugoslawiens seit Beginn der 80er Jahre sowie die dadurch ausgelösten Enttäuschungen, Verunsicherungen und Ängste boten einen 'idealen' Nährboden für die Flucht in den Nationalismus." (Sundhaussen 1992, S. 28; ähnlich: Križan 1992, S. 128f.)

79 Man denke etwa an die Ermordung vieler Serben durch das mit Nazi-Deutschland kollaborierende Ustascha-Regime in Kroatien während des Zweiten Weltkriegs. Im Kosovo spielt natürlich das 'Amselfeld' eine zentrale Rolle in den serbischen Mythen. Auf dem Amselfeld, das in den hiesigen Breiten nur durch einen schlechten Rotwein bekannt ist, wurde im Jahre 1389 ein 'serbisches' Heer von 'Türken', also von Truppen des Osmanischen Reiches, vernichtend geschlagen. Aus dem Konflikt mit den muslimischen Türken wird noch heute in Serbien die Verpflichtung zum Kampf gegen den Islam abgeleitet. Der Amselfeld-Mythos ist ein klassischer Fall der Verbindung nationalistischer "legends and landscapes" (vgl. A.D. Smith 1986, S. 176ff.).

sche Arsenal aller Nationalismen: Angst, Bedrohung, Untergangsszenarien.[80] Das Gemeinwohl — die 'Interessen des serbischen Volkes' — konnte scheinbar nur durch Aggression gegenüber den 'Feinden' rings umher gesichert werden.

In einer den übrigen osteuropäischen Siedlungs-Verhältnissen vergleichbaren ethnisch-nationalen Gemengelage[81] konnte die unweigerliche Beobachtung dieser Ausformulierung einer serbischen Form 'Nation' nicht ohne Folgen bleiben: "Serbian self-assertion and nationalism have therefore stimulated anti-Serbian nationalism in a spiral of rivalry between the major ethnic units." (Bugajski 1993, S. 101) Konsequenz: Die 'serbische Frage', die 'kroatische Frage', die 'slowenische Frage' und die 'bosnische Frage' wurden und sind bis heute (von Slowenien abgesehen) definitiv aneinander gekoppelt.[82] Es war nur eine Frage der Zeit, wann die gegenseitig exklusiven Nationalismen die ersten Aggressionen hervorrufen würden. Den Serben kam sicherlich der Umstand zugute, daß ihre 'ethnische' Präsenz in den jugoslawischen Streitkräften erheblich über der ihrer Nachbarn lag, so daß ihnen ein Instrument zur Verfügung stand, das weder der kroatische noch der bosnische Staat besaßen. Daß im weiteren Verlauf wieder einmal die Internierungs- und Konzentrationslager auftauchen, daß Massenvergewaltigungen an der Tagesordnung sind, die auf die psychische Zerstörung der Frauen zielen, muß wiederum den semantischen Grenzziehungsakten der Form 'Nation' sowie der dadurch ausgelösten Konflikteskalation zugeschrieben werden. Offenbar sind in die nationalistischen Konflikte und die sie begleitenden Beobachtungsperspektiven von außen keine Stop-Regeln einzubauen, so daß schließlich, bei aller Tragik, die auch damit verbunden ist, nur militärischer Druck bzw. Gewalt dem Morden Einhalt gebieten kann.

Aus der bisherigen Argumentation ist m.E. folgendes festzuhalten: Der Zusammenbruch des Sozialismus war Folge einer Modernisierungskrise als Konsequenz unzureichender Leistungsfähigkeit der sozialen Teilsysteme; 'nationale' Semantiken haben an der Unterminierung des politischen Systems mitgewirkt, woraufhin es zu gegenseitig exklusiven Nationalismen und entsprechenden Folgekonflikten gekommen ist. Doch damit hat es nicht sein Bewenden. Die Modernisierungskrise ist mit dem Herrschaftsverlust des Sozialismus noch lange nicht überwunden — im Gegenteil. Der Wegfall staatlicher Protektionsmechanismen wie die Arbeitsplatzgarantie oder die Abschottung des nur wenig ausgeprägten Marktes gegen Konkurrenz

---

80   Für einen Überblick über ähnliche Bedrohungsvorstellungen in weiteren südosteuropäischen Ländern siehe Stölting 1992.

81   Eine gute Darstellung und Analyse der komplizierten interethnischen Beziehungen Südosteuropas auf kleinstem Raum liefert die Studie von Georg und Renate Weber 1985, v.a. S. 69ff.

82   Zur Kopplung des kroatischen an den serbischen Nationalismus vgl. Jill Irvine: "[A]ny attempt to achieve the national aims of one group necessarily involved the other because of their intermeshed population and often mutually exclusive national goals. (...) Hence, the emergence of the Serb question in the 1980s — for now it was the Serbs who protested that they were oppressed and who sought to change the state arrangement — intimately involved the question of Croatia's status in the Yugoslav state." (Irvine 1993, S. 273)

setzt die osteuropäischen Regionen einem erneuten Modernisierungsdruck und Inklusionsproblemen aus. So ist zwar der kommunikative Anschluß an den Weltmarkt nunmehr überall möglich, es fehlt jedoch zumeist am entscheidenden Kommunikationsmedium, dem Geld. Es scheint überdies, als seien mit der alten politischen Ordnung auch noch die letzten funktionierenden Reste der Infrastruktur beseitigt worden, so daß das Chaos in vielen Teilen des ehemaligen Ostblocks mehr oder weniger komplett ist. Man kennt, etwa aus Rußland, die Berichte über die Verarmung großer Bevölkerungsteile und über die ausufernde Kriminalität, kurz: über die im Vergleich zu früheren Zeiten unbekannte Anreicherung des täglichen Lebens mit Risiken jeglicher Art, denen die Politik wenig entgegenzusetzen hat.

Bei der Sicherung des Gewaltmonopols und in der Sozialpolitik scheint die Politik passen zu müssen. Die Antwort der Politik vieler osteuropäischer Staaten auf die Modernisierungszwänge und Inklusionsprobleme ist weitgehende Hilflosigkeit. Über lange Zeit dominierte ein Wirtschaftsliberalismus Chicagoer Richtung, der *alles* der Regelung durch die nunmehr 'freien Marktkräfte' überlassen wollte. Nach den Jahrzehnten ungehemmter Einmischung wurde der Rückzug des Staates aus den Bereichen propagiert, in denen er nach makroökonomischer Ansicht nichts zu suchen hatte. Auch wenn dieser Rückzug des Staates aufgrund vielfältiger Widerstände in weiten Teilen nicht durchsetzbar war, mußte wegen der Gleichzeitigkeit von Hyperinflation, Versorgungsmängeln, Armut und wachsender Unsicherheit des täglichen Lebens in der Öffentlichkeit der Eindruck entstehen, als wolle sich die Politik aus der Verantwortung stehlen. So schwierig auch die Situation in der Haushalts-, Finanz- und Sozialpolitik überall in Osteuropa sein mag, so schlecht beraten war man doch, dem Wirtschaftsliberalismus die Reformen als Spielfeld für seine zwar kompliziert aussehenden, aber letztlich simplen und soziologisch nur naiv zu nennenden ökonomischen Modelle zu überlassen.[83] Es ist daher nur wenig erstaunlich, daß der "Markteuphorie" die "Wiederentdeckung des Staates" (Gauron 1993) derzeit auf dem Fuße folgt. Die vielfach geäußerte Erwartung, staatlicher Einfluß sei nach dem Zusammenbruch des Sozialismus weitgehend obsolet geworden, entbehrt jeder Grundlage.[84] Die moderne Gesellschaft kommt nicht ohne staatliche Ausgleichsmechanismen bei der Sicherstellung der Inklusion in die Leistungen der Teilsysteme aus.

---

83 Ähnlich die Position eines renommierten Historikers: "Diese Vision einer wohlhabenden und harmonischen Weltordnung, die sich auf *laisser-faire*, weltumspannenden Devisenhandel und das alles durchdringende Fernsehen stützt, scheint im Lichte der demographischen, ökologischen und regionalen Probleme dieses Planeten atemberaubend naiv." (Kennedy 1993, S. 75)

84 Siehe etwa die These Ernst-Otto Czempiels, in globaler Hinsicht würde sich die "Staatenwelt" zugunsten der "Gesellschaftswelt" verabschieden, was Czempiel durch die zum Teil friedlichen Demokratisierungsprozesse in Osteuropa und in anderen Teilen der Welt zu begründen versucht (vgl. Czempiel 1991, v.a. S. 86ff.). Dagegen meint Gerard Holden gerade im Hinblick auf Osteuropa, der Staat dürfe als analytische Kategorie nicht ausfallen, da es in vielen Regionen um die Frage des Gewaltmonopols gehe (vgl. Holden 1994, S. 12ff.). Hinzuzufügen wäre auch die Frage der Sozialpolitik, die nach wie vor staatliches Engagement erwarten läßt.

In einer Situation, in der die Reformpolitik sich auf keine breite Legitimation stützen kann, ist es zudem kaum verwunderlich, daß 'nationale' Semantiken gegen den beobachteten 'Zerfall des Sozialen' eingesetzt werden, die 'Gemeinschaft' wieder einmal gegen die 'Gesellschaft' und den 'Individualismus' ausgespielt wird. Wie immer bei derartigen Krisenbeobachtungen wird die 'nationale Einheit' gegen die Folgen der Modernisierung selbst propagiert, die nahezu ausschließlich als Verlust gehandelt werden. Des weiteren kann kaum verwundern, daß beispielsweise der russische und der serbische Nationalismus auf eine semantische Restauration alter Zustände setzen. Neben dem aus ihrer Perspektive erfolgten "Loss of Empire" (Dunlop 1993), der allein schon zu Statusbefürchtungen Anlaß gibt, müssen vor dem Hintergrund der momentanen, auch in naher Zukunft kaum überwindbaren Krise die früheren Zustände eines relativ 'freien' Sozialismus in Jugoslawien, eines zaristischen Reiches oder sogar die Stalinschen Verhältnisse als Bedingungen halbwegs gesicherter Lebenschancen gelten. Natürlich hat die Sehnsucht nach vergangenen Zeiten nichts mit der damaligen Realität zu tun, darum geht es auch gar nicht. Es geht allein darum, eine semantische Folie zu konstruieren, gegenüber der die Gegenwart mit Notwendigkeit abfallen muß. Vor diesem Hintergrund wird dann auch die *prima facie* "extremely odd" (Carter 1990, S. 111) anmutende Verklärung verschiedenster, mitunter einander feindlich gesinnter historischer Figuren verständlich, die, etwa in der faschistischen russischen Pamjat'-Bewegung, mal das Zarentum, mal Lenin, mal Stalin als Heroen feiert. Um einen Zugang zu diesem scheinbar unsinnigen, von außen in sich widersprüchlichen Phänomen zu bekommen, braucht man aber nicht "Wesenszüge" zu bemühen, "die im Dunkeln der russischen Urseele wurzeln". Diese, selbst von einem führenden Politologen wie Walter Laqueur (vgl. Laqueur 1993, S. 19) für geschichtsmächtig gehaltenen "Wesenszüge" entpuppen sich bei näherem Hinsehen als Semantik, wie sie allen Nationalismen mehr oder weniger ausgeprägt inhärent ist.

In diesem Zusammenhang, der Abwehr von Modernisierungsfolgen über 'nationale' Semantiken, ist ein weiteres russisches Phänomen zu sehen, das in dieser Untersuchung schon einmal auftauchte: der wiedererstarkende Nationalbolschewismus, der sein Heil in außenpolitischer Aggression sucht. Im Prinzip ähnlich den Verhältnissen der Weimarer Republik in Deutschland, wird auch hier die Form der russischen 'Nation' in schlechter alter Tradition über Feinde im Westen, im Judentum und bei den Freimaurern konstruiert.[85] Was den russischen Nationalismus und den Bolschewismus seit jeher einte, war die Auffassung, der Kapitalismus eigne sich nicht für diesen Teil der Welt, weil er 'wesensfremd' sei (vgl. Laqueur 1993, S. 172ff.). Umso willkommener muß die westliche Wirtschaftshilfe und das westliche ökonomische Know-how

---

85   Offenbar stößt selbst innerhalb des russischen Nationalismus dieses krude Feindbild auf Widerstand. Unter der Überschrift "Jelzin verbietet Nationale Rettungsfront" zitiert ein Artikel der TAZ vom 6.10.1993 den Vorsitzenden der Nationalrepublikanischen Partei, Lyssenko, mit den Worten, er wolle sich von Leuten trennen, "die nicht zwei Sätze sagen können, ohne vom jüdisch-freimaurerischen Komplott" zu sprechen.

den Nationalisten als Munition für ihre Argumentation dienen. Laqueur hat zu Recht die Parallelen derartiger Auffassungen zur Wirtschaftstheorie der Nationalsozialisten betont (vgl. ebd., S. 179). Vielleicht liegt darin ja der Umstand begründet, daß sich deutsche Rechtsradikale und russische Nationalisten scheinbar so gut verstehen.

Insgesamt ist die Konjunktur 'nationaler' Semantiken in Osteuropa eindeutig dem von Krisen und Umbrüchen begleiteten Zusammenbruch des über Jahrzehnte dominierenden sozialistischen Politik-Systems zuzuschreiben. 'Nationale' Semantiken helfen auch hier, die neue Situation innenpolitisch wie außenpolitisch zu strukturieren, Ereignisse erwartbar zu machen. Nach der langen Zeit einer — wenn auch nicht immer freiwilligen — Stabilität und "Stagnation" (eine häufig verwendete Vokabel über die Breschnew-Zeit in der UdSSR), treibt der plötzliche Schock der Modernisierung die Suche nach Gewißheiten voran. Die vordem nicht erwartbare Kontingent-Setzung der Lebensverhältnisse läßt den Wunsch nach Nicht-Kontingentem freiwerden. Solange der Zustand einer sich modernisierenden Gesellschaft in Osteuropa als Krise beobachtet wird, solange wird, wenn eine Prognose gewagt werden darf, die nationalistische Konjunktur andauern.

* * *

In Westeuropa stellt sich die Problemlage vollkommen anders. Es gab die gerade beschriebenen imperialen Herrschaftsmuster, gegen die Nationalismen hätten kämpfen können, in diesem Teil Europas nicht. Die politische Semantik war hier überaus stark vom Blockschema geprägt; schon der Austritt des französischen Staates aus der militärisch-nuklearen Einbindung der NATO in den 1960er Jahren kam einer großen Krise gleich. Gleichzeitig jedoch machte sich, vor allem ab den siebziger Jahren, auch in Westeuropa ein Nationalismus bemerkbar, der die politische Integrität der großen Staaten bedrohte. Gemeint ist die Politisierung kleinerer territorialer Einheiten gegen die Zentralgewalt, wie sie beispielsweise Frankreich durch Korsika, Spanien durch das Baskenland und Katalonien, Italien durch Süd-Tirol oder Großbritannien durch Schottland, Wales und Nord-Irland erfahren mußte. Dieser Regionalismus, Sub-Nationalimus oder Peripherie-Nationalismus, wie er in der Forschung genannt wird, strebte die mehr oder weniger stark ausgeprägte Abkopplung kleinerer Regionen von der politischen Macht des Zentral-Staates an.[86] Die Spannbreite der Ziele reichte von kultureller Autonomie bis hin zu einem mit terroristischer Gewalt zu erkämpfenden eigenen Staat.

Während es, vom Baskenland und Nord-Irland einmal abgesehen, um den westeuropäischen Regionalismus in den letzten Jahren etwas ruhiger geworden ist, beherrscht seit dem Ende der achtziger Jahre ein neues Phänomen die politische Szene-

---

86 Aus der umfangreichen Literatur zu diesem Thema siehe unter anderem: Esman, Hrsg., 1977; Gourevitch 1979; Rokkan/Urwin, Hrsg., 1982; Gerdes 1985; Waldmann 1985; 1989; 1993.

rie, der europäische Rechtsextremismus. Sowohl die Verbreitung rechtspopulistischer Parteien wie auch die nationalistische Gewaltbereitschaft beschränkt sich keineswegs nur auf die Bundesrepublik Deutschland, auch wenn dies in der politischen Öffentlichkeit hierzulande kaum wahrgenommen wird.[87] Der Rechtsextremismus ist in der Tat ein Phänomen, das in nahezu allen europäischen Ländern anzutreffen ist.

Ausländerfeindlichkeit und Rechtsradikalismus haben in ganz Europa eine lange Tradition, die auch nach dem Zweiten Weltkrieg nie vollkommen zum Erliegen kam; man erinnere sich beispielsweise des Poujadismus im Frankreich der 1950er Jahre oder der NPD-Wahlerfolge zu Zeiten der Großen Koalition in Bonn.[88] An diese Traditionen knüpfen die 'neuen' Parteien auf den ersten Blick an. Die französische *Front National* etwa erzielte ihren Durchbruch schon in den Jahren 1983/84 insbesondere im Süden des Landes, wo einerseits viele Migranten leben, der aber auch andererseits eine Hochburg der rechtsradikalen Algerienfranzosen und ihrer früheren Geheim-Organisation OAS darstellte. Ähnlich verhält es sich in Deutschland, wo zum Beispiel die *Deutsche Volksunion* auf dem alten Netz um die 'National-Zeitung' des Frey-Verlages aufbaut. Zu erinnern ist auch an frühere Konjunkturen von massiver Ausländerfeindlichkeit in der alten Bundesrepublik. So waren schon zu Beginn der 1980er Jahre in der Öffentlichkeit deutliche Ressentiments gegen den Zuzug weiterer Arbeitsmigranten zu vernehmen (vgl. Tsiakalos 1983; Hoffmann/Even 1984).

Bei allen Traditionen, die dem Rechtsextremismus in Europa zugrunde liegen, ist dennoch nicht zu verkennen, daß die Wahlerfolge der genannten Parteien seit den achtziger Jahren und die rassistisch-nationalistische Gewalt etwas fundamental Neues darstellen. Man würde es sich m.E. zu einfach machen, nur auf die Vorläufer zu verweisen und Kontinuitäten aufzuzeigen. Es handelt sich bei den neuen Erscheinungen nicht mehr um die Überreste alter Nationalsozialisten oder um Kostgänger des Vichy-Regimes. Dieses Neue sowie die gesellschaftsstrukturellen Hintergründe sollen im folgenden aufgezeigt werden. Zu diesem Zweck schlage ich vor, drei analytische Differenzierungen vorzunehmen. Ich möchte unterscheiden: zum einen die rechtsextremistischen Parteiorganisationen und ihre Mitglieder; zum zweiten das Publikum, das diesen Parteien zu Wahlerfolgen verhilft; und drittens die Frage rassistisch-nationalistischer Gewalt, die zwar mit den Wahlerfolgen zeitlich koinzidiert und auch auf gewisse Zusammenhänge verweist, die aber dennoch spezifische Beschreibungsansätze erfordert.

Gemeinsames Kennzeichen aller rechtsextremen Gruppierungen ist auf den ersten Blick die *Abwehr der Immigration* in die europäischen Staaten. Man sieht sich mit den Migrationswünschen vieler Menschen konfrontiert, die in ihrer Herkunftsregion

---

87 Trotz einer Bevölkerungszahl, die um etwa ein Drittel unter der Deutschlands liegt, verzeichnet Großbritannien ca. dreimal so viel rassistisch motivierte Gewalttaten wie Deutschland (vgl. Thränhardt 1993, S. 338).

88 Zur Tradition sowie zum Wiedererstarken der europäischen Rechten siehe die gründliche Darstellung bei Greß/Jaschke/Schönekäs 1990.

entweder keinen adäquaten Anschluß an das Wirtschaftssystem, keine angemessene Repräsentation im politischen System, Gewalt durchs politische System oder alles zusammen erfahren müssen. In der rechten Semantik, und damit meine ich in erster Linie die *Perspektive der Rechts-Parteien*, steht überall die "Nation als oberster Integrationswert" (Schwagerl 1993, S. 109) gegen eine vermeintlich drohende 'Überfremdung', 'Durchrassung' und die 'Zersetzung kultureller Identität'. Diese Ziele eint die britische *National Front*, die französische *Front National*, die österreichische *Freiheitliche Partei*, die deutschen *Republikaner* und neuerdings auch vergleichbare Organisationen in den Niederlanden. Das Stichwort in der rechtsextremen Semantik lautet 'Ethnopluralismus': "Entmischung der Völker, Rückgewinn ethnischer Identitäten ist Ordnungspolitik und persönlicher Lebensstil zugleich." (Greß/Jaschke/Schönekäs 1990, S. 70) Im Klartext: 'Ethnopluralismus' ist die vornehme Variante von 'Ausländer raus!'.[89]

Im *Publikum*, das in Wahlen rechts votiert, stehen dagegen die angesprochenen, auf das Kulturelle zielenden Semantiken à la 'Überfremdung' nicht im Vordergrund. Hier geht es statt dessen um den Versuch, Migranten von den wirtschaftlichen und sozialen Leistungen der Staaten fernzuhalten. Derartige wohlfahrtsstaatliche Sozialleistungen sieht man als 'kollektiv' erarbeitet an, und wer daran nicht mitgewirkt habe, der dürfe von ihnen auch nicht profitieren.[90] Diese Art von Ausgrenzungsversuch ist mit Recht als "materieller Nationalismus" (vgl. Heitmeyer et al. 1992, S. 303) oder auch als "DM-Nationalismus" (Habermas) charakterisiert worden. Die Form 'Nation' ist wieder einmal komplett: Semantische Ein- und Ausgrenzung wird zum Thema politischer Kommunikation. Mit anderen Worten: Die Relevanz nationalistischer und ausländerfeindlicher Semantiken entsteht heute zu einem großen Teil aus der Wahrnehmung konkurrierender Ansprüche von Migranten, die als *personifizierte Weltgesellschaft* in die Region Europa einzudringen scheinen, und den Versuchen, dies abzuwehren. Deutlich wird vor allem im Zusammenhang mit dem letzten Punkt, der Reservierung von Sozialleistungen für eine distinkte Population, wie sich aufs Neue Gemeinwohl-Semantiken mit der Form 'Nation' gegen die Weltgesellschaft zu ver-

---

89 Interessant in diesem Zusammenhang ist, wie innerhalb der rechtsintellektuellen Szene, der sog. *Nouvelle Droite* oder Neuen Rechten, der Anschluß an moderne und sogar postmoderne Theoriebildungen gesucht wird. So erfreuen sich etwa kybernetische Ansätze und Jacques Derridas Differenz-Theorem großer Beliebtheit in diesen Kreisen, um ein 'Recht auf Differenz' und kulturelle Eigenständigkeit zu begründen (vgl. Tsiakalos 1983, S. 65; Ansén 1994). Daß es sich dabei nicht um ernstzunehmende theoretische Positionen handelt, sondern eher um politische Begründungen für rassistische Positionen, ist augenfällig. Man wird nicht postmodern, wenn man nur den Universalismus verabschiedet, aber auf Relativität und Kontingenz-Denken zugunsten einer Ontologisierung von 'Volk' und 'Identität' verzichtet.

90 Daß sich die Vorwürfe des 'Sozialschmarotzertums' auch gegen solche Personen richten, die in der Tat schon seit Jahren ihre Beiträge zur wirtschaftlichen Stabilität und zum Sozialstaat leisten, etwa gegen die schon lange hier lebenden türkischen Familien, spielt in der rechten Perspektive keine Rolle. Selbst wenn die Beiträge anerkannt werden, wird ihnen vorgehalten, einfach zu viele Kinder in die Welt gesetzt und eben dadurch wieder ungerechtfertigt profitiert zu haben. Die Form 'Nation' ist immun gegen solche relativierenden Einwände.

binden wissen. Daran gekoppelt ist gleichzeitig ein Attributionsvorgang, der den Migranten einen erheblichen Anteil an der gegenwärtig zu erfahrenden Krise des Sozialstaats zuschreibt.

Eine weitere Gemeinsamkeit westeuropäischer Nationalismen ist der Einsatz der Form 'Nation' als *Oppositions- und Protestsemantik* gegen das politische System, gegen das, was als politisches Establishment betrachtet wird (für Frankreich vgl. Ziebura 1993, S. 49). Im Gegensatz zu vielen osteuropäischen Staaten ist der Nationalismus bis *dato* im Westen noch nicht majoritätsfähig geworden. Das mag damit zusammenhängen, daß man im Westen (noch?) keinen konkreten 'Feind' identifizieren kann, wie es 'Moskau' oder der jeweilige Nachbar für den Osten ist. Statt dessen sind es allgemein 'die Ausländer' oder 'die Asylanten', die diese Stelle einer zur Verantwortung zu ziehenden Instanz auszufüllen haben. Und dem politischen System wird zugeschrieben, daß es nicht genug für die Abwehr der Migration sowie für die Unterstützung der jeweils eigenen Klientel unternimmt. Genau darin besteht nämlich der Zusammenhang zwischen dem Einsatz der Form 'Nation' gegen die Immigration und ihrer Bedeutung als Oppositionssemantik: Das Wohl des partikular bestimmten 'Kollektivs' kann aus dieser Perpektive nur dann gesichert werden, wenn Ansprüche Konkurrierender vom politischen System abgewehrt werden. Wieder einmal werden Statusfragen (es macht sich schließlich eine große wirtschaftliche Rezession bemerkbar) in der politischen Kommunikation, hier: von 'unten' auf den Staat gerichtet, mit der versuchten Abweisung weltgesellschaftlicher Konkurrenz beantwortet. Im Grunde stellt diese Kopplung der Immigrationsfrage an die 'Nation' als Oppositionssemantik nichts anderes als eine weitere Variante des immer wieder auftauchenden Topos der 'Herrschaft als Fremdherrschaft' dar. Nun wird zwar das politische System in den Augen derer, die über die Form 'Nation' beobachten, nicht mehr von 'Fremden' beherrscht, allerdings betreibt es eine Politik, die den Fremden mehr zugesteht, als ihnen zuständе. Entsprechend weniger kann nach dieser Null-Summen-Logik für das 'eigene Kollektiv' übrig bleiben. Mit der über rechtsradikale Wählervoten ausgedrückten Ausländerfeindlichkeit soll dem Anspruch Nachdruck verliehen werden, daß die Politik sich 'endlich' um ihr Kollektiv zu kümmern hat und den Problemen des Rests der Welt nicht mehr so viel Aufmerksamkeit widmen sollte (vgl. D. Richter 1992).[91]

Hier macht sich etwas bemerkbar, das, systemtheoretisch betrachtet, direkt mit der Funktionsweise des politischen Systems zusammenhängt. Genauer gesagt, es handelt sich um eine Beobachtungsfrage, um die Frage, wer wen wie beobachtet. Jedes Teilsystem, also auch das politische System, entwickelt einen jeweils eigenen Beobachtungsmodus auf die Umwelt. Für die politischen Parteien geht es darum, sich

---

91 Eine interessante Variante rechtspopulistischer Parteien stellen die norditalienischen 'Ligen' wie die *Lega Lombarda* dar. Zum Teil auf dem oben besprochenen Regionalismus aufbauend, aber darauf verzichtend, einen 'ethnischen' Kern zu konstruieren, richtet sich der Protest sowohl gegen den italienischen Staat wie auch gegen die Immigration. Oberstes Ziel ist aber die Loslösung vom italienischen Süden, auf den man die nicht enden wollende Staatskrise attribuiert. Zur Lega Lombarda siehe Schmidtke/Ruzza 1993.

möglichst vorteilhaft im Vergleich zum politischen Gegner darzustellen, um eine entsprechend positive Rezeption in der öffentlichen Meinung zu erzielen. Wie man in jüngster Zeit an verschiedensten Problemen der bundesdeutschen Politik studieren konnte, die nur von Regierung und Opposition gemeinsam gelöst werden konnten (Pflegeversicherung, UN-Einsätze der Bundeswehr, Asyl-Kompromiß), steht am Ende zumeist nicht mehr das zu lösende Problem, sondern allein die Beschäftigung mit dem politischen Gegner. Die vielzitierte Politikverdrossenheit ist nichts anderes als die Folge der Auseinanderdifferenzierung der Realitäten des politischen Systems und des Publikums. So beansprucht zwar die Politik eine universale Problemlösekompetenz für sich; es wird aber immer deutlicher, daß dieser Kompetenz enge strukturelle Grenzen gesetzt sind. Systemtheoretisch ausgedrückt: Die Autopoiesis des politischen Systems sorgt dafür, daß sich die Perspektive des Funktionssystems von der des Publikums entfernt.

Demonstrieren kann man die aufgezeigte Perspektivendifferenz an der Frage der Bedeutung globaler Ereignisse für die Beobachtung des politischen Systems von innen sowie in der Perzeption durch das Publikum: Daß *innerhalb* des politischen Systems 'nationale' Fragen nicht in der gleichen Weise anschlußfähig sind wie in Osteuropa, liegt ganz zentral daran, daß hier die Dimension der Weltgesellschaft eine erhebliche Relevanz besitzt. In der Perspektive des politischen Systems kann großen Themen wie der Ökologie, der Rezession der Weltwirtschaft, aber auch dem Weltmigrationsproblem kaum anders als durch überstaatlich koordinierte Anstrengungen begegnet werden. Auf weltgesellschaftliche Ereignisse, wie sie beispielsweise wirtschaftliche Probleme darstellen, kann die lokale Politik, wenn überhaupt, nur begrenzten Einfluß nehmen.[92] Kürzel wie 'G7' oder 'EU' stehen genau für solche Problemlöseversuche (in die die osteuropäischen Staaten bislang nur begrenzt einbezogen sind). So ist es, um einen anderen Bezug zu wählen, auch durchaus verständlich, wenn etwa die deutsche Politik Hunderte Millionen Mark für die Stabilisierung der Verhältnisse in Osteuropa ausgibt, oder wenn sie mit hohen Beträgen militärische Einsätze im Rahmen der Vereinten Nationen veranstaltet. Dies ist aus der internen Beobachtung heraus notwendig, damit es keine negativen Folgen für die jeweils eigene Region gibt (etwa Kriege in Nachbarstaaten oder eine noch stärkere Armutsmigration).

Zudem wird ein 'globales Engagement' in der Weltpolitik auch erwartet. Das heißt, staatliche Politik kann sich nicht nur darauf konzentrieren, was das eigene Publikum möchte, sie muß, will sie der Kontingenzformel 'Gemeinwohl' gerecht werden, auch Rücksicht auf die Erwartungen anderer Staaten nehmen. Anders ausgedrückt: Staatliche Politik reagiert auf die Erwartungen, die sie von anderen erwartet, den

---

92 Bei näherem Hinsehen stellt sich heraus, daß sich die Einflußmöglichkeiten des Staates durch den Globalisierungsprozeß gleichzeitig erweitert und verengt haben (vgl. M. Smith 1992, S. 259). So kann zwar der einzelne Staat über Probleme in anderen Regionen heute weitaus mehr als früher mitreden und mitbestimmen, andererseits ist aber ein Machtverlust in dem Sinne zu konstatieren, daß eine direkte Einwirkung auf globale soziale Prozesse kaum möglich ist.

Erwartungserwartungen. Wie immer man diesen Prozeß beschreiben will, man kommt nicht umhin, zu konstatieren, daß sich die suprastaatliche politische Kommunikation, vor allem nach dem Zweiten Weltkrieg, in gewisser Weise verselbständigt und an Eigendynamik gewonnen hat.

Außerhalb des politischen Systems dagegen, im Publikum (und in der öffentlichen Meinung) kommt der globalen Dimension keine vergleichbare Bedeutung zu. In den Erwartungen des Publikums *können* die Erwartungen anderer Staaten in Richtung auf Kooperation nicht die gleiche Rolle spielen. Aus dieser Perspektive spielt nämlich nach wie vor der Staat die Rolle des *local hero* (Helmut Willke). Der partikulare Staat bleibt Ansprechpartner, er stellt natürlich den relevanten Rahmen für Wahlentscheidungen, und: er ist die Schutzinstanz gegenüber globalen Risiken.[93] Die "territoriale Fokussierung" (Willke 1992, S. 368) des Staates wird in der Auseinandersetzung mit weltgesellschaftlichen Prozessen immer wichtiger: "Der Staat wächst in die Rolle des lokalen Helden, weil und soweit er die Lokalisierung von Solidarität *symbolisiert* (...)." (ebd., S. 369; meine Herv.). Aus der Symbolisierung lokaler, abgegrenzter Solidarität bzw. der naheliegenden Konstruktion einer solidarischen Gemeinschaft erwächst die Anrufung der 'Nation' als Schutzinstanz. Insofern kann die Skepsis eines großen Teils des Publikums einer suprastaatlichen Organisation wie der Europäischen Union gegenüber nicht gerade erstaunen. Auch das Festhalten an der D-Mark, dem wohl anschlußfähigsten Nationalsymbol der deutschen 'Nation', verwundert nicht. Die D-Mark steht für die Fiktion, daß 'unsere' Leute in Frankfurt schon über die Stabilität 'unserer' Wirtschaft wachen werden.[94]

Aber auch wenn die Organisationen des politischen Systems in Westeuropa noch nicht von Nationalisten majorisiert werden konnten und auch wenn sie eine andere Perspektive auf die Welt einnehmen, so kann das System dennoch nicht darauf verzichten, die Stimmungen im Publikum zu beobachten und gegebenenfalls darauf zu

---

93 So auch die Position Paul Kennedys: "Es mag in der Tat eine gewisse Erosion in der Macht des Nationalstaats in den letzten Jahrzehnten gegeben haben, aber er bleibt immer noch der primäre Ort der Identität für die meisten Menschen. (...) Und gerade, wenn neue Schwierigkeiten auftauchen — ob es nun illegale Einwanderung oder die Biotech-Landwirtschaft ist —, wenden sich die Menschen instinktiv an ihre Regierungen, um Lösungen zu fordern. Die globale Bevölkerungsexplosion, die Luftverschmutzung und die von der Technologie getriebene Veränderung haben alle eine transnationale Dynamik; aber es sind die nationalen Regierungen und Parlamente, die entscheiden, ob sie Währungskontrollen aufheben, die Biotechnologie erlauben, Fabrikemissionen herabsetzen oder eine Bevölkerungspolitik einleiten." (Kennedy 1993, S. 176) Gilbert Ziebura hat das zentrale Dilemma des modernen Staats wie folgt beschrieben: "Einerseits muß er die eigene Gesellschaft vor den erheblichen negativen Auswirkungen des Globalisierungsprozesses schützen, zugleich aber alles tun, sie für diesen Prozeß 'fit' zu machen und damit ihr Überleben in einem sich ständig verschärfenden Wettbewerbskampf garantieren, weil Rückzug, Abschließung gleichbedeutend mit Niedergang ist." (Ziebura 1993, S. 41)

94 Harold James (1991) hat eine nicht unplausible, in vielem mit der hier vorliegenden Untersuchung konform gehende Interpretation der deutschen 'Nation' geliefert, die er vor allem anderen als einen Ausdruck ökonomischer Potenz sieht. Seine Argumentation stützt sich auf eine Linie, die von Friedrich List über die deutschen Nationalökonomen, die Nationalsozialisten als 'Überwinder' ökonomischer Probleme bis hin zum Wirtschaftwunder der Nachkriegszeit reicht.

reagieren. Aus der Sicht des politischen Systems ist es zwingend, nach programmatischen Semantiken Ausschau zu halten, die dazu dienen könnten, dem Code gerecht zu werden, also die Macht zu erhalten bzw. zu erringen. Bekanntermaßen orientiert sich die Politik über die Stimmungen des Publikums im Medium der öffentlichen Meinung (vgl. Luhmann 1990c sowie die Darstellung in Abschnitt 2.4). Als so die deutsche Sozialdemokratie beispielsweise in der öffentlichen Meinung registrieren mußte, daß eine Ablehnung des Asyl-Kompromisses mit der Regierung sie um jede Chance eines Wahlsiegs bringen würde, blieb ihr eigentlich kaum eine andere Möglichkeit, als zuzustimmen.

Die Asyl-Debatte, um bei diesem Beispiel zu bleiben, hatte aber noch Auswirkungen, deren Konsequenzen weiter unten zu behandeln sind. An dieser Stelle soll lediglich festgehalten werden, daß der Topos 'Asyl'/'Einwanderung' durch die nicht enden wollende öffentliche Auseinandersetzung zu einem thematischen Selbstläufer wurde. Die Asylfrage wurde wie ein Schwarzer Peter ständig zwischen der öffentlichen Meinung und dem politischen System hin und her geschoben. Jede Seite reagierte nur auf das, was sie in der Kommunikation des Systems sah. Schließlich entstand in großen Teilen des Publikum der Eindruck, als gebe es derzeit keine wichtigeren Probleme als die Frage, wie mit den Einwanderern umzugehen sei. Es gab natürlich wichtigere Probleme, etwa die Finanzierung der Pflege, die Wohnungsnot und die Arbeitslosigkeit. Der Vorteil des Topos 'Asyl'/'Einwanderung' bestand aber genau darin, daß ein Teil dieser Problematiken damit auch angesprochen werden konnten. Der Sozialstaat drohte demnach an den Leistungen für die Fremden Bankrott zu gehen, fremde Saison- und Leiharbeiter wurden infolge der Diskussion erheblich reglementiert, und daß 'uns' 'die Ausländer' die Wohnungen wegnehmen, braucht im Publikum oftmals keine Begründung. So kam die Asylfrage letztlich beiden Perspektiven zugute: Im politischen System waren die Krisenpunkte kommunizierbar, und im Publikum wurde sogleich deutlich, wer vom Genuß 'kollektiv' erarbeiteter Leistungen auszuschließen sei.

Was nun das Problem *rassistischer und nationalistischer Gewalt* angeht, so kann ein Bezug zur Immigrationsfrage im allgemeinen und insbesondere in Deutschland zur Asylpolitik nicht geleugnet werden. Es stellt gerade ein Charakteristikum des 'neuen' Rechtsradikalismus dar, sich von den 'alten' Feindbildern wie dem Judentum und den türkischen Migranten wenigstens teilweise gelöst zu haben (vgl. Willems 1993, S. 234). Zwar sind auch Türken in den letzten Jahren immer wieder zu Opfern von Gewalttaten geworden, doch muß dieses Faktum als Folge der Gewalt gegen Asylbewerber gelten. Auf jeden Fall stand vor den Morden von Mölln und Solingen die schon weitverbreitete Gewaltbereitschaft gegen Flüchtlinge à la Hoyerswerda und Rostock. Man kommt nicht umhin, im gerade beschriebenen politisch/öffentlichen Konflikt um Asylrecht und Einwanderung, der dieses Thema über Gebühr strapazierte, "den Ausgangspunkt für die Entwicklung fremdenfeindlicher Gewalt" zu sehen (ebd., S. 214).

244

Um es noch einmal klarer zu sagen: Die politische Diskussion um das Asylrecht hat ein fremdenfeindliches Klima *mit*erzeugt, in dem die Gewalt ihren legitimatorischen Unterbau fand. Offenbar war es dem politischen System, nachdem es die Diskussion angeheizt hatte ("Jeder Asylant ist ein SPD-Asylant" lautete ein Slogan der Christdemokraten), nicht mehr möglich, die Geister wieder loszuwerden, die es provoziert hatte. Die mittels der Form 'Nation' getroffene Unterscheidung zwischen 'Deutschen' und 'Asylanten' wurde dankbar von denen aufgenommen, die schon lange ein Ziel für ihre latente Aggressionsbereitschaft gesucht hatten, sich aber bislang nur auf die Keilerei mit Fußballfans anderer Mannschaften beschränken mußten.

So lautet meine These denn auch, daß die fremdenfeindliche Gewalt nicht primär der nationalistischen Einstellung der Täter zuzuschreiben ist, sondern die Entstehung vielmehr in den Umständen der heutigen Jugend-Szene zu suchen ist, die sich mehr und mehr in Sub-Kulturen ausdifferenziert. Gerade die ausländerfeindliche Gewaltausübung — über 90 % der Taten sind Gruppentaten (vgl. ebd., S. 134f.) — vollzieht sich bekanntermaßen in einem Alter, in dem die Suche nach Szene-Zugehörigkeiten eine entscheidende, wenn nicht sogar die entscheidende Rolle im Leben der Beteiligten spielt: in der Adoleszenz.[95] Man weiß zudem aus der Lebensstil- und Milieu-Forschung, daß Differenzmuster eine ganz besondere Rolle für die Konstitution und die Aufrechterhaltung eines Milieus darstellen: "Distinktionen haben eine Grammatik, in der die verschiedenen Lebensstile aus der Abgrenzung zu anderen ihren eigenen Wert ziehen. (...) Diese Struktur ist schon immer anfällig dafür, das Fremdes auch mit Gewalt von sich abgestoßen wird, wenn es zu eng wird oder bedrohlich." (Neckel 1993, S. 21) Mit Spencer Brown könnte man von einer Form 'Lebensstil' bzw. einer Form 'Milieu' sprechen.

So werden auch innerhalb der entsprechenden Milieus, aus denen heraus die Gewalt gegen Ausländer emergiert, klare Feindbilder sowie Einschluß/Ausschlußmuster kommuniziert (vgl. Willems 1993, S. 178). Das jeweils eigene Milieu — im übrigen nicht nur das 'rechte' — kann sich nur als ähnlich beschreiben, wenn es etwas gibt, das ihm unähnlich ist (vgl. G. Schulze 1992, S. 347 u. 364ff.). Und erst in diesem Zusammenhang der Jugendszenen findet die öffentlich diskutierte Form 'Nation' ihr Medium, das nicht nur über Ausgrenzung kommuniziert, sondern handgreifliche Erfahrungen im Ausgrenzen (und Ausgegrenztwerden) hat: die Subkultur. Am Ende sieht man sich dort als Opfer einer Situation, in der Gewalt als Gegengewalt gegenüber anderen 'deutschen' Lebensstilen (Rechte gegen Linke, Skins gegen Punks etc.), insbesondere aber gegen ausländische Jugendliche und Asylbewerber legitim erscheint (vgl. Heitmeyer et al. 1992, S. 580f.). Dabei geht es nicht in erster Linie um eine wirkliche Differenz alltäglicher Lebensweisen, wie aus den Täterkreisen legitimatorisch angegeben wird. Es handelt sich vielmehr um eine Konstruktion von Differenz, als deren Ergebnis dann die Gewalt auch solche Personen treffen kann,

---

95 Nach einer Analyse von Akten von Tatverdächtigen durch Willems und Mitarbeiter sind 90 % dieses Personenkreises unter 25 Jahre und 75 % unter 20 Jahre alt (vgl. Willems 1993, S. 110).

deren Lebensweise sich — von außen betrachtet — von derjenigen des Täters kaum unterscheidet.

Von der sicherlich augenfälligen Verbindung von Gewalt und 'Nation' ist allerdings die Gewaltbereitschaft als solche zu unterscheiden. In der Forschungsliteratur zum Rechtsextremismus wird denn auch häufig auf den *Action*-Charakter der Gewalttaten hingewiesen, der nicht notwendig mit der politischen Einstellung korrelieren muß (vgl. Heitmeyer et al. 1992, S. 465; Willems 1993, S. 191; Bergmann/Leggewie 1993, S. 27f.). Die Gewaltbereitschaft Jugendlicher (Männer) ist kein exklusives Phänomen von Milieus, die sich als 'rechts' oder 'nationalistisch' beschreiben würden. Gewaltbereitschaft und Gewaltausübung gehören in dieser Szene mehr oder weniger zum Selbstverständnis, ebenso wie es auch innerhalb der links-autonomen Szene oder den eher unpolitischen Fußball-Hooligans der Fall ist. Zwischen den Szenen liegen zudem fließende Grenzen.[96] Hinter der Gewalt steckt m.E. eine Konsequenz des Lebens in der modernen Gesellschaft mit ihren Organisations- und Inklusionszwängen, die den Alltag nurmehr zur Routine und zu eher mehr als weniger langweiligen - Möglichkeiten verkommen lassen.[97] Schließlich gilt es, einfach nur die Zeit, über die insbesondere von Jugendlichen und Arbeitslosen mehr als genug verfügt wird, totzuschlagen. Gegenüber dieser Routinisierung kann die Gewaltausübung als solche schon zu 'Kicks',[98] also zu drogen-ähnlichen Erfahrungen verhelfen.[99] *Insgesamt*

---

96 Siehe etwa die äußerst anschauliche, fast als qualitative Feldforschung zu beschreibende Darstellung des britischen Schriftstellers Bill Buford, der eine Zeitlang unter Fußball-Hooligans lebte: "Die Liste der Abneigungen, stellte ich fest, war dagegen kurz und schlicht. Was sie nicht mochten, war (von Tottenham Hotspur mal abgesehen) nur eines: der Rest der Welt. Der Rest der Welt ist ein großes Land, und sein hauptsächlicher Bewohner ist der Fremde. Den Fremden mochten die Fans überhaupt nicht. Der Fremde (...), kurz, alle, die *im Weg sind*, ist verabscheuenswert. Und kein Fremder ist so fremd und so verabscheuenswert wie der Ausländer. (...) Das Schlimme an den Ausländern war, daß ihnen etwas fehlte. Aus irgendeinem Grund waren die Ausländer niemals alle Sprossen der Evolutionsleiter hinaufgeklettert, und darum war an Ausländern immer ein bißchen *weniger* dran — besonders an dunkelhäutigen Ausländern, ganz zu schweigen von dunkelhäutigen Ausländern, die auch noch versuchten, einem was zu verkaufen. Das waren die Schlimmsten." (Buford 1992, S. 107f.)

97 "The search for thrills, or more soberly for the sense of mastery that comes with the deliberate confrontation of dangers, no doubt derives from its contrasts with routine." (Giddens 1991, S. 133)

98 "Warum machen junge Männer jeden Samstag Randale? Sie machen das aus demselben Grund, aus dem frühere Generationen sich betranken, Hasch rauchten, Drogen nahmen, sich wüst und rebellisch aufführten. Gewalttätigkeit bereitet ihnen einen antisozialen Kitzel, sie ist für sie ein bewußtseinsveränderndes Erlebnis, eine vom Adrenalin bewirkte Euphorie, die vielleicht umso stärker ist, weil der Körper sie selbst hervorbringt, mit vielen meiner Überzeugung nach suchtbildenden Eigenschaften, wie sie auch für synthetisch hergestellte Drogen charakteristisch sind." (Buford 1992, S. 246)

99 Andere Milieus verfügen über andere Möglichkeiten: Reality-TV, S/M-Sexualität, Bungee-Jumping, Hochsee-Segeln; alles Ausdruck der zutreffenden Zeitdiagnose der *Erlebnisgesellschaft* (G. Schulze 1992). Die jugendliche Gewaltbereitschaft ist nichts als ein funktionales Äquivalent dieser Beschäftigungen. Schon Erving Goffmans klassische Analyse der *Action* behandelte Phänomene vom Glücksspiel bis hin zu körperlichen Auseinandersetzungen (vgl. Goffman 1981 [1967]). Wissenschaftler holen sich darüber hinaus ihre Kicks beim Schreiben oder durch die

resultieren die von Jugendlichen verübten, ausländerfeindlichen Gewalttaten aus der Verbindung von habitualisierter Gewaltbereitschaft mit einem durch die Subkultur generierten Einschluß/Ausschluß-Weltbild sowie einem von den Jugendlichen als Legitimation beobachteten, die 'Asylfrage' thematisierenden öffentlichen Diskurs.

Zudem deutet die Drogen-Äquivalenz der Gewalt schon an, daß es sich beim jugendlichen Rechtsextremismus um ein sozialisatorisches Phänomen handelt. Dem unorganisierten, größtenteils spontan agierenden Rechtsradikalismus ist auch deshalb so schwer beizukommen, weil alle wohlgemeinten sozialpädagogischen Bemühungen, die auf Aufklärung setzen, an den Szene-Spezifika, wie dem rigiden, auch als 'Form' beschreibbaren Weltbild abprallen müssen. Eine zentrale Funktion dieses Weltbildes ist unverkennbar: Es geht hier, wie im Zusammenhang mit der Adoleszenz überhaupt, um die *Ausbildung von Identität.* Identität läßt sich bekanntermaßen nur durch eine explizite Differenz ausbilden (vgl. Abschnitt 2.7). Die Differenz dieser Jugend-Subkulturen ist das, was von ihnen als etablierter *common sense* beobachtet wird: Ein links-liberales Establishment, zu dem häufig ihre Lehrer, zum Teil auch ihre Eltern gerechnet werden; ein in der ehemaligen DDR verordneter Antifaschismus, der auch in der alten Bundesrepublik zum Lehrplan gehörte.[100] Es geht, kurz gesagt, bei ausländerfeindlichen Gewalttaten und antisemitischen Brandanschlägen *auch* um eine gezielte Tabuverletzung. Das Verhalten dieser Jugendlichen changiert zwischen der Suche nach Rückhalt, Konformität und Gemeinsamkeit in der Szene sowie dem reflektierten Absetzen und Abweichen von einer Differenzfolie.

So zeigt sich am Ende, daß der westeuropäische Nationalismus und insbesondere der deutsche Rechtsextremismus der Gegenwart durch vielfältige und komplexe Sachverhalte bedingt sind. Ohne Zweifel ist die Situation durch das Globalereignis, den Zusammenbruch des Sozialismus, den Wegfall der Ost-/West-Differenz und die nachfolgenden Konsequenzen wie die Zunahme politischer Flüchtlinge ausgelöst worden. Die spezifischen Ausprägungen aber, die zeitlich zwar koinzidieren und auch aufeinander referieren, müssen in ihren besonderen Kontexten, etwa der Kommunikations- und Beobachtungsweise des modernen politischen Systems und den sozialen Prozessen innerhalb jugendlicher Subkulturen, beschrieben werden. Diese Spezifika sind es auch, die den westeuropäischen vom osteuropäischen Nationalismus unterscheiden. Während der Nationalismus im Westen eher als Subkultur analysiert werden sollte, kann man ihm im Osten größtenteils (nicht überall) eine massen-

---

labor-gestützte Bestätigung von langgehegten Vermutungen.

100 So auch die These von Farin und Seidel-Pielen: "Das 'Spiel' mit der nationalsozialistischen Zeichensprache (...) ist zu großen Teilen die provokative Zuspitzung eines intergenerationellen Konflikts. Es handelt sich um mehr oder weniger gezielte Versuche, die Grenzen des Alles-und-Jeden verstehenden linksliberalen Bildungsbürgers auszuloten, ihm aggressiv vor Augen zu führen, daß seine gerne zur Schau gestellte Toleranz und Weltoffenheit durchaus Grenzen hat und widersprüchlich ist. " (Farin/Seidel-Pielen 1993, S. 201) Ähnlich argumentiert Willems 1993, S. 93f.

mobilisierende Kraft zuschreiben. Auch wirken im Osten die von A.D. Smith so treffend formulierten und schon des öfteren zitierten "legends and landscapes" (A.D. Smith 1986, S. 176ff.), also die im Kern nationalistischer Semantiken verankerten, konstruierten Erinnerungen noch wesentlich stärker fort, als dies im Westen der Fall ist. Welcher deutsche Rechtsradikale würde sich heute noch für Tacitus' *Germania* interessieren? Die Mythen dieser Kreise drehen sich allenfalls um das Leugnen der nationalsozialistischen Greueltaten. Auffällig ist weiterhin die für allen ältere Nationalismen typische, überaus starke Präsenz von Intellektuellen innerhalb der osteuropäischen National-Bewegungen. Im Vergleich dazu vermögen die wenigen rechtsintellektuellen Kreise im Westen kaum große Anschlußfähigkeit herzustellen. Der Nationalismus ist im Westen, die Bedeutung der Subkultur zeigt es, eher ein Phänomen der Straße.

Es scheint, als würden die Form 'Nation' und der Nationalismus im Westen eine neue Ausprägung annehmen, die einen einschneidenden Bruch mit der Tradition aller früheren Nationalismen markiert. Ob sich diese Beobachtung bestätigen wird, bleibt abzuwarten und ist weiteren Untersuchungen vorbehalten.

3.8 Fazit

Am Schluß des soziologisch-historischen Teils dieser Untersuchung angelangt, kann man konstatieren, daß die Übernahme des Form-Begriffs George Spencer Browns in die Nation- und Nationalismustheorie durchaus auch 'empirisch' tragfähig ist. Die Form 'Nation' mit ihren besonderen semantischen Einschluß/Ausschluß-Merkmalen war in der modernen Gesellschaft in allen hier zugrunde gelegten Zeitabschnitten belegbar. Das rigide, Fremdheit konstruierende Einschluß/Ausschlußmuster der 'Nation' konnte auch dort gezeigt werden, wo dies bislang eher nicht vermutet wurde, beispielsweise im Rahmen der 'Nation' als Inklusionssemantik während der Französischen Revolution. Rekapituliert man noch einmal den Gang der historisch-soziologischen Argumentation des dritten Teils dieser Arbeit, wird überdies deutlich, daß der Form-Begriff nicht nur zur Anwendung auf die 'Nation' taugt, sondern darüber hinaus auch für weitere kulturelle Phänomene von analytischer Bedeutung sein kann. So konnte gezeigt werden, wie von frühesten Beobachtungsmustern an, etwa in der segmentären Gesellschaft oder dem mittelalterlichen Christentum, gleichzeitig mit der Beobachtung und Selbstbeschreibung immer auch eine andere Seite, also Ausschlußsemantiken als Differenzfolien konstruiert wurden. Als eine besonders rigide Form stellte sich die 'Konfession' heraus, deren Lebensfähigkeit zu wesentlichen Teilen durch die Spaltung des mittelalterlichen Christentums hervorgerufen wurde. Die Leistungsfähigkeit des Form-Begriffes zeigte sich schließlich selbst an einem Bereich, der auf den ersten Blick nichts mit solchen politischen Semantiken wie der 'Nation' oder gar der 'Rasse' zu tun hat, nämlich beim 'Lebensstil' und beim 'sozialen Milieu'.

Neben diesen semantischen Anteilen meine ich demonstriert zu haben, welchen Beitrag die Evolution der Gesellschaftsstruktur zur Entwicklung der 'Nation' geleistet hat. Zwei Aspekte sind hier vor allen anderen zu nennen: Zum einen hat erst der seit dem Mittelalter einsetzende Globalisierungsprozeß, die Weltgesellschaft, die Voraussetzungen dafür geschaffen, daß man mit stereotypen Bildern über 'Personen', 'Gruppen', 'Völker' und 'Nationen' in anderen Teilen der Welt versorgt werden konnte. Die zunehmende kommunikative Verflechtung Europas und später des gesamten Erdballs brachte es mit sich, daß Ereignisse jenseits des Nahbereichs immer relevanter für die eigene Region wurden. Der zweite Aspekt ist die Verbindung nationaler Semantiken mit dem politischen System und seinen einzelnen Segmenten, den Staaten. Schon seit dem Mittelalter formierten sich quasi-'nationale' Beobachtungsmuster um die Herrschaftszentren herum. Dieser Prozeß sollte durch die Gleichzeitigkeit der Ausweitung kommunikativer Möglichkeiten sowie die Konfessionalisierung in der frühen Neuzeit seinen entscheidenden Schub erhalten. Mit dem Vorgang der Inklusion, also der kommunikativen Einbindung der Bevölkerungsmassen in die funktionalen Teilsysteme der modernen Gesellschaft dominierte, was die Selbst- und Fremdbeschreibung anging, schließlich die politisch-nationale Semantik über die religiös-konfessionelle. Als entscheidende Katalysatoren für die Ausbildung der Form 'Nation' stellten sich Beobachtungen heraus, die Kriege, Konflikte, Bedrohungen und Statusfragen in der Weltgesellschaft thematisierten.

4. Schluß: Die Theorie der 'Nation'

Das Ziel dieser Arbeit ist es, einen gesellschaftstheoretisch fundierten Nation-Begriff zu formulieren. Meine Fragestellung lautete: Wie kann ein theoretisch-soziologischer Nation-Begriff heute aussehen, der zum einen den Anschluß an die jüngsten Entwicklungen in der Gesellschaftstheorie hält und zum anderen den Herausforderungen der Gegenwarts-Nationalismen gewachsen ist. Die Argumentation führte von einer Übersicht über die soziologische Nation- und Nationalismustheorie über einen Versuch eines eigenständigen Theorie-Ansatzes bis hin zum 'Testen' des Ansatzes anhand geschichtswissenschaftlicher Literatur. Bevor am Ende die Nation-Theorie noch einmal insgesamt in den Blickpunkt gerückt wird, möchte ich meine Ergebnisse zuerst kurz zusammenfassen.

In *Teil 1* wird zunächst die soziologische Theoriebildung untersucht, die einen Bezug zur Nation-Problematik herzustellen vermochte. Dabei ist deutlich geworden, daß die älteren, aber auch die neueren Ansätze in vielen Teilen unbefriedigende Antworten für die theoretisch zu lösenden Probleme im Zusammenhang mit Nation und Nationalismus bereithalten. Allgemein ist eine Unterschätzung des Entwicklungspotentials der 'Nation' zu konstatieren. Diese theoretische Unterschätzung zeigt sich schon bei den 'Klassikern': Die Soziologie Tönnies', Durkheims und Simmels widmet dem Untersuchungsobjekt 'Nation' nur eine marginale Aufmerksamkeit. Obwohl mit diesen Ansätzen theoretische Instrumente bereitgestellt worden sind, die für die Thematik hätten fruchtbar gemacht werden können, ist man offensichtlich eher an allgemeinen Theoriebildungen interessiert als am Topos 'Nation'. Dieser Umstand muß deshalb erstaunen, da die Zeit, in der die theoretische Fundierung der Soziologie begann, das letzte Drittel des 19. Jahrhunderts, zugleich eine Hoch-Zeit des Nationalismus darstellt.

Aus den genannten klassischen Ansätzen sticht in erster Linie derjenige Georg Simmels hervor. Von Interesse für den hier zu bearbeitenden Zusammenhang sind zum einen erkenntnistheoretische Fragestellungen, die sich der Konstitution von Kollektiven wie 'Volk' oder 'Nation' widmen. Für Simmel ist evident, daß derartige Kategorien keine ontologischen Größen sind. Vielmehr wird die Vorstellung von solchen Einheitsmetaphern auf sozial-kulturelle Faktoren zurückgeführt, die ihre Wurzel in der *Wechselwirkung* der Individuen hat. Ferner ist die Charakterisierung des Menschen als eines *Unterschiedswesen* durch Simmel von Bedeutung. Durch die genannten erkenntnistheoretischen Überlegungen kommt Simmel zu dem Schluß, daß der Unterschied zwischen Menschen selbst zu einem Wert werden kann. In gesellschaftstheoretischer Perspektive finden diese Analysen schließlich ihren Anschluß an die Kategorie des

Fremden, durch den man gezwungen ist, das Eigene zu bestimmen sowie an den Topos des *Streits* und an Konflikte, die schon Simmel für die Herausbildung nationaler Identitäten verantwortlich macht.

Eine Unterschätzung anderer Art, die nicht primär der Vernachlässigung des Themas 'Nation' zuzuschreiben ist, wird im Zusammenhang mit dem klassischen Marxismus deutlich. Die Geringschätzung des Potentials der 'Nation' ist hier in erster Linie der zugrundeliegenden Evolutionstheorie anzulasten, die entweder schon für die fortgeschrittene Entwicklung des Kapitalismus oder aber schließlich für den vollendeten Sozialismus/Kommunismus das Absterben der 'Nation' als relevantes soziales Phänomen prophezeit. Unter den wenigen marxistischen Theoretikern, die sich des Themas überhaupt in angemessener Weise angenommen haben, fällt Otto Bauer auf, der einen von der marxistischen Orthodoxie abweichenden Ansatz entwickelt, welcher sowohl für den Kapitalismus als auch für den von ihm ebenfalls angestrebten Sozialismus (also für den Modernisierungsprozeß insgesamt) von einer Zunahme nationaler Unterschiede ausgeht. Das von Bauer formulierte Theorem der *nationalen Apperzeption* weist schon in die auch von mir an anderer Stelle vertretene Richtung, daß es regional spezifische Beobachtungsmuster auf die Welt gibt.

Von einer Geringschätzung des Topos 'Nation' kann dann aber bei den von Max Weber angeregten Forschungen nicht mehr die Rede sein. Was Max Webers eigenen Ansatz betrifft, so wird hier die auch für meine eigene Untersuchung wichtige Annahme begründet, in der 'Nation' ein Thema zu sehen, das eine vornehmlich *politische* Bedeutung hat. Sowohl bei Max Weber selbst, aber auch bei den durch ihn angeregten Analysen von Werner Sombart und Heinz O. Ziegler, wird der fundamentale Zusammenhang der 'Nation' zur staatlichen Macht unabweisbar deutlich. Auch wenn Sombarts theoretische Entwicklung ihn in die politische Unterstützung des Nationalsozialismus führte, ist hier insgesamt eine Richtung eingeschlagen worden, die leider durch den Faschismus und den Zweiten Weltkrieg mehr oder weniger in Vergessenheit geriet.

Über den Strukturfunktionalismus Talcott Parsons' und die von ihm wesentlich beeinflußten Modernisierungstheorien kann ein ähnliches Fazit gezogen werden, wie es schon für den klassischen Marxismus vorgenommen wurde: Auch hier geht die Unterschätzung der 'Nation' klar zu Lasten der Evolutionstheorie, die im Rahmen einer fortschreitenden Modernisierung die Überwindung partikularer Identitäten zugunsten einer normativen Universalität postulierte. Die 'Nation' als 'Gesellschaftliche Gemeinschaft' wird als Inbegriff des verwirklichten Universalismus betrachtet. An Parsons' theoretischer Entwicklung kann zudem deutlich gemacht werden, daß diese Evolutionstheorie selbst ein Kind der fünfziger Jahre ist. Vorher, vor allem in den 1930er/1940er Jahren hatte Parsons noch andere, eher destruktive Einschätzungen über die 'Nation' abgegeben.

Das allenthalben sichtbare, evidente Scheitern der großen Evolutionstheorien zeitigte auch theoretische Konsequenzen. Auf die Mängel des klassischen Marxismus reagieren ab den siebziger Jahren verschiedene neo-marxistische Ansätze, die die fortwährende Bedeutung partikularer Identitäten wie Ethnizität und Nationalität in einen Zusammenhang mit regionalen und globalen Ungleichheiten zu bringen versuchen. Die von ihnen in der kapitalistischen Peripherie (die auch in Europa selbst vorkommen kann) beobachteten Nationalismen werden als Ausdruck eines Überwindungsversuchs eben dieser Ungleichheiten interpretiert. Obschon diese Theorieanlagen durchaus als adäquatere Herangehensweisen gegenüber dem klassischen Marxismus gelten können, bleiben die Hintergrundannahmen dieselben. Mit überwundener sozialer Ungleichheit wird auch hier ein Absterben der 'Nation' prognostiziert. Gleiches gilt für eine Variante dieser Richtung, den *Rational Choice*-Ansatz. Hier wird zwar auf die marxistischen Begründungsprobleme verzichtet, die enge Verbindung von Ungleichheit und Nationalismus wird jedoch nicht aufgegeben.

Auf das Scheitern der Modernisierungstheorien reagiert eine Richtung, die in der Frage kollektiver Identität statt auf Universalität bewußt auf Partikularität setzt. Für Walker Connor und vor allem für Anthony D. Smith ist die ethnische Fundierung der 'Nation' unabweisbar. So richtig und wegweisend diese Akzentsetzung auf der Partikularität der 'Nation' auch ist, es müssen dennoch auch hier theoretische Mängel konstatiert werden. Diese Mängel liegen in erster Linie in der Unterbelichtung gesellschaftsstruktureller Momente und der damit korrespondierenden Überbewertung kultureller und traditionaler Faktoren.

Teil 2 der Untersuchung stellt den Versuch dar, die aufgezeigten Mängel zumindest ansatzweise zu kompensieren. Als Grundlage eines neuen gesellschafts-theoretischen Nation-Begriffs muß eine Theorieanlage gesucht werden, die den folgenden Anforderungen entspricht: *Erstens* darf sie keine eindimensionale Evolutionstheorie aufweisen, wie sie dem Marxismus und dem Strukturfunktionalismus inhärent ist. *Zweitens* muß sie auf einer anderen gesellschaftstheoretischen Basis als der sozialen Ungleichheit aufbauen. Und *drittens* muß die Theorie einen adäquaten Zusammenhang von gesellschaftsstrukturellen und kulturellen Faktoren herstellen können. Diesen Anforderungen entspricht die *System- und Gesellschaftstheorie Niklas Luhmanns*. Zwar hat auch Luhmann der 'Nation' bislang so gut wie keine Aufmerksamkeit gewidmet, doch ist hier ein hinreichend differenziertes theoretisches Instrumetarium vorhanden, das evolutionstheoretisch statt auf notwendige Entwicklungen auf Kontingenz setzt, das mit der Theorie der funktionalen Differenzierung ein in vielen Problemfeldern bewährtes Analyseinstrument besitzt und das mit der Gesellschaftsstruktur auch kulturelle Phänomene, die Semantik, in Verbindung zu bringen in der Lage ist.

Zentraler Anknüpfungspunkt dieser Arbeit ist die Rezeption des "Form"-Begriffs des Logikers George Spencer Brown durch Luhmann. Die Form stellt ein Beobachtungsverhältnis dar, das Grenzen setzt und das über die Grenzsetzung etwas ein- und etwas anderes ausschließt, das heißt, eine Innen- und eine Außenseite konstruiert. Nach einer kurzen Übersicht über den Form-Begriff bei Spencer Brown und weitere theoretische Hintergründe in der Theorie Luhmanns habe ich vorgeschlagen, die 'Nation' als eine Form zu fassen, als die *Form 'Nation'*. Die Übertragung des Form-

Begriffs auf die 'Nation' bietet sich vor allem deshalb an, weil nationale Topoi in der Regel klare Einschluß- und Ausschlußverhältnisse kommunizieren. Bei der 'Nation' geht es darum, zu bestimmen, wer dazugehört und wer nicht; die 'Nation' ist eine Zwei-Seiten-Form. Die Form 'Nation' ist zunächst nichts anderes als eine Semantik, die kommuniziert wird; ihr haftet nichts Ontologisches an. Mit dieser theoretischen Fassung wird die 'Nation' dem fiktionalen und konstruierten Hintergrund gerecht, auf dem sie ohne Zweifel beruht. Es handelt sich um eine semantische Selbstbeschreibung eines 'Kollektivs', mit dem in der hier gewählten systemtheoretischen Perspektive nichts Strukturelles korreliert. In der hier gewählten Theorieanlage 'gibt' es keine 'Kollektive', folglich auch keine 'Nationen', es wird nur darüber kommuniziert.

Eine weitere bedeutende Parallele zwischen Form und 'Nation' ist die das Beobachtungsverhältnis konstituierende *Asymmetrie* zwischen innen und außen. Spencer Brown bestimmt die Form insofern als asymmetrisch, als immer nur von der Innenseite der Form aus beobachtet werden kann. Genauso gehen Beobachtungen vor, die mit der 'Nation' operieren. Nationale Semantiken enthalten Wertungen, die jeweils die eigene 'Nation', also die Innenseite der Form gegenüber anderen und fremden 'Völkern'/'Nationen' präferieren. Komplementär zur Aufwertung der Innenseite wird eine Abwertung der Außenseite, also anderer 'Nationen' kommuniziert.

Die Gesellschaftstheorie Luhmanns weist im folgenden die Richtung, in der die Kernfunktion der Form 'Nation' bestimmt wird. Luhmann selbst hat, wenn auch bislang nur ansatzweise, den Tatbestand der Globalisierung der funktionalen Teilsysteme der modernen Gesellschaft immer wieder betont. Die in Teilsysteme ausdifferenzierte *Weltgesellschaft* stellt für die Semantik der 'Nation' den entscheidenden gesellschaftsstrukturellen Hintergrund dar. Erst die kommunikative Verdichtung in der Weltgesellschaft zwingt dazu, semantische Grenzen zu ziehen, zwischen 'uns' und den 'anderen' zu unterscheiden. Mit der 'Nation' wird so die Weltgesellschaft bestimmbar und kommunikabel gemacht. Ähnlich der 'Person' in Interaktionsprozessen kommt der 'Nation' in der Weltgesellschaft die Aufgabe zu, Kommunikation attribuierbar zu machen. Die Form 'Nation' wird auf diese Weise zu dem in der Moderne beherrschenden Beobachtungsmuster überregionaler, das heißt globaler Prozesse.

Im Gegensatz zu anderen Kollektivsemantiken wie 'Volk', 'Ethnie' oder 'Rasse' wird die 'Nation' von mir als eine *primär* — aber nicht ausschließlich — *politische Semantik* bestimmt. Es besteht kein Zweifel, daß nationale Topoi auch außerhalb der politischen Kommunikation ihren Anschluß finden können. Dieser Umstand ist auf den *Einheits*charakter der 'Nation' zurückzuführen. Die 'Nation' behauptet die *Einheit von Staat und Gesellschaft*, die — wiederum in gesellschaftsstruktureller Hinsicht — nicht existiert. Aber gerade diese Selbstbeschreibungseinheit des politischen Systems und seines Publikums sorgt für die Diffusion nationaler Semantiken aus dem politischen System hinaus und auch wieder hinein. Bei näherem Hinsehen kann der Bezug der 'Nation' zur politischen Macht aber nicht geleugnet werden. Mit der Verwendung nationaler Semantiken wird in aller Regel das politische System zur Verteidigung der 'Interessen' eines distinkten 'Kollektivs' angerufen.

Die kommunikative Verdichtung der modernen Weltgesellschaft hat dazu geführt, daß sich *semantische Stereotype* über Personen in anderen Teilen der Welt haben ausbilden können. Die Betonung liegt deshalb auf der Semantik, weil die Stereotype auf *kommunizierten* Traditionen beruhen, welche den jeweils aktuellen Situationsanforderungen, die der Beobachtung der Welt zugrunde liegen, angepaßt werden. Eine zentrale Funktion nationaler Stereotype ist es, das Unvertraute, das man durch die Globalisierung jenseits des eigenen Nahbereichs beobachten muß, vertraut zu machen. Die semantischen Traditionen bilden gewissermaßen den Erfahrungshintergrund, der die 'Erinnerungen' mit der neuen Situation verbindet. Stereotype sind bei aller Anpassung relativ invariant und resistent gegenüber Veränderungen; in der Regel wird mit alten Stereotypen auf neue Situationen reagiert. Solchermaßen leisten die Stereotype Abhilfe bei der Bewältigung der vielen Orientierungsprobleme, die die moderne Gesellschaft produziert.

Wie allenthalben sichtbar ist, beschränken sich nationale Semantiken aber nicht nur auf Stereotype. Weitaus wirkungsmächtiger als Stereotype sind *Feindsemantiken*. Die mit den Stereotypen konvergierenden Patriotismen haben in der Moderne sehr oft den mit Feindbildern behafteten *Nationalismen* weichen müssen. Den Nationalismus zeichnet gegenüber dem Patriotismus aus, daß er zwar wie der Patriotismus auf der asymmetrischen Form basiert, daß aber der Nationalismus die Welt weitaus starrer beobachtet, daß er gegen Einwände und konkurrierende Sichtweisen immun ist, und daß er zur Vernichtung der anderen Seite bereit ist. Der Nationalismus ist eine rigide Zwei-Seiten-Form, und durch die Rigidität vermag er Sicherheiten zu verheißen. Als Konsequenz bietet der Nationalismus Orientierung und Erklärungssicherheit, die quasireligiöse Züge annimmt. Er wird zu einer *Kontingenzformel*, deren Eigenschaft gerade darin besteht, dort Notwendigkeiten festzustellen, wo — wieder soziologisch betrachtet — nur Kontingenz herrscht. Am Ende kann er sich zu einem unumstößlichen Weltbild verfestigen, das gegen jeglichen Zweifel erhaben ist und all das aggressiv zu verteidigen sucht, was die werthafte Aufladung der Innenseite der Form 'Nation' vermeintlich zu bedrohen in der Lage ist.

Hinter der Transformation von Patriotismus zu Nationalismus ist erneut die globale Gesellschaft zu erkennen. Was die Stereotype in Feindbilder überführt, das sind *weltgesellschaftliche Konflikte*. Die Weltgesellschaft befindet sich bekanntermaßen nicht in einem homogenen Zustand, und die Suche nach Erklärungen für die globalen und regionalen Disparitäten führt zu den genannten Attributionen auf bestimmte Teile der Welt und insbesondere auf — zumeist benachbarte — 'Nationen', die vermeintlich hinter der beobachteten Ungleichheit stecken. Alltagsweltlich wird die Ungleichheit der Welt als Null-Summen-Spiel beobachtet, was zur Folge hat, daß irgendeine Seite sich immer *im Vergleich zu anderen* benachteiligt bzw. unterdrückt fühlt. Als Katalysator für Nationalismen sind deshalb Statuserwartungen-, bedrohungen-, enttäuschungen und -unsicherheiten zu betrachten, die es über die Form 'Nation' und ihrer Verbindung zur politischen Macht zu verteidigen oder aber zu erkämpfen gilt. Der Staat wird so zur Schutzinstanz von Statusbedrohungen partikularer 'Kollektive'. Die oftmals folgenden kriegerischen Auseinandersetzungen, während der die Staaten ihre jeweiligen Feinde durch die rigide Zwei-Seiten-Form der 'Nation' beobachten, sind aufgrund der ihnen anhaftenden Konfliktlogik nur schwer zu beenden.

Abschließend habe ich noch auf eine weitere Funktion der 'Nation' hingewiesen, daß sie nämlich über die der Form inhärenten Differenz *Identität* zu stiften vermag. *'Nationale' Identität* heißt die Schaffung von zeitlichen und örtlichen Sicherheiten, die gerade in der modernen Gesellschaft eher Mangelware sind. Dies geschieht über die Beobachtung dessen, was man in der jeweils eigenen Perspektive nicht ist und nicht sein will. Obschon auch die 'nationale' Identität nur eine Semantik ist, kann mit diesem Kunstgriff zumindest eine ansatzweise Entschädigung für die Orientierungs- und Sinnverluste in der Moderne geleistet werden.

Teil 3 hat sich der Aufgabe gestellt, zu überprüfen, wie die Übertragung des Form-Begriffs Spencer Browns auf die Analyse von Nation und Nationalismus tragfähig ist. Es geht hier im den Nachvollzug der Evolution der Nation-Semantik in historisch-soziologischer Hinsicht. Der Form-Begriff stellte sich dabei als eine analytische Kategorie heraus, die sich offenbar nicht nur für die Untersuchung nationaler Semantiken eignet. Schon die segmentäre Gesellschaftsformation, die noch nichts von der 'Nation' wußte, beschrieb sich selbst mit klaren Ein- und Ausschlußmustern. Was diese Vergesellschaftungsform von den folgenden unterschied war allerdings, daß hier eine *absolute Differenz* zu anderen Sozialsystemen kommuniziert wurde, die niemals in der Gefahr stand, beseitigt zu werden. Auf der anderen Seite der segmentären Gesellschaftsformation gab es nichts Ernsthaftes, das mit der eigenen Seite konkurrieren konnte.

Dies war im mittelalterlichen Christentum, das als erster Typus der stratifizierten Gesellschaft analysiert wurde, schon nicht mehr der Fall. Obwohl das Christentum für sich selbst eine universale Geltung in Anspruch nahm, wurde deutlich, wie sehr die christliche Identität von der 'Form' Gebrauch machte, um sich selbst definieren zu können. Auf der anderen Seite des Christentums standen andere Religionen, vornehmlich der Islam und das Judentum, die unter dem Signum der zu bekehrenden Ungläubigen firmierten. Als Begleiterscheinung der im Mittelalter einsetzenden Modernisierung und sozialen Mobilisierung jedoch begann die universalistisch-exklusive Identität des Christentums zu erodieren, und es machten sich deutliche Partikularismen an zwei Punkten bemerkbar: zum einen innerhalb der Orte, an denen das Christentum als Einheit aufzutreten beabsichtigte, etwa in den Kreuzzugsheeren, den Konzilen und den Universitäten, zum anderen um die diversen Dynastien herum, die als Kern späterer national-staatlicher Identitäten gelten können. Eine erste Verbindung partikularer Selbstbeschreibung und politischer Macht deutete sich hier schon an.

Dieser Konnex sollte sich im Laufe der Modernisierung noch erheblich verstärken. Ein Kennzeichen der frühen Neuzeit war die Gleichzeitigkeit des Konfessionalisierungsprozesses und des Aufbaus eines partikularstaatlichen politischen Systems, das auf distinkten Territorien basierte. Die Staaten der frühen Neuzeit identifizierten sich über die Form 'Konfession', deren Selbstbeschreibung über die Differenz zum jeweils gegenüberstehenden Bekenntnis konstruiert wurde. Obwohl die aus dieser Selbst- und Fremdbeschreibung resultierenden Kriege ab der Mitte des 17. Jahrhunderts abflauten, blieb die Konfession in den meisten europäischen Staaten die zentrale Legitimationssemantik.

Gegen die starren Gesellschaftshierarchien wurden schon sehr früh, nämlich ab dem ausgehenden Mittelalter, gewissermaßen 'von unten', quasi-nationale Semantiken eingesetzt. Ziel dieser frühen nation-ähnlichen Semantiken war es, *Herrschaft als Fremdherrschaft* zu delegitimieren und nachfolgend zu stürzen. Dieses, das politische System beobachtende Muster, konnte über mehrere Jahrhunderte hinweg verfolgt werden, es tauchte in Variationen selbst noch in der Gegenwart auf. Theoretisch gesehen ist die Form 'Nation' als *Inklusionssemantik* gegen die geschichtete Sozialformation und später als Oppositionssemantik gegen das moderne politische System propagiert worden. Die andere Seite der Form wurde als Unterdrücker bestimmter 'Völker' beobachtet.

In der beginnenden Moderne, etwa ab der Mitte des 18. Jahrhunderts, begann die 'Nation' die 'Konfession' als Legitimationssemantik der Politik zu ersetzen. Es wurde deutlich, wie die weltgesellschaftlichen Verflechtungen ökonomischer und politischer Art zur Herausbildung gegenseitig exklusiver Nationalismen führten. Zentrales Anliegen der Nationalismen war es, den jeweiligen Status in wirtschaftlicher und auch in politischer Hinsicht gegen die globale Konkurrenz zu verteidigen. Fremdherrschaft und ökonomische Abhängigkeit wurden als illegitim betrachtet. Die Form 'Nation' erwuchs zur Kontingenzformel staatlicher Politik, die alles legitimierte, was dem Wohl des betreffenden 'Kollektivs' förderlich war.

Ab dem letzten Drittel des 19. Jahrhunderts setzte sich ein neues Beobachtungsparadigma durch, das die globale Konkurrenzsituation, also die weltgesellschaftlichen Konflikte der großen europäischen Staaten, sozialdarwinistisch interpretierte. Erste Modernisierungskrisen wurden als Verfall und als biologische Degeneration beobachtet. Die jeweilige Form 'Nation' wurde auf die zu erwartenden großen Kriege vorbereitet; Sieger in diesem globalen Überlebenskampf schien nur die 'Nation' werden zu können, die am schnellsten aufrüstete und am meisten Kolonialbesitz erwarb und erkämpfte. In die sozialdarwinistische Semantik paßte auch die Übernahme der vormals nur wissenschaftlich gebräuchlichen Rasse-Kategorie, die in diesem Zeitraum zumeist nicht klar vom nationalen Diskurs unterschieden wurde. Mit dem Rasse-Begriff erfolgte eine semantische Erweiterung und Überhöhung der 'Nation'. Die Form 'Rasse' zementierte die Asymmetrie zwischen 'Kollektiven', da sie auf biologischen und damit vermeintlich wissenschaftlich gesicherten Erkenntnissen basierte. Nach einer sich nochmals verschärfenden Modernisierungskrise im Deutschland der 1920er und 1930er Jahre führte dieses semantische Konglomerat aus 'Rasse' und 'Nation' in den Völkermord des NS-Regimes hinein. Mit Hilfe einer industriellen Vernichtung mehrerer Millionen Menschen vermeinte sich der Nationalsozialismus ein für allemal von der 'jüdischen Weltherrschaft' und der 'biologischen Degeneration' der 'deutschen Volksgemeinschaft' befreien zu können. Die in dieser Perspektive beobachtete Asymmetrie zwischen der 'arischen Herren-Rasse' und dem 'minderwertigen Judentum' schien die Ausrottung zu rechtfertigen.

Der europäische Nationalismus der Gegenwart bedient sich ebenfalls der Form 'Nation'. Die Einschluß- und Ausschlußsemantiken folgen zeitlich der Block-Differenz von 'Ost' und 'West', welche die Nachkriegsjahrzehnte als politisches Beobachtungsmuster beherrschte. In Osteuropa begleiten die Nationalismen die Modernisierungskrise, die hier durch das zum Scheitern verurteilte sozialistische Jahrhundertexperiment ausgelöst wurde. Mit der Form 'Nation' wurde und wird noch immer das Herauslösen kleinerer Teile aus dem ehemaligen Sowjet-Imperium prozessiert, das als Fremdherrschaft beobachtet wurde. Dagegen setzen die Nationalismen in den Teilen, die sich als Herrschaftszentrum beobachten (z.B. in kleinerem Maßstab auch in Serbien) auf die Verteidigung ihres ehemaligen imperialen Status. Im Westen mischt sich die nationale Semantik zum Teil auch mit rassistischen Untertönen. Vornehmliches Ziel ist es hier, mittels der Form 'Nation' die Immigration in die westeuropäischen Staaten zu unterbinden. Die als Migranten personifizierte Weltgesellschaft soll von den Leistungen des Wirtschafts- und des Politiksystems in diesem Teil der Erde ausgeschlossen bleiben. Nationale Exklusivität wird zum Erhalt des hohen Status der hiesigen 'Kollektive' propagiert.

Zum Abschluß der Untersuchung möchte ich noch einmal einen Blick auf die Theorie werfen, die schließlich den Ausgangspunkt der Arbeit bildete. Betrachtet man eine Theorie als eine Brille oder eine Perspektive, oder genauer gesagt: als eine *Form*, mit der etwas gesehen werden kann (und etwas anderes natürlich nicht), so kann man fragen, was die hier vorgeschlagene Nation-Theorie gesehen hat, das andere Theorieanlage nicht in den Blick bekommen konnten. Anhand der hier erarbeiteten Ergebnisse soll die Form 'Nation' mit den in Teil 1 beschriebenen Theorien noch einmal in aller Kürze konfrontiert werden. Aus Raumgründen beschränke mich dabei auf Ansätze, die nach dem Zweiten Weltkrieg entwickelt wurden.

Beginnt man mit den großen *Mainstream*-Theorien vergangener Jahrzehnte, dem Marxismus und dem Strukturfunktionalismus, wird klar, daß beide Theorieanlagen den gegenwärtigen Nationalismus in Europa nicht oder nur teilweise hätten theoretisch fassen können. Beide Ansätze hatten der 'Nation' eine Funktion primär im Rahmen eines beginnenden Modernisierungsprozesses zugesprochen; die Modernisierungstheorien hatten hierfür den Begriff *Nation-Building* vorgeschlagen. Nun kann zwar die Entwicklung Ost-Europas mit gewissen Einschränkungen durchaus als Modernisierungsprozeß gesehen werden, doch die zugrundeliegende Dichotomie der Modernisierungstheorien, nämlich die von Tradition und Moderne kann darauf keine Anwendung finden. Ein derartiger traditionaler Status ohne moderne Funktionssysteme kann den ehemaligen sozialistischen Ländern sicherlich nicht zugesprochen werden. Und im Hinblick auf die westeuropäischen Rechtsradikalismen wird die theoretische Schwäche noch augenfälliger. Die schon verschiedentlich angesprochene eindimensional angesetzte Evolutionstheorie wird hier zum Stolperstein.

Eine der entscheidenden Schwächen des Strukturfunktionalismus und der Modernisierungstheorien scheint mir zudem im Inklusionsbegriff zu liegen; dies hatte sich schon bei der Analyse der Theorie Parsons' angedeutet (vgl. Abschnitt 1.4). Bekanntlich wurde die Inklusion lediglich in die 'nationale' Gesellschaft bzw. die 'Gesellschaftliche Gemeinschaft' postuliert. Mit der Brille der hier angelegten Theorie, die die 'Nation' als Beobachtung der Weltgesellschaft faßt, wird im nachhinein deutlich, daß man in der Modernisierungstheorie schlicht Struktur und Kultur/Semantik verwechselt hat: Die Inklusion erfolgt strukturell in die Teilsysteme der Weltgesellschaft, woraufhin es gleichzeitig zur Ausbildung nationaler Semantiken als Differenzen zu anderen 'Nationen' kommt. Der Grund hierfür ist im Zustand der Weltgesellschaft zu sehen, nämlich in ihren Ungleichzeitigkeiten, Konflikten und Statusbedrohungen.

In gewisser Weise werden diesen konflikthaften Umständen die neo-marxistischen Ansätze und die *Rational Choice*-Theorie besser gerecht. Diese Theorien könnten beispielsweise geltend machen, daß sie vor allem die sich innerhalb des ehemaligen Sowjet-Imperiums artikulierenden 'peripheren' Nationalismen und die damit verbundenen Konflikte analytisch in den Griff bekommen könnten. Gerade diesen Nationalismen geht es im besonderen Maße um die Abschaffung der "internen Kolonialisierung" (Hechter), also ungleicher und unterdrückender sozialer Mechanismen. Dem würde ich durchaus zustimmen wollen, würde aber zu Bedenken geben, daß damit ausschließlich die Nationalismen der kleineren Staaten erfaßt werden können. Der russische Nationalismus dagegen, der sich gegen fiktive Feinde im Westen und im Judentum zu verteidigen sucht, würde aus der Analyse herausfallen. Ähnlich würde es sich mit der Analyse des deutschen Nationalsozialismus verhalten. Hätten die sozialen Indikatoren den Ausschlag der Aggressionsrichtung Hitlers gegeben, dann hätte sich die Eroberung nicht nach Osten richten dürfen, der in einem erheblichen Modernisierungsgefälle gegenüber dem Deutschen Reich stand. Die Fokussierung der neo-marxistischen und individualistischen Theorieanlagen auf die 'objektive' soziale Ungleichheit zwischen verschiedenen Regionen schränkt die Möglichkeiten erheblich ein. Deutlich wird an diesen Beispielen, daß Nationalismus nicht auf meßbare soziale Indikatoren zurückzuführen ist, sondern vielmehr auf Beobachtungsverhältnisse, welche die Nicht-Legitimität in der Relation zweier sozial konstruierter 'Kollektive' betonen. Daß dies nicht notwendig mit 'rationalen' Indikatoren übereinstimmt, sondern — von außen beobachtet — erhebliche Irrationalismen (wie die verschiedentlich erwähnten Verschwörungstheorien) freisetzen kann, dürfte in dieser Untersuchung mehr als deutlich geworden sein.

Sowohl die marxistischen als auch die RC-Theorien sehen überdies am primär politischen Charakter der 'Nation' vorbei. In ihrer Anlage kann politische Macht immer nur als Mittel zum Zweck, nämlich dem Zweck der Verfolgung 'rationaler' Interessen bestimmter 'Gruppen' eingesetzt werden. Hier wurde demgegenüber die — gerade in historischer Hinsicht hinreichend belegbare — These vertreten, daß sich nationale Semantiken über mehrere Jahrhunderte hinweg um die partikularen Staaten als Kerne herum ausgebildet haben. Die Form 'Nation' konnte sich zu einem eigenständigen Beobachtungsmuster der Politik entwickeln. Spätestens jedoch bei der Analyse des Nationalsozialismus sollte klar geworden sein, wie sehr das politische System eigene Zwecksetzungen über den Beobachtungsmodus der 'Nation' bzw. der 'Rasse' verfolgen kann, die sich nicht auf einzelne 'Gruppeninteressen' reduzieren lassen.

Im nachhinein sehe ich auch meine Vermutung bestätigt, daß der 'ethnonationalistische' Ansatz Walker Connors und vor allem Anthony D. Smiths mit der primären Betonung partikularer, auf ethnischen Kategorien basierender nationaler Identitäten zwar vielen Fragestellungen dieser Untersuchung gerecht wird, daß jedoch insgesamt die Fokussierung auf die kulturellen Gehalte zu kurz greift. Der 'Ethnonationalismus' vermag in erster Linie keine befriedigenden Antworten auf die Auslösemechanismen des Nationalismus geben. Die Erinnerung an vergangene Schlachten allein reicht hierzu nicht aus. Wenn dies das ausschließliche Kriterium wäre, würde es keine Konjunkturen nationaler Semantiken geben, keine Zeiten, in denen die 'Nation' sich kaum bemerkbar macht, wie es etwa nach dem Zweiten Weltkrieg in Europa der Fall war. Neben der zu konstatierenden Starrheit der Theorie ist auf die ebenfalls oben schon vermutete Unterbelichtung gesellschaftsstruktureller Faktoren hinzuweisen, die in dieser Untersuchung die entscheidenden Anhaltspunkte für das Auslösen nationaler Semantiken lieferten. Die strukturell induzierten Krisen und Bedrohungsszenarien tauchen denn auch im Rahmen des 'Ethnonationalismus' nicht auf. Als Analyseinstrument ist dieser Ansatz insgesamt nicht hinreichend flexibel.

Welche Konsequenzen sind also aus dieser Untersuchung für die soziologische Nation- und Nationalismus-Theorie zu ziehen? Ich sehe, auch wenn man der von mir vorgeschlagenen Theorielinie nicht im einzelnen folgen mag, in erster Linie drei Folgerungen: *Erstens* heißt es, Abschied zu nehmen von unilinearen Evolutionstheorien, die kulturelle Ablösungsprozesse, beispielsweise das Zurückdrängen religiöser Semantiken, mit einer vollkommenen Überwindung gleichsetzen. Wie sich herausgestellt hat, sind religiöse und konfessionelle Anteile der nationalen Semantiken niemals völlig verschwunden; sie machen sich derzeit etwa wieder im Zusammenhang mit der christlichen Orthodoxie in Osteuropa bemerkbar. Allgemein möchte ich vermuten, daß es keine kulturellen Semantiken gibt, die sich einer Politisierung *per se* verschließen können. Die *zweite* methodische Folgerung lautet: Es reicht nicht aus, sich im Hinblick auf die 'Nation' nur mit der Innenseite zu beschäftigen. Der Beobachtung der Außenseite, die durch globale Prozesse angeregt wird, in der Konflikte und Bedrohungsszenarien auftauchen, muß mehr Aufmerksamkeit gewidmet werden als dies bisher geschieht. *Drittens* möchte ich dafür plädieren, in der soziologischen Nation- und Nationalismustheorie der politischen Dimension wieder einen angemessenen Platz einzuräumen. Ohne *Bringing the State Back In* lassen sich die gegenwärtigen Nationalismen, aber auch frühere Konflikte dieser Art nicht hinreichend adäquat analysieren.

Am Ende muß das — für die soziologische Nation- und Nationalismustheorie etwas beschämende — Urteil lauten, daß diese Folgerungen in wesentlichen Teilen schon von ihren theoretischen Klassikern, vor allem von Max Weber und Georg Simmel postuliert worden waren: Man findet bei Max Weber die politische Prägnanz der 'Nation' hervorgehoben, und Georg Simmels luzide Analysen des Konflikts lassen sich selbst mit neuesten Theoriemitteln kaum übertreffen.

Überdies haben beide Klassiker auf solch weitreichende Evolutionstheorien verzichtet, die sie zu kühnen Prognosen verleitet hätte, welche von der Realität nur wenige Jahrzehnte später mit Wucht dementiert worden wären. Die Vorsicht Webers und Simmels bezüglich der Voraussicht des Entwicklungspotentials der 'Nation' bestätigt eine der wenigen Weisheiten, die die Soziologie überhaupt anzubieten hat, nämlich daß nichts so riskant ist wie eine Prognose, vor allem dann, wenn mit der Prognose Aussagen über die Zukunft gemacht werden sollen. An diese Weisheit möchte auch ich mich halten und keine Aussage darüber machen, wie lange die Dauer der Konjunktur des gegenwärtigen Nationalismus anhalten mag. Ich will das Beste hoffen.

Literatur

Alber, Jens, 1987: Vom Armenhaus zum Wohlfahrtsstaat: Analysen zur Entwicklung der Sozialversicherung in Westeuropa, 2. Aufl., Frankfurt/M./New York: Campus.

Alexander, Jeffrey C., 1990: Core Solidarity, Ethnic Out-Groups, and Social Differentiation, in: Alexander/Colomy (Hrsg.), S. 267-293.

Alexander, Jeffrey C., 1993: Durkheims Problem und die Theorie der Differenzierung heute, in: ders., Soziale Differenzierung und kultureller Wandel, Frankfurt/M./New York: Campus, S. 84-115.

Alexander, Jeffrey C. und Paul Colomy (Hrsg.), 1990: Differentiation Theory and Social Change: Comparative and Historical Perspectives, New York: Columbia University Press.

Allport, Gordon W., 1971: Die Natur des Vorurteils, Orig. 1954, Köln: Kiepenheuer und Witsch.

Allport, Gordon W., 1993: Vorwort, Orig. 1946, in: Simmel, Ernst (Hrsg.), Antisemitismus, Frankfurt/M.: Fischer, S. 9-11.

Almond, Gabriel und Sidney Verba, 1963: The Civic Culture, Boston: Little, Brown and Co.

Alter, Peter, 1985: Nationalismus, Frankfurt/M.: Suhrkamp.

Altgeld, Wolfgang, 1992: Katholizismus, Protestantismus, Judentum: Über religiös begründete Gegensätze und nationalreligiöse Ideen in der Geschichte des deutschen Nationalismus, Mainz: Matthias-Grünewald-Verlag.

Anderson, Benedict, 1988: Die Erfindung der Nation: Zur Karriere eines folgenreichen Konzepts, Frankfurt/M./New York: Campus.

Anderson, Benedict, 1992: The New World Disorder, in: New Left Review, No. 193, S. 3-13.

Angehrn, Emil, 1985: Geschichte und Identität, Berlin/New York: de Gruyter.

Ansén, Rainer, 1994: Die Ethnisierung Europas: Zur Philosophie der "Neuen Rechten", in: Lettre International (dt. Ausgabe), H. 24, S. 89-90.

Anthias, Floya, 1992: Connecting 'Race' and Ethnic Phenomena, in: Sociology, 26, S. 421-438.

Apter, David E., 1963: Political Religion in the New Nations, in: Geertz (Hrsg.), S. 57-104.

Archer, Margret S., 1985: The Myth of Cultural Integration, in: British Journal of Sociology, 36, S. 333-353.

Archer, Margret S., 1988: Culture and Agency: The Place of Culture in Social Theory, Cambridge, Engl.: Cambridge University Press.

Aretin, Karl Otmar Freiherr von, 1989: Reichspatriotismus, in: Aufklärung, 4, H. 2, S. 25-36.

Assmann, Aleida, 1989: This blessed plot, this earth, this realm, this England. Zur Entstehung des englischen Nationalbewußtseins in der Tudor-Zeit, in: Garber, Klaus (Hrsg.), S. 429-452.

Assmann, Aleida und Jan, 1990: Kultur und Konflikt: Aspekte einer Theorie unkommunikativen Handelns, in: Assmann, Jan/Harth (Hrsg.), S. 11-48.

Assmann, Jan und Dietrich Harth (Hrsg.), 1990: Kultur und Konflikt, Frankfurt/M.: Suhrkamp.

Bade, Klaus J., 1989: Die 'Zweite Reichsgründung' in Übersee: Imperiale Visionen, Kolonialbewegung und Kolonialpolitik in der Bismarckzeit, in: Birke, Adolf M. und Günther Heydemann (Hrsg.), Die Herausforderung des europäischen Staatensystems: Nationale Ideologie und staatliches Interesse zwischen Restauration und Imperialismus, Göttingen/Zürich: Vandenhoeck und Ruprecht, S. 183-215.

Baecker, Dirk (Hrsg.), 1993a: Kalkül der Form, Frankfurt/M.: Suhrkamp.

Baecker, Dirk (Hrsg.), 1993b: Probleme der Form, Frankfurt/M.: Suhrkamp.

Balibar, Etienne, 1992: Die Nation-Form: Geschichte und Ideologie, in: Balibar/Wallerstein, S. 107-130.

261

Balibar, Etienne und Immanuel Wallerstein, 1992: Rasse - Klasse - Nation: Ambivalente Identitäten, 2. Aufl., Hamburg/Berlin: Argument-Verlag.

Balke, Friedrich, 1992: Die Figur des Fremden bei Carl Schmitt und Georg Simmel, in: Sociologia Internationalis, 30, S. 35-59.

Bateson, Gregory, 1981: Ökologie des Geistes: Anthropologische, psychologische, biologische und epistemologische Perspektiven, Frankfurt/M.: Suhrkamp.

Batscha, Zwi und Jörn Garber (Hrsg.), 1981: Von der ständischen zur bürgerlichen Gesellschaft: Politisch-soziale Theorien im Deutschland der zweiten Hälfte des 18. Jahrhunderts, Frankfurt/M.: Suhrkamp.

Bauer, Otto, 1924: Die Nationalitätenfrage und die Sozialdemokratie, 2. Aufl., Orig. 1907, Marx-Studien Bd. 2, Wien: Verlag der Wiener Volksbuchhandlung.

Bauer, Yehuda, 1990: Antisemitismus und Krieg, in: Frei/Kling (Hrsg.), S. 146-162.

Baum, Rainer C. und Frank J. Lechner, 1981: National Socialism: Towards an Action-theoretical Interpretation, in: Sociological Inquiry, 51, S. 281-308.

Bauman, Zygmunt, 1992a: Moderne und Ambivalenz: Das Ende der Eindeutigkeit, Hamburg: Junius.

Bauman, Zygmunt, 1992b: Dialektik der Ordnung: Die Moderne und der Holocaust, Hamburg: Europäische Verlagsanstalt.

Bauman, Zygmunt, 1993: Das Jahrhundert der Lager?, in: Kommune, 11, H. 12, S. 43-49.

Bayer, Jószef, 1991: Vom latenten Pluralismus zur Demokratie, in: Deppe, Rainer et al., (Hrsg.), Demokratischer Umbruch in Osteuropa, Frankfurt/M.: Suhrkamp, S. 151-166.

Beck, Ulrich, 1986: Risikogesellschaft: Auf dem Weg in eine andere Moderne, Frankfurt/M.: Suhrkamp.

Beck, Ulrich, 1993: Die Erfindung des Politischen: Zu einer Theorie reflexiver Modernisierung, Frankfurt/M.: Suhrkamp.

Beierwaltes, Werner, 1980: Identität und Differenz, Frankfurt/M.: Klostermann.

Bell, Daniel, 1975: Ethnicity and Social Change, in: Glazer/Moynihan (Hrsg.), S. 141-174.

Bell-Fialkoff, Andrew, 1993: A Brief History of Ethnic Cleansing, in: Foreign Affairs, 72, H. 3, S. 110-121.

Bendix, Reinhard, 1964: Nation-Building and Citizenship: Studies of our Changing Social Order, New York, London, Sydney: Wiley and Sons.

Bendix, Reinhard, 1979: Why Nationalism? Relative Backwardness and Intellectual Mobilization, in: Zeitschrift für Soziologie, 8, S. 6-13.

Bendix, Reinhard, 1980a: Könige oder Volk: Machtausübung und Herrschaftsmandat, Bd. 1, Frankfurt/M.: Suhrkamp.

Bendix, Reinhard, 1980b: Könige oder Volk: Machtausübung und Herrschaftsmandat, Bd. 2, Frankfurt/M.: Suhrkamp.

Bendix, Reinhard, 1982: Relative Rückständigkeit und geistige Mobilisierung, in: ders., Freiheit und historisches Schicksal, Heidelberger Max Weber-Vorlesungen 1981, Frankfurt/M.: Suhrkamp, S. 120-135.

Benedikt, Michael, 1993: Expressionism, Romanticism and Postmodernism: Heidegger's Nationalistic Career, in: History of European Ideas, 16, S. 795-800.

Benoist, Jean-Marie, 1980: Facetten der Identität, in: ders. (Hrsg.), Identität. Ein interdisziplinäres Seminar unter Leitung von Claude Lévi-Strauss, Stuttgart: Klett-Cotta, S. 11-21.

Berger, Peter L., Brigitte Berger und Hansfried Kellner, 1987: Das Unbehagen in der Modernität, Orig. 1973, Frankfurt/M./New York: Campus.

Bergmann, Jörg und Claus Leggewie, 1993: Die Täter sind unter uns: Beobachtungen aus der Mitte Deutschlands, in: Kursbuch 113, S. 7-37.

Berlin, Isaiah, 1972: The Bent Twig: A Note on Nationalism, in: Foreign Affairs, 51, S. 11-30.

Berlin, Isaiah, 1990: Der Nationalismus: Seine frühere Vernachlässigung und gegenwärtige Macht, in: ders., Der Nationalismus, Frankfurt/M.: Anton Hain, S. 35-72.

Bessel, Richard, 1992: The International Economic Order between the Wars, in: McGrew et al., S. 157-173.

Beumann, Helmut und Werner Schröder (Hrsg.), 1978: Aspekte der Nationenbildung im Mittelalter. Nationes: Historische und philologische Untersuchungen zur Entstehung der europäischen Nationen im Mittelalter, Bd. 1, Sigmaringen: Thorbecke.

Bibó, István, 1992: Die Misere der osteuropäischen Kleinstaaterei, Orig. 1946, Frankfurt/M.: Verlag Neue Kritik.

Björklund, Ulf, 1987: Ethnicity and the Welfare State, in: International Social Science Journal, Nr. 111, S. 19-30.

Blomert, Reinhard, Helmut Kuczmics und Annette Treibel (Hrsg.), 1993: Transformationen des Wir-Gefühls: Studien zum nationalen Habitus, Frankfurt/M.: Suhrkamp.

Bloom, William, 1990: Personal Identity, National Identity and International Relations, Cambridge, Engl.: Cambridge University Press.

Bödeker, Hans Erich, 1982: Art. "Menschheit, Humanität, Humanismus", in: Brunner, Otto, Werner Conze und Reinhart Koselleck (Hrsg.), Geschichtliche Grundbegriffe, Bd. 3, Stuttgart: Klett-Cotta, S. 1063-1128.

Bös, Mathias, 1993: Ethnisierung des Rechts: Staatsbürgerschaft in Deutschland, Frankreich, Großbritannien und den USA, in: Kölner Zeitschrift für Soziologie und Sozialpsychologie, 45, S. 619-643.

Bojadjew, Zotscho, 1993: Homo viator: Die Stadt des Mittelalters und der Weg der Weisheit, in: Lettre International (dt. Ausgabe), H. 23, S. 44-47.

Boockmann, Hartmut, 1987: Stauferzeit und spätes Mittelalter: Deutschland 1125-1517, Berlin: Siedler.

Bornschier, Volker, 1984: Art. "Weltsystem", in: Nohlen, Dieter (Hrsg.), Pipers Wörterbuch zur Politik, Bd. 5, München: Piper, S. 535-541.

Bornschier, Volker, 1988: Westliche Gesellschaft im Wandel, Frankfurt/M./New York: Campus.

Borst, Arno, 1957: Der Turmbau von Babel: Geschichte der Meinungen über Ursprung und Vielfalt der Sprachen und Völker, Bd. I: Fundamente und Aufbau, Stuttgart: Hiersemann.

Borst, Arno, 1959: Der Turmbau von Babel: Geschichte der Meinungen über Ursprung und Vielfalt der Sprachen und Völker, Bd. II,2: Ausbau, Stuttgart: Hiersemann.

Borst, Arno, 1960: Der Turmbau von Babel: Geschichte der Meinungen über Ursprung und Vielfalt der Sprachen und Völker, Bd. III,1: Umbau, Stuttgart: Hiersemann.

Borst, Arno, 1961: Der Turmbau von Babel: Geschichte der Meinungen über Ursprung und Vielfalt der Sprachen und Völker, Bd. III,2: Umbau, Stuttgart: Hiersemann.

Borst, Arno, 1990: Barbaren, Geschichte eines europäischen Schlagwortes, in: ders., Barbaren, Ketzer und Artisten: Welten des Mittelalters, 2. Aufl., München/Zürich: Piper, S. 19-31.

Bracher, Karl Dietrich, Manfred Funke und Hans-Adolf Jacobsen (Hrsg.), 1992: Deutschland 1933-1945: Neue Studien zur nationalsozialistischen Herrschaft, Bonn: Droste.

Braudel, Fernand, 1986a: Sozialgeschichte des 15.-18. Jahrhunderts: Aufbruch zur Weltwirtschaft, München: Kindler.

Braudel, Fernand, 1986b: Sozialgeschichte des 15.-18. Jahrhunderts: Der Handel, München: Kindler.

Bremmer, Ian, 1993: Reassessing Soviet nationalities theory, in: Bremmer/Taras (Hrsg.), S. 3-26.

Bremmer, Ian und Ray Taras (Hrsg.), 1993: Nations and Politics in the Soviet Successor States, Cambridge, Engl.: Cambridge University Press.

Breuer, Stefan, 1991: Max Webers Herrschaftssoziologie, Frankfurt/M./New York: Campus.

Breuer, Stefan, 1993: Anatomie der konservativen Revolution, Darmstadt: Wissenschaftliche Buchgesellschaft.

Breuilly, John, 1990: The Nation-State and Violence: A Critique of Giddens, in: Clark/Mogdul/Mogdul (Hrsg.), S. 271-288.

Buchanan, William und Hadley Cantril, 1953: How Nations See Each Other: A Study in Public Opinion, Urbana, Ill.: University of Illinois Press.

Bühl, Walter L., 1976: Theorien sozialer Konflikte, Darmstadt: Wissenschaftliche Buchgesellschaft.

Buford, Bill, 1992: Geil auf Gewalt: Unter Hooligans, München/Wien: Hanser.

Bugajski, Janusz, 1993: Nations in Turmoil: Conflict & Cooperation in Eastern Europe, Boulder, Col.: Westview Press.

Burleigh, Michael und Wolfgang Wippermann, 1991: The Racial State: Germany 1933-1945, Cambridge, Engl.: Cambridge University Press.

Burton, John W., 1972: World Society, Cambridge, Engl.: Cambridge University Press.

Cahnman, Werner J., 1973a: Tönnies and Marx: Evaluation and Excerpts, in: Cahnman (Hrsg.), S. 219-238.

Cahnman, Werner J., 1973b: Tönnies and Durkheim: An Exchange of Reviews, in: Cahnman, (Hrsg.), S. 239-256.

Cahnman, Werner J. (Hrsg.), 1973: Ferdinand Tönnies: A New Evaluation, Leiden: Brill.

Carter, Stephen K., 1990: Russian Nationalism: Yesterday, Today, Tomorrow, London: Pinter.

Cassirer, Ernst, 1987: Philosophie der symbolischen Formen, Teil 2: Das mythische Denken, 8. unverändert. Aufl., Darmstadt: Wissenschaftliche Buchgesellschaft.

Chirot, Daniel und Thomas D. Hall, 1982: World-System Theory, in: Annual Review of Sociology, 8, S. 81-106.

Clark, Jon, Celia Mogdul und Sohan Mogdul (Hrsg.), 1990: Anthony Giddens: Consensus and Controversy, London/New York/Philadelphia: Falmer Press.

Clausen, Lars und Carsten Schlüter (Hrsg.), 1991: Hundert Jahre "Gemeinschaft und Gesellschaft": Ferdinand Tönnies in der Diskussion, Opladen: Leske und Budrich.

Cohn, Norman, 1969: Die Protokolle der Weisen von Zion: Der Mythos von der jüdischen Weltverschwörung, Köln/Berlin: Kiepenheuer und Witsch.

Confino, Michael, 1992: Solshenitsyn, the West, and the New Russian Nationalism, in: Reinharz, Jehuda und George L. Mosse (Hrsg.), The Impact of Western Nationalisms: Essays dedicated to Walter Z. Laqueur on the occasion of his 70th birthday, London etc.: Sage, S. 257-282.

Connerton, Paul, 1989: How Societies Remember, Cambridge, Engl.: Cambridge University Press.

Connor, Walker, 1971/72: Nation-Building or Nation-Destroying?, in: World Politics, 24, S. 319-355.

Connor, Walker, 1977: Ethnonationalism in the First World: The Present in Historical Perspective, in: Esman (Hrsg.), S. 19-45.

Connor, Walker, 1992: The Nation and its Myth, in: International Journal of Comparative Sociology, 33, S. 48-57.

Conze, Werner, 1964: Nation und Gesellschaft. Zwei Grundbegriffe der revolutionären Epoche, in: Historische Zeitschrift, 198, S. 1-16.

Conze, Werner, 1985: Ethnogenese und Nationsbildung - Ostmitteleuropa als Beispiel, in: Studien zur Ethnogenese, Abhandlungen der Rheinisch-Westfälischen Akademie der Wissenschaften, Bd. 72, Opladen: Westdeutscher Verlag, S. 189-206.

Conze, Werner und Dieter Groh, 1966: Die Arbeiterbewegung in der nationalen Bewegung: Die deutsche Sozialdemokratie vor, während und nach der Reichsgründung, Stuttgart: Klett.

Conze, Werner und Antje Sommer, 1984: Art. "Rasse", in: Brunner, Otto und Werner Conze, Reinhart Koselleck (Hrsg.), Geschichtliche Grundbegriffe, Bd. 4, Stuttgart: Klett-Cotta, S. 135-178.

Coulmas, Peter, 1990: Weltbürger: Geschichte einer Menschheitssehnsucht, Reinbek: Rowohlt.

Craig, Gordon A., 1981: Deutsche Geschichte 1866-1945: Vom norddeutschen Bund bis zum Ende des Dritten Reiches, 3. verb. Aufl., München: Beck.

Craig, Gordon A. und Alexander L. George, 1984: Zwischen Krieg und Frieden: Konfliktlösung in Geschichte und Gegenwart, München: Beck.

Cunningham, Hugh, 1989: The Language of Patriotism, in: Samuel, Raphael (Hrsg.), Patriotism. The Making and Unmaking of British National Identity, Vol. I: History and Politics, London/New York: Routledge, S. 57-89.

Czempiel, Ernst-Otto, 1991: Weltpolitik im Umbruch: Das internationale System nach dem Ende des Ost-West-Konflikts, München: Beck.

Dahme, Heinz-Jürgen und Otthein Rammstedt, 1984: Die zeitlose Modernität der soziologischen Klassiker: Überlegungen zur Theoriekonstruktion von Emile Durkheim, Ferdinand Tönnies, Max Weber und besonders Georg Simmel, in: dies. (Hrsg.), Georg Simmel und die Moderne: Neue Interpretationen und Materialien, Frankfurt/M.: Suhrkamp, S. 449-478.

Dahrendorf, Ralf, 1992: Der moderne soziale Konflikt, Stuttgart: Deutsche Verlags-Anstalt.

Dandeker, Christopher, 1990: The Nation-State and the Modern World System, in: Clark/ Mogdul/Mogdul (Hrsg.), S. 257-269.

Dann, Otto, 1978: Nationalismus und sozialer Wandel in Deutschland 1806-1850, in: ders., Nationalismus und sozialer Wandel, Hamburg: Hoffmann und Campe, S. 77-128.

Dann, Otto, 1993: Nation und Nationalismus in Deutschland 1770-1990, München: Beck

Dann, Otto (Hrsg.), 1986: Nationalismus in vorindustrieller Zeit, München: Oldenbourg, .

Derrida, Jacques, 1988: Die différance, in: ders., Randgänge der Philosophie, Wien: Passagen-Verlag, S. 29-52.

de Swaan, Abram, 1990: In Care of the State: Health Care, Education and Welfare in Europe and the USA in the Modern Era, Cambridge, Engl.: Polity Press.

Deutsch, Karl W., 1953: Nationalism and Social Communication: An Inquiry into the Foundations of Nationality, New York/London: Wiley/Chapman & Hall.

Deutsch, Karl W., 1972a: Der Nationalismus und seine Alternativen. München: Piper.

Deutsch, Karl W., 1972b: Nationenbildung - Nationalstaat - Integration, hrsg. von A. Ashkenasi und P. Schulze, Düsseldorf: Bertelsmann Universitätsverlag.

Dickstein, Morris, 1993: After the Cold War: Culture as Politics, Politics as Culture, in: Social Research, 60, S. 531-544.

Diner, Dan, 1992: Zwischen Deutschland und Rußland 1919-1939: Ein historisches Arsenal politischer Erinnerung, in: Schoch, Bruno (Red.), Deutschlands Einheit und Europas Zukunft, Friedensanalysen 26, Frankfurt/M.: Suhrkamp, S. 182-202.

Diner, Dan, 1993: Verkehrte Welten: Antiamerikanismus in Deutschland, Frankfurt/M.: Eichborn.

Dostál, Petr, 1993: Ethno-national Aspirations in the Soviet Union and its Successor Regimes: Juggling with Options, in: O'Loughlin/van der Wusten (Hrsg.), S. 89-114.

Dreyer, Michael, 1991: Ferdinand Tönnies und die Kriegsschuldfrage, in: Clausen/Schlüter (Hrsg.), S. 483-494.

Duchhardt, Heinz, 1989: Das Zeitalter des Absolutismus. Oldenbourg-Grundriß der Geschichte, Bd. 11, München: Oldenbourg.

Dunlop, John, 1993: Russia: Confronting a Loss of Empire, in: Bremmer/Taras (Hrsg.), S. 43-72.

Durkheim, Emile, 1973: Der Selbstmord, Orig. 1897, Neuwied/Berlin: Luchterhand.

Durkheim, Emile, 1981: Die elementaren Formen des religiösen Lebens, Orig. 1912, Frankfurt/M.: Suhrkamp.

Durkheim, Emile, 1988: Über soziale Arbeitsteilung: Studie über die Organisation höherer Gesellschaften, Orig. 1893, 2. durchges. Aufl., Frankfurt/M.: Suhrkamp.

Ehlers, Joachim, 1989: Die deutsche Nation des Mittelalters als Gegenstand der Forschung, in: Ehlers (Hrsg.), S. 11-58.

Ehlers, Joachim, 1992a: Art. "Natio 1.", in: Lexikon des Mittelalters, Bd. 6, 5. Lieferung, München/Zürich: Artemis und Winkler, Sp. 1035-1038.

Ehlers, Joachim, 1992b: Die Entstehung der Nationen und das mittelalterliche Reich, in: Geschichte in Wissenschaft und Unterricht, 43, S. 264-274.

Ehlers, Joachim (Hrsg.), 1989: Ansätze und Diskontinuität deutscher Nationbildung im Mittelalter, Sigmaringen: Thorbecke.

Eickelpasch, Rolf, 1973: Mythos und Sozialstruktur, Düsseldorf: Bertelsmann Universitätsverlag.

Eisenstadt, Shmuel N., 1979: Tradition, Wandel und Modernität, Frankfurt/M.: Suhrkamp.

Elias, Norbert, 1976a: Über den Prozeß der Zivilisation: Soziogenetische und psychogenetische Untersuchungen, Bd. 1, Frankfurt/M.: Suhrkamp.

Elias, Norbert, 1976b: Über den Prozeß der Zivilisation: Soziogenetische und psychogenetische Untersuchungen, Bd. 2, Frankfurt/M.: Suhrkamp.

Elias, Norbert, 1983: Die Fischer im Mahlstrom, in: ders., Engagement und Distanzierung: Arbeiten zur Wissenssoziologie I, Frankfurt/M.: Suhrkamp, S. 74-183.

Elias, Norbert, 1987: Die Gesellschaft der Individuen, Frankfurt/M.: Suhrkamp.

Elias, Norbert, 1989: Studien über die Deutschen: Machtkämpfe und Habitusentwicklung im 19. und 20. Jahrhundert, hrsg. von Michael Schröter, Frankfurt/M.: Suhrkamp.

Elias, Norbert und John L. Scotson, 1990: Etablierte und Außenseiter, Frankfurt/M.: Suhrkamp.

Elkana, Yehuda, 1986: Anthropologie der Erkenntnis: Die Entwicklung des Wissens als episches Theater einer listigen Vernunft, Frankfurt/M.: Suhrkamp.

Elton, G.R., 1986: English National Selfconsciousness and the Parliament in the Sixteenth Century, in: Dann (Hrsg.), S. 73-82.

Elwert, Georg, 1989: Nationalismus und Ethnizität: Über die Bildung von Wir-Gruppen, in: Kölner Zeitschrift für Soziologie und Sozialpsychologie, 41, S. 440-464.

Esman, Milton J. (Hrsg.), 1977: Ethnic Conflict in the Western World, Ithaca/London: Cornell University Press.

Esposito, Elena, 1993: Ein zweiwertiger nicht-selbständiger Kalkül, in: Baecker, Dirk (Hrsg.), S. 96-111.

Esser, Hartmut, 1988: Ethnische Differenzierung und moderne Gesellschaft, in: Zeitschrift für Soziologie, 17, S. 235-248.

Estel, Bernd, 1983: Soziale Vorurteile und soziale Urteile: Kritik und wissenssoziologische Grundlegung der Vorurteilsforschung, Opladen: Westdeutscher Verlag.

Estel, Bernd, 1988: Gesellschaft ohne Nation? Zur nationalen Identität der Deutschen heute, in: Sociologia Internationalis, 26, S. 175-207.

Estel, Bernd, 1991: Grundbegriffe der Nation: Eine begrifflich-systematische Untersuchung, in: Soziale Welt, 42, S. 208-231.

Evans, Peter B., Dietrich Rueschemeyer und Theda Skocpol (Hrsg.), 1985: Bringing the State Back In, Cambridge, Engl.: Cambridge University Press.

Ewald, François, 1993: Der Vorsorgestaat, Frankfurt/M.: Suhrkamp.

Falter, Jürgen W., 1991: Hitlers Wähler, München: Beck.

Falter, Jürgen W., 1992: Economic Debts and Political Gains: Electoral Support for the NAZI Party in Agrarian and Commercial Sectors, 1928-1933, in: Historical Social Research, 17, S. 3-21.

Falter, Jürgen W., Andreas Link, Jan-Bernd Lohmüller, Johann de Rijke und Siegried Schumann, 1983: Arbeitslosigkeit und Nationalsozialismus: Eine empirische Analyse des Beitrags der Massenerwerbslosigkeit zu den Wahlerfolgen der NSDAP 1932 und 1933, in: Kölner Zeitschrift für Soziologie und Sozialpsychologie, 35, S. 525-554.

Falter, Jürgen W. und Michael H. Kater, 1993: Wähler und Mitglieder der NSDAP: Neue Forschungsergebnisse zur Soziographie des Nationalsozialismus 1925 bis 1933, in: Geschichte und Gesellschaft, 19, S. 155-177.

Farías, Victor, 1989: Heidegger und der Nationalsozialismus, Frankfurt/M.: Fischer.

Farin, Klaus und Eberhard Seidel-Pielen, 1993: "Ohne Gewalt läuft nichts": Jugend und Gewalt in Deutschland, Köln: Bund-Verlag.

Fehrenbach, Elisabeth, 1986: Art. "Nation", in: Handbuch politisch-sozialer Grundbegriffe in Frankreich 1680-1820, hrsg. von Rolf Reichhardt und Eberhard Schmitt, Heft 7, München: Oldenbourg, S. 75-107.

Fein, Helen, 1990: Genocide: A Sociological Perspective, in: Current Sociology, 38, No. 1, S. 1-126.

Ferguson, Adam, 1988: Versuch über die Geschichte der bürgerlichen Gesellschaft, hrsg. und eingel. von Zwi Batscha und Hans Medick, Orig. 1767, Frankfurt/M.: Suhrkamp.

Fetscher, Iring, 1967: Der Marxismus: Seine Geschichte in Dokumenten, München: Piper.

Fichtenau, Heinrich, 1981: Gentiler und europäischer Horizont an der Schwelle des ersten Jahrtausends, in: Römische Historische Mitteilungen, 23, S. 227-243.

Finkielkraut, Alain, 1989: Die Niederlage des Denkens, Reinbek: Rowohlt.

Fisher, Ronald J., 1990: The Social Psychology of Intergroup and International Conflict Resolution, New York etc.: Springer.

Flora, Peter, 1974: Modernisierungsforschung: Zur empirischen Analyse der gesellschaftlichen Entwicklung, Opladen: Westdeutscher Verlag.

Flora, Peter, 1986: Introduction, in: ders. (Hrsg.), Growth to Limits: The Western European Welfare States Since World War II, Vol. 2: Germany, United Kingdom, Ireland, Italy, Berlin/New York: de Gruyter, S. XI-XXXVI.

Flora, Peter, Jens Alber und Jürgen Kohl, 1977: Die Entwicklung der westeuropäischen Wohlfahrtsstaaten, in: Politische Vierteljahrsschrift, 18, S. 707-772.

Flora, Peter et al., 1983: State, Economy and Society in Western Europe 1815-1975, Vol. 1: The Growth of Mass Democracies and Welfare States, Frankfurt etc.: Campus/Macmillan/St. James Press.

Francis, Emerich, 1965: Ethnos und Demos, Berlin: Duncker und Humblot.

Frei, Norbert, 1990: Der totale Krieg und die Deutschen, in: Frei/Kling (Hrsg.), S. 283-301.

Frei, Norbert und Hermann Kling (Hrsg.), 1990: Der nationalsozialistische Krieg, Frankfurt/ M./New York: Campus.

Frerich, Johannes und Martin Frey, 1993: Handbuch der Geschichte der Sozialpolitik in Deutschland, Bd. 1: Von der vorindustriellen Zeit bis zum Ende des Dritten Reiches, München/Wien: Oldenbourg.

Frey, Hans-Peter und Karl Haußer, 1987: Entwicklungslinien sozialwissenschaftlicher Identitätsforschung, in: dies. (Hrsg.), Identität: Entwicklungen psychologischer und soziologischer Forschung, Stuttgart: Enke, S. 3-26.

Fried, C. (Hrsg.), 1983: Minorities: Community and Identity, Dahlem Konferenzen 1983, Berlin etc.: Springer.

Fröhlich, Sigrid, 1976: Die soziale Sicherung bei Zünften und Gesellenverbänden: Darstellung, Analyse, Vergleich, Berlin: Duncker und Humblot.

Fuchs, Peter, 1991: Vaterland, Patriotismus und Moral, in: Zeitschrift für Soziologie, 20, S. 89-103.

Fuchs, Peter, 1992: Die Erreichbarkeit der Gesellschaft: Zur Konstruktion und Imagination gesellschaftlicher Einheit, Frankfurt/M.: Suhrkamp.

Fuchs, Peter, 1993: Moderne Kommunikation, Frankfurt/M.: Suhrkamp.

Fuhrmann, Manfred, 1979: Persona, ein römischer Rollenbegriff, in: Marquard, Odo und Karlheinz Stierle (Hrsg.), Identität, München: Fink, S. 83-106.

Gadamer, Hans-Georg, 1990: Wahrheit und Methode, Bd. 1: Grundzüge einer philosophischen Hermeneutik, 6. Aufl., Tübingen: Mohr.

Gall, Lothar und Dirk Blasius, 1975: Art. "Einheit", in: Brunner, Otto und Werner Conze, Reinhart Koselleck (Hrsg.), Geschichtliche Grundbegriffe, Bd. 2, Stuttgart: Klett, S. 117-151.

Gallagher, Tom (Hrsg.), 1991: Nationalism in the Nineties: Edinburgh: Polygon.

Garber, Klaus (Hrsg.), 1989: Nation und Literatur im Europa der frühen Neuzeit. Akten des I. Internationalen Osnabrücker Kongresses zur Kulturgeschichte der Frühen Neuzeit, Tübingen: Niemeyer.

Gaupp, Peter, 1983: Staaten als Rollenträger: Die Rollentheorie als Analyse-Instrument von Außenpolitik und internationalen Beziehungen, Frauenfeld: Verlag Huber Frauenfeld.

Gauron, André, 1993: Der Schock des Liberalismus. Osteuropa: Markteuphorie und Wiederentdeckung des Staates, in: Lettre International (dt. Ausgabe), H. 21, S. 19-23.

Gebhardt, Jürgen, 1993: Verfassungspatriotismus als Identitätskonzept der Nation, in: Aus Politik und Zeitgeschichte, H. B 14/93 vom 2.4.1993, S. 29-37.

Geertz, Clifford, 1963: The Integrative Revolution: Primordial Sentiments and Civil Politics in the New States, in: Geertz (Hrsg.), S. 105-157.

Geertz, Clifford (Hrsg.), 1963: Old Societies and New States: The Quest for Modernity in Asia and Africa, New York: Free Press.

Geiss, Imanuel, 1988: Geschichte des Rassismus, Frankfurt/M.: Suhrkamp.

Gellner, Ernest, 1991: Nationalismus und Moderne, Berlin: Rotbuch.

Gephart, Werner, 1982: Soziologie im Aufbruch: Zur Wechselwirkung von Durkheim, Schäffle, Tönnies und Simmel, in: Kölner Zeitschrift für Soziolgie und Sozialpsychologie, 34, S. 1-25.

Gerdes, Dirk, 1985: Regionalismus als soziale Bewegung. Westeuropa, Frankreich, Korsika: Vom Vergleich zur Kontextanalyse, Frankfurt/M./New York: Campus.

Gerhardt, Uta, 1992: Die soziologische Erklärung des nationalsozialistischen Antisemitismus während des Zweiten Weltkriegs in den USA: Zur Faschismustheorie Talcott Parsons', in: Jahrbuch für Antisemitismusforschung, Bd. 1, hrsg. von Wolfgang Bergmann, Frankfurt/M./New York: Campus, S. 253-273.

Giddens, Anthony, 1987: The Nation-State and Violence: Volume Two of A Contemporary Critique of Historical Materialism, Cambridge, Engl.: Polity Press.

Giddens, Anthony, 1990: The Consequences of Modernity, Stanford, Ca.: Stanford University Press.

Giddens, Anthony, 1991: Modernity and Self-Identity: Self and Society in the Late Modern Age, Cambridge, Engl.: Polity Press.

Giesen, Bernhard, 1991a: Die Entdinglichung des Sozialen: Eine evolutionstheoretische Perspektive auf die Postmoderne, Frankfurt/M.: Suhrkamp.

Giesen, Bernhard, 1991b: Einleitung, in: ders. (Hrsg.), S. 9-18.

Giesen, Bernhard, 1993: Die Intellektuellen und die Nation: Eine deutsche Achsenzeit, Frankfurt/M.: Suhrkamp.

Giesen, Bernhard (Hrsg.), 1991: Nationale und kulturelle Identität: Studien zur Entwicklung des kollektiven Bewußtseins in der Neuzeit, Frankfurt/M.: Suhrkamp.

Giesen, Bernhard und Kay Junge, 1991: Vom Patriotismus zum Nationalismus: Zur Evolution der 'Deutschen Kulturnation', in: Giesen (Hrsg.), S. 255-303.

Girard, René, 1992: Ausstoßung und Verfolgung: Eine historische Theorie des Sündenbocks, Frankfurt/M.: Fischer.

Gitelman, Zvi, 1992: Development and Ethnicity in the Soviet Union, in: Motyl, Alexander J. (Hrsg.), The Post Soviet Nations: Perspectives on the Demise of the USSR, New York: Columbia University Press, S. 220-239.

Glazer, Nathan und Daniel P. Moynihan (Hrsg.), 1975: Ethnicity: Theory and Experience, Cambridge, Mass.: Harvard University Press.

Goffman, Erving, 1986: Wo was los ist - wo es *action* gibt, Orig. 1967, in: ders., Interaktionsrituale: Über Verhalten in direkter Kommunikation, Frankfurt/M.: Suhrkamp, S. 164-292.

Gorski, Philip S., 1993: The Protestant Ethic Revisited: Disciplinary Revolution and State Formation in Holland and Prussia, in: American Journal of Sociology, 99, S. 265-316.

Gosman, Leonid, 1993: Von den Schrecken der Freiheit: Die Russen - Ein Psychogramm, Berlin: Rowohlt Berlin.

Gosztonyi, Krisztóf, 1993: Nationalitätenkonflikte in ehemals sozialistischen Ländern. Ein spieltheoretisches Modell, in: Osteuropa, 43, S. 630-640.

Gourevitch, Peter Alexis, 1979: The Reemergence of "Peripheral Nationalisms": Some Comparative Speculations on the Spatial Distribution of Political Leadership and Economic Growth, in: Comparative Studies in Society and History, 21, S. 303-323.

Graml, Hermann, 1992: Rassismus und Lebensraum: Völkermord im Zweiten Weltkrieg, in: Bracher/Funke/Jacobsen (Hrsg.), S. 440-451.

Grathoff, Richard, 1987: Über die Einfalt der Systeme und die Vielfalt der Lebenswelt. Eine Antwort auf Niklas Luhmann, in: Archiv für Rechts- und Sozialphilosophie, 73, S. 251-263.

Graus, František, 1975: Lebendige Vergangenheit: Überlieferungen im Mittelalter und in den Vorstellungen vom Mittelalter, Köln/Wien: Böhlau.

Graus, František, 1980: Die Nationenbildung der Westslawen im Mittelalter, Sigmaringen: Thorbecke.

Graus, František, 1986: Nationale Deutungsmuster der Vergangenheit, in: Dann (Hrsg.), S. 35-53.

Graus, František, 1987: Mentalität - Versuch einer Begriffsbestimmung und Methoden der Untersuchung, in: ders. (Hrsg.), S. 9-48.

Graus, František, 1988: Pest - Geissler - Judenmorde: Das 14. Jahrhundert als Krisenzeit, 2. durchges. Aufl., Göttingen: Vandenhoeck und Ruprecht.

Graus, František (Hrsg.), 1987: Mentalitäten im Mittelalter: Methodische und inhaltliche Probleme, Sigmaringen: Thorbecke.

Greenfeld, Liah, 1990: The Formation of the Russian National Identity: The Role of Status Insecurity and Ressentiment, in: Comparative Studies in Society and History, 32, S. 549-591.

Greß, Franz, Hans-Gerd Jaschke und Klaus Schönekäs, 1990: Neue Rechte und Rechtsextremismus in Europa: Bundesrepublik, Frankreich, Großbritannien, Opladen: Westdeutscher Verlag.

Grunenberg, Antonia, 1993: Antifaschismus - ein deutscher Mythos, Reinbek: Rowohlt.

Grunenberg, Antonia (Hrsg.), 1992: Welche Geschichte wählen wir?, Hamburg: Junius.

Habermas, Jürgen, 1968: Technik und Wissenschaft als 'Ideologie', Frankfurt/M.: Suhrkamp.

Habermas, Jürgen, 1981: Theorie des kommunikativen Handelns, Bd. 2: Zur Kritik der funktionalistischen Vernunft, Frankfurt/M.: Suhrkamp.

Habermas, Jürgen, 1985: Der philosophische Diskurs der Moderne: Zwölf Vorlesungen, Frankfurt/M.: Suhrkamp.

Habermas, Jürgen, 1990a: Strukturwandel der Öffentlichkeit: Untersuchungen zu einer Kategorie der bürgerlichen Gesellschaft, Neuauflage, Orig. 1962, Frankfurt/M.: Suhrkamp.

Habermas, Jürgen, 1990b: Geschichtsorientierung und posttraditionale Identität. Die Westorientierung der Bundesrepublik, Orig. 1987, in: ders., 1990d, S. 159-179.

Habermas, Jürgen, 1990c: Volkssouveränität als Verfahren. Ein normativer Begriff der Öffentlichkeit, Orig. 1989, in: ders., 1990d, S. 180-212.

Habermas, Jürgen, 1990d: Die Moderne - ein unvollendetes Projekt, Philosophisch-politische Aufsätze 1977-1990, Leipzig: Reclam Leipzig.

Habermas, Jürgen, 1992a: Faktizität und Geltung: Beiträge zur Diskurstheorie des Rechts und des demokratischen Rechtsstaats, Frankfurt/M.: Suhrkamp.

Habermas, Jürgen, 1992b: Staatsbürgerschaft und nationale Identität, in: ders., 1992a, S. 632-660.

Haferkamp, Hans (Hrsg.), 1990: Sozialstruktur und Kultur, Frankfurt/M.: Suhrkamp.

Hahn, Alois, 1987: Religion und Welt in der französischen Gegenreformation, in: Baecker, Dirk et al. (Hrsg.), Theorie als Passion, Niklas Luhmann zum 60. Geburtstag, Frankfurt/M.: Suhrkamp, S. 84-106.

Hahn, Alois, 1988: Biographie und Lebenslauf, in: Brose, Hanns-Georg und Bruno Hildenbrand (Hrsg.), Von Ende des Individuums zur Individualität ohne Ende, Opladen: Leske und Budrich, S. 91-105.

Hahn, Alois, 1993: Identität und Nation in Europa, in: Berliner Journal für Soziologie, 3, S. 193-203.

Halbach, Uwe, 1992: Das sowjetische Vielvölkerimperium: Nationalitätenpolitik und nationale Frage, Mannheim etc.: B.I.-Taschenbuchverlag.

Haupt, Heinz-Gerhard, 1974: Nationalismus und Demokratie: Zur Geschichte der Bourgeoisie im Frankreich der Restauration, Frankfurt/M.: Athenäum/Fischer.

Haupt, Heinz-Gerhard, 1989: Sozialgeschichte Frankreichs seit 1789, Frankfurt/M.: Suhrkamp.

Haupt, Volker, 1990, Zwischen Stasimorphie und Entfesselung: Die Sowjetunion auf dem Weg in eine ausdifferenzierte Gesellschaft, in: Kommune, 8, H. 4, S. 40-45.

Hechter, Michael, 1974: The Political Economy of Ethnic Change, in: American Journal of Sociology, 79, S. 1151-1178.

Hechter, Michael, 1975: Internal Colonialism: The Celtic Fringe in British National Development, 1536-1966, London: Routledge and Kegan Paul.

Hechter, Michael, 1992: The Dynamics of Secession, in: Acta Sociologica, 35, S. 267-283.

Heckmann, Friedrich, 1988: Volk, Nation, ethnische Gruppe und ethnische Minderheiten, in: Österreichische Zeitschrift für Soziologie, 13, H. 3, S. 16-31.

Heckmann, Friedrich, 1992: Ethnische Minderheiten, Volk und Nation: Soziologie inter-ethnischer Beziehungen, Stuttgart: Enke.

Heidegger, Martin, 1957: Identität und Differenz, Pfullingen: Neske.

Heidegger, Martin, 1986: Sein und Zeit, Orig. 1927, 16. durchges. Aufl., Tübingen: Niemeyer.

Heitmeyer, Wilhelm, Heike Buhse, Joachim Liebe-Freund et al., 1992: Die Bielefelder Rechts-extremismus-Studie: Erste Langzeituntersuchung zur politischen Sozialisation männlicher Jugendlicher, Weinheim/München: Juventa.

Heintz, Peter, 1957: Soziale Vorurteile: Ein Problem der Persönlichkeit, der Kultur und der Gesellschaft, Köln: Verlag für Politik und Wirtschaft.

Heintz, Peter, 1982: Die Weltgesellschaft im Spiegel von Ereignissen. Diessenhofen: Rüegger.

Hertz, Friedrich, 1927: Wesen und Werden der Nation, in: Nation und Nationalität, Ergänzungsband 1 des Jahrbuchs für Soziologie, hrsg. von Gottfried Salomon, Karlsruhe: Verlag G. Braun, S. 1-88.

Hettlage, Robert, 1988: Fremdheit und Fremdverstehen. Ansätze zu einer angewandten Hermeneutik, in: Archiv für Kulturgeschichte, 70, S. 195-222.

Hill, Christopher, 1958: Puritanism and Revolution: Studies in Interpretation of the English Revolution, London: Secker and Warburg.

Hill, Christopher, 1967: The Century of the Revolution 1603- 1714, A History of England, Vol. 5, 7. Aufl., London: Nelson.

Hill, Christopher, 1991: Protestantismus, Pamphlete, Patriotismus und öffentliche Meinung im England des 16. und 17. Jahrhunderts, in: Giesen, (Hrsg.), S. 100-120.

Hinrichs, Ernst, 1986: Merkantilismus in Europa: Konzepte, Ziele, Praxis, in: ders. (Hrsg.), Absolutismus, Frankurt/M.: Suhrkamp, S. 344-360.

Hirschfeld, Gerhard und Lothar Kettenacker (Hrsg.), 1981: Der "Führerstaat": Mythos und Realität. Studien zur Struktur und Politik des Dritten Reiches, Stuttgart: Klett-Cotta.

Hirschman, Albert O., 1993: Exit, Voice, and the Fate of the German Democratic Republic: An Essay in Conceptual History, in: World Politics, 45, S. 173-202.

Hirschman, Charles, 1983: America's Melting Pot Reconsidered, in: Annual Review of Sociology, 9, S. 397-423.

Hobsbawm, Eric, 1983: Introduction: Inventing Traditions, in: Hobsbawm/Ranger (Hrsg.), S. 1-14.

Hobsbawm, Eric J., 1991: Nationen und Nationalismus: Mythos und Realität seit 1780, Frankfurt/M./New York: Campus.

Hobsbawm, Eric J. und Terence Ranger (Hrsg.), 1983: The Invention of Tradition, Cambridge, Engl.: Cambridge University Press.

Hoffmann, Lutz, 1991: Das 'Volk'. Zur ideologischen Struktur eines unvermeidlichen Begriffs, in: Zeitschrift für Soziologie, 20, S. 191-208.

Hoffmann, Lutz und Herbert Even, 1984: Soziologie der Ausländerfeindlichkeit: Zwischen nationaler Identität und multikultureller Gesellschaft, Weinheim/Basel: Beltz.

Hofstadter, Douglas R., 1985: Gödel Escher Bach: Ein endloses geflochtenes Band, Stuttgart: Klett.

Holden, Gerard, 1994: Russia after the Cold War: History and the Nation in Post-Soviet Security Politics, Frankfurt/M./Boulder, Col.: Campus/Westview.

Hondrich, Karl Otto, 1992: Wovon wir nichts wissen wollten, in: Die Zeit, Nr. 40, S. 68.

Huber, Wolfgang, 1990: Konflikt und Versöhnung, in: Assmann, Jan/Harth (Hrsg.), S. 49-71.

Hunt, Lynn, 1988: The Sacred and the French Revolution, in: Alexander, Jeffrey C. (Hrsg.), Durkheimian Sociology: Cultural Studies, Cambridge, Engl.: Cambridge University Press, S. 25-43.

Huntington, Samuel P., 1993a: The Clash of Civilizations?, in: Foreign Affairs, 72, H.3, S. 22-48.

Huntington, Samuel P., 1993b: If Not Civilizations, What?, in: Foreign Affairs, 72, H. 5, S. 186-194.

Imhof, Kurt, 1993: Nationalismus, Nationalstaat und Minderheiten. Zu einer Soziolgie der Minoritäten, in: Soziale Welt, 44, S. 327-357.

Irvine, Jill A., 1993: The Croat Question: Partisan Politics in the Formation of the Yugoslav Socialist State, Boulder, Col.: Westview Press.

Jacobs, Manfred, 1970: Die Entwicklung des deutschen Nationalgedankens von der Reformation bis zum deutschen Idealismus, in: Zilleßen, Horst (Hrsg.), Volk - Nation - Vaterland: Der deutsche Protestantismus und der Nationalismus, Gütersloh: Mohn, S. 51-110.

Jalali, Rita und Seymour Martin Lipset, 1992: Racial and Ethnic Conflicts: A Global Perspective, in: Political Science Quarterly, 107, S. 585-606.

James, Harold, 1988: Deutschland in der Weltwirtschaftskrise 1924-1926, Stuttgart: Deutsche Verlags-Anstalt.

James, Harold, 1991: Deutsche Identität 1770-1990, Frankfurt/M./New York: Campus.

Janigro, Nicole, 1992: "Jugoslawismus" - Aufstieg und Niedergang eines Modells, in: Prokla, 22, H. 87, S. 207-225.

Jansen, Christian, 1993: "Deutsches Wesen", "deutsche Seele", "deutscher Geist": Der Volkscharakter als nationales Identifikationsmuster im Gelehrtenmilieu, in: Blomert/ Kuczmics/Treibel (Hrsg.), S. 199-278.

Jaworski, Rudolf, 1987: Osteuropa als Gegenstand historischer Stereotypenforschung, in: Geschichte und Gesellschaft, 13, S. 63-76.

Jeismann, Michael, 1991: Was bedeuten Stereotypen für nationale Identität und politisches Handeln?, in: Link, Jürgen und Wulf Wülffing (Hrsg.), Nationale Mythen und Symbole: Strukturen und Funktionen von Konzepten nationaler Identität, Stuttgart: Klett-Cotta, S. 84-93.

Jeismann, Michael, 1992: Das Vaterland der Feinde: Studien zum nationalen Feindbegriff und Selbstverständnis in Deutschland und Frankreich 1792 - 1918, Stuttgart: Klett-Cotta.

Jeismann, Michael, 1993: Alter und neuer Nationalismus, in: Jeismann/Ritter (Hrsg.), S. 9-26.

Jeismann, Michael und Henning Ritter (Hrsg.), 1993: Grenzfälle: Über alten und neuen Nationalismus, Leipzig: Reclam Leipzig, S. 9-26.

Joas, Hans, 1989: Die Klassiker der Soziologie und der Erste Weltkrieg, in: ders. und Helmut Steiner (Hrsg.), Machtpolitischer Realismus und pazifistische Utopie: Krieg und Frieden in der Geschichte der Sozialwissenschaften, Frankfurt/M.: Suhrkamp, S. 179-210.

Joas, Hans, 1992: Die Kreativität des Handelns, Frankfurt/M.: Suhrkamp.

Jones, Eric Lionel, 1991: Das Wunder Europa: Umwelt, Wirtschaft und Geopolitik in der Geschichte Europas und Asiens, Tübingen: Mohr.

Kaelble, Hartmut, 1987: Auf dem Weg zu einer europäischen Gesellschaft. Eine Sozialgeschichte Westeuropas 1880-1980, München: Beck.

Kampe, Norbert, 1988: Studenten und "Judenfrage" im Deutschen Kaiserreich: Die Entstehung einer akademischen Trägerschicht des Antisemitismus, Göttingen: Vandenhoeck und Ruprecht.

Kappeler, Andreas, 1986: Nationalismus im Vielvölkerreich Rußland?, in: Dann, Otto (Hrsg.), S. 83-99.

Kaufmann, Franz-Xaver, 1970: Sicherheit als soziologisches und sozialpolitisches Problem: Untersuchungen zu einer Wertidee hochdifferenzierter Gesellschaften, Stuttgart: Enke.

Kautsky, Karl, 1887: Die moderne Nationalität, in: Die neue Zeit, 5, S. 392-405, 442-451. (Zit. n. unverändertem Nachdruck Glashütten/Ts. 1971).

Kautsky, Karl, 1907: Patriotismus und Sozialdemokratie, Leipzig: Verlag der Leipziger Buchdruckerei.

Kennedy, Paul, 1980: The Rise of the Anglo-German Antagonism, London: Allen and Unwin.

Kennedy, Paul, 1989: Aufstieg und Fall der großen Mächte. Ökonomischer Wandel und militärischer Konflikt von 1500 bis 2000, Frankfurt/M.: Fischer.

Kennedy, Paul, 1993: In Vorbereitung auf das 21. Jahrhundert, Frankfurt/M.: Fischer.

Kershaw, Ian, 1994: Der NS-Staat: Geschichtsinterpretationen und Kontroversen im Überblick, vollst. überarb. und erw. Neuausgabe, Reinbek: Rowohlt.

Kettenacker, Lothar, 1981: Sozialpsychologische Aspekte der Führer-Herrschaft, in: Hirschfeld/Kettenacker (Hrsg.), S. 98-132.

Kiser, Edgar und Michael Hechter, 1991: The Role of General Theory in Comparative-historical Sociology, in: American Journal of Sociology, 97, S. 1-30.

Klapp, Orrin E., 1969: Collective Search for Identity, New York etc.: Holt, Rinehart and Winston.

Kloft, Hans, 1990: Die Germania des Tacitus und das Problem eines deutschen Nationalbewußtseins, in: Archiv für Kulturgeschichte, 72, S. 93-114.

Kluxen-Pyta, Donate, 1991: Nation und Ethos: Die Moral des Patriotismus, Freiburg/München: Alber.

Kneer, Georg und Armin Nassehi, 1991: Verstehen des Verstehens: Eine systemtheoretische Revision der Hermeneutik, in: Zeitschrift für Soziologie, 20, S. 341-356.

Kneer, Georg und Armin Nassehi, 1993: Niklas Luhmanns Theorie sozialer Systeme: Eine Einführung, München: Fink/UTB.

Knight, David B., 1982: Identity and Territory: Geographical Perspectives on Nationalism and Regionalism, in: Annals of the Association of American Geographers, 72, S. 514-531.

Koch, Hannsjoachim W., 1973: Der Sozialdarwinismus: Seine Genese und sein Einfluß auf das imperialistische Denken, München: Beck.

Koch, Koen, 1991a: Back to Sarajevo or Beyond Trianon? Some Thoughts on the Problem of Nationalism in Eastern Europe, in: Netherland's Journal of Social Sciences, 27, S. 28-41.

Koch, Koen, 1991b: Herlevend nationalisme in Midden- en Oost-Europa: Oude problemen, nieuwe perspectieven, in: Zwaan, Ton et al. (Red.), Het Europees Labyrint: Nationalisme en natievorming in Europa, Meppel/Amsterdam: Boom/SISWO, S. 218-252.

Köhnke, Klaus Christian, 1990: Soziologie als Kulturwissenschaft: Georg Simmel und die Völkerpsychologie, in: Archiv für Kulturgeschichte, 72, S. 223-232.

König, René, 1976: Emile Durkheim: Der Soziologe als Moralist, in: Käsler, Dirk (Hrsg.), Klassiker des soziologischen Denkens, Bd. 1, München: Beck, S. 312-364.

Kohlhammer, Siegfried, 1992: Leben wir auf Kosten der Dritten Welt? Über moralische Erpressung und Edle Seelen, in: Merkur, 46, S. 876-898.

Kohn, Hans, 1950: Die Idee des Nationalismus: Ursprung und Geschichte bis zur Französischen Revolution, Heidelberg: Lambert Schneider.

Kohn, Hans, 1968: Art. "Nationalism", in: International Encyclopedia of the Social Sciences, Vol. 11, New York/London: Macmillan and Free Press, S. 63-70.

Kohn, Hans 1976: Prelude to Nation-States: The French and German Experience, 1789-1815, Princeton, N.J.: Van Nostrand.

Korte, Hermann, 1984: Die etablierten Deutschen und ihre ausländischen Außenseiter, in: Gleichmann, Peter und Johan Goudsblom, Hermann Korte (Hrsg.), Macht und Zivilisation: Materialien zu Norbert Elias' Zivilisationstheorie 2, Frankfurt/M.: Suhrkamp, S. 261-279.

Koselleck, Reinhard, 1984a: Zur historisch-politischen Semantik asymmetrischer Gegenbegriffe, in: ders., 1984c, S. 211-259.

Koselleck, Reinhart, 1984b: Begriffsgeschichte und Sozialgeschichte, in: ders., 1984c, S. 107-129.

Koselleck, Reinhart, 1984c: Vergangene Zukunft, 3. Aufl., Frankfurt/M.: Suhrkamp.

Koselleck, Reinhart, 1987: Das Achtzehnte Jahrhundert als Beginn der Neuzeit, in: Herzog, Reinhart und Reinhart Koselleck (Hrsg.), Epochenschwelle und Epochenbewußtsein, München: Fink, S. 269-282.

Koselleck, Reinhart, 1992: Art. "Volk, Nation, Nationalismus I.", in: Brunner, Otto und Werner Conze, Reinhart Koselleck (Hrsg.), Geschichtliche Grundbegriffe, Bd.7, Stuttgart: Klett-Cotta, S. 141-151.

Kosing, Alfred, 1976: Nation in Geschichte und Gegenwart: Studie zur historisch-materialistischen Theorie der Nation, Berlin: Dietz.

Kranig, Andreas, 1992: Arbeitnehmer, Arbeitsbeziehungen und Sozialpolitik unter dem Nationalsozialismus, in: Bracher/Funke/Jacobsen (Hrsg.), S. 135-152.

Krappmann, Lothar, 1988: Soziologische Dimensionen der Identität: Strukturelle Bedingungen für die Teilnahme an Interaktionsprozessen, 7. Aufl., Stuttgart: Klett-Cotta.

Kreckel, Reinhard, 1989: Ethnische Differenzierung und "moderne" Gesellschaft: Kritische Anmerkungen zu Hartmut Essers Aufsatz in der Zeitschrift für Soziologie, Jg. 17 (1988), S. 235-248, in: Zeitschrift für Soziologie, 18, S. 162-167.

Krippendorff, Ekkehart, 1985: Staat und Krieg. Die historische Logik politischer Unvernunft, Frankfurt/M.: Suhrkamp.

Križan, Mojmir, 1992: Nationalismen in Jugoslawien: Von postkommunistischer nationaler Emanzipation zum Krieg, in: Osteuropa, 42, S. 121-140.

Kuechler, Manfred, 1992: The NSDAP Vote in the Weimar Republic: An Assessment of the State-of-the-Art in View of Modern Electoral Research, in: Historical Social Research, 17, S. 22-53.

Lademacher, Horst, 1983: Geschichte der Niederlande: Politik - Verfassung - Wirtschaft, Darmstadt: Wissenschaftliche Buchgesellschaft.

Langewiesche, Dieter, 1989: Europa zwischen Restauration und Revolution 1815-1849, 2. Aufl., Oldenbourg-Grundriß der Geschichte, Bd. 13, München: Oldenbourg.

Langewiesche, Dieter, 1992: Reich, Nation und Staat in der jüngeren deutschen Geschichte, in: Historische Zeitschrift, 254, S. 341-381.

Laqueur, Walter, 1993: Der Schoß ist fruchbar noch: Der militante Nationalismus der russischen Rechten, München: Kindler.

Lauermann, Manfred, 1992: Nation - ein dilatorischer Kampfbegriff bei Carl Schmitt, in: Grunenberg (Hrsg.), S. 66-80.

Leiner, Wolfgang, 1989: Das Deutschlandbild in der französischen Literatur, Darmstadt: Wissenschaftliche Buchgesellschaft.

Lenin, W.I., 1960: Die sozialistische Revolution und das Selbstbestimmungsrecht der Nationen (Thesen), in: ders., Werke, Bd. 22, Berlin: Dietz Verlag, S. 144-159.

Lenin, W.I., 1965a: Kritische Bemerkungen zur nationalen Frage, in: ders., Werke, Bd. 20, Berlin: Dietz Verlag, S. 1-37.

Lenin, W.I., 1965b: Über das Selbstbestimmungsrecht der Nationen, in: ders., Werke, Bd. 20, Berlin: Dietz Verlag, S. 395-461.

Lepsius, M. Rainer, 1966: Extremer Nationalismus: Strukturbedingungen vor der nationalsozialistischen Machtergreifung, Stuttgart: Kohlhammer.

Lepsius, M. Rainer, 1982: Nation und Nationalismus in Deutschland, in: Winkler, Heinrich A., (Hrsg.), Nationalismus in der Welt von Heute, Geschichte und Gesellschaft Sonderheft 8, Göttingen: Vandenhoeck und Ruprecht, S. 12-27.

Lepsius, M. Rainer, 1986: "Ethnos" und "Demos": Zur Anwendung zweier Kategorien vom Emerich Francis auf das nationale Selbstverständnis der Bundesrepublik und auf die Europäische Einigung, in: Kölner Zeitschrift für Soziologie und Sozialpsychologie, 38, S.751-759.

Lerner, Daniel, 1958: The Passing of Traditional Society: Modernising the Middle East, New York.

Lewis, Bernard, 1991: Die politische Sprache des Islam, Berlin: Rotbuch.

List, Friedrich, 1959: Das nationale System der Politischen Ökonomie, Orig. 1844, Basel/ Tübingen: Kyklos/Mohr.

Löwe, Heinz-Dietrich, 1978: Antisemitismus und reaktionäre Utopie: Russischer Konservatismus im Kampf gegen den Wandel von Staat und Gesellschaft, Hamburg: Hoffmann und Campe.

Loubser, Jan J. et al. (Hrsg.), 1976: Explorations in General Theory in Social Sciences: Essays in Honor of Talcott Parsons, Vol. 2, New York: Free Press.

Luard, Evan, 1987: War in International Society: A Study in International Sociology, New Haven/London: Yale University Press.

Luhmann, Niklas, 1971: Sinn als Grundbegriff der Soziologie, in: Habermas, Jürgen und Niklas Luhmann, Theorie der Gesellschaft oder Sozialtechnologie - Was leistet die Systemforschung?, Frankfurt/M.: Suhrkamp, S. 25-100.

Luhmann, Niklas, 1975a: Die Weltgesellschaft, in: ders., 1975c, S. 51-71.

Luhmann, Niklas, 1975b: Einführende Bemerkungen zu einer Theorie symbolisch generalisierter Kommunikationsmedien, in: ders., 1975c, S. 170-192.

Luhmann, Niklas 1975c: Soziologische Aufklärung 2, Opladen: Westdeutscher Verlag.

Luhmann, Niklas, 1977: Funktion der Religion, Frankfurt/M.: Suhrkamp.

Luhmann, Niklas, 1980: Gesellschaftliche Struktur und semantische Tradition, in: ders., Gesellschaftsstruktur und Semantik: Studien zur Wissenssoziologie der modernen Gesellschaft, Bd.1, Frankfurt/M.: Suhrkamp, S. 9-71.

Luhmann, Niklas, 1981a: Ideengeschichte in soziologischer Perspektive, in: Matthes, Joachim (Hrsg.), Lebenswelt und soziale Probleme. Verhandlungen des 20. Deutschen Soziologentages Bremen 1980, Frankfurt/M./New York: Campus, S. 49-61.

Luhmann, Niklas, 1981b: Geschichte als Prozeß und die Theorie sozio-kultureller Evolution, in: ders., Soziologische Aufklärung 3, Opladen: Westdeutscher Verlag, S. 178-197.

Luhmann, Niklas, 1981c: Politische Theorie im Wohlfahrtsstaat, München: Olzog.

Luhmann, Niklas 1981d: Subjektive Rechte: Zum Umbau des Rechtsbewußtseins für die moderne Gesellschaft, in: ders., Gesellschaftsstruktur und Semantik, Bd. 2., Frankfurt/M.: Suhrkamp, S. 45-104.

Luhmann, Niklas 1982a: Liebe als Passion: Zur Codierung von Intimität, Frankfurt/M.: Suhrkamp.

Luhmann, Niklas, 1982b: The World Society as a Social System, in: International Journal of General Systems, 8, S. 131-138.

Luhmann, Niklas, 1983a: Rechtssoziologie, 2. Aufl., Opladen: Westdeutscher Verlag

Luhmann, Niklas, 1983b: Anspruchsinflation im Krankheitssystem. Eine Stellungnahme aus gesellschaftstheoretischer Sicht, in: Herder-Dorneich, Philipp und Alexander Schuller (Hrsg.), Die Anspruchsspirale: Schicksal oder Systemdefekt? Stuttgart etc.: Kohlhammer, S. 28-49.

Luhmann, Niklas, 1984a: Soziale Systeme: Grundriß einer allgemeinen Theorie, Frankfurt/M.: Suhrkamp.

Luhmann, Niklas 1984b: Die Theorie der Ordnung und der natürlichen Rechte, in: Rechtshistorisches Journal, 3, S. 133-149.

Luhmann, Niklas, 1985: Zum Begriff der sozialen Klasse, in: ders. (Hrsg.), S. 119-162.

Luhmann, Niklas, 1986a: Ökologische Kommunikation: Kann die moderne Gesellschaft sich auf ökologische Gefährdungen einstellen?, Opladen: Westdeutscher Verlag.

Luhmann, Niklas, 1986b: Die Lebenswelt - nach Rücksprache mit Phänomenologen, in: Archiv für Rechts- und Sozialphilosophie, 72, S. 176-194.

Luhmann, Niklas, 1986c: Systeme verstehen Systeme, in: ders. und Karl Eberhard Schorr (Hrsg.), Zwischen Intransparenz und Verstehen. Fragen an die Pädagogik, Frankfurt/ M.: Suhrkamp, S. 72-116.

Luhmann, Niklas, 1987a: Tautologie und Paradoxie in den Selbstbeschreibungen moderner Gesellschaft, in: Zeitschrift für Soziologie, 16, S. 161-174.

Luhmann, Niklas, 1987b: Brauchen wir einen neuen Mythos?, in: ders., 1987e, S. 254-274.

Luhmann, Niklas, 1987c: Staat und Politik. Zur Semantik der Selbstbeschreibung politischer Systeme, in: ders., 1987e, S. 74-103.

Luhmann, Niklas, 1987d: Die Autopoiesis des Bewußtseins, in: Hahn, Alois und Volker Kapp (Hrsg.), Selbstthematisierung und Selbstzeugnis: Bekenntnis und Geständnis, Frankfurt/M.: Suhrkamp, S. 25-94.

Luhmann, Niklas, 1987e: Soziologische Aufklärung 4: Beiträge zur funktionalen Differenzierung der Gesellschaft, Opladen: Westdeutscher Verlag.

Luhmann, Niklas, 1988a: Die Wirtschaft der Gesellschaft, Frankfurt/M.: Suhrkamp.

Luhmann, Niklas, 1988b: Arbeitsteilung und Moral: Durkheims Theorie, Einleitung zu: Durkheim 1988, S. 19-38.

Luhmann, Niklas, 1988c: Frauen, Männer und George Spencer Brown, in: Zeitschrift für Soziologie, 17, S. 47-71.

Luhmann, Niklas, 1989a: Theorie der politischen Opposition, in: Zeitschrift für Politik, 36, S. 13-26.

Luhmann, Niklas, 1989b: Staat und Staatsräson im Übergang von traditionaler Herrschaft zu moderner Politik, in: ders., 1989e, S. 65-148.

Luhmann, Niklas, 1989c: Individuum, Individualität, Individualismus, in: ders., 1989e, S. 149-258.

Luhmann, Niklas, 1989d: Die Ausdifferenzierung von Religion, in: ders., 1989e, S. 259-357.

Luhmann, Niklas, 1989e: Gesellschaftsstruktur und Semantik: Studien zur Wissenssoziologie der modernen Gesellschaft, Bd. 3, Frankfurt/M.: Suhrkamp.

Luhmann, Niklas, 1990a: Die Wissenschaft der Gesellschaft, Frankfurt/M.: Suhrkamp.

Luhmann, Niklas 1990b: Identität - was oder wie?, in: ders., 1990e, S. 14-30.

Luhmann, Niklas, 1990c: Gesellschaftliche Komplexität und öffentliche Meinung, in: ders., 1989e, S. 170-182.

Luhmann, Niklas 1990d: The Paradox of System Differentiation and the Evolution of Society, in: Alexander/Colomy (Hrsg.), S. 409-440.

Luhmann, Niklas, 1990e: Soziologische Aufklärung 5: Konstruktivistische Perspektiven, Opladen: Westdeutscher Verlag.

Luhmann, Niklas, 1991a: "Ich denke primär historisch": Religionssoziologische Perspektiven. Ein Gespräch mit Fragen von Detlef Pollack, in: Deutsche Zeitschrift für Philosophie, 39, S. 937-956.

Luhmann, Niklas, 1991b: Die Form "Person", in: Soziale Welt, 42, S. 166-175.

Luhmann, Niklas, 1991c: Religion und Gesellschaft, in: Sociologia Internationalis, 29, S. 133-139.

Luhmann, Niklas, 1992a: Beobachtungen der Moderne, Opladen: Westdeutscher Verlag.

Luhmann, Niklas, 1992b: Immer noch Bundesrepublik? Das Erbe und die Zukunft, in: Rammstedt, Otthein und Gert Schmidt (Hrsg.), BRD ade! Vierzig Jahre in Rück-Ansichten, Frankfurt/M.: Suhrkamp, S. 95-100.

Luhmann, Niklas, 1993a: Das Recht der Gesellschaft, Frankfurt/M.: Suhrkamp.

Luhmann, Niklas, 1993b: Zeichen als Form, in: Baecker (Hrsg.), 1993b, S. 45-69.

Luhmann, Niklas (Hrsg.), 1985: Soziale Differenzierung: Zur Geschichte einer Idee, Opladen: Westdeutscher Verlag.

Lutz, Heinrich, 1982: Reformation und Gegenreformation. Oldenbourg-Grundriß der Geschichte, Bd. 10: München: Oldenbourg.

Lutz, Heinrich, 1983: Das Ringen um deutsche Einheit und kirchliche Erneuerung: Von Maximilian I. bis zum Westfälischen Frieden 1490-1648. Propyläen Geschichte Deutschlands, Bd. 4, Berlin: Propyläen.

MacIntyre, Alasdair, 1987: Der Verlust der Tugend: Zur moralischen Krise der Gegenwart, Frankfurt/M./New York: Campus.

Makropoulos, Michael, 1985: Kontingenz und Selbstungewißheit: Bemerkungen zu zwei Charakteristika moderner Gesellschaften, in: Dane, Gesa und Wolfgang Eßbach, Christa Karpenstein-Eßbach, Michael Makropoulos (Hrsg.), Anschlüsse. Versuche nach Michel Foucault, Tübingen: edition diskord, S. 17-26.

Mall, Ram Adhar und Heinz Hülsmann, 1989: Die drei Geburtsorte der Philosophie: China, Indien, Europa, Bonn: Bouvier.

Mann, Michael, 1987: Ruling Class Strategies and Citizenship, in: Sociology, 21, S. 339-354.

Mannheim, Karl, 1978: Ideologie und Utopie, 6. unveränderte Aufl., Orig. 1929, Frankfurt/ M.: Schulte-Buhmke.

Mármora, Leopoldo, 1983: Nation und Internationalismus: Probleme und Perspektiven eines sozialistischen Nationbegriffs, Bremen/Lüdinghausen: Edition CON/Periferia-Verlag.

Marshall, Thomas H., 1964: Citizenship and Social Class, Orig. 1950, in: ders., Class, Citizenship and Social Development, New York: Doubleday, S. 65-122.

Marx, Karl und Friedrich Engels, 1972ff.: Werke (MEW), Berlin: Dietz.

Mason, Timothy, 1977: Sozialpolitik im Dritten Reich: Arbeiterklasse und Volksgemeinschaft, Opladen: Westdeutscher Verlag.

Mason, Timothy, 1981: Intention and Explanation: A Current Controversy about the Interpretation of National Socialism, in: Hirschfeld, Gerhard und Lothar Kettenacker (Hrsg.), S. 23-42.

Maurer, Michael, 1993: "Nationalcharakter" in der frühen Neuzeit. Ein mentalitätsgeschichtlicher Versuch, in: Blomert/Kuczmics/Treibel (Hrsg.), S. 45-81.

Mayer, Tilman, 1986: Prinzip Nation: Dimensionen der nationalen Frage, dargestellt am Beispiel Deutschlands, Opladen: Leske und Budrich.

McGrath, Alister, 1993: The Intellectual Origins of the European Reformation, Oxford: Blackwell.

McGrew, Anthony G., 1992a: Conceptualizing Global Politics, in: McGrew et al., S. 1-28.

McGrew, Anthony G., 1992b: Military Technology and the Dynamics of Global Militarization, in: McGrew et al., S. 83-117.

McGrew, Anthony et al., 1992: Global Politics: Globalization and the Nation-State, Cambridge, Engl.: Polity Press.

Meier, Heinrich, 1988: Carl Schmitt, Leo Strauss und "Der Begriff des Politischen". Zu einem Dialog unter Abwesenden, Stuttgart: Metzler.

Meinecke, Friedrich, 1962: Weltbürgertum und Nationalstaat, Werke Bd. 5, Orig. 1907, München: Oldenbourg.

Menzel, Ulrich, 1992: Das Ende der Dritten Welt und das Scheitern der großen Theorie, Frankfurt/M.: Suhrkamp.

Merrit, R. und K.W. Deutsch, 1970: Nationalism and National Development, Cambridge, Mass.: MIT Press.

Miles, Robert, 1991: Rassismus: Einführung in die Geschichte und Theorie eines Begriffs, Hamburg: Argument-Verlag.

Mommsen, Hans, 1979a: Der Nationalismus als weltgeschichtlicher Faktor, in: ders., 1979d, S. 15-60.

Mommsen, Hans 1979b: Sozialismus und Nation: Zur Beurteilung des Nationalismus in der marxistischen Theorie, in: ders., 1979d, S. 61-80.

Mommsen, Hans, 1979c: Otto Bauer, Karl Renner und die sozialdemokratische Nationalitätenpolitik in Österreich 1905-1914, in: ders., 1979d, S. 195-217.

Mommsen, Hans, 1979d: Arbeiterbewegung und nationale Frage: Ausgewählte Aufsätze, Göttingen: Vandenhoeck und Ruprecht.

Mommsen, Hans, 1986: Nation und Nationalismus in sozialgeschichtlicher Perspektive, in: Schieder, Wolfgang und Volker Sellin (Hrsg.), Sozialgeschichte in Deutschland, Bd. 2, Göttingen: Vandenhoeck und Ruprecht, S. 162-185.

Mommsen, Hans und Albrecht Martiny, 1971: Art. "Nationalismus, Nationalitätenfrage", in: Sowjetsystem und demokratische Gesellschaft, Bd. 4, Freiburg/Basel/Wien: Herder, Sp. 623-695.

Moore, Wilbert E., 1966: Global Sociology: The World as a Singular System, in: American Journal of Sociology, 71, S. 475-482.

Moraw, Peter, 1989: Bestehende, fehlende und heranwachsende Voraussetzungen des deutschen Nationalbewußtseins in späten Mittelalter, in: Ehlers (Hrsg.), S. 99-120.

Mühlmann, Wilhelm, 1985: Ethnogonie und Ethnogenese. Theoretisch-ethnologische und ideologiekritische Studie, in: Studien zur Ethnogenese, Abhandlungen der Rheinisch-Westfälischen Akademie der Wissenschaften, Bd. 72, Opladen: Westdeutscher Verlag, S. 9-27.

Münkler, Herfried, 1989: Nation als politische Idee im früneuzeitlichen Europa, in: Garber, Klaus (Hrsg), S. 56-86.

Nagel, Joane, 1993: Ethnic Nationalism: Politics, Ideology, and the World Order, in: International Journal of Comparative Sociology, 34, S. 103-112.

Nairn, Tom, 1977: The Break-Up of Britain, London: New Left Books.

Nairn, Tom, 1978: Der moderne Janus, in: Tom Nairn et al., Nationalismus und Marxismus: Anstoß zu einer notwendigen Debatte, Berlin: Rotbuch, S. 7-44.

Nassehi, Armin, 1990: Zum Funktionswandel von Ethnizität im Prozeß gesellschaftlicher Modernisierung: Ein Beitrag zur Theorie funktionaler Differenzierung, in: Soziale Welt, 41, S. 261-281.

Nassehi, Armin, 1991: Der Golfkrieg und die Ungleichzeitigkeit der Weltgesellschaft, in: Merkur, 45, S. 356-363.

Nassehi, Armin, 1993: Die Zeit der Gesellschaft: Auf dem Weg zu einer soziologischen Theorie der Zeit, Opladen: Westdeutscher Verlag.

Nassehi, Armin und Georg Weber, 1990a: Identität, Ethnizität und Gesellschaft: Über den Zusammenhang von ethnischer Selbstidentifikation und Gesellschaftsstruktur, in: Marylin McArthur, Zum Identitätswandel der Siebenbürger Sachsen, Köln/Wien: Böhlau, S. 249-238.

Nassehi, Armin und Georg Weber, 1990b: Zu einer Theorie biographischer Identität: Epistemologische und systemtheoretische Argumente, in: BIOS, 3, S. 153-187.

Neckel, Sighard, 1993: Die Macht der Unterscheidung: Beutezüge durch den modernen Alltag, Frankfurt/M.: Fischer.

Neumann, Franz, 1977: Behemoth: Struktur und Praxis des Nationalsozialismus 1933-1944, Orig. 1944, hrsg. von Gert Schäfer, Köln/Frankfurt/M.: Europäische Verlagsanstalt.

Newman, Saul, 1991: Does Modernization Breed Ethnic Conflict?, in: World Politics, 43, S. 451-478.

Nielsen, François, 1985: Toward a Theory of Ethnic Solidarity in Modern Societies, in: American Sociological Review, 50, S. 133-149.

Nielsen, Jens Kaalhauge, 1991: The Political Orientation of Talcott Parsons: The Second World-War and its Aftermath, in: Robertson, Roland und Bryan S. Turner (Hrsg.), Talcott Parsons: Theorist of Modernity, London: Sage, S. 217-233.

Niethammer, Lutz, 1992: Geht der deutsche Sonderweg weiter?, in: Grunenberg (Hrsg.), S. 23-54.

Nijman, Jan und Herman van der Wusten, 1993: Breaking the Cold War Mould in Europe: A Geographical Tale of Gradual Change and Sharp Snaps, in: O'Loughlin/van der Wusten (Hrsg.), S. 15-30.

Nipperdey, Thomas, 1992: Deutsche Geschichte 1866-1918, Bd. 2: Machtstaat vor der Demokratie, München: Beck.

Nowotny, Helga und Klaus Taschwer (Hrsg.), 1993: Macht und Ohnmacht im neuen Europa: Zur Aktualität der Soziologie von Norbert Elias, Wien: WUV Universitätsverlag.

Oberman, Heiko A., 1981: Wurzeln des Antisemitismus: Christenangst und Judenplage im Zeitalter von Humanismus und Reformation, Berlin: Severin und Siedler.

O'Brien, Patrick, 1984: Europe in the World Economy, in: Bull, Hedley und Adam Watson (Hrsg.), The Expansion of International Society, Oxford: Oxford University Press, S. 43-60.

Oexle, Otto Gerhard, 1987: Deutungsschemata der sozialen Wirklichkeit im frühen und hohen Mittelalter: Ein Beitrag zur Geschichte des Wissens, in: Graus (Hrsg.), S. 65-117.

O'Loughlin, John und Herman van der Wusten (Hrsg.), 1993: The New Political Geography of Eastern Europe, London/New York: Belhaven Press.

Olson, Mancur, 1968: Die Logik des kollektiven Handelns, Tübingen: Mohr.

Olzak, Susan, 1983: Contemporary Ethnic Mobilization, in: Annual Review of Sociology, 9, S. 355-374.

Orridge, A.W., 1981: Uneven Development and Nationalism, I und II, in: Political Studies, 29, S. 1-15 und 181-190.

O'Sullivan See, Katherine und William J. Wilson, 1988: Race and Ethnicity, in: Smelser, Neil J. (Hrsg.), Handbook of Sociology, Beverly Hills/London: Sage, S. 223-242.

Parsons, Talcott, 1964a: Democracy and Social Structure in Pre-Nazi Germany, Orig. 1942, in: ders., 1964e, S. 104-123.

Parsons, Talcott, 1964b: Some Sociological Aspects of the Fascist Movements, Orig. 1942, in: ders., 1964e, S. 124-141.

Parsons, Talcott, 1964c: Certain Primary Sources and Patterns of Aggression in the Social Structure of the Western World, Orig. 1947, in: ders., 1964e, S. 298-322.

Parsons, Talcott, 1964d: Evolutionary Universals in Society, in: American Sociological Review, 29, S. 339-357.

Parsons, Talcott, 1964e, Essays in Sociological Theory, rev. ed., New York: Free Press.

Parsons, Talcott, 1966: Societies: Evolutionary and Comparative Perspectives, Englewood Cliffs, N.J.: Prentice Hall.

Parsons, Talcott, 1967a: Durkheim's Contribution to the Theory of Integration of Social Systems, in: ders., 1967c, S. 3-34.

Parsons, Talcott, 1967b: Full Citizenship for the Negro American?, in: ders., 1967c, S. 422-465.

Parsons, Talcott, 1967c: Sociological Theory and Modern Society, New York: Free Press.

Parsons, Talcott, 1972: Das System moderner Gesellschaften, München: Juventa.

Parsons, Talcott, 1975: Some Theoretical Considerations on the Nature and Trends of Change of Ethnicity, in: Glazer/Moynihan (Hrsg.), S. 53-83.

Patterson, O., 1983: The Nature, Causes, and Implications of Ethnic Identification, in: Fried (Hrsg.), S. 25-50.

Pelinka, Anton, 1993: Ethnische Konflikte in Europa: Die Frage der Identität, in: Nowotny/ Taschwer (Hrsg.), S. 39-48.

Peters, Bernhard, 1993: Die Integration moderner Gesellschaften, Frankfurt/M.: Suhrkamp.

Pettigrew, Thomas F., 1985: Vorurteil, in: Elschenbroich, Donata (Hrsg.), Einwanderung, Integration, ethnische Bindung. Harvard Encyclopedia of American Ethnic Groups: Eine deutsche Auswahl, Basel/Frankfurt/M.: Stroemfeld/Roter Stern, S. 81-109.

Petzina, Dietmar, 1977: Die deutsche Wirtschaft in der Zwischenkriegszeit, Wiesbaden: Steiner.

Peukert, Detlev, 1982: Volksgenossen und Gemeinschaftsfremde: Anpassung, Ausmerze und Aufbegehren unter dem Nationalsozialismus, Köln: Bund-Verlag.

Peukert, Detlev J.K., 1987: Die Weimarer Republik: Krisenjahre der klassischen Moderne, Frankfurt/M.: Suhrkamp.

Peukert, Detlev J.K., 1989: Max Webers Diagnose der Moderne, Göttingen: Vandenhoeck und Ruprecht.

Plessner, Helmuth, 1981: Die Grenzen der Gemeinschaft: Eine Kritik des sozialen Radikalismus, Orig. 1924, in: ders., Gesammelte Schriften, Bd. 5: Macht und menschliche Natur, Frankfurt/M.: Suhrkamp, S. 7-133.

Poliakov, Léon, 1993: Der arische Mythos: Zu den Quellen von Rassismus und Nationalismus, Orig. 1971, Hamburg: Junius.

Pollack, Detlef, 1990: Das Ende einer Organisationsgesellschaft: Systemtheoretische Überlegungen zum gesellschaftlichen Umbruch in der DDR, in: Zeitschrift für Soziologie, 19, S. 292-307.

Pollard, Sidney, 1981: The Integration of the European Economy since 1815, London: George Allen and Unwin.

Prescott, J.R.V., 1965: The Geography of Frontiers and Boundaries, Chicago: Aldine.

Prescott, J.R.V., 1972: Political Geography, London: Methuen.

Prignitz, Christoph, 1981: Vaterlandsliebe und Freiheit: Deutscher Patriotismus von 1750 - 1850, Wiesbaden: Steiner.

Quaritsch, Helmut, 1989: Positionen und Begriffe Carl Schmitts, Berlin: Duncker und Humblot.

Raeff, Marc, 1983: The Well-ordered Police State: Social and Institutional Change through Law in the Germanies and Russia, 1600-1800, New Haven/London: Yale University Press.

Rammstedt, Otthein, 1986: Deutsche Soziologie 1933-1945: Die Normalität einer Anpassung, Frankfurt/M.: Suhrkamp.

Ranum, Orest, 1986: Counter-Identities of Western European Nations in the Early-Modern Period: Definitions and Points of Departure, in: Boerner, Peter (Hrsg.), Concepts of National Identity: An Interdisciplinary Dialogue, Baden-Baden: Nomos, S. 63-78.

Rassem, Mohammed, 1992: Art. "Wohlfahrt, Wohltat, Wohltätigkeit, Caritas", in: Brunner, Otto und Werner Conze, Reinhart Koselleck (Hrsg.), Geschichtliche Grundbegriffe: Historisches Lexikon zur politisch-sozialen Sprache in Deutschland, Bd.7, Stuttgart: Klett-Cotta, S. 595-636.

Raulet, Gérard, 1993: Die Modernität der "Gemeinschaft", in: Brumlik, Micha und Hauke Brunkhorst (Hrsg.), Gemeinschaft und Gerechtigkeit, Frankfurt/M.: Fischer, S. 72-93.

Ravitch, Norman, 1990: The Catholic Church and the French Nation, 1589 - 1989, London/ New York: Routledge

Reck, Siegfried, 1981: Identität, Rationalität und Verantwortung: Grundbegriffe und Grundzüge einer soziologischen Identitätstheorie, Frankfurt/M.: Suhrkamp.

Rehberg, Karl-Siegbert, 1987: Das Bild des Judentums in der frühen deutschen Soziologie: "Fremdheit" und "Rationalität" als Typusmerkmale bei Werner Sombart, Max Weber und Georg Simmel, in: Klingemann, Carsten (Hrsg.), Rassenmythos und Sozialwissenschaften: Ein verdrängtes Kapitel sozialwissenschaftlicher Wirkungsgeschichte, Opladen: Westdeutscher Verlag, S. 80-127.

Reinecke, Jost, 1994: Das individualistische Forschungsprogramm in den Sozialwissenschaften (Rational Choice), in: Kneer, Georg, Klaus Kraemer und Armin Nassehi (Hrsg.), Soziologie. Zugänge zur Gesellschaft, Bd. 1, Münster/Hamburg: LIT, S. 247-270.

Reiterer, Albert F., 1988: Die unvermeidbare Nation: Ethnizität, Nationalität und nachnationale Gesellschaft, Frankfurt/M./New York: Campus.

Reiterer, Albert F., 1991: Theorie der Ethnizität - eine allgemeine Entwicklungstheorie?, in: Österreichische Zeitschrift für Politikwissenschaft, 20, S. 59-72.

Renan, Ernest, 1993: Was ist eine Nation? Vortrag in der Sorbonne am 11. März 1882, in: Jeismann/Ritter (Hrsg.), S. 290-311.

Rex, Richard, 1993: Henry VIII and the English Reformation, Basingstoke/London: Macmillan.

Richter, Dirk, 1992: Teilsysteme, Statusunsicherheit, "Kern-Solidarität". Über Formen und Folgen gesellschaftlicher Differenzierungen sowie rechte Wählervoten, in: Kommune, 10, H. 5, S. 18-20.

Richter, Dirk, 1994a: Theorie als Identitätsstifter? Über Vorstellungen von Kollektiv-Identitäten in zivilgesellschaftlichen und kommunitaristischen Theorien, in: Kommune, 12, H. 1, S. 37-40.

Richter, Dirk, 1994b: Der Mythos der 'guten' Nation: Zum theoriegeschichtlichen Hintergrund eines folgenschweren Mißverständnisses, in: Soziale Welt, 45, S. 304-321.

Richter, Dirk, 1995a: Zivilgesellschaft - Probleme einer Utopie in der Moderne, in: Eickelpasch, Rolf und Armin Nassehi (Hrsg.), Utopie und Moderne, Frankfurt/M.: Suhrkamp (im Druck).

Richter, Dirk, 1995b: Globalisierung und Weltgesellschaft, in: Kneer, Georg und Klaus Kraemer, Armin Nassehi (Hrsg.), Soziologie: Zugänge zur Gesellschaft, Bd. 3, Münster/ Hamburg: LIT (im Druck).

Richter, Emanuel, 1990: Weltgesellschaft und Weltgemeinschaft. Begriffsverwirrung und Klärungsversuche, in: Politische Vierteljahresschrift, 31, S. 275-279.

Richter, Emanuel, 1992: Der Zerfall der Welteinheit: Vernunft und Globalisierung in der Moderne, Frankfurt/M./New York: Campus.

Riemenschneider, Hartmut, 1993: Sprachpatriotismus: Nationale Aspekte in der literarischen Kultur des deutschen Barock, in: Scheuer, Helmut (Hrsg.), Dichter und ihre Nation, Frankfurt/M.: Suhrkamp, S. 38-52.

Ritter, Gerhard A., 1991: Der Sozialstaat: Entstehung und Entwicklung im internationalen Vergleich, 2., überarb und erheblich erweit. Aufl., München: Oldenbourg.

Robertson, Roland, 1976: Societal Attributes and International Relations, in: Loubser, Jan et al. (Hrsg.), S. 713-735.

Robertson, Roland, 1992: Globalization: Social Theory and Global Culture, London: Sage.

Roeck, Bernd, 1993: Außenseiter, Minderheiten, Randgruppen: Fremde im Deutschland der frühen Neuzeit, Göttingen: Vandenhoeck und Ruprecht.

Roffenstein, Gaston, 1927: Zur Soziologie des Nationalismus und der nationalen Parteien, in: Nation und Nationalität, Ergänzungsband 1 des Jahrbuchs für Soziologie, hrsg. von Gottfried Salomon, Karlsruhe: Verlag G. Braun, S. 152-199.

Roggemann, Herwig, 1993: Krieg und Frieden auf dem Balkan: Historische Kriegsursachen, wirtschaftliche und soziale Kriegsfolgen, politische und rechtliche Kriegsvoraussetzungen, Berlin: Berlin Verlag Arno Spitz.

Rokkan, Stein, 1969: Die vergleichende Analyse der Staaten- und Nationenbildung: Modelle und Methoden, in: Zapf (Hrsg.), S. 228-252.

Rokkan, Stein, 1971: Nation-Building: A Review of Models and Approaches, in: Current Sociology, 19, Nr. 3, S. 7-38.

Rokkan, Stein, 1975: Dimensions of State Formation and Nation-Building: A Possible Paradigm for Research on Variations within Europe, in: Tilly (Hrsg.), S. 562-600.

Rokkan, Stein und Derek W. Urwin (Hrsg.), 1982: The Politics of Territorial Identity: Studies in European Regionalism, London: Sage.

Rosenau, James M., 1990: Turbulence in World Politics: A Theory of Change and Continuity. New York/London etc.: Harvester Wheatsheaf.

Rosenberg, Hans, 1967: Große Depression und Bismarckzeit: Wirtschaftsablauf, Gesellschaft und Politik in Mitteleuropa, Berlin: de Gruyter.

Rudolph, Günter, 1991: Ferdinand Tönnies und die Lehre von Karl Marx: Annäherung und Wirklichkeit, in: Clausen/Schlüter (Hrsg.), S. 301-320.

Rueschemayer, Dietrich, 1976: Ideology and Modernization, in: Loubser, J.J. et al. (Hrsg.), S. 736-755.

Sachße, Christoph und Florian Tennstedt, 1988: Geschichte der Armenfürsorge in Deutschland, Band 2: Fürsorge und Wohlfahrtspflege 1871 bis 1929, Stuttgart: Kohlhammer.

Schaff, Adam, 1980: Stereotypen und das menschliche Handeln, Wien/München/Zürich: Europaverlag.

Schein, Sylvia, 1991: Die Kreuzzüge als volkstümlich-messianische Bewegungen, in: Deutsches Archiv für Erforschung des Mittelalters, 47, S. 119-138.

Schenk, Günter, 1990: Art. "Identität/Unterschied", in: Europäische Enzylopädie zu Philosophie und Wissenschaften, hrsg. von Hans Jörg Sandkühler, Bd. 2., Hamburg: Meiner, S. 611-616.

Scheuner, Ulrich, 1975: Staatsräson und religiöse Einheit des Staates: Zur Religionspolitik im Zeitalter der Glaubensspaltung, in: Schnur, Roman (Hrsg.), Staatsräson: Zur Geschichte eines politischen Begriffs, Berlin: Duncker und Humblot, S. 363-405.

Schieder, Theodor, 1992: Das Deutsche Kaiserreich von 1871 als Nationalstaat, Orig. 1961, 2. Aufl., Göttingen: Vandenhoeck und Ruprecht.

Schieder, Wolfgang, 1993: Die NSDAP vor 1933: Profil einer faschistischen Partei, in: Geschichte und Gesellschaft, 19, S. 141-154.

Schilling, Heinz, 1988: Konfessionalisierung im Reich: Religiöser und gesellschaftlicher Wandel in Deutschland zwischen 1555 und 1620, in: Historische Zeitschrift, 246, S. 1-45.

Schilling, Heinz, 1989: Nation und Konfession in der frühneuzeitlichen Geschichte Europas, in: Garber, Klaus (Hrsg), S. 87-107.

Schilling, Heinz, 1991: Nationale Identität und Konfession in der europäischen Neuzeit, in: Giesen (Hrsg.), S. 192-252.

Schluchter, Wolfgang, 1979: Die Entwicklung des okzidentalen Rationalismus: Eine Analyse von Max Webers Gesellschaftsgeschichte, Tübingen: Mohr.

Schmidt, Gerold, 1976: Identität: Gebrauch und Geschichte eines modernen Begriffs, in: Muttersprache, 86, S. 333-354.

Schmidtke, Oliver und Carlo E. Ruzza, 1993: Regionalistischer Protest als "Life Politics". Die Formierung einer sozialen Bewegung: die Lega Lombarda, in: Soziale Welt, 44, S. 5-29.

Schmitt, Carl, 1963: Der Begriff des Politischen. Text von 1932 mit einem Vorwort und drei Corollarien, Berlin: Duncker und Humblot.

Schmugge, Ludwig, 1982: Über "nationale" Vorurteile im Mittelalter, in: Deutsches Archiv für Erforschung des Mittelalters, 38, S. 439-459.

Schmuhl, Hans-Walter, 1987: Rassenhygiene, Nationalsozialismus, Euthanasie: Von der der Verhütung zur Vernichtung "lebensunwerten Lebens", Göttingen: Vandenhoeck und Ruprecht.

Schmuhl, Hans-Walter, 1992: Rassismus unter den Bedingungen charismatischer Herrschaft: Zum Übergang von der Verfolgung zur Vernichtung gesellschaftlicher Minderheiten in Dritten Reich, in: Bracher/Funke/Jacobsen (Hrsg.), S. 182-197.

Schönemann, Bernd, 1989: "Volk" und "Nation" in Deutschland und Frankreich 1760-1815, in: Hermann, Ulrich und Jürgen Oelkers (Hrsg.), Französische Revolution und Pädagogik der Moderne: Aufklärung, Revolution und Menschenbildung im Übergang vom Ancien Régime zur bürgerlichen Gesellschaft, Weinheim/Basel: Beltz, S. 275-292.

Schönemann, Bernd, 1992: Art. "Volk, Nation, Nationalismus, Masse VI.-XII.", in: Brunner, Otto und Werner Conze, Reinhart Koselleck (Hrsg.), Geschichtliche Grundbegriffe: Historisches Lexikon zur politisch-sozialen Sprache in Deutschland, Bd.7, Stuttgart: Klett-Cotta, S. 281-380.

Schopenhauer, Arthur, 1991: Werke, hrsg. von Ludger Lütkehaus, Zürich: Haffmans.

Schütz, Alfred, 1971a: Das Problem der Relevanz, Frankfurt/M.: Suhrkamp.

Schütz, Alfred, 1971b: Der Fremde, in: ders., Gesammelte Aufsätze, Bd. 2: Studien zur soziologischen Theorie, hrsg. von Arvid Brodersen, Den Haag: Nijhoff, S. 53-69.

Schulze, Gerhard, 1992: Die Erlebnisgesellschaft: Kultursoziologie der Gegenwart, Frankfurt/M./New York: Campus.

Schulze, Winfried, 1978: Reich und Türkengefahr im späten 16. Jahrhundert: Studien zu den politischen und gesellschaftlichen Auswirkungen einer äußeren Bedrohung, München: Beck.

Schwagerl, H. Joachim, 1993: Rechtsextremes Denken: Merkmale und Methoden, Frankfurt/ M.: Fischer.

Schwarz, Gudrun, 1990: Die nationalsozialistischen Lager, Frankfurt/M./New York: Campus.

Seton-Watson, Hugh, 1977: Nations and States: An Enquiry into the Origins of Nations and the Politics of Nationalism, London: Methuen.

Shils, Edward, 1957: Primordial, Personal, Sacred and Civil Ties: Some particular observations on the Relationship of Sociological Research and Theory, in: British Journal of Sociology, 8, S. 130-145.

Shirer, William L., 1961: Aufstieg und Fall des Dritten Reiches, Köln/Berlin: Kiepenheuer und Witsch.

Sieyès, Emmanuel Joseph, 1975: Was ist der Dritte Stand?, Orig. 1789, in: ders., Politische Schriften 1788-1790, hrsg. von Eberhard Schmitt und Rolf Reichhardt, Darmstadt/ Neuwied: Luchterhand, S. 117-195.

Sigelman, Lee und Susan Welch, 1993: The Contact-Hypothesis Revisited: Black-White Interaction and Positive Racial Attitudes, in: Social Forces, 71, S. 781-795.

Simmel, Georg, 1917: Der Krieg und die geistigen Entscheidungen: Reden und Aufsätze, München/Leipzig: Duncker und Humblot.

Simmel, Georg, 1984: Die Großstädte und das Geistesleben, Orig. 1903, in: ders., Das Individuum und die Freiheit, Berlin: Wagenbach, S. 192-204.

Simmel, Georg, 1989: Über sociale Differenzierung: Sociologische und psychologische Untersuchungen, Orig. 1890, in: Simmel-Gesamtausgabe Bd. 2, hrsg. von Heinz-Jürgen Dahme, Frankfurt/M.: Suhrkamp, S. 109-295.

Simmel, Georg, 1992: Soziologie: Untersuchungen über die Formen der Vergesellschaftung, Orig. 1908, Simmel-Gesamtausgabe Bd. 11, hrsg. von Otthein Rammstedt, Frankfurt/M.: Suhrkamp.

Simon, Fritz B., 1988: Unterschiede, die Unterschiede machen. Klinische Epistemologie: Grundlagen einer systemischen Psychiatrie und Psychosomatik, Berlin etc.: Springer.

Sklair, Leslie, 1991: Sociology of the Global System, New York, London etc.: Harvester Wheatsheaf.

Skocpol, Theda, 1979: States and Social Revolutions: A Comparative Analysis of France, Russia, and China, Cambridge, Engl.: Cambridge University Press.

Skocpol, Theda, 1985: Bringing the State Back In: Strategies of Analysis in Current Research, in: Evans/Rueschemayer/Skocpol (Hrsg.), S. 3-37.

Sloterdijk, Peter, 1983: Kritik der zynischen Vernunft, Bd. 2, Frankfurt/M.: Suhrkamp.

Smith, Anthony D., 1971: Theories of Nationalism, London: Duckworth.

Smith, Anthony D., 1973: Nationalism: A Trend Report and Bibliography, in: Current Sociology, 21, No. 3.

Smith, Anthony D., 1983: Nationalism and Classical Social Theory, in: British Journal of Sociology, 34, S.'19-38.

Smith, Anthony D., 1986: The Ethnic Origins of Nations. Oxford: Basil Blackwell.

Smith, Anthony D., 1991: National Identity, London: Penguin.

Smith, Anthony D., 1992: Nationalism and the Historians, in: International Journal of Comparative Sociology, 33, S. 58-80.

Smith, Michael, 1992: Modernization, Globalization and the Nation-State, in: McGrew et al., S. 253-268.

Snyder, Louis, 1990: Art. "Sociology of Nationalism", in: ders., Encyclopedia of Nationalism, Chicago/London: St. James Press, S. 369-372.

Sofsky, Wolfgang, 1993: Die Ordnung des Terrors: Das Konzentrationslager, Frankfurt/M.: Fischer.

Sombart, Werner, 1915: Händler und Helden: Patriotische Besinnungen, München/Leipzig: Duncker und Humblot.

Sombart, Werner, 1922: Die Juden und das Wirtschaftsleben, Orig. 1911, München/Leipzig: Duncker und Humblot.

Sombart, Werner, 1932: Die Zukunft des Kapitalismus, Berlin: Buchholz und Weisswange.

Sombart, Werner, 1934: Deutscher Sozialismus, Berlin: Buchholz und Weisswange.

Sommer, Theo, 1992: Neue Welt, neue Unordnung, in: Die Zeit, Nr. 11 v. 6.3.1992.

Sonnert, Georg, 1987: Nationalismus und Krise der Moderne: Theoretische Argumentation und empirische Analyse am Beispiel des neueren schottischen Nationalismus, Frankfurt/M.: Athenäum.

Sontheimer, Kurt, 1978: Antidemokratisches Denken in der Weimarer Republik. Die politischen Ideen des deutschen Nationalismus zwischen 1918 und 1933, Orig. 1962, München: DTV.

Spencer Brown, George, 1971: Laws of Form, 2. Aufl., London: Allen and Unwin.

Srubar, Ilja, 1988: Kosmion. Die Genese der pragmatischen Lebenswelttheorie von Alfred Schütz und ihr anthropologischer Hintergrund, Frankfurt/M.: Suhrkamp.

Srubar, Ilja, 1991: War der reale Sozialismus modern? Versuch einer strukturellen Bestimmung, in: Kölner Zeitschrift für Soziologie und Sozialpsychologie, 43, 415-432.

Stalin, J.W., 1952: Marxismus und nationale Frage, Orig. 1913, in: ders., Der Marxismus und die nationale und koloniale Frage: Eine Sammlung ausgewählter Reden und Aufsätze, Berlin: Dietz Verlag, S. 26-93.

Stapf, Kurt H., Wolfgang Ströbe und Klaus Jonas, 1986: Amerikaner über Deutsche: Urteile und Vorurteile, Opladen: Westdeutscher Verlag.

Sternberger, Dolf, 1990: Verfassungspatriotismus, Orig. 1979, in: ders., Schriften, Bd. 10, Frankfurt/M.: Insel, S. 13-16.

Stichweh, Rudolf, 1988: Inklusion in Funktionssysteme der modernen Gesellschaft, in: Mayntz, Renate und Bernd Rosewitz, Uwe Schimank, Rudolf Stichweh, Differenzierung und Verselbständigung: Zur Entwicklung gesellschaftlicher Teilsysteme, Frankfurt/M./New York: Campus, S. 261-293.

Stichweh, Rudolf, 1990: Selbstorganisation und die Entstehung nationaler Rechtssysteme, in: Rechtshistorisches Journal, 9, S. 254-272.

Stichweh, Rudolf, 1991: Der frühmoderne Staat und die europäische Universität: Zur Interaktion von Politik und Erziehungssystem im Prozeß ihrer Ausdifferenzierung (16.-18. Jahrhundert), Frankfurt/M.: Suhrkamp.

Stölting, Erhard, 1992: Angst, Aggression und die nationale Denkform. Osteuropäische Konflikte, in: Prokla, 22, H. 87, S. 225-241.

Stokes, Gale, 1978: The Undeveloped Theory of Nationalism, in: World Politics, 32, S. 150-160.

Straub, Jürgen, 1991: Identitätstheorie im Übergang? Über Identitätsforschung, den Begriff der Identität und die zunehmende Beachtung des Nicht-Identischen in subjekttheoretischen Diskursen, in: Sozialwissenschaftliche Literaturrundschau, 14, H. 23, S. 49-71.

Sundhaussen, Holm, 1992: Zu den Ursachen von Nationalismus und Krieg im ehemaligen Jugoslawien, in: Gaisbacher, Johann et al. (Hrsg.), Krieg in Europa: Analysen aus dem ehemaligen Jugoslawien, Linz/Frankfurt/M.: Edition Sandkorn/DIPA-Verlag, S. 19-30.

Swain, Nigel, 1992: Global Technologies and Political Change in Eastern Europe, in: McGrew et al., S. 138-154.

Tajfel, Henri, 1982: Gruppenkonflikt und Vorurteil: Entstehung und Funktion sozialer Stereotypen, Bern/Stuttgart/Wien: Huber.

Tatur, Melanie, 1989: Solidarnosć als Modernisierungsbewegung: Struktur und Sozialkonflikt in Polen, Frankfurt/M./New York 1989: Campus.

Tatur, Melanie, 1991: Die Bedeutung der "etatistischen Gesellschaft" in Polen für die soziologische Theorie, in: Leviathan, 19, S. 292-304.

Thomas, Alexander, 1993: Fremdheitskonzepte in der Psychologie als Grundlage der Austauschforschung und der interkulturellen Managerausbildung, in: Wierlacher, Alois (Hrsg.), Kulturthema Fremdheit: Leitbegriffe und Problemfelder kulturwissenschaftlicher Fremdheitsforschung, München: Iudicium, S. 257-281.

Thomas, Heinz, 1985: Die Deutsche Nation und Martin Luther, in: Historisches Jahrbuch, 105, S. 426-454.

Thränhardt, Dietrich, 1993: Die Ursprünge von Rassismus und Fremdenfeindlichkeit in der Konkurrenzdemokratie: Ein Vergleich der Entwicklungen in England, Frankreich und Deutschland, in: Leviathan, 21, S. 336-357.

Thürnau, Donatus, 1990: Art. "Sinn", in: Europäische Enzyklopädie zu Philosophie und Wissenschaften, hrsg. von Hans Jörg Sandkühler, Bd. 4., Hamburg: Meiner, S. 283-289.

Tibi, Bassam, 1991: Vom Gottesreich zum Nationalstaat: Islam und panarabischer Nationalismus, 2. Aufl., Orig. 1971, Frankfurt/M.: Suhrkamp.

Tibi, Bassam, 1993: Die Verschwörung: Das Trauma arabischer Politik, Hamburg: Hoffmann und Campe.

Tilly, Charles, 1975: Reflections on the History of European State-Making, in: ders. (Hrsg.), S. 3-83.

Tilly, Charles, 1981: Sociology, Meet History, in: ders., As Sociology Meets History, Orlando, Fla. etc.: Academic Press, S. 1-52.

Tilly, Charles, 1985: War Making and State Making as Organized Crime, in: Evans/Rueschemayer/Skocpol (Hrsg.), S. 169-191.

Tilly, Charles, 1990: Coercion, Capital, and European States, AD 990-1990, Cambridge, Mass./Oxford: Basil Blackwell.

Tilly, Charles (Hrsg.), 1975: The Formation of National States in Western Europe, Princeton: Princeton University Press.

Tilly, Richard Hugh, 1968: Los von England: Probleme des Nationalismus in der deutschen Wirtschaftsgeschiche, in: Zeitschrift für die gesamte Staatswissenschaft, 124, S. 179-196.

Tipton, C. Leon (Hrsg.), 1972: Nationalism in the Middle Ages, New York etc.: Holt, Rinehart and Winston.

Tiryakian, Edward A., 1985: On the Significance of De-Differentiation, in: Shmuel N. Eisenstadt und H.J. Helle (Hrsg.), Macro-Sociological Theory: Perspectives on Sociological Theory, Vol. 1, London etc.: Sage, S. 118-134.

Tiryakian, Edward A., 1988: Nationalism, Modernity, and Sociology, in: Sociologia Internationalis, 26, S. 1-17.

Tönnies, Ferdinand, 1963: Gemeinschaft und Gesellschaft: Grundbegriffe der reinen Soziologie, Orig. 1887, Nachdruck der 8. Aufl. 1935, Darmstadt: Wissenschaftliche Buchgesellschaft.

Truyol y Serra, Antonio, 1963: Die Entstehung der Weltstaatengesellschaft unserer Zeit, München: Pustet.

Tsiakalos, Georgios, 1983: Ausländerfeindlichkeit: Tatsachen und Erklärungsversuche, München: Beck.

Tudyka, Kurt, 1989: "Weltgesellschaft" - Unbegriff und Phantom, in: Politische Vierteljahresschrift, 30, S. 503-508.

Turner, Bryan S., 1988: Status, Milton Keynes: Open University Press.

Turner, Bryan S., 1990a: Outline of a Theory of Citizenship, in: Sociology, 24, 189-217.

Turner, Bryan S., 1990b: Two Faces of Sociology: Global or National?, in: Theory, Culture and Society, 7, S. 343-358.

Tyrell, Hartmann, 1985: Emile Durkheim - Das Dilemma der organischen Solidarität, in: Luhmann (Hrsg.), S. 181-250.

Verdery, Katherine, 1991: National Ideology Under Socialism: Identity and Cultural Politics in Ceauşescu's Romania, Berkeley/Los Angeles/Oxford: University of California Press.

Verger, J., 1992: Art. "Natio 2.", in: Lexikon des Mittelalters, Bd. 6, 5. Lieferung, München/ Zürich: Artemis und Winkler, Sp. 1038-1040.

Vierhaus, Rudolf, 1980: Patriotismus - Begriff und Realität einer moralisch-politischen Haltung, in: ders. (Hrsg.), Deutsche patriotische und gemeinnützige Gesellschaften, München: Kraus International Publications, S. 9-30.

Volkov, Shulamit, 1990: Jüdisches Leben und Antisemitismus im 19. und 20. Jahrhundert, München: Beck.

Wagner, Gerhard, 1993: Gesellschaftstheorie als politische Theologie? Zur Kritik und Überwindung der Theorien normativer Integration, Berlin: Duncker und Humblot.

Waldmann, Peter, 1985: Gewaltsamer Separatismus. Am Beispiel der Basken, Franco-Kanadier und Nordiren, in: Kölner Zeitschrift für Soziologie und Sozialpsychologie, 37, S. 203-229.

Waldmann, Peter, 1989: Ethnischer Radikalismus: Ursachen und Folgen gewaltsamer Minderheitenkonflikte am Beispiel des Baskenlands, Nordirlands und Quebecs, Opladen: Westdeutscher Verlag.

Waldmann, Peter, 1993: Ethnoregionalismus und Nationalstaat, in: Leviathan, 21, S. 391-406.

Wallerstein, Immanuel, 1986: Das moderne Weltsystem - Die Anfänge kapitalistischer Landwirtschaft und die europäische Weltökonomie im 16. Jahrhundert, Frankfurt/M.: Syndikat.

Wallerstein, Immanuel, 1987: World-Systems Analysis, in: Giddens, Anthony und Jonathan H. Turner (Hrsg.), Social Theory Today, Cambridge, Engl.: Polity Press, S. 309-324.

Wallerstein, Immanuel, 1992: Die Konstruktion von Völkern: Rassismus, Nationalismus, Ethnizität, in: Balibar/Wallerstein, S. 87-106.

Walzer, Michael, 1983: States and Minorites, in: Fried (Hrsg.), S. 219-227.

Watkins, Susan Cotts, 1991: From Provinces into Nations: Demographic Integration in Western Europe, 1870-1960, Princeton, N.J.: Princeton University Press.

Wearne, Bruce C., 1989: The Theory and Scholarship of Talcott Parsons to 1951: A Critical Commentary, Cambridge, Engl.: Cambridge University Press.

Weber, Eugen, 1977: Peasants into Frenchmen: The Modernization of Rural France 1870-1914, London: Chatto and Windus.

284

Weber, Georg und Renate, 1985: Zendersch: Eine siebenbürgische Gemeinde im Wandel, München: Delp.

Weber, Max, 1913: Diskussionsbeitrag, in: Verhandlungen des Zweiten Deutschen Soziologentages vom 20.-22. 1912 in Berlin, Tübingen: Mohr, S. 50-52.

Weber, Max, 1972: Wirtschaft und Gesellschaft: Grundriß der verstehenden Soziologie, 5. rev. Auflage, hrsg. von Johannes Winckelmann, Tübingen: Mohr.

Weber, Max, 1988a: Der Nationalstaat und die Volkswirtschaftspolitik, Orig. 1895, in: ders., 1988h, S. 1-25.

Weber, Max, 1988b: Zur Frage des Friedensschließens, Orig. 1916, in: ders., 1988h, S. 130-141.

Weber, Max, 1988c: Deutschland unter den europäischen Weltmächten, Orig. 1916, in: ders., 1988h, S. 157-177.

Weber, Max, 1988d: Der Sinn der "Wertfreiheit" der soziologischen und ökonomischen Wissenschaften, Orig. 1917, in: ders., 1988i, S. 489-540.

Weber, Max, 1988e: Roscher und Knies und die logischen Probleme der historischen Nationalökonomie, Orig. 1903-06, in: ders., 1988i, S. 1-145.

Weber, Max, 1988f: Die protestantische Ethik und der Geist des Kapitalismus, Orig. 1904/05, in: ders., Gesammelte Aufsätze zur Religionssoziologie I, 9. Aufl., Tübingen: Mohr/UTB, S. 17-20.

Weber, Max, 1988g: Politik als Beruf, Orig. 1919, in: ders., 1988h, S. 505-560.

Weber, Max, 1988h: Gesammelte Politische Schriften, hrsg. von Johannes Winckelmann, 5. Aufl., Tübingen: Mohr/UTB.

Weber, Max, 1988i: Gesammelte Aufsätze zur Wissenschaftslehre, 7. Aufl., hrsg. von Joachim Winckelmann, Tübingen: Mohr/UTB.

Weede, Erich, 1988: Der Sonderweg des Westens, in: Zeitschrift für Soziologie, 17, S. 172-186.

Weede, Erich, 1992: Mensch und Gesellschaft: Soziologie aus der Perspektive des methodologischen Individualismus, Tübingen: Mohr.

Wehler, Hans-Ulrich, 1971: Sozialdemokratie und Nationalstaat: Nationalitätenfragen in Deutschland 1870-1914, 2. vollst. überarb. Aufl., Göttingen: Vandenhoeck und Ruprecht.

Wehler, Hans-Ulrich, 1975: Modernisierungstheorie und Geschichte, Göttingen: Vandenhoeck und Ruprecht.

Wehler, Hans-Ulrich, 1989a: Deutsche Gesellschaftsgeschichte, Bd. 1: 1700-1815, 2. Aufl., München: Beck.

Wehler, Hans-Ulrich, 1989b: Deutsche Gesellschaftsgeschichte, Bd. 2: 1815-1845/49, 2. Aufl., München: Beck.

Wehler, Hans-Ulrich, 1992: Einleitung, in: Schieder, Theodor, S. 5-11.

Wehler, Hans-Ulrich (Hrsg.), 1984: Geschichte und Soziologie, 2. Aufl., Königstein/Ts.: Athenäum.

Weingart, Peter, Jürgen Kroll und Kurt Bayertz, 1988: Rasse, Blut und Gene: Geschichte der Eugenik und Rassenhygiene in Deutschland, Frankfurt/M.: Suhrkamp.

Wendler, Eugen, 1989: Friedrich List: Politische Wirkungsgeschichte des Vordenkers der europäischen Integration, München: Oldenbourg.

Wenskus, Reinhard, 1977: Stammesbildung und Verfassung: Das Werden der frühmittelalterlichen gentes, 2. unver. Aufl., Orig. 1961, Köln/Wien: Böhlau.

Werner, Karl Ferdinand, 1992: Art. "Volk, Nation, Nationalismus, Masse III.-V.", in: Brunner, Otto und Werner Conze, Reinhart Koselleck (Hrsg.), 1992: Geschichtliche Grundbegriffe: Historisches Lexikon zur politisch-sozialen Sprache in Deutschland, Bd.7, Stuttgart: Klett-Cotta, S. 171-281.

Wesel, Uwe, 1985: Frühformen des Rechts in vorstaatlichen Gesellschaften: Umrisse einer Frühgeschichte des Rechts bei Sammlern und Jägern und akephalen Ackerbauern und Hirten, Frankfurt/M.: Suhrkamp.

Whitney, Stephen und Daniel Katz, 1965: The Social Psychology of Human Conflict, in: McNeil, Elton B. (Hrsg.), The Nature of Human Conflict, Englewood Cliffs, N.J.: Prenctice-Hall, S. 64-90.

Wiese, Leopold von, 1914: Politische Briefe über den Weltkrieg: Zwölf Skizzen, München/Leipzig: Duncker und Humblot. (Zit. n. unverändertem Nachdruck in: The Prelude to War with England - and Some Voices of Reason, Nendeln/Liechtenstein: Kraus Reprint 1976.)

Willems, Helmut, 1993 (zusammen mit Roland Eckert, Stefanie Würtz und Linda Steinmetz): Fremdenfeindliche Gewalt: Einstellungen, Täter, Konflikteskalation, Opladen: Leske und Budrich.

Willke, Helmut, 1992: Ironie des Staates: Grundlinien einer Staatstheorie polyzentrischer Gesellschaft, Frankfurt/M.: Suhrkamp.

Willke, Helmut, 1993: Konstruktivismus und Sachhaltigkeit soziologischer Erkenntnis: Wirklichkeit als imaginäre Institution, in: Sociologia Internationalis, 31, S. 83-99.

Wilterdink, Nico, 1992: Images of National Character in an International Organization: Five European Countries Compared, in: Netherland's Journal of Social Sciences, 28 H.1, S. 31-49.

Wilterdink, Nico, 1993: Nationalitäten im alltäglichen Gegen- und Miteinander: Nationale Identität in einer internationalen Organisation, in: Blomert/Kuczmics/Treibel (Hrsg.), S. 118-157.

Winkel, Harald, 1977: Die deutsche Nationalökonomie im 19. Jahrhundert, Darmstadt: Wissenschaftliche Buchgesellschaft.

Winkler, Heinrich A., 1979: Vom rechten zum linken Nationalismus: Der deutsche Liberalismus in der Krise von 1878/79, in: ders., Liberalismus und Antiliberalismus, Göttingen: Vandenhoeck und Ruprecht, S. 36-51.

Winkelbauer, Thomas, 1992: Sozialdisziplinierung und Konfessionalisierung durch Grundherren in den österreichischen und böhmischen Ländern im 16. und 17. Jahrhundert, in: Zeitschrift für historische Forschung, 19, S. 317-339.

Wippermann, Wolfgang, 1989: Faschismustheorien: Zum Stand der gegenwärtigen Diskussion, 5. völlig neubearb. Aufl., Darmstadt: Wissenschaftliche Buchgesellschaft.

Wittgenstein, Ludwig, 1984: Philosophische Untersuchungen, in: ders., Werkausgabe, Bd. 1, Frankfurt/M.: Suhrkamp.

Wong, Diana, 1992: Fremdheitsfiguren im gesellschaftlichen Diskurs. Am Beispiel der Asylzuwanderung nach Deutschland, in: Matthes, Joachim (Hrsg.), Zwischen den Kulturen? Soziale Welt, Sonderband 8, Göttingen: Schwartz, S. 405-419.

Yun, Ma Shu, 1990: Ethnonationalism, Ethnic Nationalism, and Mini-nationalism: A Comparison of Connor, Smith and Snyder, in: Ethnic and Racial Studies, 13, S. 527-541.

Zapf, Wolfgang, 1969: Einleitung, in: ders. (Hrsg.), S. 11-32.

Zapf, Wolfgang (Hrsg.), 1969: Theorien des sozialen Wandels, Köln/Berlin: Kiepenheuer und Witsch.

Zellentin, Gerda, 1992: Der Funktionalismus - eine Strategie gesamteuropäischer Integration?, in: Michael Kreile (Hrsg.), Die Integration Europas, Sonderheft 23/1992 der Politischen Vierteljahresschrift, Opladen: Westdeutscher Verlag, S. 62-77.

Zerubavel, Eviatar, 1993: Horizons: On the Sociomental Foundations of Relevance, in: Social Problems, 60, S. 397-413.

Ziebura, Gilbert (Hrsg.), 1966: Nationale Souveränität oder übernationale Integration? Berlin: Colloqium Verlag.

Ziebura, Gilbert, 1979: Frankreich 1789-1870: Entstehung einer bürgerlichen Gesellschaftsformation, Frankfurt/M./New York: Campus.

Ziebura, Gilbert, 1993: Nationalstaat, Nationalismus, supranationale Integration. Der Fall Frankreich, in: Winkler, Heinrich August und Hartmut Kaelble (Hrsg.), Nationalismus - Nationalitäten - Supranationalität, Stuttgart: Klett-Cotta, S. 34-55.

Ziegler, Heinz O., 1931: Die moderne Nation: Ein Beitrag zur politischen Soziologie, Tübingen: Mohr.

Ziegler, Walter, 1990: Territorium und Reformation: Überlegungen und Fragen, in: Historisches Jahrbuch, 110, S. 52-75.

Sachregister

Absolutismus 131, 188, 201

Alamodewesen 188

Anomie 19, 50, 207

Anthropologie 155, 221

Antichrist 162, 175, 184

Arbeitsteilung 17-19, 53, 61f., 88f., 173

Assimilation 53, 54, 187, 221

Asyl, politisches 242, 244

Asymmetrie 84, 87, 109, 118, 123f., 213, 221, 253, 256f.

Attribution 75, 116, 129f., 135, 149, 203, 215, 226

Autopoiesis 77, 242

Balkan 33, 234

'Barbaren' 24, 26, 110, 162f.

Beobachtung 15, 22, 70, 74, 77, 80f., 83,86, 91, 92, 95, 99, 101, 103-106, 108-110, 112-116, 118, 120-124, 129-131, 136-142, 145, 148-151, 157, 161, 163, 170, 172, 175, 176, 178, 181, 184, 186, 187, 198, 199, 201, 203, 206, 210, 213, 218, 227f., 232, 235, 242, 248, 254f., 258

Beobachtung 2. Ordnung 83, 105f., 123

Biafra 57

Biographie 143, 146

Christentum 162f., 170, 177, 197, 248, 255

Citizenship 50f.

Code 73, 78, 84, 86f., 99, 104, 212, 244

Deutschland 9, 16, 21, 25, 29, 38, 41, 45f., 50, 55, 67, 86, 98, 109, 117f., 125, 142, 145, 149, 163, 167,174, 181, 183, 188, 195f., 199f., 202, 207-211, 213, 215, 219, 222f., 225, 228, 234, 237, 239, 244

Differenzierung, soziale 17f., 21f., 28, 31, 37, 40, 45, 50f., 64, 73f., 76f., 91-94, 97, 100f., 103f., 115, 127, 132, 134, 144, 151, 153f., 159f., 164, 167, 169, 171, 175-177, 179, 185, 187, 194, 211, 230, 252

Einheit, gesellschaftliche 16, 18, 20-23, 25, 28, 33, 45, 54, 62, 65, 79, 81, 92, 94, 102f., 108, 109, 112, 115, 117, 123f., 141-148, 150, 154, 159-161, 166, 171, 176, 182f., 190, 194f., 197, 202f., 219f., 224, 253, 255

England 61, 65, 169, 175, 181, 184, 189, 198, 210, 21

Ersatzreligion (Nation als) 129

Ethnie 39-41, 51, 54f., 57-59, 62-65, 66, 107, 114, 140, 141

Ethnizität 51, 52, 99, 100, 252

Ethnogenese 156

Eugenik 208, 221

Evolution, soziale 11, 15, 17, 27, 48, 52, 64, 74, 76, 78, 86, 87, 92, 94f., 97, 103, 106, 131, 133, 152, 155, 158f., 167f., 170f., 205, 249, 255

Familie 19, 84, 155

Faschismus 48-50, 53, 59, 67, 70f., 71, 218 220, 222, 251 (s. auch Nationalsozialismus)

Feind 23, 43, 96, 106, 126-131, 136, 138, 140, 145f., 150, 166, 177, 183, 188, 196, 204, 220, 231

Form 11, 77-82, 84-87, 92, 96-99, 104f., 108-112, 114-120, 123-126, 128-131, 135f., 138-141, 144-153, 157, 162f., 167f., 170f., 178, 180f., 183-186, 188-191, 196-199, 203-205, 207, 209-211, 213, 220-223, 227, 230-232, 234, 235, 237, 240f., 248f., 249, 252-258

Fragmentierung, kulturelle 96f., 113f., 194

Frankreich 18, 23, 41, 65, 149, 163, 167, 169, 180, 195-201, 203, 205, 210f., 213, 238f., 241

Fremdbeschreibung 74, 102, 105, 163, 172, 249, 256

Geld 76, 84, 89, 133, 164, 170, 173, 236

Gemeinschaft 15-19, 31, 35, 39-42, 46f., 50-52, 54f., 59, 65, 68, 98, 100, 102, 114f., 125, 128, 130, 132, 138, 145, 147, 157, 188, 190, 207, 233, 243

Personenregister

Alexander, J.C. 113, 135, 232
Allport, G. 120, 122
Altgeld, W. 198
Anderson B. 65, 68f., 92, 149
Archer, M. 155
Aretin, O. v. 183
Arndt, E.M. 198
Assmann, A. 184
Baader, F. v. 137
Balke, F. 20, 23
Bauer O. 13f., 26, 29-33, 35f., 53, 69, 110, 136, 223, 226, 251
Baum, R.C. 48f.
Bauman, Z. 99, 126, 128, 212, 221, 223, 225f.
Bayertz, K. 208, 221, 226
Beck, U. 96, 106, 126, 133, 138
Bell-Fialkoff, A. 140
Bell, D. 100, 133, 135
Bendix, R. 56, 135, 157, 184
Benoist, J.-M. 148
Berger, B. 118
Berger, P.L. 118
Bergmann, J. 246
Berlin, I. 10, 27, 37, 198
Bessel, R. 214
Blasius, D. 145, 147
Bödeker, H.E. 94, 160
Bojadjew, Z. 161, 165
Borst, A. 110, 156f., 163, 169, 182
Boockmann, H. 160
Braudel, F. 164f., 174, 192, 199, 206
Bremmer, I. 233
Breuer, St. 193, 216, 220f.
Buchanan, W. 115, 131
Bugajski, J. 235
Bühl, W.L. 138
Bülow, B. v. 213
Burton, J.W. 90, 91
Cantril, H. 115, 131
Carter, St.K. 36, 137, 185, 237
Ceauşescu, N. 229, 233
Chaptal, J.A. 201f.
Connor, W. 14, 58-60, 64, 120, 192, 252

Conze, W. 28, 75, 100, 132, 191, 208
Coulmas, P. 194
Craig, G.C. 37f., 139, 200, 207, 227
Cunningham, H. 211
Dahme, H.-J. 15
Dann, O. 141
Deutsch, K.W. 14, 38, 53-55, 58, 62
de Swaan, A. 200, 205, 210
Dickstein, M. 229
Diner, D. 119, 217
Disraeli, B. 209
Dollard, J. 49
Dostál, P. 233
Duchhardt, H. 180
Durkheim, E. 14, 16-20, 25, 49f., 53, 70, 90
Ehlers, J. 157, 161, 163, 168, 171
Eickelpasch, R. 155
Einstein, A. 38
Eisenstadt, S.N. 58, 74
Elias, N. 10, 49, 72f., 96, 152, 164, 167f., 174, 206
Elwert, G. 99f., 114f.
Engels, F. 13f., 26-28, 31, 34
Esposito, E. 123
Esser, H. 62-64, 73, 92
Estel, B. 57, 110, 121, 123, 143
Even, H. 239
Ewald, F. 133, 200, 201
Falter, J.W. 218
Fehrenbach, E. 189f., 196
Fein, H. 140
Fichte, J.G. 30, 197, 198
Fichtenau, H. 162
Flora, P. 52, 206, 210
Francis, E. 56
Freud, S. 211
Fröhlich, S. 173
Frey, H. 142
Frey, M. 224f.
Fuchs, P. 73, 82, 95, 112, 124, 147, 181, 194-196
Gadamer, H.-G. 121
Gall, L. 145, 147

Gauron, A. 236
Geiss, I. 169f., 210
Gellner, E. 62, 65, 106
George, A.L. 200, 248
Giddens, A. 73, 87, 89, 95, 104, 109, 143f., 149, 246
Giesen, B. 73, 77, 111-113, 117, 124f., 131, 147, 154, 156, 159, 178, 181, 194f.
Girard, R. 116, 170, 191
Goffman, E. 142, 246
Gosman, L. 232
Graml, H. 221, 223
Graus, F. 154, 160f., 163, 166, 168-170, 187
Greß, F. 239f.
Grunenberg, A. 215, 220
Habermas, J. 57, 59, 64, 71f., 74f., 103, 110, 125, 134, 142, 148, 181, 190, 240
Hahn, A. 73, 146, 180
Haupt, H.-G. 205
Haupt, V. 230
Hechter, M. 60-62, 258
Heckmann, F. 97, 99, 100
Hegel, G.W.F. 14
Heidegger, M. 81, 121, 128, 148
Heinrich VIII. (von England) 183
Heintz, P. 89, 111
Heitmeyer, W. 240, 245f.
Henri IV. (von Frankreich) 178
Herder, J.G. 30, 43, 117, 149, 197f.
Hill, Ch. 175, 181, 189
Hitler, A. 139, 218, 222f., 226
Hobbes, Th. 16
Hobsbawm, E. 28, 35, 42, 62, 107, 145
Hoffmann, L. 99, 239
Hofstadter, D. 79
Hondrich, K.O. 9
Huntington, S.P. 96
Imhof, K. 138
Irvine, J. 234, 235
Jacobs, M. 182, 197
Jalali, R. 229
James, H. 149, 215, 216, 243
Janigro, N. 234
Jaschke, H.-G. 239, 240
Jaworski, R. 118
Jeismann, M. 67f., 119, 138, 190, 195f., 203, 209, 213
Joas, H. 20, 46
Jonas, K. 122
Jones, E.L. 58, 89, 165, 173, 174
Kafka, F. 211

Kampe, N. 212
Kant, I. 30, 96
Kater, M. 207, 218
Katz, D. 139
Kaufmann, F.X. 111-113
Kautsky, K. 14, 26, 29
Kellner, H. 118
Kennedy, P. 89, 175, 204, 210, 213, 228, 236, 243
Kershaw, I. 225-227
Kettenacker, L. 217
Kirchhoff, A. 208
Klapp, O. 143, 149
Kneer, G. 76f., 82, 113
Koch, H.W. 208-210
Koch, K. 232
Kohn, H. 13, 152, 190, 196
Köhnke, K.C. 20f., 25
Koselleck, R. 75, 106, 110, 162f., 197
Krappmann, L. 142
Kreckel, R. 63
Križan, M. 234
Kroll, J. 208, 221, 226
Kuechler, M. 218
Ladurie, L. 165
Langewiesche, D. 199, 203
Lechner, F.L. 48
Leggewie, C. 246
Leiner, W. 199, 209
Lenin, W.I. 14, 26, 33f., 60, 237
Lewis, B. 110
Lipset, S.L. 229
List, F. 191, 202-204, 243
Luard, E. 168, 175
Ludwig XIV. (von Frankreich) 166, 183
Luhmann, N. 19, 73-78, 80-87, 90-92, 94f., 101-103, 105, 108, 112f., 116, 119, 122, 126f., 129-134, 139f., 143-145, 148, 153f., 158f., 173, 193, 244, 252f.
Luther, M. 177f., 182
Lutz, H. 171, 177, 182
MacIntyre, A. 102
Makropoulos, M. 112
Mannheim, K. 43, 75
Mármora, L. 26f., 33
Marshall, T.H. 50
Martiny, A. 13
Marx, K. 13-15, 26-28, 33, 88
Mason, T. 224, 226
Maurer, M. 117
McGrath, A. 177

292

MIX
Papier aus verantwortungsvollen Quellen
Paper from responsible sources
FSC® C105338

If you have any concerns about our products,
you can contact us on
ProductSafety@springernature.com

In case Publisher is established outside the EU,
the EU authorized representative is:
Springer Nature Customer Service Center GmbH
Europaplatz 3, 69115 Heidelberg, Germany

Printed by Libri Plureos GmbH
in Hamburg, Germany